单护盾岩石隧道掘进机（TBM）施工关键技术

张彦伟　宁　锐
马宏建　李立功　编著

人民交通出版社股份有限公司
北　京

内 容 提 要

本书作者及其团队以"引领建设,拓展思维,理论精辟,综合实践"的总体思路编纂单护盾岩石隧道掘进机(Single Shield Hard Rock Tunnel Boring Machine,简称 SS-TBM)施工关键技术。本书主要以不良地质施工和 TBM 针对性设计为重点,结合了国内外水利、市政、公路及煤矿等相关行业领域单护盾 TBM 实践经验,并借鉴国外 TBM 施工先进技术,紧密围绕水利及地铁项目建设特点展开撰写。本书从单护盾 TBM 发展历程、工作原理、关键技术、典型案例及智能应用等方面展开,突出了单护盾 TBM 不良地质针对性设计和特殊地质 TBM 施工技术,深入阐述了 TBM 隧道施工关键技术,贯穿了 TBM 设备选型、关键工序、穿越技术、空推步进、姿态控制及风险管理等相关内容,并对 TBM 新技术发展的前沿和趋势进行了简要阐述。

本书可作为 TBM 法隧道工程建设各方和国内外隧道工程有关技术人员的参考指导书、工具书和资料书,也可供高等院校相关专业师生自学和培训之用。

图书在版编目(CIP)数据

单护盾岩石隧道掘进机(TBM)施工关键技术 / 张彦伟等编著. —北京:人民交通出版社股份有限公司,2021.7

ISBN 978-7-114-17237-3

Ⅰ.①单… Ⅱ.①张… Ⅲ.①铁路隧道—隧道施工—盾构法—研究 Ⅳ.①U459.1

中国版本图书馆CIP数据核字(2021)第067539号

面向挑战的隧道及地下工程

书　　名:	单护盾岩石隧道掘进机(TBM)施工关键技术
著 作 者:	张彦伟　宁　锐　马宏建　李立功
责任编辑:	谢海龙
责任校对:	孙国靖　魏佳宁
责任印制:	张　凯
出版发行:	人民交通出版社股份有限公司
地　　址:	(100011)北京市朝阳区安定门外外馆斜街3号
网　　址:	http://www.ccpcl.com.cn
销售电话:	(010)59757973
总 经 销:	人民交通出版社股份有限公司发行部
经　　销:	各地新华书店
印　　刷:	北京印匠彩色印刷有限公司
开　　本:	787×1092　1/16
印　　张:	24.25
字　　数:	530千
版　　次:	2021年7月　第1版
印　　次:	2021年7月　第1次印刷
书　　号:	ISBN 978-7-114-17237-3
定　　价:	168.00元

(有印刷、装订质量问题的图书由本公司负责调换)

丛书编写委员会

主任委员

洪开荣

副主任委员

王小平　郭卫社

编　　委（按姓氏笔画排序）

于明华	方俊波	卢建伟	叶康慨	冯欢欢	吕建乐	刘龙卫
刘瑞庆	阮清林	孙振川	杜闯东	李丰果	李凤远	李红军
李志军	李治国	杨　卓	邹　翀	汪纲领	张　迅	张　辉
陈文義	陈振林	陈　馈	国　佳	郑大榕	赵　胜	莫智彪
高　攀	郭陕云	康宝生	董子龙	韩忠存	曾冰海	

本册编写委员会

主 任 委 员
张彦伟　宁　锐

副主任委员
马宏建　李立功

编　　　委（按姓氏笔画排序）
马　虎　王小红　王江波　王声智　王阿龙　王章彬
王德荣　牛　欢　牛云峰　朱常春　江　斌　阮国勇
李建军　李树元　杨书江　吴显金　邱建伟　余清华
张宇川　张国华　张明书　陈　鹏　周　磊　郑之凯
郑清君　胡振西　胡新朋　南益民　段志强　高　波
黄其坤　梁正银　彭冠锋　韩国令　曾垂刚　黎　峰

本 册 顾 问
唐　忠　于保林　赵庆武　张润文　吴　波　王　峙
高　伟　姚　兰　南晓宇　王华平

主 编 单 位
中铁隧道局集团有限公司
中铁隧道股份有限公司

协 编 单 位
重庆市轨道交通（集团）有限公司
中铁开发投资集团有限公司

丛 书 序
Introductory

200万年前人类祖先已择洞而居，遮蔽风雨，抵御猛兽。中华文明文字记载的隧洞挖掘可追溯至公元前722年郑庄公与其母姜氏"阙地及泉，隧而相见"。人类经过不断探索研究和工程实践，如今随着技术的不断进步与可持续的文明发展，人们对采用隧道与地下工程解决人类生存与地面环境矛盾的认识越来越深刻，如解决地面交通拥堵的问题、解决水资源分布不均的问题、解决地表土地资源稀缺的问题、解决能源安全储存的问题、解决城市地表环境的问题，等等。特别是进入21世纪以来，人类已广泛形成了"来自地表挑战的地下工程解决方案"的共识。同时，正是这些应对挑战的隧道与地下工程解决方案，使得隧道与地下工程建设本身又面临着新的技术挑战，如超深埋的山岭隧道、超浅埋的城市隧道、超长距离的引水工程、跨江越海隧道以及复杂地面与地下建（构）筑物环境下的隧道与地下工程等。另外，隧道及地下工程建设还要面临极其复杂的地质条件与恶劣环境的挑战，如高地温、高地应力、高岩爆、极硬岩、极软岩、地下有害气体、岩溶等。

中华人民共和国成立以后，随着铁路、公路、水利水电等基础设施的大规模建设，隧道与地下工程进入快速发展期。至20世纪末，我国累计建成铁路隧道6211座，隧道总长度达3514km，为中华人民共和国成立前铁路隧道总长度的22倍。进入21世纪以来，我国的铁路、公路、水利水电、城市地铁、综合管廊、城市地下空间、能源洞库等得到爆发式的发展，我国一跃成为隧道与地下工程发展最快的国家，隧道总量居全球首位。至2017年底，我国运营隧道（洞）总长达39882km，在建隧道总长约17000km，规划的隧道长度约25000km。隧道与地下工程呈现出向多领域应用延伸，并具有明显地向复杂山区、城市人口密集敏感区发展的趋势。可以说，21世纪，隧道与地下工程将大有作为，但面临的挑战与压力也将是史无前例的。

中铁隧道局集团有限公司（简称"中铁隧道局"）为原铁道部隧道工程局，是国内隧道与地下工程建设的主力军，年隧道建设能力达500km以上，累计建成隧道（洞）约7000km。中铁隧道局自1978年成立以来，承担了我国大量的重、难、险隧道与地下工程建设任务，承建了众多具有标志性、里程碑意义的隧道与地下工程，如首次采用新奥法原理修建的衡广复线大瑶山隧道（14.295km）——开创了我国修建长度超过10km以上隧道的先河，创立浅埋暗挖法修建的北京地铁复兴门折返线——标志着我国地铁建设由"开膛破肚"进入暗挖法时代，首次采用沉管法修建的宁波甬江隧道——标志着我国水下隧道建设的跨越，创建复合盾构施工工法建设的广州地铁2号线越秀公园—广州火车站—三元里区间隧道——标志着我国地铁建设迈入盾构时代。从北京地铁，到广州地铁，再到全国其他43座城市的地铁建设，标志着我国地铁建设技术迈入了引领行列；从穿越秦岭的西康铁路秦岭隧道（19.8km），到兰武铁路乌鞘岭隧道（20.05km）、南疆二线中天山隧道（22.48km）、兰渝线西秦岭隧道（28.24km）、成兰线平安隧道（28.43km）等众多20km以上的隧道，再到兰新铁路关角隧道（32.6km）、大瑞铁路高黎贡山隧道（34.5km），以及引水工程的引松隧洞（69.8km）、引汉济渭隧洞（98.3km）、引鄂喀双隧洞（283km），展示着我国采用钻爆法、TBM法技术能力的综合跨越；从"万里长江第一隧"武汉长江隧道，到首座钻爆法海底隧道厦门翔安隧道、海域第一长隧广深港高铁的狮子洋隧道（10.8km）、首座内河水下立交隧道长沙营盘路湘江隧道、内河沉管隧道南昌红谷隧道，镌刻下我国水下隧道建设技术的成熟与超越；从平原、到高山、到水下，隧道无处不在，给人们带来了便利生活与环境的改善。同时伴随着这些代表性隧道工程的建设，我国隧道施工机械装备与技术方法，也实现了一个又一个台阶的跨越，每一个台阶无不留有隧道人为人类美好生活而挑战自然、驾驭自然的智慧与创造。

"隧贯山河，道通天下"是隧道人的追求与梦想，更是我们的情怀，也是我们对美好生活向往的真实写照！中铁隧道局的广大技术人员，本着促进隧道技术进步、共享隧道建设成果为目的，以承建的重、难、险隧道工程为依托，计划将隧道建设中遇到的难题、形成的技术、积累的经验以及对隧道工程的思考，以专题技术的方式记录和编写一部部出版物，形成"面向挑战的隧道及地下工程"系列丛书。希望本丛书对隧道及地下工程领域的发展与进步具有一定的参考与借鉴价值，同时期待耕耘于该领域的专家、学者和同行进行批评指正，也寄望能给未来的隧道人带来启迪，从而不断地推动隧道及地下工程技术的进步，更加自信地应对社会发展对隧道的需要与建设隧道中的挑战，更好地服务于人类！

在我们策划"面向挑战的隧道及地下工程"丛书的过程中，人民交通出版社股份有限公司给予了我们极大的帮助，共同讨论丛书的架构、篇目布局等，在此致以崇高的敬意！

本系列丛书在编写过程中得到了许多基层技术人员的支持与帮助，相关单位和专家也为丛书的出版做了大量的组织和支持工作，在此一并致以诚挚的感谢！

2018年12月

前　言
Preface

　　TBM 起源于英国，发展于美国、日本和德国。TBM 技术发展的动力来源于人们对隧道施工快速、安全、文明的追求。经过半个世纪的发展，TBM 技术已经相当成熟，已被广泛应用于世界各国能源、交通、水利、国防等地下工程建设。TBM 作为集机、电、液、光、气、信息为一体的全断面隧道掘进机，是具有自动控制、技术先进、高度智能等特点的隧道施工装备，给我国基础设施建设带来新动力和新机遇，增添新活力，为国家经济发展发挥着重要的积极作用。TBM 可以连续一次性完成掘进、支护（管片）、出渣等施工工序，可以实现快速、高效、安全施工，弥补了传统钻爆法在复杂环境深埋长隧道施工难的缺点。20 世纪 70 年代以前，隧道掘进机（盾构机 /TBM）尚未进入中国，80 年代开始初步尝试，90 年代掘进机在中国崭露头角，进入 21 世纪，已经有越来越多的由中国制造的掘进机和中国施工企业在许多国际工程项目中大显身手。

　　与此同时，我国隧道及地下工程建设正经历史无前例的高潮。截至 2020 年底，我国大陆共有 45 个城市开通城市轨道交通，运营线路总长度 7978.19km，其中，地铁运营线路长度为 6302.79km，占比 79.0%；截至 2020 年底，我国新建铁路隧道数量和隧线比急剧增多，单条隧道的长度和埋深也不断创造新的世界纪录，尤其是大埋深、特超长隧道的比例急剧增多，其中，长度超过 20km 的隧道有 4 座，总长度 108km，另外，正在规划中长度超过 20km 的隧道有 38 座，总长度 993km；水利行业方面，隧洞建造长度也可谓是毫不逊色，独占鳌头，如北疆供水二期工程喀双段隧洞长 283.27km，是当前世界上已建和在建的最长输水隧洞。

　　随着各行业各领域大型工程建设项目的不断增加，以及国民素质的提高，整个社会的环保意识逐步增强，越来越多的行业采用 TBM 施工。由于部分隧道以岩层为主，而采用 TBM 能否适应复杂的地质变化是一个很大的挑战。因此在城市地区修建地铁工程，如何安全、快速、顺利地施工就成了一个制约整个地铁线路工程能否顺利完成的关键。本书基于重庆轨道交通 5 号线、甘肃省引洮供水、格鲁吉亚南北走廊 Kvesheti-Kobi 公路项目等工程积累的实践经验，以砂质泥岩地层单护盾TBM隧道施工关键技术、含水疏松砂层单护盾TBM施工技术、断层破碎带地段单护盾TBM施工技术为核心，结合国内外其他典型工程案例，展开编纂工作，旨在形成一部理论与实践相结合的专著。

本书分为11章，第1章绪论，介绍了单护盾TBM的应用现状及发展历程、基本构造、工作原理、工法特点及典型案例；第2章单护盾TBM选型与针对性设计，介绍了TBM选型、单护盾TBM针对性设计、单护盾TBM适用性；第3章单护盾TBM重点工序施工技术，介绍了单护盾TBM施工准备、辅助工程建设、组装与调试、始发、掘进及管片拼装、背后填充及到达接收施工技术；第4章特殊地质地段单护盾TBM施工技术，介绍了砂岩及砂质泥岩地层施工技术、含水疏松砂层不良地质地段施工技术、断层破碎带地段施工技术；第5章复杂工况单护盾TBM穿越技术，介绍了上跨既有铁路施工技术、重叠隧道穿行施工技术；第6章单护盾TBM空推步进施工技术，介绍了盾机及TBM常见步进方式、单护盾TBM平面滑行；第7章单护盾TBM姿态控制技术，介绍了姿态影响因素及控制方法、姿态控制措施、姿态纠偏方法及控制要点；第8章单护盾TBM管片变形控制技术，介绍了隧道结构设计、管片结构形式、载荷及工况、单护盾TBM管片变形规律分析、单护盾TBM管片变形控制措施；第9章TBM长距离大坡度快速施工技术，介绍了长距离大坡度物料运输技术、长距离TBM隧道施工智能通风技术、长距离大坡度反坡排水技术；第10章单护盾TBM施工风险管理，介绍了TBM施工风险识别、TBM施工风险分析、TBM施工风险管理及TBM施工风险对策与措施；第11章TBM技术前沿与趋势，介绍了TBM新技术、TBM技术思考和TBM技术发展趋势。

本书由中铁隧道股份有限公司（以下简称"隧道股份"）张彦伟和中铁隧道局集团有限公司（以下简称"中铁隧道局"）李立功牵头组织编写，其中第1章由隧道股份李树元、郑清君，中铁隧道局李立功执笔，中铁隧道局马宏建参与编写，隧道股份张彦伟审核；第2章由隧道股份李树元、中铁隧道局李立功执笔，隧道股份郑清君参与编写，隧道股份张彦伟审核；第3章由隧道股份张彦伟、李树元，中铁隧道局李立功执笔，隧道股份郑清君、胡振西参与编写，中铁开发投资集团有限公司（以下简称"中铁开投"）宁锐审核；第4章由隧道股份李树元、胡振西执笔，中铁隧道局李立功参与编写，隧道股份张彦伟、郑清君审核；第5章由隧道股份李树元、中铁隧道局李立功执笔，隧道股份胡振西参与编写，隧道股份张彦伟、郑清君审核；第6章由隧道股份李树元、中铁隧道局李立功执笔，隧道股份郑清君参与编写，隧道股份张彦伟审核；第7章由隧道股份李树元、胡振西，中铁隧道局李立功执笔，隧道股份牛欢参与编写，中铁开投宁锐、隧道股份郑清君审核；第8章由隧道股份李树元、胡振西执笔，中铁隧道局马宏建、隧道股份牛欢参与编写，隧道股份张彦伟、郑清君审核；第9章由隧道股份胡振西、中铁隧道局李立功执笔，隧道股份牛欢参与编写，隧道股份张彦伟、郑清君审核；第10章由隧道股份胡振西执笔，隧道股份李树元参与编写，隧道股份张彦伟、郑清君审核；第11章由中铁隧道局李立功、隧道股份李树元执笔，隧道股份郑清君参与编写，隧道股份张彦伟审核；另外，本书由中铁隧道局李立功，隧道股份李树元、牛欢承担书稿汇集、图片绘制及文字校核工作。

  本书体现了作者团队精神和凝聚力，是团队多年工作的经验累积和智慧结晶，可作为TBM隧道工程建设、勘察、设计、施工及科研技术人员的指导书及工具书。但由于编撰时间仓促，书中疏漏与不妥之处在所难免，涉及特殊问题的研究深度、广度不能全覆盖，请读者体谅和理解，也恳请各界专家和读者不吝批评指正。

作　者

2021年3月

目 录
Contents

第1章 绪论 ··· 001

1.1 单护盾TBM简述 ·· 003
1.2 国内外TBM发展历程 ·· 007
1.3 单护盾TBM应用领域 ·· 015
1.4 单护盾TBM关键技术 ·· 021
本章参考文献 ·· 022

第2章 单护盾TBM选型与针对性设计 ·· 023

2.1 TBM选型 ··· 025
2.2 单护盾TBM针对性设计 ··· 044
2.3 单护盾TBM适用性 ··· 057
本章参考文献 ·· 061

第3章 单护盾TBM重点工序施工技术 ·· 063

3.1 单护盾TBM施工准备 ·· 065
3.2 单护盾TBM辅助工程建设 ·· 069
3.3 单护盾TBM组装与调试 ··· 083
3.4 单护盾TBM始发技术 ·· 090
3.5 单护盾TBM掘进及管片拼装 ··· 104
3.6 TBM豆砾石吹填及背后注浆 ··· 117

3.7　TBM刀盘刀具更换及修复技术……………………………………………121

3.8　单护盾TBM到达接收技术………………………………………………124

本章参考文献……………………………………………………………………127

第4章　特殊地质地段单护盾TBM施工技术……………………………………129

4.1　砂岩及砂质泥岩地层TBM施工技术……………………………………131

4.2　含水疏松砂层TBM施工技术……………………………………………154

4.3　断层破碎带地段TBM施工技术…………………………………………162

本章参考文献……………………………………………………………………167

第5章　复杂工况单护盾TBM穿越技术…………………………………………169

5.1　TBM上跨既有铁路施工技术……………………………………………171

5.2　TBM重叠隧道穿行施工技术……………………………………………192

5.3　TBM穿越建（构）筑物控制技术………………………………………200

本章参考文献……………………………………………………………………210

第6章　单护盾TBM空推步进施工技术…………………………………………211

6.1　盾构及TBM常见步进方式………………………………………………213

6.2　单护盾TBM平面滑行……………………………………………………218

本章参考文献……………………………………………………………………224

第7章　单护盾TBM姿态控制技术………………………………………………227

7.1　姿态影响因素及控制方法…………………………………………………229

7.2　姿态控制措施………………………………………………………………233

7.3　姿态纠偏方法及控制要点…………………………………………………235

本章参考文献……………………………………………………………………238

第8章　单护盾TBM管片变形控制技术…………………………………………239

8.1　隧道结构设计………………………………………………………………241

8.2　管片结构形式………………………………………………………………248

8.3 载荷及工况……253
8.4 单护盾TBM管片变形规律分析……257
8.5 单护盾TBM管片变形控制措施……281
本章参考文献……285

第9章 TBM长距离大坡度快速施工技术……287

9.1 长距离大坡度物料运输技术……289
9.2 长距离隧道TBM施工智能通风技术……303
9.3 长距离大坡度反坡排水技术……307
本章参考文献……311

第10章 单护盾TBM施工风险管理……313

10.1 TBM施工风险识别……315
10.2 TBM施工风险分析……317
10.3 TBM施工风险管理……322
10.4 TBM施工风险对策与措施……323
本章参考文献……327

第11章 TBM技术前沿与趋势……329

11.1 TBM新技术……331
11.2 TBM技术思考……347
11.3 TBM技术发展趋势……356
本章参考文献……370

第 1 章

绪 论

Key Technology of TBM Construction with Single Shield

Key Technology of TBM Construction with Single Shield

第 1 章 绪 论

在国际上,全断面隧道掘进机包含适合于硬岩地质条件的岩石掘进机(Rock Tunnel Boring Machine,国内称"TBM")和适合于软弱地层、软岩及复合地层的盾构机(Shield Machine,国内称"盾构")两种类型。TBM一般分为敞开式TBM(Open Type TBM)、单护盾TBM(Single Shield TBM或称SS-TBM)和双护盾TBM(Double Shield TBM或称DS-TBM)三种类型。

改革开放之后,我国TBM技术得到较快发展,取得诸多研究成果,包括结构设计、金属设计、电气、电子技术、机械化技术、液压传动技术、计算机应用科学和定位测量等学科。随着我国西部大开发战略规划的逐步实现,为解决一些区域水资源短缺、生态环境恶化、人民生活及工业用水短缺等问题而进行了跨流域调配水资源,一些长(洞线)、大(洞径)、深(埋深)以及地质条件复杂的隧洞开工建设,如甘肃引大入秦工程、山西万家寨引黄工程、甘肃引洮供水工程、云南掌鸠河调水工程、辽宁大伙房调水工程、青海引大济湟工程、陕西引红济石工程、辽西北供水工程,以及正在建设的陕西引汉济渭工程等跨流域调水工程的建设,均应用了TBM等现代化大型机械设备。

2009年,我国首次将单护盾TBM应用于甘肃省引洮供水一期工程总干渠7号隧洞施工,创造了当时单护盾TBM月掘进1868m的世界纪录。2014年,为了实现重庆轨道交通5号线工程快速施工,首次在城市轨道交通建设中采用2台单护盾TBM施工,创造了最高月掘进547.5m的纪录,使重庆轨道交通5号线北段从TBM始发到隧道贯通13个月完成,有效缓解了地面交通压力,给城市带来巨大便利。

近年来,我国工程建设面临着新的历史机遇和挑战,TBM行业迎来了巨大的发展空间。随着我国交通、引水等基础建设规模的扩大,TBM隧道(隧洞)工程项目越来越多,TBM的应用也越来越广泛。TBM隧道建设中许多关键技术问题的解决,对提升我国企业在世界范围内的竞争力具有重大影响。

本章重点介绍以单护盾TBM的基本构造、工作原理、工法特点、发展历程,结合典型施工案例来阐述其关键技术以及在我国不同行业领域的应用。

1.1 单护盾TBM简述

单护盾TBM的核心部分是主机系统,主机系统主要由带刀具的刀盘、刀盘驱动和推进系统组成。

单护盾TBM主机置于护盾安全保护之下,刀盘在主驱动带动下旋转切割岩石,刀盘前进的推力由拼装完成的衬砌体提供,具有在护盾保护下进行隧道开挖和衬砌作业的特点。

1.1.1 基本构造

单护盾 TBM 一般由刀盘、主机和后配套组成。

刀盘由刀盘主体、双刃滚刀、单刃滚刀、刮刀、刀箱刀座、喷水装置和人孔组成。

主机包括溜渣槽、前护盾、中护盾、尾护盾、主驱动单元、主机带式输送机、管片拼装机等结构;另有推进液压缸、铰接液压缸、前护盾稳定器、尾护盾稳定器、除尘风道、有毒有害气体检测装置、导向系统、管片运输装置等辅助配置,根据地质岩性条件,必要时需配置超前地质钻机。单护盾 TBM 主机结构如图 1-1 所示。

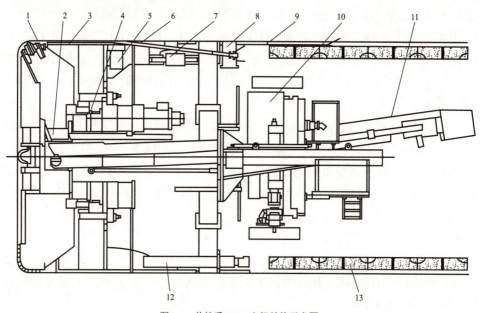

图 1-1　单护盾 TBM 主机结构示意图

1- 刀盘;2- 溜渣槽;3- 前护盾;4- 主驱动单元;5- 前护盾稳定器;6- 中护盾;7- 铰接液压缸;8- 尾护盾稳定器;9- 尾护盾;10- 管片拼装机;11- 主机带式输送机;12- 推进液压缸;13- 管片

后配套主要包括设备桥、后配套拖车和汇车平台。其中,后配套拖车结构上安装有转载出渣带式输送机、主控室、管片吊运装置、主驱动润滑泵站、注浆系统、推进系统液压泵站、辅助系统液压泵站、豆砾石注入系统、空气压缩机(空压机)系统、变频器等系统器件,以及配备电气控制系统、供配电系统、除尘系统、给排水系统、照明通信系统和消防系统等系统部件,以满足 TBM 施工工艺各种技术安全功能。另外,超长隧道施工的单护盾 TBM 还配置人员休息室、卫生间和医疗急救室。

单护盾 TBM 具备精确的方向导向功能和姿态调向能力,并能保证隧洞轴线和坡度的偏差在允许的范围内;自动导向系统具有数据储存和远程传输功能,连续运行、数据可靠,能精确地测得 TBM 与设计轴线的偏差,并能同步反映 TBM 实时姿态。监测操作和运行的电子控制系统,能迅速地根据检测的参数发现、分析和解决纠正运行差错,以满足掘进、支护、管片拼装、豆砾石回填灌浆等工作质量,并具有联锁安全保护功能。

1.1.2 工作原理

单护盾 TBM 工作基本原理是在隧道开挖时,由推进液压缸依靠盾尾管片支撑提供反力,同时,刀盘带动滚刀旋转转动而挤压破碎工作面岩石,使岩体形成松散破碎物,岩石碎屑物由位于主机中部的皮带输送机输送,再通过转载出渣输送机输送至出渣矿车(或连续带式输送机)运出洞外。当 TBM 掘进到一定长度后,停止掘进,在盾尾的保护下,进行管片拼装及注浆,从而完成单个工作循环。

扫一扫

其工作原理可扫描二维码观看动画演示。

破岩时,TBM 依靠自身机械作用将其前方滚刀刀头挤入岩体,在强大的推进力和滚刀扭矩作用下,刀头与岩体面接触区域产生一个半圆形挤压带,并产生大量表面裂隙,随着刀头的不断深入,相邻滚刀之间的裂隙由于压力增大而逐渐加深并向四周扩散,当裂隙相互贯通时,两相邻滚刀下的岩石便被挤压破碎,从而达到破岩效果。TBM 破岩原理如图 1-2 所示。

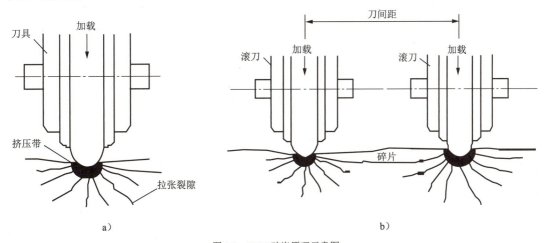

图 1-2 TBM 破岩原理示意图

在掘进时,主机推进系统推进液压缸组底部靴板支撑在尾盾内已安装的管片上,产生刀盘旋转扭矩并为管片支撑形成反力。推进液压缸以管片为支撑,通过盾体、主驱动单元把推力传递给刀盘,通过刀盘旋转和滚刀破岩掘进。崩落在隧道底部的岩渣随刀盘旋转,被均布在刀盘上的铲斗、铲板收集到主机内的皮带输送机上,通过主机带式输送机转载至后配套带式输送机上,最后落至编组列车或连续带式输送机上运送出洞。

单护盾 TBM 掘进作业循环为:掘进→推进液压缸收回→安装管片、吹填豆砾石及注浆→再掘进,步骤具体如下:

步骤 1:掘进循环开始时,一环管片刚好安装完成,推进液压缸组底部靴板和衬砌管片

图 1-3 单护盾 TBM 掘进工作示意图

相触;随着刀盘的转动,推进液压缸伸出,护盾被推动向前,如图 1-3 所示。

步骤 2:推进液压缸行程即将完毕时,停止刀盘旋转,前盾稳定器高压支撑洞壁;循环就位时,推进液压缸分区逐步收回。

步骤 3:启动管片拼装机,根据推进液压缸收回区域,安装一个新的管片。

步骤 4:新的管片拼装完成后,推进液压缸再次伸出至与管片相触;刀盘再次开始旋转掘进,TBM 可以进行下一个掘进循环,持续重复动作,依次循环作业。

1.1.3 工法特点

通常,隧道结构一般分为混凝土衬砌和预制管片两种,施工方法有钻爆法、盾构法和 TBM 法,其工法特点见表 1-1。

隧道施工工法特点 表 1-1

项目	工法				
	钻爆法	全断面隧道掘进机			
		盾构法	TBM 法		
			敞开式 TBM	护盾式 TBM	
				双护盾 TBM	单护盾 TBM
隧道结构	混凝土衬砌	拼装预制管片	混凝土衬砌	拼装预制管片	拼装预制管片
	铺设防水板	径向止水带	铺设防水板	径向止水带	径向止水带
	—	注浆	—	豆砾石、砂浆	豆砾石、砂浆
施工工艺	钻孔爆破	一次成型	—	一次成型	一次成型
	锚杆		锚杆		
	立拱		立拱		
	网片		网片		
	喷浆		喷浆		
	仰拱浇筑		仰拱浇筑		
	防水板铺设		防水板铺设		
	二次衬砌		二次衬砌		

TBM 一般均采用非闭胸、硬岩刀盘、刀盘刮渣、中心皮带输送机出渣的基本设计。主要不同点是:敞开式 TBM 无全环管片,采用拱、锚、网、喷等支护方式,依靠撑靴提供推进反

力；单护盾 TBM 没有撑靴，同步安装全环管片，管片背后回填碎石骨料并注浆固结，依靠管片提供推进反力；双护盾 TBM 设伸缩盾和撑靴，原则上同步安装全环管片，管片背后回填碎石骨料并注浆固结，可由管片或撑靴两种方式提供推进反力。

单护盾 TBM 只有一个护盾，大多用于软岩和破碎地层，由于没有撑靴支撑，掘进时前推力是靠护盾尾部的推进液压缸支撑在管片上获得，即 TBM 的前进要靠管片作为"后座"以获得前进的推力。机器的作业和管片的安装是在护盾的保护下进行工作，由于单护盾 TBM 的掘进需要靠衬砌管片来承受反力，因此安装管片时要停止掘进。

盾构机有许多种类型，但是与单护盾 TBM 比较，相近的只有土压平衡（EPB）式盾构机。其共同点是都只有一个护盾、一个圆形刀盘，刀盘上都装有盘形滚刀和刮刀，推进力都靠尾部的推进液压缸顶推管片来获得。区别点：土压平衡式盾构机的开挖室或压力平衡室是封闭的，能保持住一定的水压力和土压力，而单护盾 TBM 没有压力平衡室；单护盾 TBM 刀盘主要适用于硬岩地层，其结构特点、破岩机理与其他类型 TBM 一致，较盾构机承载载荷较大；在刀具布置上也有差别，TBM 安装的盘形滚刀较多，辅之以刮刀，但盾构机则反之，一般安装割刀和刮刀，只在有可能遇到较硬地层时才安装盘形滚刀；土压平衡式盾构机出渣是螺旋输送机在压力平衡条件下进行的掘进，而 TBM 出渣是在常压下进行的。

1.2 国内外 TBM 发展历程

1.2.1 国外 TBM 发展历程

1846 年，世界上第一台 TBM 是由比利时工程师毛瑟（Henri-Joseph Maus）发明的，在意大利与法国之间的 MONT CENIS 隧道施工中，为加速施工，工程师毛瑟开始将一组机械岩钻安装在钻架台车上掘进。

1851 年，美国工程师查理士·威尔逊（Charles Wilson）发明了一台蒸汽机驱动的 TBM，用于马萨诸塞州西北胡塞克（Hoossc）隧道花岗岩地层的开挖，然而仅仅开挖了 10ft（约 3m），机器动力不足，以失败而告终。

通常被认为是第一台在岩石中连续掘进的机器是英国人科洛内·博蒙特（Colonel Beaumont）在 1881 年发明的压缩空气驱动的隧道掘进机，并用于英吉利海峡隧道的一条 ϕ2.2m 的勘探导洞，但仅掘进了 3mile（约 4.83km）。

从 1881—1926 年，一些国家又先后设计制造了 21 台掘进机，因受当时技术条件限制，无法与当时刚诞生的钻爆法媲美，致使其无用武之地，掘进机的开发处于停滞状态。

直到 1952 年，美国芝加哥的工程师詹姆斯·罗宾斯（James S Robbins）设计了用于 South Dakota 的 Oahe Dam 隧道，1953 年机器建成，这是世界上第一台现代意义上真正的软岩掘进机，其直径为 7.85m，切削部分由内刀盘和外刀盘两个旋转的部件组成，刀盘沿径向布置碳化钨的截齿，并平行布置可自由转动的盘形滚刀，滚刀略低于碳化钨截齿。机器由两台 150kW 的电动机驱动，设备总重达 114t。尽管这台掘进机不是设计在硬岩中掘进的，它在软页岩中的日进尺还是达到了 49m。在参与修建的四条隧道中共更换了 356 个截齿和 4 把盘形滚刀。掘进以每天 160ft（约 48m）的速度推进，是当时钻爆法的 10 倍。罗宾斯制造的这台能在软岩中高效工作的 TBM，突破了人类百年以来的梦想，终于实现真正意义的隧道掘进机。1956 年罗宾斯采用盘形滚刀即能独立高效地完成作业，并能有效破碎单轴抗压强度 140MPa 的岩石。同年，罗宾斯制造的直径 3.28m 的中硬岩掘进机，成功地通过了工业性试验，盘形滚刀的应用是全断面硬岩掘进机的重要标志，是硬岩掘进机发展中的一个重要转折点。

20 世纪 60 年代末到 80 年代中期，水电开发在欧洲蓬勃发展，这一发展趋势对 TBM 的推广起到了积极的作用。敞开式 TBM 的临时支护设备及超级钻可安装在刀盘后的支架上。但实际使用中，TBM 常会遇到复杂地质情况如断层、破碎带、局部软岩或溶洞等，这时仅采用上述的临时支护可能难以稳定围岩。在较软的破碎岩层中，由于洞壁围岩的抗压强度低于掘进支撑板的最小接地比压，以致 TBM 无法支撑而不得不停止掘进。

为适应在复杂岩层中开挖隧道，人们将敞开式 TBM 和同期发展的盾构机结合，开发了护盾式 TBM，即在敞开式 TBM 的基础上采用一些盾构机的技术，如机器周围加筒形护盾，采用管片衬砌、推进液压缸顶在衬砌管片上等。由此，1965 年世界上第一台单护盾 TBM 投入运行。1972 年，美国罗宾斯公司设计生产了世界首台早期实验的双护盾 TBM。

在 TBM 漫长的发展历程中，位于世界著名的加拿大尼亚加拉瀑布附近的尼亚加拉隧洞项目——TBM 日掘进进尺是世界纪录的保持者，该隧洞开挖洞径 14.4m，长度 10.4km，采用 TBM 施工，2006 年 9 月正式开始掘进，是当时世界上直径最大的 TBM。

无论敞开式还是护盾式 TBM，其刀盘的破岩机理基本一致。从 TBM 的发展历程上看，敞开式 TBM 最先被人们创造，在此基础上逐步出现护盾式 TBM，以及软硬复合地层的多模式 TBM。

自 1960 年罗宾斯首台 ϕ9.0m 敞开式 TBM 应用于美国的 Oahe 大坝项目以来，大直径 TBM（直径 9m 以上的岩石掘进机）得到了越来越多的应用，截至 2020 年 9 月，全球共有 81 个项目采用或计划采用大直径 TBM 施工，TBM 共计 131 台，累计施工长度将达 1000km 以上。全球大直径 TBM 数据统计见表 1-2。

全球大直径 TBM 数据统计（截至 2020 年 9 月） 表 1-2

序号	工程所在国家	工程名称	TBM 施工长度（m）	TBM 直径 D（m）	类型	制造商	台数（台）	始发年份（年）
1	美国	Oahe 大坝	2377	9.0	敞开式 TBM	罗宾斯	1	1960
2	巴基斯坦	曼格拉坝项目	4267	11.2	敞开式 TBM	罗宾斯	1	1963

绪 论 | 第 1 章

续上表

序号	工程所在国家	工 程 名 称	TBM施工长度(m)	TBM直径 D (m)	类型	制造商	台数(台)	始发年份(年)
3	英国	Mersey 2 号隧道	4267	10.4	敞开式 TBM	罗宾斯	1	1968
4	瑞士	苏黎世 Gubrist 公路隧道	2596	10.67	敞开式 TBM	罗宾斯	1	1970
5	美国	芝加哥隧道和水库计划项目（TARP）	8458.2	9.17	敞开式 TBM	罗宾斯	1	1977
			7925	10.8	敞开式 TBM	罗宾斯	1	1978
			5700	10.8	敞开式 TBM	罗宾斯	1	1979
			893	10.8	敞开式 TBM	罗宾斯	1	1979
			4200	9.85	敞开式 TBM	罗宾斯	1	1979
			6893	9.85	敞开式 TBM	罗宾斯	1	1979
			7498.08	9.83	敞开式 TBM	罗宾斯	1	1979
			2878	9.17	敞开式 TBM	罗宾斯	1	1984
			6494	9.85	敞开式 TBM	罗宾斯	1	1985
			8534	9.85	敞开式 TBM	罗宾斯	1	1987
			6550	9.9	敞开式 TBM	罗宾斯	1	1989
			7254	9.8	敞开式 TBM	罗宾斯	1	1989
			3962	9.85	敞开式 TBM	罗宾斯	1	1992
			14630	9.8	敞开式 TBM	罗宾斯	1	1993
			3962	9.85	敞开式 TBM	罗宾斯	1	1998
6	瑞士	Gubrist 高速公路隧道	6000	11.5	敞开式 TBM	罗宾斯	1	1980
7	中国	天生桥二级水电站项目	9000	10.8	敞开式 TBM	罗宾斯	2	1984
8	瑞士	苏黎世铁路隧道	4355	11.5	敞开式 TBM	罗宾斯	1	1985
9	瑞士	MontRusselin 公路隧道	3550	11.8	单护盾 TBM	罗宾斯和海瑞克联合制造	1	1990
10	瑞士	Bözberg 公路隧道	6400	11.8	单护盾 TBM	罗宾斯和海瑞克联合制造	1	1990
11	瑞士	Sachseln 隧道	4970	11.77	单护盾 TBM	海瑞克	1	1992
12	瑞典	Hallandsås 隧道	17000	9.1	敞开式 TBM	罗宾斯	1	1993
			10925	10.53	单护盾—泥水双模式掘进机	海瑞克	1	2005
13	瑞士	Pomy 隧道	5400	11.66	单护盾 TBM	海瑞克	1	1994
14	意大利	San Pellegrino 隧道	4400	11.74	单护盾 TBM	海瑞克	1	1995
15	瑞士	巴塞尔 Adler 隧道	4100	12.535	单护盾 TBM	海瑞克	1	1995
16	意大利	Frasnadellof 公路隧道	2200	11.81	单护盾 TBM	海瑞克和罗宾斯联合制造	1	1996

续上表

序号	工程所在国家	工程名称	TBM施工长度（m）	TBM直径 D（m）	类型	制造商	台数（台）	始发年份（年）
17	中国	台湾台北至宜兰雪山隧道	12900	11.74	双护盾TBM	维尔特	2	1996 1997
18	瑞士	Murgenthal 隧道	4260	11.98	单护盾TBM	海瑞克	1	1997
19	新西兰	Manapouri 水电项目	9600	10.05	敞开式TBM	罗宾斯	1	1998
20	瑞士	苏黎世 Zimmerberg 基线隧道	6330	12.235	单护盾TBM	海瑞克	2	1998
21	瑞士	Tscharner 隧道	2324	9.53	敞开式TBM	海瑞克	1	2000
22	瑞士	Lötschberg 基线隧道	18845	9.43	敞开式TBM	海瑞克	2	2000
23	爱尔兰	都柏林港隧道	4500	11.77	单护盾TBM	海瑞克	1	2002
24	西班牙	古阿达拉马双洞铁路隧道	6400	9.51	双护盾TBM	海瑞克	2	2002
25	瑞士	哥达基线隧道	85425	9.58	敞开式TBM	海瑞克	2	2003
				9.43	敞开式TBM	海瑞克	2	2007
26	西班牙	Abdalajis 隧道	4200×2	10	双护盾TBM	罗宾斯	2	2003
27	意大利	Valsugana Trento Nord 隧道	5560	12.055	单护盾TBM	海瑞克	1	2003
28	瑞士	Islisberg 隧道	9346	11.86	单护盾TBM	海瑞克	1	2004
29	日本	东海北陆高速公路隧道	4290	12.84	敞开式TBM	川崎重工	1	2004
30	西班牙	San Pedro 项目	3000	9.45	敞开式TBM	海瑞克	2	2005
31	西班牙	Le Perthus 隧道	16390	9.9	双护盾TBM	海瑞克	2	2005
32	西班牙	Pajares 隧道	30345	10.16	单护盾TBM	海瑞克	1	2005
				9.9	单护盾TBM	海瑞克	1	2005
				9.84	单护盾TBM	海瑞克	1	2005
33	奥地利	Wienerwald 隧道	21469	10.695	单护盾TBM	海瑞克	1	2005
34	意大利	Genova—Ventimiglia 隧道	11940	11.78	单护盾TBM	海瑞克	1	2005
35	瑞士	TUF Flüelen 隧道	2510	11.98	单护盾TBM	海瑞克	1	2005
36	奥地利	维也纳 Perschling 隧道	6353	12.98	单护盾TBM	海瑞克	1	2005
37	西班牙	帕哈雷斯第4标段隧道	10500	10.0	单护盾TBM	罗宾斯	1	2006
38	德国	Finne 隧道	6825	10.82	单护盾—泥水双模式掘进机	海瑞克	2	2006
39	法国	Mont Sion 隧道	5350	11.875	单护盾TBM	海瑞克	1	2006
40	加拿大	尼亚加拉隧道	10400	14.4	敞开式TBM	罗宾斯	1	2006
41	西班牙	Cabrera 隧道	11966	9.69	双护盾TBM	海瑞克	1	2007
42	澳大利亚	布里斯班 Legacy Way 隧道	8415	12.34	双护盾TBM	海瑞克	2	2007

续上表

序号	工程所在国家	工程名称	TBM施工长度（m）	TBM直径 D（m）	类型	制造商	台数（台）	始发年份（年）
43	瑞士	Bure 隧道	3000	12.535	单护盾 TBM	海瑞克	1	2007
44	西班牙	Vigo mas Maceiras 隧道	5000	9.51	双护盾 TBM	海瑞克	1	2008
45	瑞士	Ceneri 基线隧道	2400	9.7	敞开式 TBM	罗宾斯	1	2008
46	印度	Alimineti Madhava Reddy 输水隧洞	26500	10.0	双护盾 TBM	罗宾斯	2	2008
47	奥地利	Pfänder 公路隧道	6585	11.835	单护盾 TBM	海瑞克	1	2008
48	中国	锦屏Ⅱ级水电站引水隧洞	13202.5	12.4	敞开式 TBM	罗宾斯	1	2008
				12.4	敞开式 TBM	海瑞克	1	2008
49	瑞士	Nant de Drance 抽水蓄能电站	5600	9.45	敞开式 TBM	海瑞克	1	2009
50	印度	Pula Subbaiah Veligonda 项目	19200	10.0	双护盾 TBM	罗宾斯	1	2009
51	俄罗斯	Kuznetsovsky 隧道	3890	10.0	双护盾 TBM	SELI	1	2009
52	中国	兰渝铁路西秦岭隧道	15600	10.2	敞开式 TBM	罗宾斯	2	2010
53	法国	Fréjus Safety Gallery Lot 1 公路隧道	5547	9.46	单护盾 TBM	海瑞克	1	2010
54	土耳其	Kargi 水力发电项目	7800	10.0	双护盾 TBM	罗宾斯	1	2010
55	俄罗斯	索契 3 号交通枢纽项目	4600	10.0	双护盾 TBM	罗宾斯	1	2010
56	西班牙	Sorbas 隧道	5838	10.02	双护盾 TBM	海瑞克	1	2010
57	俄罗斯	索契公路隧道	4200	13.21	单护盾 TBM	海瑞克	1	2010
58	土耳其	Eskisehir—Köseköy 隧道	6100	13.72	单护盾 TBM	海瑞克	1	2010
59	澳大利亚	布里斯班 Clem Jones 隧道	8540	12.34	双护盾 TBM	海瑞克	2	2011
60	意大利	萨沃纳隧道	3500	13.64	单护盾 TBM	海瑞克	1	2011
61	印度	Sleemanabad Carrier 隧道	12000	10	单护盾—土压双模式掘进机	罗宾斯	1	2011
62	以色列	特拉维夫—耶路撒冷 3 号铁路	11600×2	9.9	双护盾 TBM	海瑞克	2	2012
63	厄瓜多尔	Coca Codo Sinclair 水电站项目	24529	9.04	双护盾 TBM	海瑞克	2	2012
64	奥地利	Koralm 铁路隧道	11900	9.93	双护盾 TBM	北方重工	2	2012
65	中国	西藏派墨公路多雄拉隧道	4489	9.13	双护盾 TBM	海瑞克	1	2015
66	挪威	Ulriken 隧道	6894	9.3	敞开式 TBM	海瑞克	4	2016

续上表

序号	工程所在国家	工程名称	TBM施工长度（m）	TBM直径 D（m）	类型	制造商	台数（台）	始发年份（年）
67	印度	喜马拉雅山皮帕克提水电站	12500	9.86	双护盾TBM	中铁科工、TERRATEC、SELI联合制造	1	2016
68	挪威	Follo线项目	36014	9.9	双护盾TBM	海瑞克	4	2016
69	瑞士	Bözberg铁路隧道	2503	12.3	单护盾TBM	海瑞克	1	2016
70	瑞士	Belchen隧道	3177	13.91	单护盾TBM	海瑞克	1	2016
71	西班牙	Vilarino Campobecerros隧道	6700	9.9	单护盾TBM	海瑞克	1	2016
72	中国	高黎贡山隧道	12500	9.03	敞开式TBM	中铁装备	1	2017
73	美国	俄亥俄州亚克朗运河拦截隧道	1890	9.26	单护盾—土压双模式掘进机	罗宾斯	1	2017
74	中国	广佛东环项目铁路隧道	6144	9.1	单护盾—土压双模式掘进机	铁建重工	1	2018
75	美国	达拉斯市Mill Creek排水隧道	8000	11.6（可变径9.9）	敞开式TBM	罗宾斯	1	2019
76	奥地利	布伦纳基线隧道	77893	10.6	双护盾TBM	海瑞克	2	2019
				10.34	单护盾TBM	海瑞克	2	2020
77	中国	滇中引水隧洞Ⅰ段Ⅲ标	20800	9.83	敞开式TBM	中铁装备	1	2020
78	澳大利亚	雪山2.0水电站项目	11500	11.01	单护盾TBM	海瑞克	1	2020
			7000	11.01	单护盾—泥水双模式掘进机	海瑞克	1	2020
			8500	11.09	单护盾TBM	中铁装备	1	2020
79	韩国	GTX Aline项目	8800	11.6	敞开式TBM	海瑞克	1	2020
80	格鲁吉亚	南北公路隧道	10000	15.08	单护盾TBM	中铁装备	1	2020
81	中国	滇中引水隧洞Ⅰ段Ⅱ标	14670	9.84	敞开式TBM	中铁装备	1	2021

注：罗宾斯指美国罗宾斯公司，海瑞克指德国海瑞克公司，北方重工指北方重工集团有限公司，中铁科工指中铁科工集团有限公司，TERRATEC指澳大利亚TERRATEC公司，中铁装备指中铁工程装备集团有限公司，铁建重工指中国铁建重工集团股份有限公司，川崎重工指川崎重工业株式会社，SELI指意大利SELI公司。

1.2.2 国内TBM发展历程

新中国成立后，我国TBM技术发展起步相对较晚，大致经历了黎明期、引进消化期和自主创新期三个阶段。

第一阶段：黎明期，1964—1984 年。在坚持自力更生的原则下，国家科学技术委员会成立了全断面岩石隧道掘进机攻关小组，并列入国家重点科研项目，从当时的水利电力部抽调技术力量，开始了国产 TBM 的研制。1966 年我国第一台 SJ34 型 ϕ3.4m 敞开式 TBM 在上海水工机械厂下线诞生，应用于杭州王皇山、宝石山人防洞。20 世纪 70 年代，又先后研制了 50 多台直径不同的敞开式 TBM，但因刀圈材质、主轴承及其密封、齿圈热处理等核心部件材质或工艺不合格，以及其他关键技术缺陷问题，使用效果较差，与国外 TBM 相比差距很大。20 世纪 80 年代初期，虽然通过技术改进和创新，又先后研制了 19 台敞开式 TBM，但应用效果仍然不理想，如图 1-4～图 1-6 所示。

a)

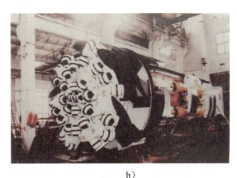
b)

图 1-4　SJ58 型和 SJ40/50 型 TBM（原上海水工机械厂研制）

图 1-5　JSS55 型 TBM

图 1-6　EJ50 型 TBM

第二阶段：引进消化期，1985—2012 年。20 世纪 80 年代，随着国家改革开放的深入发展及社会主义市场经济体制的建立，我国先后进口或联合国外技术制造的各类 TBM 38 台，隧道掘进长度约 580km。

TBM 技术推广应用在我国隧道建设史上有了飞跃性的突破：

1985 年，第一台进口敞开式 TBM（美国罗宾斯公司制造，ϕ10.8m）应用于广西天生桥水电工程建设中，但因 TBM 地质适应性不强、设备故障率高等多种原因，10 年时间仅掘进 7.5km，运用效果欠佳。

1991 年，第一台进口双护盾 TBM（美国罗宾斯公司制造，ϕ5.53m）被国外承包商（意大利 CMC 公司）应用到引大入秦工程 30A 号、38 号引水隧洞，2 年时间掘进 17km。

1997年，进口敞开式TBM（德国Wirth公司制造，2台，$\phi 8.8m$）第一次用于秦岭Ⅰ线隧道施工建设，2年时间，中铁隧道局集团有限公司和中铁十八局集团有限公司分别掘进5.2km、5.6km。

2008年，我国第一台单护盾TBM被成功运用到国内甘肃引洮工程引水隧洞建设。该工程TBM直径5.75m，由法国NFM公司提供技术支持，北方重工集团有限公司加工制造，中铁隧道股份有限公司施工，创造了当时世界单月掘进最高进尺1868m的纪录。

第三阶段：自主创新期。2013年至今，我国已具备自主研发、设计和制造TBM及掌握完全自主知识产权的能力，形成了完整的结构产业链体系，并开始向国外出口TBM设备和技术，并由此实现了由量向质的转换和升华。

2013年8月，国产第一台敞开式TBM（$\phi 5m$）在中信重工机械股份有限公司（简称"中信重工"）下线，于2015年应用于洛阳故县引水工程1号隧洞施工，实现了单月掘进最高进尺547.5m。

2014年5月，重庆轨道交通5号线由中铁装备通过再制造，将敞开式TBM刀盘直径由6.39m改进为6.83m的单护盾TBM，并成功应用在其后的区间隧道施工，实现了单月掘进最高进尺547.5m。

2015年3月，铁建重工自主研制的单护盾TBM"领航一号"用于重庆轨道交通环线工程，该TBM开挖直径6.88m，施工中实现最高日进尺24m。

2015年12月24日，铁建重工自主研制的$\phi 5.49m$双护盾TBM用于兰州市水源地建设工程项目。

2016年1月10日，中铁装备研制的$\phi 5.48m$双护盾TBM在成都下线。

在国家强有力的政治和经济支持下，以及大力发展基础设施建设的社会环境下，我国TBM技术的成长历程是从敞开式TBM做起，逐步向护盾式TBM发展，并趋于成熟。TBM在我国的发展历程如图1-7所示，国内单护盾TBM隧道数据统计见表1-3。

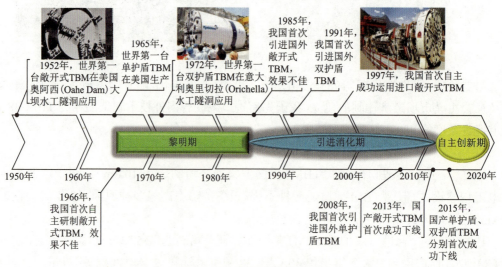

图1-7 TBM在中国的发展历程

国内单护盾 TBM 数据统计（截至 2020 年 10 月） 表 1-3

序号	分类	工程或项目名称	施工时间	开挖直径（m）	TBM掘进长度（km）	隧洞总长（km）	TBM使用台数（台）	TBM制造商	TBM类型	施工单位
1	水利水电	甘肃引洮供水引水隧洞	2007—2013	5.75	35	35.6	2	法国NFM公司	单护盾	中铁隧道局、意大利CMC公司
2	地铁	重庆轨道交通6号线二期	2008—2013	6.36～6.28	25	25	6	美国罗宾斯公司	单护盾	中铁十八局集团有限公司
3		重庆轨道交通5号线	2013—2016	6.85	11.6	30	2	中铁装备（再制造）	单护盾	中铁隧道局集团有限公司
4		重庆轨道交通环线	2014—2016	6.88	4.8	4.8	2	铁建重工	单护盾	中交一公局集团有限公司
5		深圳轨道交通14号线	2018至今	6.48～6.98	始发2台	10.8\52.6	6	中铁装备	单护盾—土压平衡双模式	中铁隧道局集团有限公司
6	矿业	新疆涝坝湾煤矿副井平洞	2012—2014	6.42	5.3	5.9	1	铁建重工	单护盾—土压平衡双模式	中铁二十四局集团有限公司
7		内蒙古神东补连塔煤矿运输斜井	2015—2016	7.6	2.7	3	1	铁建重工	单护盾	中铁十一局集团有限公司
8		内蒙古神华新街台格庙煤矿斜井	2014至今	7.6	未掘进	6.6	2	铁建重工	单护盾	中铁十一局集团有限公司

1.3 单护盾 TBM 应用领域

当前，世界经济高速发展，在世界各地隧道工程建设领域中，TBM 越来越受到关注，其中单护盾 TBM 得到广泛的应用。据不完全统计，截至 2019 年底，全球在用于公路、铁路、水利、轨道交通等隧道建设领域共有 81 个项目采用或计划采用大直径（ϕ9m 以上）TBM 施工，共计 131 台，累计施工长度将超过 1000km。其中，单护盾 TBM 36 台，占比 27.5%；敞开式 TBM 51 台，占比 38.9%；双护盾 TBM 36 台，占比 27.5%；双模式 TBM 8 台，占比 6.1%。此外，直径 11m 级（11m≤直径（D）<12m）的单护盾 TBM 台数最多。由此可见，单护盾 TBM 应用前景广阔，本节仅从水利、市政工程、煤矿和公路建设领域列举单护盾 TBM 隧道施工的典型工程案例及应用。

1.3.1 水利建设领域

1)项目简介

甘肃省引洮供水一期工程由洮河九甸峡水利枢纽调水至甘肃省中部干旱地区定西市一带,重点解决该地区城镇及工业用水、农村人畜饮水、生态环境用水和农业灌溉用水问题,为区域经济社会的发展提供水资源保障。单护盾 TBM 始发现场如图 1-8 所示。

图 1-8　单护盾 TBM 始发

总干渠 7 号隧洞全长 17286m,由中铁隧道股份有限公司采用法国 NFM 公司技术支持、北方重工集团有限公司加工制造的 ϕ5.75m 单护盾 TBM 施工,管片内径 4.96m,于 2009 年 12 月始发,2012 年 4 月 30 日完成 TBM 掘进任务。TBM 掘进长度为 14190m。其中,出口段长度 3070m,进口段长度 11120m,最高月进尺为 1868m,成功掌握了采用单护盾 TBM 在软弱地层中的掘进技术,隧洞平面示意如图 1-9 所示。

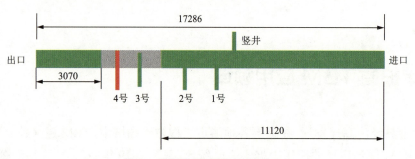

图 1-9　隧洞平面示意图(尺寸单位:m)

2)工程地质

隧洞段地层岩性相对较复杂,洞身地层主要有砂岩、泥质粉砂岩、砂质泥岩、泥质粉砂岩夹砂质泥岩、含砾砂岩夹泥质粉砂岩、砂砾岩、含砾(疏松)砂岩夹泥质粉砂岩等软岩。

其中,Ⅳ类围岩占比 14%,Ⅴ类围岩占比 86%,出口段有 5.5km 范围内洞段处于地下水水位以下,为砂质泥岩、泥质粉砂岩,局部为砂岩、砂砾岩,以泥质胶结为主,胶结程度差,遇水易膨胀,饱水后易崩解,失水干缩,具弱膨胀性、多层承压性,围岩极不稳定。TBM通过该段时容易造成刀盘前面坍塌和围岩大变形,严重时可能会出现涌水涌沙地质灾害现象,造成盾体被抱死或低头卡机的被动局面。

3)总体施工方案

工程总体上应采取"TBM法施工为主、钻爆法施工为辅"的施工方案,通过设置支洞,以展开不良地质洞段施工。

4)施工情况

单护盾TBM施工经历了三个阶段。

第一阶段:2009年12月,隧洞出口端单护盾TBM始发。至2010年4月,已掘进2565m,但因地质条件变为含水细沙层,隧道围岩塌方严重,导致TBM被卡。经过技术改进和方案调整,2010年10月1日TBM恢复掘进。

2010年10月6日,由于地层地下水出露突然增大,掌子面泥化严重,大量泥沙涌入TBM刀盘内,主机皮带输送机被压且无法启动;泥沙和积水通过TBM机头加中间区域大量涌入前盾和中盾内,对设备及人员安全造成隐患;TBM主机部分约3/4的部位被埋,致使管片无法安装,TBM掘进施工再次中断。

2010年11月8日,盾体及后配套泥沙清理完毕。在充分做好针对可能再次发生突泥涌沙地质灾害应急预案和准备措施后,TBM恢复掘进,但施工难度巨大。

第二阶段:2011年2月进口段洞内TBM拆机,并于同年8月转场至进口端始发。在此期间,对单护盾TBM进行整修和针对性改造,以更好地适应软弱不良地质。

第三阶段:2011年9月—2012年4月,单护盾TBM连续掘进11120m。其中,2011年9—11月连续月度掘进进尺分别为1515m、1718m、1868m,创造了单护盾TBM施工月度进尺纪录,充分证明TBM在能自稳地质洞段能够保持高产稳产的掘进状态。

1.3.2 市政工程领域

1)工程简介

重庆轨道交通5号线一期工程起于园博中心站,由北向南走行,止于跳蹬站,全线长39.75km,其中地下线长31.18km,占线路长度的78.44%,高架线长8.12km,占线路长度的20.43%,地面线及过渡段长0.45km,占线路长度的1.13%。设车站25座,其中,高架车站5座,地下车站20座,平均站间距1.62km,3座越行站,9座换乘站。

单护盾TBM施工隧道区间工程位于重庆市北部新区,采用2台单护盾TBM从大竹林出入线车场始发掘进,通过人和站、和睦路站及站前暗挖段,并在区间风井处接收井吊出,完成掘进任务。主要建(构)筑物为下穿古木峰隧道,上跨渝怀铁路上下行线、沪蓉铁路,旁穿刘家沟、黛湖水库。TBM段工程位置示意如图1-10所示。

区间隧道长度6501m,区间最小转弯半径350m,最大纵坡为44‰,拱顶埋深为15~100.3m。隧道采用钢筋混凝土管片衬砌,管片外径6.6m,内径5.9m,1.5m幅宽。采用通用环结构（管片楔形量 39.6 mm）错缝拼装，每环管片由 3 块标准块 +2 块邻接块 +1 块封顶块组成，每环采用 10 根纵向、12 根环向 M27 螺栓连接。隧道防水采用混凝土自防水（C50P12）+ 三元乙丙橡胶止水带。

图 1-10　单护盾 TBM 段工程位置示意图

2）地质与水文条件

隧道穿越侏罗系中统沙溪庙组（J2S）沉积岩层，以厚层中风化砂质泥岩为主，夹薄层砂岩为辅，局部地段以中风化厚层砂岩为主，穿越地层均为Ⅳ级围岩。隧道洞身范围内中风化砂岩天然抗压强度 37～53MPa，中风化砂质泥岩天然抗压强度 8～15MPa。地质纵断面如图 1-11 所示，设计参数地勘建议见表 1-4。

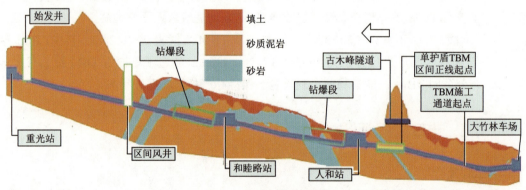

图 1-11　地质纵断面示意图

设计参数地勘建议值表　　　　　　　表 1-4

岩性	风化程度	重度 (kN/m³)	岩石单轴极限抗压强度标准值		地基承载力特征值 (kPa)	岩土体抗剪强度		围岩				
			饱和值 (MPa)	自然值 (MPa)		内摩擦角 (°)	黏聚力 c (kPa)	变形模量 (kPa)	弹性模量 (kPa)	泊松比 μ	弹性波速 v_p (m/s)	抗拉强度 (kPa)
粉质黏土		20.4			150	12	40					
砂质黏土	中风化	25.9	7.74	12.63	1000	34	612	1316	1720	0.36	4203	168
砂岩	中风化	25.2	27.49	37.16	2500	42	1818	3634	4254	0.16	3550	520

地面主要为已硬化的城市道路和市政设施,地表水为生产、生活污水。第四系松散层孔隙水主要在缓坡及沟心区域分布,以大气降水、地下管网渗漏为主要补给源。由于沿线经过地段丘陵与沟谷相间,土层中无统一地下水位。碎屑岩类孔隙裂隙水包括风化裂隙水和构造裂隙水。

3)施工情况

重庆轨道交通 5 号线重光站—和睦站—人和站—大竹林停车场区间,全长 4.6km,采用 2 台单护盾 TBM 由重庆轨道交通 6 号线一期工程使用的 ϕ6.36m 敞开式 TBM 改造而成。如图 1-12 所示。

工程施工采用机车编组方式出渣,每列编组配置为:55t 机车 +6 节渣车(20m³)+1 节(6.5m³)豆砾石车 +1 节砂浆车(7m³)+2 节(15t)管片车。

图 1-12　重庆轨道交通 5 号线一期工程大竹林车场单护盾 TBM 装机现场

右线单护盾 TBM 于 2014 年 5 月进行改造,2015 年 4 月始发、2016 年 5 月贯通;左线单护盾 TBM 于 2015 年 6 月始发,2016 年 6 月贯通。在 TBM 掘进期间,组装调试 25d/ 台,过站 10d/ 次,TBM 综合月度平均进尺 435m,最高月度进尺 547.5m。

1.3.3　煤矿建设领域

神华集团有限责任公司(简称"神华集团")从 2011 年就开始论证新街台格庙煤矿运输巷道采用 TBM 施工的可行性,最终决定在长约 6.3km、坡度约 -10.5%、开挖直径为 7.6m 的 2 条平行巷道中采用单护盾—土压平衡双模式 TBM 施工。TBM 大坡度下坡掘进、长距离大坡度安全施工运输和出渣、施工排水等均具有一定特殊性和较大技术难度。该工程于 2014 年完成 TBM 现场组装调试并步进到位,但由于多种原因,TBM 至今未能掘进。此后,神东集团在补连塔煤矿 2 号辅运斜井采用了单护盾 TBM 施工。该巷道全长 2745m,开挖直径 7.6m,成巷直径 6.6m,坡度为 9.5% 连续下坡,如图 1-13 所示。

图 1-13　补连塔煤矿 2 号辅运斜井单护盾 TBM

2015 年初,TBM 现场组装,2015 年 6 月开始掘进,2015 年 12 月成功贯通,创下连续 4 个月月进尺超过 500m、最高月进尺 639m 的掘进纪录,解决了长距离、连续下坡、上穿下跨既有巷道、掘进泥质砂岩、多次穿越煤层和高压富水等施工技术难题,填补了我国 TBM 在长距离、大坡度煤矿斜井建设领域的技术空白。

1.3.4 公路建设领域

格鲁吉亚 Kvesheti-Kobi（K-K）公路项目是连接格鲁吉亚与俄罗斯的交通咽喉要道，距格鲁吉亚首都第比利斯约 136km，该条公路属于国际路线，冬季积雪使行车困难，影响材料运输，公路建设对格鲁吉亚运输业具有重要意义。

项目地理位置如图 1-14 所示。

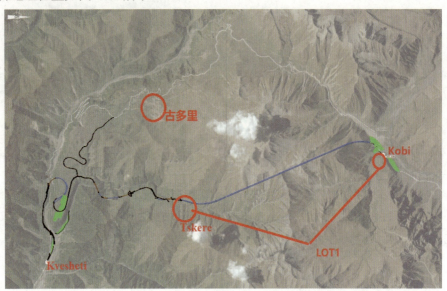

图 1-14　项目地理位置示意图

K-K 公路项目为了绕开现有翻山公路区段而修建，线路总长 22.7km。该项目分为两个标段（LOT2、LOT1），其中隧道标段（LOT1）总长 10km，包含 9km 的单洞双线隧道和 1km 的公路，如图 1-15 所示。

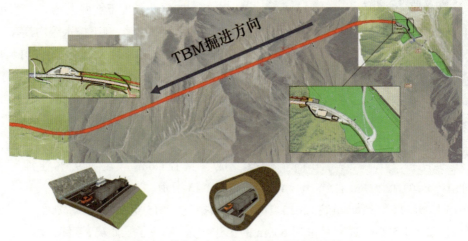

图 1-15　格鲁吉亚 K-K 公路项目工程布置示意图

主隧道长度 9068m，其中，单护盾 TBM 施工隧道长度为 8860m。隧道线路 80% 为直线,最小半径1700m,隧道从出口至里程K20+322.66共计1637m以1.6%的上坡掘进,而后以2.35%的下坡掘进至入口,长度7223m。单护盾TBM主隧道开挖直径14.86m,管片外径14.4m,内径13.4m,管片厚度0.5m,环宽2m,采用"9+1"的组合方式,全部为通用楔形环,管片之间采用直螺栓进行连接。

隧道穿越岩层除入口段约0.8km为含块状、碎屑状火山岩和凝灰岩外,大部分以侏罗纪及白垩纪沉积岩层为主,具体表现为石灰岩、泥灰岩、页岩及少量砂岩的交互地层为主,设计及勘测认为岩性及化学成分相对较为均一。单轴抗压强度45～90MPa。项目从设计、制造、掘进施工工期为48个月,计划月平均掘进380m。

1.4 单护盾TBM关键技术

对于单护盾TBM施工来说,能够在砂岩及砂质泥岩软弱围岩地层、含水疏松砂层、断层破碎带等特殊地层中掘进,若采用单护盾TBM能够发挥自身独特功能优势,但需要"量体裁衣"。

任何一种类型的TBM,都有自身的功能优势,而对于单护盾TBM也不例外。由于地下地层及水文环境复杂性、特殊性和多样性,单护盾TBM不仅自身设备选型要具有先进性和适用性,而且要有与之完善的成熟工艺与之相匹配,那么单护盾TBM施工有哪些关键技术呢?

单护盾TBM施工关键技术包括:

(1)TBM选型与针对性设计。TBM选型、单护盾TBM针对性设计、单护盾TBM适用性。

(2)单护盾TBM重点工序施工技术。单护盾TBM施工准备、单护盾TBM辅助工程建设、单护盾TBM组装与调试、单护盾TBM始发技术、单护盾TBM掘进及管片拼装、TBM豆砾石吹填及背后注浆、TBM刀盘刀具更换及修复技术、单护盾TBM到达接收技术。

(3)特殊地质单护盾TBM施工技术。砂岩及砂质泥岩地层TBM施工技术、含水疏松砂层TBM施工技术、断层破碎带地段TBM施工技术。

(4)复杂工况单护盾TBM穿越技术:TBM上跨既有铁路施工技术、TBM重叠隧道穿行施工技术、TBM穿越建(构)筑物控制技术。

(5)单护盾TBM空推步进施工技术。TBM/盾构常见步进方法、单护盾TBM平面滑行。

(6)单护盾TBM姿态控制技术。姿态影响及控制方法、姿态控制措施、姿态纠偏方法及控制要点。

（7）单护盾 TBM 管片变形控制技术。隧道结构设计、管片结构形式、荷载及工况、单护盾 TBM 管片变形规律分析、单护盾 TBM 管片变形控制措施。

（8）TBM 长距离大坡度快速施工技术。长距离大坡度物料运输技术、长距离隧道 TBM 施工智能通风技术、长距离大坡度反坡排水技术。

（9）单护盾 TBM 施工风险管理：TBM 施工风险识别、TBM 施工风险分析、TBM 施工风险管理、TBM 施工风险对策与措施。

此外，随着科学技术的发展，TBM 施工技术还将不断发展进步，如破岩技术、长斜井 TBM 施工技术、机器人自动焊接技术、TBM 测量激光导向技术、TBM 皮带输送机自动纠偏技术、TBM 管片自动化生产技术等。未来 TBM 将朝着更加智能化方向发展，让我们拭目以待！

本章参考文献

[1] 水利部科技推广中心. 全断面岩石掘进机 [M]. 北京：石油工业出版社，2005.

[2] 钱七虎，李朝甫，傅德明. 隧道掘进机在中国地下工程中应用现状及前景展望 [J]. 地下空间，2002，22（1）：1-11.

[3] D 威利斯. TBM 的发展历程 [J]. 水利水电快报，2013，34（11）：24-26.

[4] 孙恒，冯亚丽. 全球超大直径隧道掘进机数据统计 [J]. 隧道建设（中英文），2020，40（6）：925.

[5] 全球 ϕ9m 以上大直径岩石隧道掘进机数据统计 [J]. 隧道建设（中英文），2020（9）：1380-1390.

[6] 阳斌. 单护盾 TBM 快速掘进条件分析 [J]. 隧道建设，2014，34（10）：997-1000.

[7] 陈馈，孙振川，李涛. TBM 设计与施工 [M]. 北京：人民交通出版社股份有限公司，2018.

[8] 王梦恕. 岩石隧道掘进机（TBM）施工及工程实例 [M]. 北京：中国铁道出版社，2004.

[9] 荆留杰，张娜，杨晨. TBM 及其施工技术在中国的发展与趋势 [J]. 隧道建设（中英文），2016，36（3）：331-337.

[10] 隆威，尹俊涛，刘永正，等. TBM 掘进技术的发展应用及相关工程地质问题探讨 [J]. 探矿工程，2005，2：55-59.

[11] 陈青芳. TBM 掘进技术的发展与展望 [J]. 科技情报开发与经济，2005，15（21）：164-165.

[12] 薛备芳. 国内外全断面硬岩掘进机技术发展动向（Ⅰ）[J]. 水利电力施工机械，1992（01）：1-5.

[13] 薛备芳. 国内外全断面硬岩掘进机技术发展动向（Ⅱ）[J]. 水利电力施工机械，1992（02）：7-11.

[14] 秦海洋，刘厚全，周慧，等. 硬岩掘进机在中国的发展与展望 [J]. 筑路机械与施工机械化，2017（2）：19-25.

[15] 张镜剑，傅冰骏. 隧道掘进机在我国应用的进展 [J]. 岩石力学与工程学报，2007（02）：226-238.

[16] 杜立杰. 中国 TBM 施工技术进展、挑战及对策 [J]. 隧道建设（中英文），2017，37（09）：1063-1075.

[17] 陈馈. TBM 在铁路隧道施工中的应用前景 [J]. 建筑机械，2006（15）：14-17.

第 2 章

单护盾 TBM 选型与针对性设计

Key Technology of TBM Construction with Single Shield

Key Technology of TBM Construction with Single Shield

第 2 章 单护盾 TBM 选型与针对性设计

TBM 法施工具有掘进速度快、施工工期短、作业环境好、生态扰动小、综合效益高等优点,已成为国内外隧道施工方法的重要选择。与此同时,TBM 选型及掘进适应性涉及因素众多,且因素间联系错综复杂。目前,TBM 施工常面临诸如破岩适应性、围岩大变形卡机、岩爆、突涌水等工程灾害的严峻挑战。通过综合分析地质条件、TBM 掘进围岩力学响应、岩机相互作用、围岩稳定和施工安全控制等适应性影响因素,研究不同地层条件下不同类型 TBM 的适应规律,尚处于发展完善阶段;对于理论性的体系研究成果,还有待实践验证。

当前,"十四五"经济规划推行实现"国内大循环",将有力促进一些卡脖子技术问题的解决,进而推动技术进步和经济结构升级,为实现经济高质量发展提供动力。在新阶段的能源开发、交通、水利、基础设施建设大背景之下,TBM 工法施工需求巨大,前景广阔。通常,一个 TBM 隧道工程往往从可行性研究报告准备至项目立项、再至初步设计,TBM 选型往往要经历两个阶段:一是 TBM 选型适应性分析,主要包括隧道几何参数与线路线形条件关系、地质条件、不良地质问题、工期和项目投资等,以选定目标项目最优机型;二是 TBM 掘进适应性分析,主要包括 TBM 施工参数、地质条件、不良地质问题和施工组织等,以衡量目标项目机型的掘进效果。本章将按上述两个阶段对 TBM 选型进行阐述,而后结合实际施工经验,浅谈单护盾 TBM 针对性设计。

2.1 TBM 选型

采用 TBM 掘进施工,首先需对机型进行正确选择。敞开式 TBM、单护盾 TBM、双护盾 TBM 作为三种常用机型,在风、水、电供应,运输、出渣以及刀盘驱动、主轴承、激光导向、控制系统等方面基本相同,而单护盾 TBM 可实现开挖和衬砌(管片拼装)流水作业,双护盾 TBM 可实现开挖和衬砌(管片拼装)可平行作业,互不干扰,较敞开式 TBM 存在优势,三种 TBM 机型同直径但护盾长度不同,导致施工环境的封闭程度、地质问题处理的灵活性存在差异。具体表现在不同机型对地质条件、不良地质问题、施工参数、工期等各方面的适应性不尽相同。

2.1.1 选型依据

TBM 选型应做到配套合理,充分发挥施工机械的综合效率,提高机械化施工水平。TBM 选型依据如下:

(1)隧道工程地质、水文地质条件,包括地层岩性、岩石强度、完整性、节理发育程度、石英含量、抗压强度、地下水发育程度、地下水位、隧道涌水量及不良地质等多项参数。

（2）隧道断面的形状、几何尺寸，隧道长度、坡度、转弯半径、埋深等设计参数。

（3）线路周边环境条件、沿线场地条件、周边管线、建筑物及地下洞室的结构特性、基础形式、现状条件及可能承受的变形。

（4）是否有足够的组装场地，是否具有大件运输、吊装条件，施工场地气候条件、水电供应、交通情况等地理位置环境因素。

（5）隧道连续掘进长度以及单个区间的最大长度。

（6）隧道施工总工期、准备工期、掘进开挖工期等施工进度要求。

（7）同区域钻爆法隧道施工变形监控量测资料。

（8）处理不良地质的灵活性、经济性。

2.1.2 选型原则

基于以往大量工程实践经验的总结分析，TBM选型应主要从地质条件出发，分析工程质量、工程风险、工程工期、工程成本等多种因素，并抓住关键因素进行 TBM 选型。因此，提出"地质适应原则、风险控制原则、工期成本原则、相容有利原则"的 TBM 选型四原则，称为"DU-S"TBM 选型准则，如图 2-1 所示。

TBM 的性能及其对地质条件和工程施工特点的适应性是 TBM 隧道施工的关键，因此，TBM 设备选型还应遵循下列原则：

（1）安全性、先进性、经济性相统一

所选 TBM 技术水平应先进可靠，并适当超前，符合工程特性，满足隧道用途，做到安全性、先进性、经济性相统一。

图 2-1 TBM 选型原则

同时，选用经验丰富、服务专业的 TBM 制造商，也是影响 TBM 设备性能适应性的重要因素。

（2）满足环境条件

TBM 对通过的地层最为敏感，不同类型的 TBM 适用的地层不同。一般情况下，以Ⅱ、Ⅲ级围岩为主的硬岩隧道较适合采用敞开式 TBM，以Ⅲ、Ⅳ、Ⅴ级围岩为主的隧道较适合采用双护盾 TBM，以Ⅳ、Ⅴ级围岩为主且围岩完整性较好的隧道适合采用单护盾 TBM；当地层多存在软土地层、地表结构复杂且对沉降控制要求较高时，多采用盾构法施工。

TBM 设备性能能否发挥最优，在很大程度上依赖于工程地质条件和水文地质条件。因此，在满足工程建设安全、质量、工期造价及环保的基本要求下，TBM 选型还应依据招标文件提供的地质资料和相应技术规范，参考国内外已有 TBM 隧道工程实例，满足隧道外径、长度、埋深和地质条件、沿线地形以及洞口条件等环境条件的要求。

施工前，掌握隧道的地质条件对隧道工程的施工是极为重要的，导洞或主洞实施的超前勘探并不能充分代替 TBM 施工的前期地质勘察。因此，地质勘察资料应全面、真实、准确，除有尽可能准确的地质勘察资料外,还应包括隧址地形地貌条件和地质岩性、过沟地段、傍山浅埋段和进出口边坡的稳定条件等。

(3)满足安全、质量、工期及造价要求

应依据工程项目的规模、难易程度、安全、质量、工期、造价、环保以及文明施工等要求,在充分调研的基础上,进行 TBM 选型。

TBM 设计应把 TBM 设备各个系统和部件的安全性、可靠性、先进性、经济性放在首位;应满足隧道不良(或特殊)地质的施工工艺及安全要求;减轻作业人员劳动强度、优化空间环境条件,满足劳动保护和环境保护等职业健康安全和文明施工的要求。

TBM 隧道工程工期包括前期准备、掘进(或含衬砌)、拆卸转场等全过程。前期准备包含招标采购、设计、制造、运输场地、安装、调试、步进等;掘进应满足预定的成洞工期要求;拆卸转场应满足预定的后续工期要求。

(4)TBM 后配套与辅助施工设备

TBM 后配套各系统技术性能应满足 TBM 掘进施工能力,在满足生产能力、适应工况、能耗小且效率高的基本要求下,使其具有施工安全、结构简单、布置合理和易于维护保养的特点。

TBM 辅助施工设备生产能力应满足工程施工组织设计的计划工期,确保进度目标。

2.1.3 选型步骤

不同类型的 TBM 适用地层不同,应根据地质条件、施工环境、工期要求、经济性等因素,综合分析后确定 TBM 的类型。

(1)进行敞开式 TBM 与护盾式 TBM 之间的选择。

(2)在确定了 TBM 类型后,要针对具体工程的隧道设计参数、地质条件、隧道的掘进长度,确定主机的主要技术参数,选择对地层的适应性强、整机功能可靠、可操作性及安全性较强的主机。

(3)根据生产能力与主机掘进速度相匹配原则,后配套设备的技术参数、功能、形式应以主机能力、进度为标准进行核算。同时,为充分发挥出 TBM 的优势,保证工程顺利完成,还要适当扩大匹配设备的能力,按满足正常施工进度和可能扩大的施工进度需要,留有适当余地。后配套系统分为轨行型、连续带式输送机型、无轨轮胎型三种类型,连续带式输送机型由于结构单一和运渣快捷逐渐得到推广。

(4)单护盾 TBM 还应注意脱困扭矩、盾体长度、超前(探孔)注浆、除尘降温的选型和配套,以适应隧道地质的变化。

2.1.4 选型因素

1)隧道几何参数及线形条件

(1)隧道埋深

隧道的埋深较大时,将给 TBM 施工带来诸多难以预测的复杂情况以及不确定因素。

当隧道埋深超过250m时,地应力会随着埋深的增大而明显增大,并且可能引起岩爆和围岩大变形,导致卡机事故。对于长度超过千米的隧道,埋深则是制约工程施工效率和经济效益的关键因素。另一方面,对于浅埋隧道,埋深越浅则围岩的自稳能力越差。一般认为,隧道埋深越大,TBM施工对于地质条件的适应性越差。

根据《铁路隧道设计规范》(TB 10003—2016),埋深小于2.0~2.5倍塌落拱高度为浅埋隧道。

对于单线隧道,塌落拱高度的表达式为:

$$h_a = 0.41 \times 1.79^S \qquad (2-1)$$

式中:S——围岩级别,如Ⅱ级围岩,则$S=2$。

当为双线及以上隧道时,塌落拱高度的表达式为:

$$h_a = 0.45 \times 2^{S-1} \times \omega \qquad (2-2)$$

式中:ω——开挖宽度影响系数,以隧道宽度$B=5m$为基准,B每增加1m,围岩压力的增减率$\omega=1+i(B-5)$,当$B<5m$时,取$i=0.2$;当$B>5m$时,取$i=0.1$。

徐则民等从岩体初始地应力特征、围岩压力及围岩稳定性的角度将硬岩隧道划分为浅埋隧道、深埋隧道和超深隧道三大类,并结合国内大量隧道工程经验发现,埋深大于500m时,极易发生岩爆。徐林生的研究发现,主要岩爆地段埋深500~760m,岩爆在两侧边墙及拱顶出现的概率基本相同。

据此,构建隧道埋深适应性评价标准见表2-1。

隧道埋深适应性评价标准　　表2-1

TBM工作条件	差	差~好	好~差	差
隧道埋深(m)	小于h_a	h_a~$2.5h_a$	2.5~600	≥600

(2)曲线半径

不同TBM类型的曲线半径适应区间见表2-2。

不同TBM类型曲线半径适应区间　　表2-2

TBM类型	敞开式	单护盾	双护盾
曲线半径	一般400m 困难300m	一般700m 困难500m	一般500m 困难350m

(3)线形条件

线形条件主要指隧道平面曲线转弯半径和纵向坡度,即要求TBM掘进方向能够根据线形条件及时调整并有效控制掘进姿态,满足隧道贯通误差要求。实际工程使用情况表明,各TBM类型均适应30‰的线路纵坡坡度;根据《铁路隧道掘进机法技术规程》(Q/CR 9528—2019)规定,采用掘进机施工的斜井坡度宜小于10%。

2)地质条件

(1)岩石单轴抗压强度(R_C)

通常,R_C越低,TBM的掘进速度越高,则掘进越快;R_C越高,TBM的掘进速度越低,则掘进越慢;随着R_C的增大,TBM掘进效率有逐渐下降的趋势。但是,R_C太低,TBM掘进后围岩的自稳时间极短,甚至不能自稳。R_C值在一定范围内时,既能保持一定的TBM掘进速度,又能使隧道围岩在一定时间内保持自稳。一般认为,TBM适合在R_C介于30~60MPa的中等硬度且地质条件较好的环境下掘进。另外,TBM在Ⅱ、Ⅳ级围岩中掘进速度较快。根据国内外相关资料以及实际施工情况可以发现,当R_C在40~75MPa时,TBM适应性强;而当R_C超过180MPa或低于15MPa时,不利于TBM施工。根据相关研究资料表明,不同TBM类型在不同R_C的适用情况见表2-3。

不同TBM类型在不同R_C的适用情况　　　　表2-3

TBM类型	敞开式	单护盾	双护盾
岩石单轴抗压强度	极限 5~350MPa 适用 30~150MPa	极限 5~133.7MPa 适用 5~50MPa	极限 5~81.5MPa 适用 10~100MPa

根据TBM施工经验,TBM在不同工程地质条件下的掘进控制参数以及掘进速度均存在差异,主要影响因素包括围岩岩性、岩石强度以及岩体完整性,但是岩石强度不同,会直接影响TBM贯入度,进而影响TBM掘进速度。一般认为,岩石强度越高,刀盘每转切深和掘进速度越低。在TBM掘进时,应结合具体的地层条件,对TBM实施有效操作,在TBM工作负荷允许范围内调整刀盘转速和刀盘扭矩,这样既能获得较高的掘进效率,又不损伤TBM设备。

赵维刚利用秦岭隧道工程实践研究,得到了岩石抗压强度与掘进速度的关系曲线,如图2-2所示。可以看出,理论模拟与实际施工曲线均显示随着岩石抗压强度增大,掘进速度不断降低的趋势。同时,根据施工过程中围岩等级与掘进速度的关系(图2-3)可以看出,Ⅰ、Ⅴ级围岩掘进速度较低,Ⅲ、Ⅳ级围岩更适合TBM掘进施工,在这种地质条件下,TBM可以拥有较高的掘进速度。

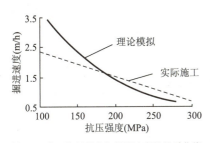

图2-2　岩石抗压强度与掘进速度的关系曲线

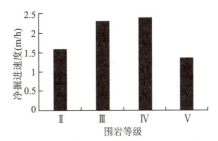

图2-3　围岩等级与掘进速度关系

(2)围岩完整性

如果TBM刀盘开挖岩体破碎,会导致开挖面发生重大不稳定现象,由于塌落、积聚的石块作用于刀盘或卡住了刀盘,造成刀盘不能旋转;或因开挖面不稳定造成超挖严重,在TBM前方形成空洞;或因支护工作量过大,导致TBM利用率过低。

岩体完整程度应按岩体完整性指标、岩体体积节理数或岩石质量指标进行评价,其对应关系可按表 2-4、表 2-5 确定。

岩体完整程度与 K_v、J_v 的对应关系　　　　　　　　　　　　表 2-4

岩体完整程度	完整	较完整	较破碎	破碎	极破碎
K_v	>0.75	0.75～0.55	0.55～0.35	0.35～0.15	≤0.15
J_v(条/m³)	<3	3～10	10～20	20～35	≥35

注:K_v 为岩体完整性指标;J_v 为岩体体积节理数。

岩体完整程度与 RQD 的对应关系　　　　　　　　　　　　表 2-5

岩体完整程度	完整	较完整	较破碎	破碎	极破碎
RQD(%)	>80	80～60	60～40	40～25	≤25

注:RQD 为岩石质量指标。

(3)石英含量

石英石的表面硬度可高达莫式硬度 7 以上,其主要矿物成分是二氧化硅(SiO_2),是碎屑岩中普遍存在的一种碎屑成分,同时也是 TBM 施工中经常遇到的不良矿物。岩体中石英含量高将会直接影响 TBM 的施工效率和刀具寿命。刀具的磨损会导致施工周期和成本难以预估,严重制约 TBM 施工的适应性。岩石中的石英含量越高,岩石的硬度越大,岩石的耐磨性也越高,TBM 刀具的磨损就越大,掘进速率就越慢,则 TBM 施工对于地质条件的适应性越差。

岩体中石英含量对 TBM 施工影响程度见表 2-6。

岩体石英含量对 TBM 施工影响程度　　　　　　　　　　表 2-6

岩体石英含量	<5%	5%～30%	30%～60%	>60%
影响程度	小	明显	中等	较为严重

(4)岩石耐磨性

岩石耐磨性指数是反映 TBM 刀具磨损及掘进效率的重要评价因素。一般情况下,岩石的耐磨性越高,对 TBM 刀具、刀圈和轴承的磨损程度也越严重,刀具消耗和施工成本就越高,并造成停机换刀次数增加,影响 TBM 正常掘进。

根据国内外大量 TBM 施工实例可知,当 TBM 在低～中等耐磨性的围岩中掘进时效率较高,而在强～特强耐磨性围岩中掘进效率大大降低,因此,根据耐磨性指数的大小将 TBM 的工作条件分为 5 个等级,见表 2-7。

TBM 工作条件与岩石耐磨性指数的对应关系　　　　　　表 2-7

TBM 工作条件	很好	较好	中等	一般	差
岩石耐磨性指数(0.1mm)	<3	3～4	4～5	5～6	≤6

3)不良地质问题

(1)破碎带宽度

断层破碎带尤其是规模较大的断层带是隧道开挖常会遇到的不良工程地质条件。TBM 进入软弱破碎围岩段遇到的主要问题是围岩坍滑和坍塌。断层破碎带岩体裂隙发育,地下水丰富,岩土层坚硬程度不一,易引起刀具磨损、刀盘损坏和突涌水事故,危及施工人员和设备的安全。因此,破碎带宽度是 TBM 施工对于地质适应性的一项重要因素。

根据结构面的宽度及延伸长度将结构面分为 5 级,见表 2-8。

破碎带宽度适应性标准　　　　　　表 2-8

围岩级别	结构面名称	规模	工程地质意义
I	区域性断裂、大断层	延伸数千米至数十千米,贯通岩体,破碎带宽度大于 30m	影响区域构造稳定性,直接影响工程岩体的稳定性
II	较大断层	延伸数千米,破碎带宽度 10～30m	直接影响工程岩体的稳定性
III	断层、层间错动、原生软弱夹层	延伸长而宽度不大的区域地质界面,破碎带宽度比较窄,几厘米至数米	控制工程区的山体或岩体稳定性,影响工程布局,建筑物应避开或采取必要的处理措施
IV	小断层、大节理、夹层、延伸较好的层面及层间错动	长度数十米至数百米的断层,破碎带宽度一般数厘米至 1m	影响或控制工程岩体的稳定性,如地下洞室围岩稳定性及边坡岩体稳定性等
V	延伸较差的节理、层面、次生裂隙、片理、劈理	长度一般数厘米至 30m,破碎带宽度为 0 至数厘米	构成岩块的边界面,破坏岩体的完整性,影响岩体的物理力学性质及应力分布状态,且在很大程度上影响岩体的破坏方式

刘学增等将断层破碎带宽度分为 4 级,当破碎带宽度＜2m 时,对隧道施工有比较小的影响。根据尹俊涛的研究可以发现,对于规模较小(宽度＜5m)的断层破碎带,采用低转速、小行程、快速掘进的方法直接掘进通过,尽可能不停机或减少停机时间,以避免 TBM 刀盘被卡。对于规模较大(宽度 10～30m)的断层破碎带,TBM 无法直接掘进通过时,需先对掌子面及其周边破碎围岩进行灌浆(如聚氨酯泡沫或水泥浆、水玻璃等)预胶结处理,然后再缓慢掘进通过。对于大规模(宽度＞30m)的断层破碎带,TBM 无法掘进通过时,可以从旁边人工开挖支洞;对破碎带地段采用钻爆法进行开挖,施工完毕后,TBM 在空载状态下直接步进通过。

因此,根据破碎带宽度大小将 TBM 的工作条件分为 5 个等级,见表 2-9。

破碎带宽度适应性标准　　　　　　表 2-9

TBM 工作条件	差	一般	中等	较好	很好
破碎带宽度(m)	≥30	10～30	5～10	2～5	＜26

(2)软岩大变形及围岩失稳

软岩大变形是影响 TBM 正常掘进的重要因素之一,开挖过程中隧道的快速收敛经常会导致混凝土管片变形、破损,严重时还会导致卡机事故的发生。公路、铁路等特长交通隧道主要集中在我国中、西部地质构造发育复杂的山岭地区,埋深多在 300～1000m,主要面临高地应力软岩大变形及长期稳定性等技术难题。当隧道等地下工程在穿越高地应力、较大残余构造应力、浅埋偏压区域及软弱破碎围岩体时,常形成围岩大变形。隧道工程围岩大变形是一种严重的地质灾害,不仅造成施工困难、工期延误、成本增加,甚至有可能造成工程终止。

TBM 卡机包括刀盘被卡和护盾被卡。刀盘被卡主要发生在围岩破碎带,通常采用刀盘瞬时脱困扭矩(可达到 1.7 倍额定扭矩)进行脱困处理;护盾被卡指围岩大变形导致 TBM 护盾被卡且作用在护盾上的围岩应力引起的阻力超过了 TBM 脱困推力。

①刀盘被卡。

a. TBM 在硬岩中掘进时,盘形滚刀滚动切削示意如图 2-4 所示。

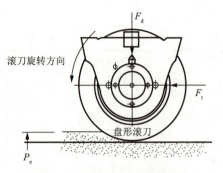

图 2-4　盘形滚刀滚动切削示意图

滚刀的滚动阻力系数按下式计算:

$$\xi = \frac{F_t}{F_d} \tag{2-3}$$

式中:F_t——盘形滚刀的切向力,kN;
　　　F_d——盘形滚刀的径向力,kN。

也可以通过经验公式估算得到:

$$\xi = \frac{4}{5}\sqrt{\frac{P_e}{d}} \tag{2-4}$$

式中:d——滚刀刀圈直径,mm;
　　　P_e——贯入度,mm/r,一般设定为 7～15mm/r。

滚刀的滚动阻力系数 ξ 受滚刀类型、尺寸、切削角和岩石条件影响。通常情况下,随着贯入度的增加,滚动摩擦系数 ξ 也增加。

b. 当 TBM 在硬岩中掘进时,滚动摩擦系数 $\xi \approx 0.1$,TBM 刀盘所受到的驱动扭矩为:

$$T_R = \sum_{i=1}^{n}(F_t R_i) = \sum_{i=1}^{n}(\xi F_d R_i) \approx 0.35 \xi n D F_d \tag{2-5}$$

式中:T_R——刀盘驱动扭矩,kN·m;
　　　n——滚刀数量,把;
　　　R_i——第 i 把滚刀在刀盘上的回转半径,m;
　　　F_d——滚刀的作用力,kN,取值范围为 210～310kN,常选取 240kN。

c. 当 TBM 在软岩中掘进时,刀盘受到前方和四周的围岩阻力。

TBM 刀盘旋转时,需要克服 3 个方面的力矩,即:刀盘圆周摩擦力矩 T_{r1}、刀盘前方摩擦力矩 T_{r2} 和滚刀旋转阻力力矩 T_{r3}。下面分别介绍这 3 个阻力力矩的计算方法。

克服刀盘圆周摩擦力矩 T_{r1}:

$$T_{r1} = \frac{\pi D^2 e}{8}(p_0 + p_1 + p_2 + p_3)\mu \tag{2-6}$$

式中:　　　e——刀盘宽度;
　　　　　　D——刀盘直径;
　　　　　　μ——摩擦系数;
　　p_0、p_1、p_2、p_3——分别为刀盘或盾体顶部压力、底部压力、顶部侧向压力、底部侧向压力,如图 2-5 所示。

克服刀盘前部摩擦力矩 T_{r2}:

$$T_{r2} = \frac{\pi D^2}{4} \cdot \frac{p_2 + p_3}{2} \cdot \frac{D}{3}\mu = \frac{\pi D^3}{24}(p_2 + p_3)\mu \tag{2-7}$$

滚刀旋转阻力力矩 T_{r3}:

$$T_{r3} = \sum_{i=1}^{n}(\xi F_d R_i) \approx 0.35 \xi n D F_d \tag{2-8}$$

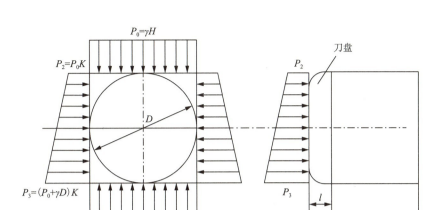

图 2-5 刀盘压力分布示意图

因此，TBM 在破碎岩石中掘进时刀盘所受到的阻力扭矩 T_R 为：

$$T_R = T_{r1} + T_{r2} + T_{r3} \tag{2-9}$$

如果 TBM 的刀盘能够正常旋转，则需要满足下式：

$$\frac{T}{k} \geqslant T_R \tag{2-10}$$

式中：T——刀盘额定扭矩；

　　　k——安全系数，TBM 的额定扭矩通常是在一定条件下才发挥作用，在不同条件下应根据具体情况进行折减，同时为了具有一定的安全储备，因此取 $k > 1$。

同理，为了不至于刀盘被卡，则刀盘的脱困扭矩 T_{BT} 需大于阻力产生的扭矩为 T_R，同时也引入安全系数 k，则：

$$\frac{T_{BT}}{k} \geqslant T_R \tag{2-11}$$

② 护盾被卡。

当护盾周围围岩变形量超过开挖预留变形量，围岩开始与护盾接触并挤压护盾，进而在 TBM 推进时围岩对护盾产生摩擦阻力，当 TBM 推力无法克服围岩对护盾产生的摩擦阻力时，TBM 的护盾便被卡塞。

根据卡机机理，提出卡机状态判据为：

$$F_R = F_r + F_b \geqslant F_1 （卡机） \tag{2-12}$$

$$F_R = F_r + F_b < F_1 （不卡机） \tag{2-13}$$

式中：F_r——克服护盾所受摩擦阻力所需要的推力，kN；

　　　F_b——TBM 正常连续掘进的开挖推力，kN；

　　　F_1——TBM 额定推力，kN。

护盾所受到的隧道围岩摩擦阻力 F_r 为：

$$F_r = \mu(p_0 + p_1 + p_2 + p_3)DL \tag{2-14}$$

式中:μ——护盾与围岩之间的摩擦因数;
L——护盾长度,m;
D——护盾直径,m。

（3）横向复合地层

均一地层是指在开挖断面范围内和开挖延伸方向上,由一种或若干种工程地质和水文地质等特性相近的地层或地层组合。对于均一地层,TBM施工无需在作业模式和结构上做出调整。

由两种或两种以上不同地层组成,且这些地层的岩土力学、工程地质和水文地质等特征相差悬殊的组合地层,定义为复合地层。TBM在软硬不均的复合地层掘进时,则需要在施工工艺和施工参数上采取相应的处理措施。所谓"上软下硬"地层是最典型的垂直方向上的复合地层,即隧道断面上部是松软土层,而下部是坚硬地层;或者是在硬岩层中夹软岩层,或软岩层中夹硬岩层等。由于复合地层造成开挖面巨大的强度差异,因此会对隧道掘进造成不利影响:①使得TBM的掘进姿态控制困难;②TBM主轴承及刀盘偏心受力,会产生偏大的倾覆力矩和不平衡力,使刀盘发生偏心和振动,对其造成较大的损伤;③刀具受力不均,加速刀具磨损速度,减少刀具使用寿命,造成滚刀非正常磨损,如刀圈偏磨、断裂、刀圈移位或脱落等。

因此,采用横向地层复合比对软硬不均复合地层的地质特征进行定量描述,可表示为:

$$R_C = \frac{H_h}{D} \tag{2-15}$$

式中:R_C——横向地层复合比;
H_h——开挖面上硬岩的厚度;
D——开挖直径。

据此,构建横向地层复合比的TBM适应性程度,见表2-10。

横向地层复合比TBM适应程度　　　　表2-10

适应程度	不适应	不适应~强适应	强适应~不适应	强适应
地层复合比(%)	50~60	60~70	30~50	<30 或 ≥70

（4）涌水量

隧道岩溶突涌水是TBM施工过程中经常遇到的不良地质问题。由于突涌水常常具有水量大、水压高、突发性强等特点,因此经常会导致围岩失稳、出现塌方,甚至淹没隧道,危及洞内施工人员及设备安全。隧道突涌水存在复杂性和多变性,目前对于岩溶突涌水的预测还达不到足够的精度。因此,隧道涌水量是TBM施工对于岩溶突涌水适应性的重要因素。

根据现场实测资料,单位最大涌水量越大,表明隧道遇到突涌水灾害的风险越高,TBM施工对地质的适应性也就越差。根据相关研究,将隧道的涌水量分为5个等级,见表2-11。其中,涌水量<10L/s的分值最高,为5;涌水量>100L/s的分值最低,为0。采用"Penalty Factors"方法预测TBM的性能时,取涌水量<20L/s的折减系数为1,20~50L/s的折减系数为0.8,涌水量>50L/s的折减系数为0.5。

TBM 适应性与最大涌水量的关系 表2-11

适应程度	差	一般	中等	较好	好
涌水量(L/s)	>100	70~100	30~70	10~30	<10

根据《矿区水文地质工程地质勘探规范》(GB 12719—1991)和《煤矿防治水规定》(2009年)均要求按照钻孔单位涌水量将含水层分为弱、中等、强和极强4级,见表2-12。

含水层富水性等级 表2-12

富水性等级	极强富水性	强富水性	中等富水性	弱富水性
单位涌水量[L/(s·m)]	>5.0	1.0~5.0	0.1~1.0	≤0.1

(5)透水率

在交通、水利以及核废料处理等地下工程建设中,岩体的透水率是一项必不可少的勘测指标。裂隙岩体的渗透系数是评价岩体渗透性,进行裂隙岩体渗流模拟的必备参数,在工程实际应用中也具有重大意义。岩石地基工程防渗标准一般在1~5Lu(吕荣值)。常规压水试验中,一般以1Lu作为防渗灌浆结束的标准,特殊情况高标准可达0.5Lu,低标准为10Lu。岩体透水率计算公式为:

$$q = \frac{Q}{Lp} \tag{2-16}$$

式中: q ——透水率,Lu;

Q ——试验段压入流量,L/min;

p ——试验压力,MPa;

L ——试验长度,m。

《水利水电工程地质勘察规范》(GB 50487—2008)给出了岩体渗透系数与透水率的关系,见表2-13。

岩体渗透系数与透水率的关系 表2-13

渗透系数(cm/s)	透水率(Lu)	渗透性等级
$K < 10^{-6}$	$q < 0.1$	极微透水
$10^{-6} \leq K < 10^{-5}$	$0.1 \leq q < 1$	微透水
$10^{-5} \leq K < 10^{-4}$	$1 \leq q < 10$	弱透水
$10^{-4} \leq K < 10^{-2}$	$10 \leq q < 100$	中等透水
$10^{-2} \leq K < 1$	$q > 100$	强透水
$K \geq 1$		极强透水

TBM工作条件与透水率的关系见表2-14。

TBM 工作条件与透水率的关系 表2-14

TBM工作条件	差	一般	较好	好
透水率(Lu)	≥100	10~100	1~10	<1

(6) 地温

当 TBM 处于区域活动断层带、高地应力或大埋深地层环境下施工时,隧道可能会遇到高温高热的地质现象。高地温问题已成为隧道施工、采矿等地下工程常见的地质灾害。由于隧道内温度过高,人体散热困难,引起体温升高,心率加速,脉搏可能加快到 120～150 次/min,人体的热平衡状态遭到破坏,导致体内新陈代谢异常,危害人体健康。例如,在南非某金矿,工作面温度达到 60℃,曾发生多起工人受热中暑甚至死亡事件;在河南平顶山某矿,工作面气温上升到 33～34℃,施工人员出现昏倒或呕吐现象,且均患传染性湿疹。可见高地温大大降低了工作效率,出现事故的概率增加,同时造成工程成本增加。

当隧道原始地温达到 28℃时,施工中就要采取适当的降温措施;当地温达到 35℃、湿度 80% 时,就会对作业人员的健康和安全产生危害,同时机械效率和劳动生产率降低。Karadogan 等将温度从 20～30℃变化的隶属度定义为从 0～1,把温度 30℃作为高温的界限。埋深每增加 100m,隧道地温将会上升 3℃。

为保证隧道施工人员安全生产,我国有关部门对隧道施工作业环境的卫生标准做出明确规定:如铁路部门规定,隧道内气温不得超过 28℃;交通与运输部门规定,隧道内气温不宜高于 30℃。TBM 工作条件与地温适应性关系见表 2-15。

TBM 工作条件与地温适应性关系　　　　表 2-15

TBM 工作条件	差	一般	较好	好
地温(℃)	≥40	30～40	20～30	<20

(7) 岩爆

《公路隧道设计规范　第一册　土建工程》(JTG 3370.1—2018)根据洞壁最大切应力($\sigma_{\theta max}$)和岩石单轴抗压强度(R_C)将岩爆分为 4 个等级,见表 2-16。

岩 爆 分 级 表　　　　表 2-16

岩爆分级	分级描述	判　据
Ⅰ	轻微岩爆	$0.3 \leq \sigma_{\theta max}/R_C \leq 0.5$
Ⅱ	中等岩爆	$0.5 \leq \sigma_{\theta max}/R_C \leq 0.7$
Ⅲ	强烈岩爆	$0.7 \leq \sigma_{\theta max}/R_C \leq 0.9$
Ⅳ	剧烈岩爆	$0.9 \leq \sigma_{\theta max}/R_C$

隧道施工发生岩爆的一般性现象:

①轻微岩爆多发生在距离掌子面 1 倍洞径范围内,岩爆声较清脆,如爆竹声,主要集中在拱部 90°范围,岩爆掉块后塌坑深度在 0.7m 以内,边墙较少,底板无。

②中等岩爆多发生在距离掌子面 1.5 倍洞径范围内,主要集中在拱部 120°范围,爆坑深度为 0.7～2.5m,边墙出现概率为 40%,底板极少出现。

③强烈岩爆多发生在距离掌子面 2 倍洞径范围内,岩爆声较沉闷,如轰雷声,主要集中在拱部 150°范围,岩爆掉块后塌坑深度在 2.5～4.0m,边墙出现概率约为 20%,底板偶有出现。

④剧烈岩爆会导致整个拱部及边墙岩体破坏,距离掌子面 5 倍洞径范围内的岩体均会受到影响,岩体塌腔深度超过 4.0m。此外,当岩爆地段长大节理发育时,岩爆规模与等级较

大,围岩坍塌严重,滞后性岩爆发生的概率也较大。

根据施工现场技术分析,受 TBM 结构的限制,采取常规超前地质预报手段,如高分辨电法、红外探测法、地质雷达法、岩体温度法、超前地质钻孔及工程地质法等,无法很好地反映出掌子面前方围岩应力变化情况。微震监测的超前地质预报方式可以对 TBM 掌子面前方约 20m 围岩的应力情况进行探测,并通过预报成果可以分析出掌子面前方发生岩爆的概率、位置及规模,可以提前采取应对措施,确保 TBM 安全、快速掘进。由此可将隧道岩爆趋势进行超前预评判并分为 4 个等级,见表 2-17。

基于微震监测技术的岩爆风险预判别标准　　　　　　　　　　　表 2-17

岩爆等级	频次 (次)	矩震级 (N·m)	能量 (kJ)	微震分布范围 (m)	微震事件数量 (个)
轻微	<10	<1.0	<30	>30	0~3
中等	10~30	1.0~2.5	30~100	20~30	>3
强烈	30~60	2.5~3.5	100~800	10~20	>8
剧烈	>60	>3.5	>800	<10	>15

注:1. 频次指单位时间内的微震次数;矩震级指振动的强度。
　　2. 对于不同的工程,由于各项边界条件不同,微震监测评估标准也将存在一定差异,需要在实际工程中对数据进行不断修正,找到最合适的评判标准。

(8) 有害气体涌出量

瓦斯是一种有害气体,是在隧道施工过程中从煤、岩中涌出的以甲烷(CH_4,俗称沼气)为主,并包含其他各种有害气体的总称。除甲烷外,其他有害气体主要包括一氧化碳(CO)、二氧化碳(CO_2)、硫化氢(H_2S)、二氧化氮(NO_2)、二氧化硫(SO_2)、氨气(NH_3)、氢气(H_2)、氡气(Rn)等。狭义上,因为甲烷在瓦斯组成中占据了绝对主要的比例(80%以上),所以也把甲烷称作瓦斯。根据施工现场实测数据分析,有害气体涌出量是表征 TBM 施工对于有害气体适应性的直接评价指标。有害气体涌出量越多,对人体产生的危害越大,TBM 适应性也就越差。日本采用综合指标评分制方法对瓦斯隧道进行划分,但是有些指标较难赋值,所以该分类方法只具有一定的参考意义。后来我国苑郁林结合该方法提出了更为详细的一套分类标准,将瓦斯涌出量划分为 4 个评分标准,见表 2-18,分值越高代表危险性越高。

有害气体涌出量评分表　　　　　　　　　　　表 2-18

评分	6	4	2	1
有害气体涌出量 (m³/min)	3	1~3	0.5~1	0.5

针对公路隧道在穿过煤层将面临防突出、防瓦斯及其他有害气体等安全问题,交通部在 2007 年开展了西部地区公路瓦斯隧道设计与施工技术研究。该研究根据实际施工需求提出了微瓦斯隧道的概念,以瓦斯浓度(0.1% 和 0.3%)为分类依据,通风量按照最小风速取值为 0.15m/s(微瓦斯隧道)和 0.5m/s(高瓦斯隧道)计算,断面面积取西部地区公路隧道典型断面面积 70m²,反算出瓦斯绝对涌出量。取安全系数为 2,并取整数后其分界指标值分别为 0.3m³/min 和 3m³/min。因此,当隧道内瓦斯绝对涌出量小于 0.3m³/min 时为微瓦斯隧道;大于或等于 0.3m³/min 且小于 3m³/min 时为低瓦斯隧道;大于或等于 3m³/min 时为高瓦斯隧道。

在铁路隧道方面，康小兵等将瓦斯隧道分为微瓦斯隧道、低瓦斯隧道、高瓦斯隧道和有瓦斯突出危险隧道4个等级（表2-19）。同时，根据《铁路瓦斯隧道技术规范》（TB 10120—2002）对隧道瓦斯等级进行了定量划分，即当全工区绝对瓦斯涌出量小于0.5m³/min时，为低瓦斯工区；大于或等于0.5m³/min时，为高瓦斯工区。但是，该标准以绝对瓦斯涌出量0.5m³/min为高、低瓦斯等级划分界线的标准太低，使很多仍可按低瓦斯工区安全施工的隧道而按高瓦斯工区施工，造成不必要的措施及工程费用浪费。

TBM工作条件与有害气体涌出量关系   表2-19

TBM工作条件	差	一般	中等	好
有害气体涌出量（m³/min）	≥3	1～3	0.3～1	<0.3

4）刀盘转速、TBM关键技术参数

TBM选型适应性设计时，需要根据工期、工程地质、工程设计和施工工艺等多种因素，对掘进性能提出相应合理要求。衡量TBM掘进性能的关键技术参数主要包括刀盘直径、贯入度与纯掘进速度、刀盘扭矩、刀盘驱动功率、主轴承承载能力、推进力、出渣能力、豆砾石及回填灌浆能力等。

（1）刀盘直径

刀盘的直径应根据开挖直径来确定，计算公式如下：

$$D_{理} = D_{通} + 2\delta_{衬\,max} \tag{2-17}$$

式中：$D_{理}$——理论开挖直径，m；

$D_{通}$——成洞后的直径，m；

$\delta_{衬\,max}$——最大衬砌厚度，m。

一般刀盘要有一定的扩挖能力，需要考虑成洞直径、支护要求、围岩变形等综合因素。直径扩挖主要是通过增加边滚刀调整垫块，提高其径向高度，来实现一定程度的扩挖功能，以防止围岩变形卡住护盾。

（2）贯入度与纯掘进速度

贯入度为刀盘每转切入深度。贯入度和纯掘进速度主要受机器设计参数和地质参数的影响。二者换算公式如下：

$$P = \frac{v}{n} \tag{2-18}$$

式中：P——贯入度，mm/r；

v——纯掘进速度，mm/min；

n——刀盘转速，r/min。

随着TBM设计参数和地质参数的不同，贯入度可能在2～20mm/r，刀盘转速一般在5～12r/min。TBM选型设计时，可要求制造商提供TBM在不同岩石情况下的贯入度或纯掘进速度参考值。

（3）刀盘转速

刀盘转速与刀盘直径成反比，即：

$$n = \frac{X}{D} \tag{2-19}$$

式中：n——刀盘转速，r/min；
　　　D——开挖直径，m；
　　　X——速度系数，通常为45或50。

随着 TBM 技术水平的提高，刀盘转速有提高的趋势。采用大直径盘形刀具，理论上允许增加刀盘转速，但是速度系数不应太大，以便维持刀盘的排渣能力。

（4）刀盘扭矩

刀盘上所有刀具总滚动阻力决定扭矩大小。滚动力与推力的关系主要由滚刀刀圈直径和切入深度来确定。该动阻力系数计算公式如下：

$$k = \frac{4}{5}\left(\frac{p}{d}\right)^{0.5} \tag{2-20}$$

式中：k——滚动阻力系数；
　　　d——刀圈直径，mm；
　　　p——切入深度，mm。

由式（2-20）可知，切入深度一定，滚动阻力系数随刀圈直径增加而降低。粗略估计，滚动阻力作为推力的百分比：硬岩达10%，易掘进岩石为5%。

TBM 刀盘的功率由转速和扭矩来确定，扭矩则受地质条件的影响。在刀盘推力下，易掘进岩石允许较大的切深，并由于滚动阻力增加，要求较大的刀盘扭矩，即：

$$M_d = YD^2 \tag{2-21}$$

式中：M_d——刀盘扭矩，kN·m；
　　　Y——扭矩系数，通常采用45，更高的刀具载荷系数可达60；
　　　D——刀盘直径，m。

刀盘扭钜与开挖直径的关系如图2-6所示。

（5）刀盘驱动功率

刀盘驱动系统的主要形式有液压驱动、双速电机驱动和变频电机驱动。由于变频控制技术具有高可靠性和低成本，同时，变频电机驱动对不同岩石有更好的适应性，因此，变频电机驱动成为近年来 TBM 驱动的发展方向和首选。工作原理一般是电机驱动行星齿轮减速器，进而驱动小齿轮和大齿圈转动，从而带动刀盘旋转。

刀盘驱动功率取决于刀盘扭矩和刀盘转速，实际工程应用中，不同直径 TBM 刀盘驱动功率见表2-20。

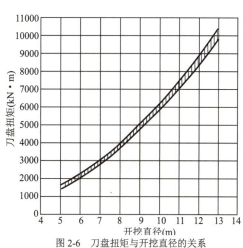

图2-6　刀盘扭矩与开挖直径的关系

不同直径 TBM 刀盘驱动功率 表2-20

刀盘直径(m)	4.5	6.36	8.03	10.2	12.4	14.4
驱动功率(kW)	1400	2300	3000	3800	4500	4900

在 TBM 设计中,用户可要求厂家提供刀盘驱动曲线,从而判断驱动系统的特性。例如,在云南那邦水电站工程中,采用直径 4.5m 敞开式 TBM,其驱动曲线如图 2-7 所示。刀盘驱动曲线分成恒扭矩段和恒功率段,当穿越的岩石坚硬完整时,利用恒功率段掘进;当遇到软弱破碎围岩段,则利用恒扭矩段掘进。

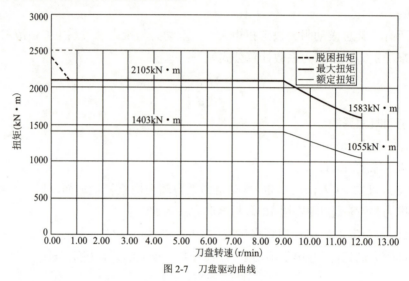

图 2-7 刀盘驱动曲线

(6)主轴承承载能力

主轴承是指 TBM 主驱动轴承,是 TBM 关键部件。承载能力和使用寿命是主轴承的重要技术指标。主轴承一般采用三轴式滚子轴承(径推、主推和辅推)结构,其寿命的技术水平在 15000～20000h 可正常掘进 15～30km。

由于主轴承制造周期长(6个月左右)、成本高,且施工中洞内拆换困难,所以在 TBM 选型设计中,主轴承的使用寿命、设计尺寸、制造质量和润滑密封及其监控设施是非常重要的考虑因素。一般由 TBM 设计制造商向轴承厂家提供主轴承的订购规格和载荷谱,并进行主轴承寿命计算。例如,某 TBM 厂家对某引水隧洞工程直径 4.5m TBM 主轴承的载荷谱和寿命进行计算,见表 2-21。

TBM 主轴承的载荷谱及寿命 表2-21

序号	项 目	工况1载荷	工况2载荷	工况3载荷
1	各工况时间比例(%)	80	15	5
2	轴向载荷(kN)	8010	8010	2010
3	径向载荷(kN)	1100	1350	1600
4	倾覆力矩(kN·m)	2880	4530	6680
5	转速(r/min)	12.00	6.00	3.00
6	轴承寿命(h)	23161	(按 ISO281 计算轴承寿命 L10)	

轴承一般采用压力油循环润滑系统确保其良好的润滑状态。主轴承润滑和密封的状态需要设计一定的监控系统,以确保主轴承具备良好工作状态和使用寿命。同时 TBM 的操作使用和维护保养对 TBM 主轴承的寿命至关重要。

(7) 推进力

TBM 主机推进液压缸为刀盘提供推进力。在推进过程中,推进力既要满足刀盘刀具破岩所需的滚动阻力,又要克服护盾摩擦阻力和提供后配套所需拖拉力。应根据岩石情况、开挖直径、刀具直径和刀具数,提供足够的推力,以便获得一定的围岩贯入度。一般根据刀具总额定推力、刀盘护盾摩擦阻力、后配套系统的牵引阻力等来综合考虑所需推进力。

下面以直径 6.83m 单护盾 TBM 为例,进行计算。

①刀盘推力:

$$刀盘推力 = 刀刃数量 \times 刀具承载力 \qquad (2-22)$$

按 43 把 19 寸(1 寸≈3.33cm)单刃滚刀的额定载荷计算,$F_d=43\times310\text{kN}=13330\text{kN}$。

②护盾的摩擦力:

$$F_\mu = \mu[2\pi rl(P_v + P_h)\times 0.5 + G] \qquad (2-23)$$

式中:μ——摩擦系数,取 0.2;

r——护盾半径,m,取 3.415m;

l——护盾长度,m,取 8.535m;

P_v——垂直载荷,kN/m²,取 134kN/m²;

P_h——水平载荷,kN/m²,取 0;

G——TBM 自重,kN,取 4000kN。

代入数值,得:

$$\begin{aligned} F_\mu &= \mu[2\pi rl(P_v + P_h)\times 0.5 + G] \\ &= 0.2\times(2\times 3.14\times 3.415\times 8.535\times 134\times 0.5+4000) \\ &= 3249(\text{kN}) \end{aligned}$$

③后配套系统拖拉力:

$$F_t = \mu G_t \qquad (2-24)$$

式中:μ——摩擦系数,取 0.1;

G_t——TBM 后配套自重,kN,取 550kN。

单护盾 TBM 所需推力为:13330+3249+550=17129(kN)。

根据推进液压缸技术参数表,其最大推力为 39023kN,满足所需 TBM 推进力的要求。

(8) 出渣能力、豆砾石及回填灌浆能力

单护盾 TBM 掘进能力应与出渣能力、豆砾石及回填灌浆能力相匹配,仍以直径 6.83m 单护盾 TBM 为例,进行计算。

已知工程围岩中设计最大推进速度 v_{max}=80mm/min,开挖直径 D_{CD}=6.83m,管片外径

6600mm，管片宽度 1500mm，则相关参数计算如下。

①出渣能力。

TBM 开挖面积：

$$S = \frac{\pi D_{CD}^2}{4} \tag{2-25}$$

代入数值得：$S=36.62\text{m}^2$。

开挖渣土量：

$$Q = \frac{Sv_{max}}{1000} \tag{2-26}$$

代入数值得：$Q=179\text{m}^3/\text{h}$。

物料松散系数 γ 取 1.5～1.7，则需要的 TBM 最大输送渣土量：$Q_V = 297.5\text{m}^3/\text{h}$。

此时，主机皮带输送机、连接桥皮带输送机、后配套皮带输送机输送量为 655m³/h，出渣能力满足施工需求。

②豆砾石填充能力。

a. 豆砾石输送能力计算。

环向断面面积：

$$A_R = \frac{\pi(D_{DC}^2 - D_{Ta}^2)}{4} \tag{2-27}$$

代入数值得：$A_R=2.32\text{m}^2$。

每环容积：

$$V_R = A_R \cdot I_t \tag{2-28}$$

代入数值得：$V_R=3.48\text{m}^3$。

按每环 75% 的豆砾石注入量，则：

$$V = 75\% \cdot V_R \tag{2-29}$$

取 1.2 的富余系数，则：

$$V_{总}=1.2 \cdot V=3.14(\text{m}^3)$$

豆砾石罐容量为 6.5m³，TBM 每循环豆砾石输送能力满足使用要求。

b. 豆砾石泵泵送能力计算。

掘进一环的最短时间：

$$t = \frac{1500}{80} = 18.75(\text{min})$$

豆砾石输送泵输送能力：

$$Q_D = \frac{V_{总}}{t} \tag{2-30}$$

选用 2 台 15m³/h 的豆砾石输送泵，一用一备，满足泵送能力。

③回填灌注系统计算。

注入量按每环25%计算,则:

$$V_{砂浆}=25\% \cdot V_R \tag{2-31}$$

代入数值得:$V_{砂浆}=0.87 m^3$。

取1.5的富余系数,则:

$$V_{砂浆总}=1.5 \cdot V_{砂浆}=1.305(m^3)$$

可知,砂浆罐体积应大于$1.305 m^3$。

砂浆输送泵的输送能力:

$$Q_{砂浆}=\frac{V_{砂浆总}}{t} \tag{2-32}$$

选用大于4.176m³/h的输送泵,设计泵送能力为10m³/h,满足施工要求。

5)施工组织

施工技术水平是施工单位核心竞争力的重要体现。施工技术主要包含开挖支护、超前地质预报、监控量测三个方面。施工管理包括工程建设过程中的组织管理和技术管理工作,管理质量直接影响整个工程的安全性和效益性。隧道工程施工管理水平是施工单位业务水平的具体体现,也是其核心竞争力中非常重要的一部分。良好的施工管理可以给施工单位创造良好的经济效益和社会信誉,提高企业的竞争力。施工管理水平越高,说明TBM施工的适应性越强。主要体现在施工管理控制信息、计划和施工人员素质三个方面。

TBM掘进性能除了取决于TBM本身技术性能外,还主要与施工技术水平和施工管理能力相关;TBM使用率和TBM完好率是TBM隧道施工组织能力的直接体现。

(1)TBM使用率

TBM使用率是刀盘旋转占总施工时间的比例,一方面取决于设备完好率,另一方面取决于工程地质条件和现场组织管理水平。

$$TBM每天使用率(\%)=\frac{TBM刀盘旋转时间(min)}{1440(min)} \tag{2-33}$$

掘进作业利用率越高,越可能获得较高的进尺。常常因为设备故障,以及岩石支护作业、出渣作业、材料运输等其他原因延误造成停机,从而降低掘进作业效率。目前,TBM平均掘进作业效率在40%左右。当设备故障率低且岩石条件好,其掘进作业效率可达到50%以上;当遇有不良岩石条件,其掘进作业效率可低于20%,导致整个工程平均效率超过40%很困难。

(2)TBM的完好率

TBM的完好率包括TBM系统可靠度和维修度两个方面因素,它既是TBM性能的体现,也是TBM施工技术管理能力的表达。它是TBM自身设备机况的重要衡量指标。

据相关统计,德国维尔特(Wirth)公司生产的TBM在25个工程应用表明:TBM的完好率一般在70%~90%,能够达到90%以上的项目极少。完好率过低,说明TBM各系统或部位故障率高,且严重影响 TBM 掘进施工。TBM 设备故障越少,维修时间所占施工时间越短,则 TBM 完好率越高。计算公式如下:

$$\text{TBM每天完好率}(\%) = 1 - \frac{\text{TBM故障时间(min)}}{1440 \text{ (min)}} \qquad (2\text{-}34)$$

在 TBM 选型设计中,合同中对于 TBM 完好率通常要求达到 90%,但是由于 TBM 是大量分系统和设备集成的庞大复杂系统,因此要获得较高的设备系统完好率依旧是很困难的系统性问题。

2.2 单护盾 TBM 针对性设计

刀盘和主机的设计与地质条件的适应性、匹配性,是决定单护盾 TBM 施工成败与否的关键。在此基础上,后配套应做好满足刀盘和主机性能辅助,因此 TBM 针对性设计重点在刀盘和主机。

单护盾 TBM 在软岩及高应力地层下掘进可能会因为地层收敛导致卡盾,这是 TBM 施工的主要难点,目前主要从以下几方面进行解决:

(1)刀盘偏心设计。刀盘驱动具备抬升功能,在具有收敛地层中扩大开挖直径,防止卡盾风险。

(2)盾体设计采用梭形,前、中、尾盾直径逐渐减小。

(3)加大铰接液压缸铰接力及主动脱困力。

(4)护盾沿掘进方向长度应尽可能短些,这样也可使 TBM 的方向调整更为容易。

采取上述措施,只能降低卡机风险,仍然没有把握解决由于长时间停机导致的围岩收敛问题。必须进行合理的施工组织,结合设备特点,快速通过围岩收敛地质段,才可避免设备卡机。

2.2.1 刀盘刀具

随着 TBM 技术的进步,刀盘设计逐渐采用平面状刀盘,以更有利于稳定掌子面。TBM 刀盘由主体和刀盘部件组成,其中刀盘部件由滚刀、滚刀刀座、刮渣孔和喷水装置等组成。

在滚刀切割岩石时产生渣石掉落到底拱上,然后由安装在刀盘外围低轮廓线的铲斗铲起。铲斗到达顶部位置之前,渣石一直留在铲斗中,到达顶部位置之后,会到达皮带输送机上。铲斗刮扫刃口和大容量斗室的组合,能扫尽工作面和底拱上的渣石,大大减少渣石的二次破碎和滚刀的损耗。

刀盘主体是重型结构构件,大直径刀盘一般在隧道开挖现场组装。大直径刀盘采取分块设计结构,根据刀盘结构不同,可分为中心对分式、偏心对分式、中心五分式等,以方便刀盘向现场运输。在现场将各分块用螺栓连接后再焊接在一起;小直径刀盘可制造成整体直接运往现场。刀盘上装有背装式盘形滚刀,可从刀盘背后更换刀具。滚刀座为凹式,是刀盘的组成部分。滚刀刀圈只有一部分突出于刀盘之外。采用这种形式的刀具,可防止在断层破碎地带大块岩石堵塞刀盘。某直径 6.83m 单护盾 TBM 刀盘实物如图 2-8 所示。

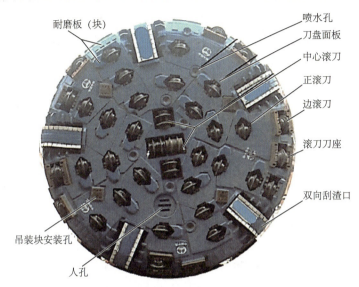

图 2-8　φ6.83m 单护盾 TBM 刀盘实物图

1) 刀盘力学性能

TBM 掘进过程中,刀盘的运动主要是由自身的回转运动和轴向的推进运动组成,且转速较小。此时,滚刀刀圈处于磨损状态,磨损后的刀具半径减小,刃宽变大,会引起刀具的围岩挤压侧向力、径向力以及刀盘方向轴向力的改变,从而导致刀盘外部载荷的变化。刀盘承受较大的不平衡载荷容易引起主轴承损坏、主轴承连接螺栓断裂。刀盘倾覆力矩和径向载荷等力学性能的优劣会影响 TBM 的施工效率、施工成本及施工安全,因此对刀盘力学性能很重要。

由于刀盘中心处刀具布置集中,受力较大,并且刀盘背面中心没有支撑筋支撑,刚度较小,所以刀盘最大应力与刀盘内法兰支撑筋板的布置数量及材料的屈服极限直接相关,如图 2-9 所示。

TBM 刀盘典型工况分为:TBM 在均一地质情况下沿直线掘进时,刀盘承受最大轴向推力的极限最大推力工况;假设刀盘下部滚刀承受最大推力工况;刀盘面板和侧面大圆环上同时承受一定推力时主驱动脱困扭矩输出工况。无论哪一种工况,刀盘主体的力学性能要分别满足刀盘推力最大工况、偏心负载工况和脱困模式工况下的刚度要求,并留有一定的富余量,以满足已知最大围岩强度下的 TBM 线性掘进施工,并确保刀盘主体结构安全。

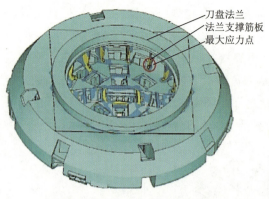

图 2-9 单护盾 TBM 刀盘最大应力点

刀盘主体结构采用钢板焊接而成,其钢板厚度大,前后面板纵向连接隔板很多,结构复杂,背面连接法兰需要经过机械加工,并用特制螺栓连接。刀座焊接需要精确定位并机械加工。刀盘厚度和焊缝尺寸要考虑动载荷的影响,需要采用加热、保温、气体保护焊接,焊接工艺要求较高。刀盘工作的环境需要考虑整个刀盘的强度、刚度和振动特性,焊缝除了需要足够的强度外,还要求在冲击载荷作用下不开裂。

同时也应注意,通过结构的优化减轻刀盘重量,可大大缓解单护盾 TBM 在疏松岩层中掘进时刀盘和前盾"栽头"现象。

2)刀具力学性能

TBM 刀盘上的盘形滚刀在滚压破岩过程中,刀刃切入岩石部分会受到岩石所提供的三个方向的力:法向推压力 F_N,垂直岩石表面;切向滚动力 F_R,平行滚刀运动方向;侧向力 F_S,指向刀盘中心,如图 2-10 所示。法向推压力 F_N 由刀盘前进所受到岩石提供的正面压力,垂直于岩石表面;F_R 是盘形滚刀在岩石中旋转时所受到的岩石阻力,即阻碍其旋转的力;F_S 由滚刀切割岩石时,由于岩石的挤压和刀盘旋转产生,一般切割时左右的岩石量是平衡的,而不平衡的切割岩石量会导致左右侧向力不同,从而导致刀圈的不正常磨损。

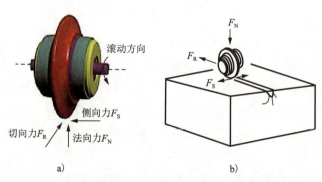

图 2-10 盘形滚刀受力示意图

TBM 滚刀按照刀刃的结构形式不同可以分成盘形滚刀、球齿滚刀和楔齿滚刀等。按滚刀在 TBM 刀盘上的布置位置可分成中心滚刀、正滚刀和边缘滚刀。其中盘形滚刀按照刀刃的数量可以分为单刃滚刀、双刃滚刀和多刃滚刀,如图 2-11 所示。盘形滚刀一般由刀圈、刀体、轴承、轴和密封装置组成,如图 2-12 所示。

TBM 施工的地质通常为各种岩石地层,比较坚硬,一般在刀盘上主要配置盘形滚刀。根据滚刀安装位置的不同,可以将盘形滚刀分为中心盘形滚刀、正盘形滚刀、边盘形滚刀和过度盘形滚刀等。

a) 单刃滚刀　　b) 双刃滚刀　　c) 多刃滚刀

图 2-11　盘形滚刀

影响 TBM 刀具磨损的因素可分为刀具本身影响和外部条件影响。其中刀具本身主要包括刀具材料属性、刀具形状结构和加工工艺等。外部条件主要包括施工参数影响和围岩属性影响两大部分。其中,相同施工条件下围岩属性影响相对强烈,围岩属性包括围岩磨蚀性、石英含量、矿物加权硬度、单轴抗压强度等。刀具磨损影响因素分类如图 2-13 所示。

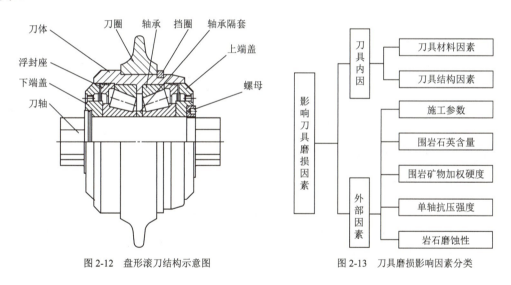

图 2-12　盘形滚刀结构示意图　　图 2-13　刀具磨损影响因素分类

3) 刀盘破岩机理

工程上普遍接受的滚刀破岩机理是"压入—贯通"机理,该机理将 TBM 掘进过程中掌子面岩体的变形分为压入和破岩两个阶段。

"压入"是 TBM 滚刀破岩过程中的第一阶段,即来自刀盘的压力将滚刀压入掌子面的岩体中,掌子面和滚刀接触部位的岩体开始产生裂缝并向四周延伸(图 2-14)。根据岩体的变形程度可将变形岩体归为 3 类:粉碎核(刀盘和岩体接触部位,变形最大)、弹性区(距离接触部位较远,变形较小)和非弹性区(粉碎核和弹性区的过渡区)。根据形状,非弹性区的裂缝可以分为 3 种:中心裂纹、放射裂纹和边裂纹。对于该区间内裂纹的形成原因主要存在 3 种:岩体剪切破坏、岩体的脆性受拉破坏、在相近数量级的剪切和受拉混合作用下的破坏。

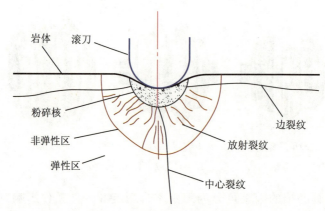

图 2-14　滚刀压入岩体破坏示意图

"贯通"是整个破岩过程的第二阶段。在该阶段,刀盘旋转使得滚刀之间的裂纹(多为边裂纹和中心裂纹)得以贯通,形成岩片。

滚刀破岩机理研究的目的主要在于开发新的滚刀材料和优化刀盘结构。在优化刀盘结构的研究中,线性切割试验是常用的方法。通过计算刀盘在间距和切入深度不同工况组合下的破岩效率,从而确定最佳参数。

施工时,TBM 推进至破岩面,依靠自身机械作用将其前方滚刀刀头挤入岩体,在强大的机械力作用下,刀头与岩体面接触区域产生一个半圆形挤压带,并产生大量表面裂隙,随着刀头的不断深入,相邻滚刀之间的裂隙由于压力增大而逐渐加深并向四周扩散,当裂隙相互贯通时,两相邻滚刀下岩石便被挤压破碎,从而达到破岩效果。因此,盘形滚刀的间距布置是 TBM 研究者重点解决的问题,两个相邻滚刀之间间距太小或者太大都影响破岩效率,应使两个盘形滚刀达到最优间距。综合作用破岩机理如图 2-15 所示。

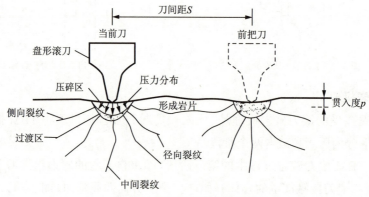

图 2-15　综合作用破岩机理示意图

隧道的开挖直径由刀盘最外缘的边刀轨迹控制,而刀盘结构最大直径设计在刮渣口外缘滚刀处。一般刮渣口最外缘离洞壁留有 25mm 左右间隙,间隙过大不利于岩渣流动清除,过小的间隙会造成铲斗直接刮磨洞壁从而过快磨损失效。因此,刀盘本体结构的最大直径一般比理论开挖直径小 50mm 左右。TBM 刀盘滚刀分布示意如图 2-16 所示。

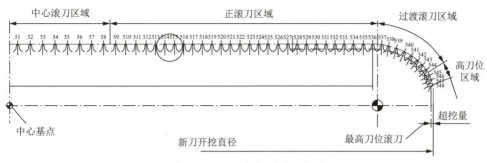

图 2-16　TBM 刀盘滚刀分布示意图

通常,在刀盘成形阶段,复核刀盘开挖直径采用以刀盘回转中心为基准点,测量该点与刀盘最高刀位的边滚刀边缘的间距。超挖量测量则以 TBM 前盾外边缘为基准,测量其与刀盘最高刀位的边滚刀边缘的距离。实测数据与理论数据对比以及测量点的分布状态有关。

4)刀间距

每把滚刀可承受的载荷和刀间距是影响 TBM 贯入度和推进速度的重要指标。刀间距太大将增大刀具的磨损,增加 TBM 停机换刀时间,以致掘进速度降低。试验表明,在给定地质条件下,当减小刀间距时,获得一定掘进速度所需推力将下降。这意味着在非常硬的岩石情况下,假设每把滚刀推力不变,通过减小刀间距,可以增加掘进速度。刀间距越小,产生的碎石屑粒径越小,切削岩石要求的比能越大,开挖过程的经济性就越小。刀间距对贯入度的影响如图 2-17 所示。

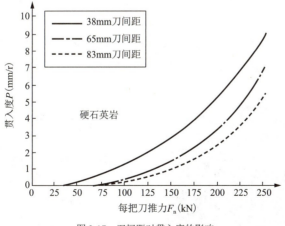

图 2-17　刀间距对贯入度的影响

通过比较不同刀间距滚刀开挖岩石所消耗的能量,每种岩石有一个最佳的刀间距。这个最佳的刀间距主要是地质条件的函数。在硬岩情况下,它是贯入度的 10～20 倍,在 65～90mm 之间;根据开挖直径不同,在软岩情况下,贯入度大约是 100mm。为了提高 TBM 的适应性,刀间距应尽可能取小值,以便应对隧道施工中有可能遇到最硬的岩石情况。

5）刀盘旋转方向

相关工程实践表明，在掘进过程中，单护盾 TBM 刀盘在推进液压缸顶推管片的推力作用下，由于刀盘只能顺时针旋转，盾体一直为逆时针滚动；刀盘向前推进，依靠盾体与围岩间的摩擦力以及顶推管片产生的反扭矩来进行掘进。为了抑制盾体的滚动，需调整推进液压缸的角度，从而产生一个圆周方向的力作用在管片上，直接导致管片滚动，严重影响管片拼装质量、施工组织生产以及 TBM 后配套性能及其结构的安全。单护盾 TBM 单向刀盘施工管片状态如图 2-18 所示。

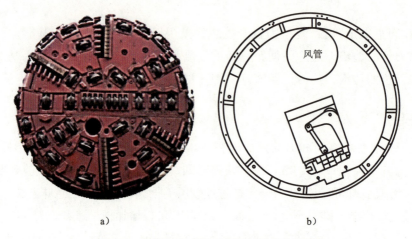

图 2-18　单护盾 TBM 单向刀盘施工管片状态示意图

在掘进过程中，刀盘只有采用双向旋转，才能解决管片滚动问题。刀盘在设计时采用双向刮渣口出渣，从而使 TBM 在掘进过程中可以双向旋转，这样便不需要调节推进液压缸的角度，而是利用刀盘的双向旋转来调整盾体的滚动，有效解决了不能高贯入度加载扭矩的问题。单护盾 TBM 双向刀盘施工管片状态如图 2-19 所示。

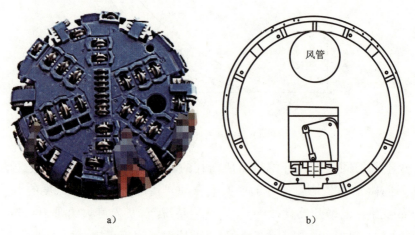

图 2-19　单护盾 TBM 双向刀盘施工管片状态示意图

2.2.2 主驱动

主驱动也称为刀盘驱动,目前硬岩 TBM 普遍采用变频电机驱动,这样可以在较宽范围内实现无级调速以适应掘进不同岩石的要求。刀盘是大功率、大扭矩驱动,因此采取多组电机通过减速器,再通过小齿轮驱动大齿圈,实现低速高扭转动,进而驱动刀盘转动,并且为了减小电机的外形尺寸,驱动电机的电压一般采用 690V。

单护盾 TBM 机头架、主驱动结构如图 2-20 所示。

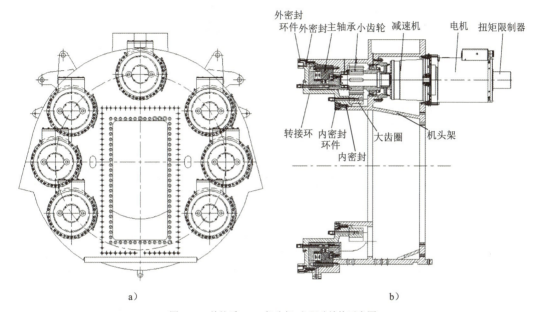

图 2-20　单护盾 TBM 机头架、主驱动结构示意图

(1) 机头架

机头架相当于一个大的箱体,其内部与轴承外圈表面、内外密封安装表面、小齿轮或减速器的座孔表面等都是重要的机械加工表面。机头架中间空腔安装主机皮带输送机,也可使作业人员进入刀盘位置,并在内壁上设有若干检查孔,检查孔需要进行封盖。机头架的周边还有大量的螺孔,用来连接润滑油和润滑脂管路。

(2) 主轴承

主轴承一般采用三轴滚子轴承,主要由内圈、外圈、两排轴向滚子、一排径向滚子和保持架等构成。内圈为转动件,装在轴承座套上,内圈与刀盘和轴承座套用螺栓连接在一起。而大齿圈装在轴承座套上,并用螺栓与轴承座套连接在一起。主轴承、主轴承座套和大齿圈均为高精度机械加工件,目前国际上能够生产主轴承的厂家很少,订货周期一般在半年以上。一般由 TBM 厂家提供主轴承的荷载值、直径尺寸和寿命的初步要求,由主轴承厂家进行设计计算,给出主轴承的尺寸和寿命。

(3) 电机、扭矩限制器、减速器和小齿轮

刀盘驱动通过电机、二级行星齿轮减速器和小齿轮驱动大齿圈,从而驱动刀盘转动。电

机尾部有一个扭矩限制器,用于过载时保护驱动齿轮。当正常掘进时,电机转动,限扭离合器闭合带动传动轴转动,传动轴的两端有花键,前端花键与行星齿轮减速器接合,后端花键与离合器接合,从而将动力传到减速器上。扭矩限制器有一个安全阀,需在离合器内部注入一定油压的专用油,当过载超过设定的扭矩值时,安全阀被剪断,高压油从安全阀中泄出,从而切断电机转子与传动轴之间的动力传递。

（4）主轴承密封与润滑

在刀盘破岩工况下,TBM 主轴承及其密封工作环境恶劣,环境介质多为泥沙或沙石粉尘,氧化硅或石英含量高,而这些物质对主轴承伤害极大。一旦密封出现问题,会严重影响 TBM 主轴承寿命。大多情况下,TBM 主轴承及密封问题都是从主驱动润滑系统油液检测工作中判知。施工中发现类似问题,须慎重对待。

主轴承密封采用 3 道唇式密封,保护主轴承和驱动总成。TBM 常见主轴承润滑结构有两种,分别如图 2-21、图 2-22 所示。

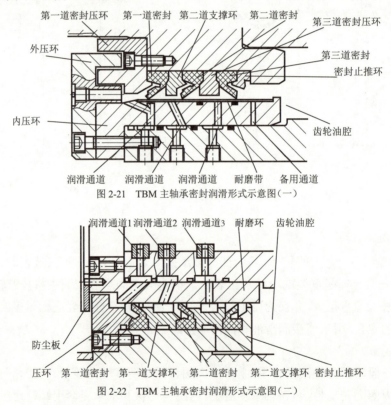

图 2-21 TBM 主轴承密封润滑形式示意图（一）

图 2-22 TBM 主轴承密封润滑形式示意图（二）

图 2-21 所示的润滑形式,一般使用齿轮油润滑。机头架齿轮油腔体密闭,在顶部设置一个单向的过滤呼吸器,齿轮油腔处于一定的压力状态。刀盘旋转时,主轴承唇形密封与耐磨带相接触形成密闭空间润滑。齿轮油经由 TBM 后配套泵站通过三个润滑通道供给,流经主轴承密封之间的带压润滑腔后进入机头架齿轮油箱,再经机头架底部液压泵回流至 TBM 后配套润滑泵站。为有效防止外部杂质进入密封润滑腔,外压环、内压环和第一道密封压环之间形成迷宫流道,同时,第一、二道唇形密封唇口朝外,第三道密封唇口朝内,这样

会在第一道密封外部消耗一定量的齿轮油。

图 2-22 所示的密封结构,主轴承唇形与耐磨环相接触形成密闭润滑腔体,压环结构和布置不同。通常流经润滑通道 1 的润滑介质是 EP2 润滑脂,其他两个流道采用齿轮油,同样采取了防尘措施。

以上两种润滑方式,均由全自动油脂系统记录和调节进入密封油脂总量,它与主驱动连锁并同样被监控,只有它正常工作时,刀盘才能被启动。主轴承密封接触金属环(带)表面都进行硬化和磨削,在正常条件下可使密封圈经久耐用。如果接触表面出现磨损或更换密封件,可调整移到新的表面上而不需要更换耐磨环(带)。

主驱动润滑采取强制压力循环润滑,由泵站通过过滤和冷却,将润滑油经流阀和管路喷向主驱动腔内的主轴承和齿轮啮合部位,主轴承和齿轮都有多点润滑,回油也需专门的磁性过滤器进行过滤。有的 TBM 厂家设计有专门的外置油箱,油被抽回到油箱过滤冷却后再回到主轴承和小齿轮润滑点。有的 TBM 厂家不设单独油箱而将主驱动腔作为油箱,润滑油不断被抽出,经过滤和冷却后再不断地回到主驱动内各个润滑点。为了防止齿轮腔内的油进入主轴承,在内部主轴承和齿轮间还设有一道密封,此密封允许主轴承油流入齿轮腔,但防止齿轮腔油进入主轴承。

一般情况下,TBM 制造厂家都会在厂内对机头架齿轮油润滑腔进行保压试验。污染主轴承密封的来源通常有以下几种:一是迷宫流道内进入粉尘或流沙等杂质导致唇形密封异常失效;二是因设备保养不力,导致机头架呼吸器失效,进而使杂质从该处进入润滑系统;三是打开油脂管路或向泵站油箱内添加油脂时杂质进入润滑系统。因此在 TBM 施工过程中,TBM 设备日常维保、油水检测和整机状态监测是一项极为关键的工作。

2.2.3 盾体结构

护盾的主体为钢结构焊接件,与双护盾 TBM 相比,单护盾 TBM 护盾短,且刀盘与前盾间通常设计有隔尘板,防止灰尘从此空隙中进入主机后面。一般为了减小卡盾的风险,盾体设计为梭形,同时为了便于吊装、运输,主机盾体设计为 4 个部分,即前盾直径 > 中盾前部直径 > 中盾后部直径 = 尾盾直径。

单护盾 TBM 刀盘在前盾外露过长,同时,施工中遇软弱与稳定性差岩体时,其承受塌落渣土体载荷、扭矩和推力等相应加大,产生"压刀盘"现象,需减小刀盘与前盾边缘切口之间的距离,即刀盘前伸外露长度,可有效解决该问题,如图 2-23 所示。

如图 2-24 所示,前盾上部比下部长,

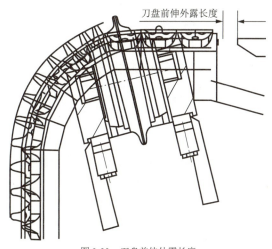

图 2-23 刀盘前伸外露长度

即前盾上部宽度 a 大于下部宽度 b。采用此设计,一是可以阻止刀盘周边与前盾之间渣土进入,从而形成摩擦力矩,进一步提升 TBM 设备工作性能及施工效率;二是能够有效降低围岩坍塌体作用于刀盘上的阻力扭矩,对提高软岩及稳定性差岩体洞段施工安全与效率具有积极作用,但对围岩自身因稳定性差及变形过大所形成的失稳坍塌作用有限,且将增加 TBM 设备推力,对 TBM 姿态控制技术要求提高,需加强设备开挖掘进施工姿态控制;三是随着施工洞径增大,相应开挖侧顶拱豆砾石充填及其低压固结灌浆,以及底拱砂浆充填等工程量随之增加,需同步优化提高设备后配套技术性能予以调整,并加强施工组织及其管理,以确保施工效率。

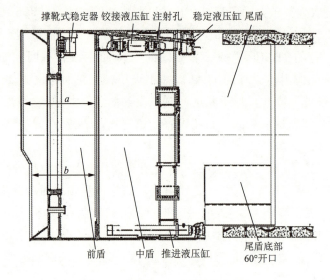

图 2-24 单护盾 TBM 主机结构示意图

前盾用于支撑机头架,并在前盾布置稳定器以减少开挖过程中的振动。在前盾隔板位置上方设置两组撑靴式稳定器,其支撑力和接地比压应能克服 TBM 掘进中刀盘旋转与盾体反扭矩,满足 TBM 作业时主机稳定性要求。

当开挖掘进时需要调整高程姿态时,若铰接液压缸之间存在行程差,将造成尾盾"上翘"。若洞身围岩岩性软弱,为防止机头产生"栽头",确保洞身设计高程,经常需要将刀盘和前盾抬高,这样会使底拱管片不能直接坐落于洞身底拱岩面上,管片与尾盾脱离后便会下沉,造成衬砌管片环纵向接缝形成错台或开度超标。采取尾盾底部 60°开口,可确保底拱管片退离尾盾后直接坐落于岩面上,可有效提高管片拼装质量,使管片与盾体不易发生扭转现象。

在尾盾顶部设置稳定器,以增大 TBM 盾体与围岩间的摩擦力,可进一步缓解尾盾"上翘",以及后方管片环向滚动旋转。此外,还能及时清理沉积在底管片下的石粉,有利于提高灌浆质量。

为使主机具备刀盘后退功能,在尾盾上部布置 4 组稳定液压缸,其最大撑紧力需满足刀盘后退时需要的拉力的要求。盾尾稳定装置布置示意如图 2-25 所示。

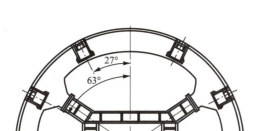

图 2-25　尾盾稳定装置布置示意图

为防止砂浆及豆砾石倒流入盾体间隙,盾尾设计为整圆,并在末端设计两道弹簧钢板止浆,该止浆板具备可更换性,如图 2-26 所示。

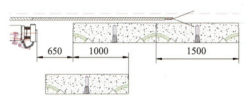

图 2-26　盾尾止浆板示意图(尺寸单位:mm)

2.2.4　主动铰接

铰接式 TBM 能够满足小曲线半径隧道施工,在特殊的条件下也能发挥独特优势。特别是主动铰接式 TBM,其主机转弯能力较强,可降低卡盾风险,同时也便于整机姿态调整。根据不同的地质条件及用途,主动铰接的结构形式也有所不同,其自动化的程度也越来越高。

一般情况,主动铰接盾体由前盾、中盾前部、中盾后部和尾盾四部分构成;被动铰接盾体由前盾、中盾与尾盾三部分构成。主动铰接的作用是可以更好地控制 TBM 掘进姿态,使 TBM 能够适应蛇行前进,特别是更好地适应曲线掘进。在设备结构上,铰接液压缸(图 2-27)一般设置在 TBM 前盾和中盾之间,也可将中盾分为两部分,将铰接液压缸置于两者之间。为能快速通过深埋长隧道破碎带或软岩大变形等不良地质洞段,有些单护盾 TBM 直接取消铰接液压缸,以使 TBM 护盾长度尽可能短。

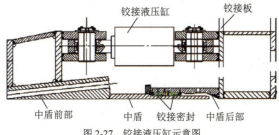

图 2-27　铰接液压缸示意图

护盾被分成前后护盾两个部分,TBM 刀盘开挖可以在两个护盾之间的铰接液压缸作用下轻微地互相改变角度。主动铰接系统由铰接液压缸及控制阀组组成,泵源为高压定量泵。

铰接液压缸呈周向分布,共分为四组进行控制,调整时四组全部动作,转弯方向一侧液压缸缩回,另一侧伸出,由程序控制。另外,铰接液压缸还可以实现手动控制功能。

单护盾 TBM 的铰接方式采用主动铰接,沿盾体圆周方向按区域布置铰接液压缸,铰接液压缸参数应满足最大铰接力要求;同时为有效防止掘进过程外部粉尘(或杂质)的进入及保障设备系统安全,铰接位置应设计两道唇形密封。

当 TBM 穿越地层为软岩时,在局部还遇到底板较软的地质条件,为保证主机不"栽头",需将上下铰接液压缸调整成上短下长的形式,采用分区控制铰接液压缸的行程,如图 2-28、图 2-29 所示。

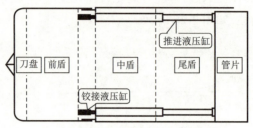

图 2-28　TBM 铰接液压缸无行程差示意图

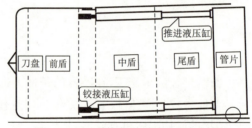

图 2-29　TBM 铰接液压缸存在行程差示意图

当 TBM 经过的地质条件稳定,TBM 铰接液压缸无行程差时,设备处于正常掘进模式状态。

2.2.5　超前注射孔

在盾体合理设置超前注射孔,具有两个方面优势:一是在围岩出现坍塌或收敛时,可利用注射孔向盾体外壁注入废油或膨润土,以减小盾体和围岩的摩擦阻力;二是可在管片拼装机后部安装超前地质钻机,用来探测不良地质情况,以及进行超前注浆,如图 2-30 所示。

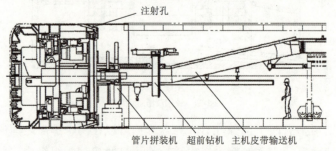

图 2-30　TBM 超前注射孔位置示意图

2.2.6 推进系统

单护盾 TBM 推进系统由若干数量的液压缸组成,便于实现分组控制。液压缸撑在管片上,推动刀盘向前掘进,掘进一个行程后液压缸缩回,然后进行管片的拼装作业,如图 2-31 所示。

推进液压缸采取多个平行或近似平行于 TBM 纵轴线的环向布置,每个液压缸前端采用铰接,后端通过顶靴顶在衬砌管片上,顶靴具有较大的接触面积,能够降低接触压力,通过顶靴与管片接触避免液压缸磨损,必要时更换顶靴即可。顶靴与液压缸之间布置四只弹簧,避免顶靴发生大角度扭转。推进系统执行向前推进和控制姿态功能,保证 TBM 能沿着设计线形向前掘进。设计线形有直线、曲线等,因此在掘进过程中,盾体要能实现直线前进、上仰、下俯、左转、右转等功能。在推进和纠偏作业时,为降低控制复杂度和成本,通常将推进液压缸沿周向划分为若干组,通过分区控制来降低控制的复杂度,如图 2-32 所示。

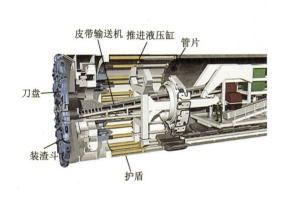

图 2-31　TBM 推进系统示意图　　　　图 2-32　典型推进液压缸布置示意图

一般情况下,推进系统设置的推进液压缸分布和数量应满足隧道管片分度、分区控制要求。但必须要考虑在 TBM 遇到坍塌或围岩收敛时,需要增加推力时的使用,以及调整 TBM 掘进姿态时,需要加大底部液压缸与顶部液压缸推力差的使用。

2.3
单护盾 TBM 适用性

2.3.1　TBM 法与钻爆法对比

1)TBM 法优点

(1)快速。钻爆法受地质情况影响较大,工期相对较长。TBM 则可以实现连续掘进,并同时完成破岩、出渣、支护等作业，实现了工厂化施工，掘进速度较快，效率较高。

（2）优质。钻爆法对围岩的扰动破坏性较大，非人为造成的超挖量较大。TBM采用滚刀进行破岩，避免了爆破作业，成洞周围岩层不会受爆破振动而破坏，洞壁完整光滑，超挖量少。

（3）高效。TBM施工速度快，缩短了工期，较大地提高了经济效益和社会效益。同时由于超挖量小，节省了大量衬砌费用。TBM施工用人少，劳动强度低，也降低了材料消耗。

（4）安全。钻爆法采用炸药爆破，安全隐患较大。采用TBM施工，改善了作业人员的洞内劳动条件，减轻了体力劳动量，避免了爆破施工可能造成的人员伤亡，事故大大减少。

（5）环保。钻爆法采用炸药爆破，会产生大量有害气体，污染环境；对于较长隧道，需开设支洞，修建道路，对环境影响较大。TBM施工不用炸药爆破，施工现场环境污染小；同时减少了长大隧道的辅助导坑数量，保护了生态环境。钻爆法因爆破产生的震动对周围建筑物影响较大。TBM施工对周边建筑物基本无影响。

（6）自动化、信息化程度高。钻爆法人力资源投入大，设备投入台件多，自动化及信息化程度不高。TBM采用了计算机控制、传感器激光导向测量以及超前地质探测通信技术，是集机、光、电、气、液、传感、信息技术于一体的隧道施工成套技术，具有自动化程度高的优点。同时具有施工数据采集功能、TBM姿态管理功能、施工数据管理功能、施工数据实时远程传输功能，可实现信息化施工。

2）TBM法缺点

（1）地质适应性较差。TBM比较适合在地层变化小、岩体完整性好、岩石强度中等的地层施工。TBM对隧道的地层最为敏感，不同类型的TBM适用的地层也不同，一般的软岩、硬岩、断层破碎带，可采用不同类型的TBM辅以必要的预加固和支护设备进行掘进，但对于大型的岩溶、暗河发育、较大规模的断层破碎带、高石英含量的石英砂岩、膨胀性围岩、高地应力区强烈岩爆洞段及塑性变形严重洞段、软岩大变形、可能发生较大规模突水涌泥等特殊不良地质隧道，则不宜采用TBM施工。在这些情况下，采用钻爆法更能发挥其机动灵活的优越性。

一般情况下，以Ⅱ、Ⅲ级围岩为主的隧道较适合采用敞开式TBM施工，以Ⅱ、Ⅳ级围岩为主的隧道较适合采用单护盾或双护盾TBM施工，对于以Ⅴ级围岩为主和地下水位较高的城市浅埋隧道或越江隧道，则较适合采用盾构法施工。

（2）不适宜中短距离隧道施工。由于TBM体积庞大，运输移动较困难，施工准备和辅助施工的配套系统较复杂，加工制造工期长，对于中短距离隧道很难发挥其优越性。国外实践研究表明，当隧道长度与直径之比大于600时，采用TBM施工是比较经济的。对于一般的单线铁路隧道，开挖直径通常在9～10m，按此计算，大于6km的隧道就可以考虑采用TBM施工。我国是一个劳动力相对过剩的国家，钻爆法施工一直是我国的主推项，采用钻爆法已成功修建了上万公里的铁路隧道，且钻爆法施工的进度仍在逐年加快。在我国一般认为，小于10km的隧道难以发挥TBM的优越性，而钻爆法则具有相对经济的优势；对于10～20km的特长隧道，可以对TBM法和钻爆法施工进行经济技术比较，选择适宜的施工方法；对于大于20km的特长隧道，则宜优先采用TBM法施工。另外，对于穿越江河、城市建筑物密集地带或地下水位较高隧道,考虑施工安全和沉降控制等因素,不论隧道长短,则宜优先考虑采用盾构法施工。

(3)断面适应性较差。断面直径过小时,后配套系统不易布置,施工较困难;而断面过大时,又会带来电能不足、运输困难、造价昂贵等问题。一般认为,较适宜采用TBM施工的隧道断面直径为3～12m;对直径为12～15m的隧道应根据围岩情况和掘进长度、外界条件等因素综合比较;对于直径大于15m的隧道,则不宜采用TBM施工。另一方面,TBM一般不适合较大范围的变断面隧道的施工。

(4)运输困难,对施工场地有特殊要求。TBM属大型专用设备,全套设备重达几千吨,最大部件重达上百吨,拼装长度达200多米。同时洞外配套设施多,主要包括混凝土搅拌系统,管片预制厂,修理车间,配件库,材料库,供水、供电、供风系统,运渣和翻渣系统,装卸调运系统,进场场区道路以及TBM组装场地等。这些对隧道的施工场地和运输方案等都提出了较高的要求。因而,导致有些隧道虽然长度和地质条件较适合TBM施工,但运输道路难以满足要求,或者现场不具备布置TBM施工场地的条件,而放弃选择此工法。

(5)设备购置及使用成本大。TBM施工需要高负荷的电力保证,需要高素质的技术人员和管理队伍,前期购买设备的费用较高,这些都直接影响TBM施工的适用性。

(6)非掘进作业占用工期长。采用TBM法施工的深埋长大隧道,从TBM设备订货开始到TBM试掘进,需要经历TBM的选型论证、设计联络、设计制造、厂内组装与调试、海运或陆运、现场组装与调试等环节。在TBM正常掘进后,可能由于地质风险、TBM设备风险、专业技术管理控制风险等,导致可预见或不可预见的非正常停机,如卡机事故的脱困处理、更换主轴承等作业。所有这些对TBM施工来说,既占用工期又无进尺可言的操作,均称之为非掘进作业。非掘进作业占掘进作业的比例相当高,对于采用TBM法的隧道工程,设计和施工均应对非掘进作业给予充分的考虑,以便做出科学、合理的施工组织设计。

综上,两种隧道工法的选择需要多方面考虑。TBM设备投资大、制造周期长,是TBM法隧道施工的典型特征。但从综合效果看,以引洮供水7号隧洞为例,TBM施工总投资比钻爆法节省3728.83万元,相对减少7.68%;钻爆法施工比TBM施工长23.68个月,工期拖后近2年,此外TBM施工成洞质量较好。

在确定TBM法后,还需要对选用的TBM类型进行比较,见表2-22。

不同类型TBM比较 表2-22

TBM类型	敞开式	双护盾式	单护盾式
对隧道的适应范围	适应地层要求围岩条件较好,岩石为中硬岩、坚硬岩、极硬岩,可开挖单轴抗压强度在50～250MPa,一般开挖Ⅱ～Ⅲ级为主围岩	适应软岩、中硬岩、坚硬岩,单轴抗压强度在20～90MPa之间,岩体完整~破碎都可适应,适应围岩有Ⅱ～Ⅴ级岩。要求地勘资料详细明确	适应软岩地层,强度在5～60MPa以内,岩体较完整~破碎的Ⅳ、Ⅴ级围岩。要求地勘资料详细明确
掘进速度	掘进速度快,但在围岩破碎时很慢,对围岩的变化非常敏感	能够保持在一个较稳定的高速度下掘进,对地层的变化相对没有敞开式敏感	相对较低,在德国和西班牙的山岭岩石隧道中也达到了平均400m/月以上的掘进速度

续上表

TBM 类型		敞开式	双护盾式	单护盾式
初期支护方式		钢拱架、钢网片、钢筋网、锚杆、喷射混凝土	管片、豆砾石、砂浆,对围岩止水、注浆和补强加固困难	同双护盾式
衬砌施工与质量		初期支护充分,变形稳定;复合现浇衬砌跟随施工,质量可控	管片工厂化生产,自身质量有保障;对施工要求高,由于施工缝多,易出现错台、裂缝	同双护盾式
防排水		可以对围岩注浆,排、堵结合,可靠性高	一般采用以堵为主,拼装缝多,可靠性较低,在裂隙水发育时,可能使管片承受水压,拼装缝可能漏水	同双护盾式
施工经济性		在良好地层,支护量少,造价低;不良地层时,支护灵活,可以因地制宜	在稳定地层,原则上只可拼装底管片,降低支护成本造价;在不良地层时,全拼管片	需要全线拼装管片
监控量测		能对隧道变形进行量测	不能	不能
复杂地层的适应性	岩爆	护盾短,强烈岩爆对设备伤害大	有护盾的保护,安全性好,但卡机风险高	有护盾的保护,安全性好,但卡机风险高
	贫水断层	能够通过后配套设备,安全通过断层带,初期支护及时	采用单护盾模式快速通过	能够快速通过
	富水断层	风险高,不适应	可采用单护盾模式安全通过,衬砌需考虑水压载荷	可安全通过,衬砌需考虑水压载荷
	挤压断层	基本不适应	不适应	不适应
	地下水处理	对裂隙流水能够适应	对裂隙流水能够适应,水压高时管片衬砌需研究减压方案	对裂隙流水能够适应,水压高时管片衬砌需研究减压方案
	超前支护	相对灵活	不灵活	不灵活
	施工风险	卡机、塌方、岩爆、撑靴撑不住,支护方式复杂	卡机、变形大、水压大、结构受力不足	卡机、变形大、水压大、结构受力不足
TBM设备造价		标准配置造价较高,高配则造价更高(如多套超前钻机、锚杆钻机和喷混系统)	相当于敞开式标准配置1.1倍左右	相当于敞开式标准配置0.9倍左右
隧道造价		较高	高	高

2.3.2 单护盾 TBM 的适用性

一般认为敞开式 TBM 适用于绝大多数围岩完整性较好的隧道,单护盾 TBM 适用于软弱围岩所占比例较大的隧道,双护盾 TBM 介于两者之间,既可在完整性较好的洞段快速掘进,又能应对软弱围岩。三种类型的 TBM 形成互补可以应对所有的围岩条件。影响 TBM 施工成功与否的关键在于地质条件,并且在某些极端地质条件下目前任何 TBM 都无法应对,必须采取人工方式辅助处理。

护盾式 TBM 分单护盾和双护盾两种,其特点各有不同。

1)相同点

(1)适用在地质条件复杂、开挖后不能自稳的岩体中进行施工;开挖、衬砌、出渣同步流水作业,掘进速度为钻爆法的 5～20 倍。

(2)掌子面护盾保护,后部及时管片衬砌,人员和设备的工作处在封闭的盾体下,施工安全性高。

(3)围岩扰动小,成洞隧道表面光滑,节省衬砌量;与敞开式 TBM 相比,隧道开挖一次成型,不需二次衬砌,时间较短。

(4)围岩完整性较好时都能创造出比围岩大范围失稳条件下更快的掘进进度;但通过围岩收敛变形洞段,不及敞开式 TBM 应对围岩变形的能力强。

(5)遇到高地应力、围岩收敛程度高、收敛速度快的不良地质条件时,都会面临卡机风险。

(6)机械化程度高,劳动强度低,工作条件与环境改善,可实现文明施工。

2)不同点

(1)单护盾 TBM 常用于软岩和具有较高地下水位的不稳定地层施工;双护盾 TBM 既可用于岩性较硬地层,又可用于岩性较软或软硬岩混合地层施工。

(2)双护盾 TBM 在前后护盾之间设计有伸缩盾,具备两种掘进模式,地质情况差时使用单护盾模式;地质良好时则使用双护盾模式,即掘进与拼装管片同时进行,而单护盾 TBM 掘进和拼装管片只能顺次施工。

(3)与单护盾 TBM 相比,双护盾 TBM 盾体较长,软岩大变形应急处理较单护盾复杂。

(4)单护盾 TBM 设备造价低于双护盾 TBM。

(5)管片拼装时间明显小于掘进时间时,造价工效差异大,优先选用单护盾 TBM。例如直径大于 10 m 的 TBM 管片拼装的时间大于掘进时间,且造价比双护盾有明显的降低。

本章参考文献

[1] 王梦恕. 不同地层条件下的盾构与 TBM 选型 [J]. 隧道建设,2006(02):1-3,8.
[2] 卜武华,田娟娟. 软岩洞段单护盾隧洞掘进机(TBM)主要施工问题及对策 [J]. 山西水利科技,2011(03):41-43.
[3] 赵文松. 重庆地铁单护盾 TBM 掘进性能研究 [D]. 石家庄:石家庄铁道大学,2013.
[4] 姚天宝. 单护盾 TBM 在引洮 7# 隧洞中的应用 [D]. 兰州:兰州交通大学,2015.
[5] 陈援. 护盾式硬岩掘进机在引洮供水工程中的应用 [J]. 国防交通工程与技术,2015,13(S1):138-139.
[6] 康斌. 软岩条件下单护盾 TBM 长距离独头掘进技术研究 [D]. 西安:西安科技大学,2018.
[7] 张铸. TBM 工作原理及设备选型 [J]. 科技情报开发与经济,2007(09):264-265.
[8] 刘春,殷耀章. 关于 TBM 设备选型的研究 [J]. 建筑机械,2002(11):40-43.
[9] 茅承觉. 全断面岩石掘进机(TBM)选型探讨 [J]. 建设机械技术与管理,2006(08):57-62.
[10] 朱兴华,杨震. 全断面隧道掘进机 TBM 的选型设计与应用 [J]. 陕西水利水电技术,2006(02):25-29.
[11] 吴荣桂,徐岚,粟寒. TBM 在城市地下轨道交通中的选型 [J]. 交通世界,2020(14):9-11.
[12] 赵录学. 城市轨道交通工程 TBM 选型分析研究 [J]. 现代隧道技术,2013,50(02):7-13,33.
[13] 王纯亮. 引洮单护盾 TBM 适应性改造分析 [J]. 山西建筑,2016,42(08):199-200.
[14] 郭彦朋. 大伙房输水工程特长隧洞施工 TBM 选型研究 [J]. 路基工程,2010(05):120-123.

[15] 李卫兵,刘斌.影响TBM选型的地质因素分析[J].水力发电,2009,35(08):25-27.
[16] 张弛.TBM单/双滚刀破岩理论分析及点压破岩实验研究[D].沈阳:沈阳建筑大学,2016.
[17] 陈晓东,陈居乾.TBM刀盘及滚刀施工机理试验研究[J].人民长江,2019,50(S1):154-158,275.
[18] 程永亮,钟掘,暨智勇,等.TBM刀盘地质适应性设计方法及其应用[J].机械工程学报,2018,54(01):1-9.

第 3 章

单护盾TBM重点工序施工技术

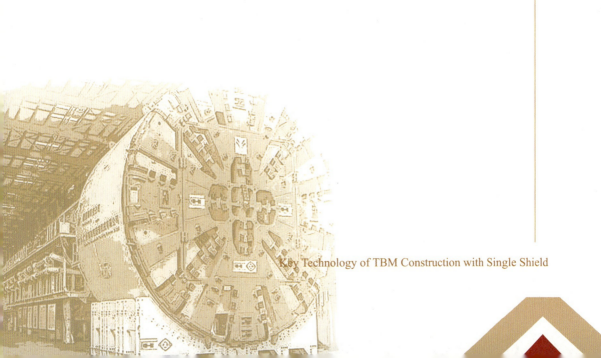

Key Technology of TBM Construction with Single Shield

Key Technology of TBM Construction with Single Shield

单护盾 TBM 隧道施工重点工序主要包括施工准备、辅助工程建设、组装与调试、始发技术、掘进及管片拼装、豆砾石吹填及背后注浆、刀盘刀具更换及修复、到达接收等,各个工序环环相扣,紧密衔接,任何一个工序出现问题都会使单护盾 TBM 施工难以进行,因此,科学运用单护盾 TBM 重点工序施工技术尤为重要。

单护盾 TBM 在针对性设计、设备制造时应提前确定步进及始发方式,包括步进机构、TBM 预备洞及始发洞的结构形式。工程开工后,在进行前期辅助工程施工的同时,应及时进行设备设计、采购与制造,统筹考虑组装、掘进、拆卸等各施工环节的衔接。单护盾 TBM 总体施工工艺流程如图 3-1 所示。

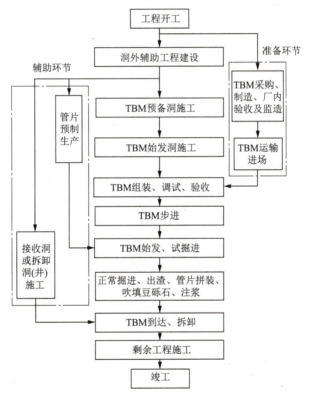

图 3-1 单护盾 TBM 总体施工工艺流程图

3.1 单护盾 TBM 施工准备

TBM 法相比钻爆法而言,在施工进度、安全、环境、质量等方面具备较高水平,能实现工厂化作业管理模式。但受施工场地、周边环境、衔接条件等诸多复杂因素影响，若施工准备不充分，对工程会造成人力、物力的浪费，甚至导致 TBM 停机，施工受阻。"兵马未动，粮草先行"，准备工作必须精细、认真、到位。根据施工工序，有计划、有步骤的分阶段实施，因此，施工准备显得尤为重要。

TBM 施工准备工作的内容主要包括技术准备、设备物资准备、组织准备、现场准备等工作，应该在 TBM 始发完成，并贯穿于施工全过程。

3.1.1 技术准备

（1）掘进施工前应熟悉和复核设计文件，熟悉有关技术标准、技术条件、设计原则和设计规范，掌握 TBM 及附属设备的基本原理、组装顺序、操作规程、维保手册。掌握 TBM 进场道路、组装场地、始发和到达场地、卸翻渣平台、预备洞和始发洞、组装洞和拆卸洞、拼装构件预制场、供配电设施、环保和水保设施、防寒保温措施等辅助工程的专项设计情况，以及施工所需的设计图纸资料和工程技术要求文件。

（2）掘进施工时应根据工程概况、工程水文地质情况、工期质量要求、资源配备情况等，编制实施性施工组织设计，并对施工方案进行论证，按相关程序进行审批。

（3）工程水文地质条件对 TBM 掘进速度和质量影响较大，施工前要仔细核对相关图纸、文件和地质资料，全面掌握和领会技术要求、质量验收要求和相关技术规程。在隧道施工前必须掌握以下资料：工程地质和水文地质勘察报告；当地的气象、水文、水质情况；工程施工合同文件、分包合同文件、监理合同文件；施工所需的设计图纸资料和工程技术要求文件；TBM 从工厂装配车间到施工场地运输道路的地形、设施调查资料。

（4）单护盾 TBM 施工前，应完成以下主要工作：核对洞口位置和进洞坐标；确定洞门放样精度和就位后高程、坐标；单护盾 TBM 的组装、调试与验收；预制管片准备；TBM 施工的各类报表；配套工程的衔接工作；单护盾 TBM 大件运输专项方案。

（5）单护盾 TBM 施工前，还应制订工工艺实施细则，编制作业指导书，完成关键工艺技术交底及安全技术交底工作。TBM 安装、始发、掘进、接收施工、吊装拆卸专项施工方案应满足《危险性较大的分部分项工程安全管理规定》相关要求。

（6）掌握 TBM 主要设备操作人员是否经过专业培训，特种人员持证上岗情况；涉及各专业的接口及相互衔接的施工方法和技术措施。隧道穿过不良地质地段、特殊岩土的处理措施；弃渣场的设计、位置及渣容量是否能满足施工需要和环保水保要求。

3.1.2 设备物资准备

TBM 施工应当结合工程进度、地质情况、TBM 机况科学合理地制订物资供应计划，备齐各类施工物资，为下步工作提前做好准备。

1）配件准备

TBM 施工设备配件主要分为 TBM 专用配件、TBM 刀具配件、常规通用配件三种类型。应根据工程工期、地质、地理气候、所在地机电市场环境等综合因素，坚持"立足施工、经济储备"的原则，提前采购。

（1）TBM 专用配件是指仅适用于 TBM 且属于消耗性的配件，如豆砾石吹填系统中豆砾石泵的上下结合板、钢衬板等。

（2）TBM 刀具配件是长距离隧道施工设备成本的关键管控要素，故 TBM 刀具配件单独列出管理。

（3）常规通用配件是指适用于 TBM 后配套系统和 TBM 配套设备的消耗性配件，如标准件中的螺栓、轴承、管件等。

2）配套设备准备

根据工程数量、工程所处的地理位置、地质条件、施工工期、施工方法及工艺要求等，为保障 TBM 快速掘进，需要为 TBM 配置相应的配套设备，其中包括门式起重机、砂浆搅拌站、机车编组、装载机、运渣车、通风机、水泵等主要施工设备。

3）材料准备

（1）应配置经验丰富的专职人员从事材料的调查、采购、库存、供应及监控等管理工作。

（2）设立专项资金用于材料的采购工作，确保材料的及时供应。

（3）建立、健全材料的采购程序及质量检验程序，确保进场材料的质量合格及手续齐全。

（4）每一批进场材料必须由专人检查，经抽检合格后使用。

（5）依法签订材料采购合同，材料的质量应具有可追溯性。

（6）做好现场的钢材、水泥、豆砾石等材料的试验工作，所有材料均应按要求见证取样、送检，检验合格后使用。

（7）现场材料应建立专项档案，并建立现场铭牌，材料的种类、规格、检验状态、使用部位等标识清楚。

（8）现场材料由专人管理，材料的使用必须经工程技术人员现场确认后方可使用。

（9）材料采购进行过程控制，建立物资管理制度，实行层层监控。

（10）大宗材料采购应确保材料采购的性价比。

（11）掌握和追踪目前的材料动向和发展状况，追踪新材料、新技术、新工艺的信息，提高材料管理水平。

（12）对于甲供材料，在签订合同后设置专人进行管理，针对供货数量、时间、地点等编制详细的供应计划表，定期对供应情况进行核对和总结，并与供应方随时联系和沟通，确保甲供材料按需、按质、按时供应。

3.1.3 组织准备

（1）要形成有一定权威性的统一指挥，着重协调各方面的关系，排除各种障碍，确保工程能按预定要求顺利完成。

（2）根据工程量、进度安排以及配备的机械设备，结合工程专业特点和现代科学管理理论，充分发挥和调动每个人的劳动积极性，精心筹划、科学安排，进行动态管理、弹性编组、灵活组织，实施平行、流水、交叉作业。

（3）根据工程任务的大小、技术复杂程度以及纵横关系做到因事设职、因职选人，建立有施工经验、有开拓精神和效率高的组织班子。

（4）TBM施工作业人员应专业齐全，满足施工要求，人员须经过专业培训、持证上岗。针对TBM施工中各种不良地质情况，技术人员要制订详细的作业程序、质量控制要求等，将作业文件下发到每个作业人员，使其明确施工的质量和安全标准。培训工作包括理论培训、现场操作培训、外单位学习等多种形式。

（5）重视职工技能的培训工作，施工人员应具有专业知识及专业技能的优势，均能胜任本职工作。

（6）重视职工的思想教育工作，激励员工发扬奉献精神，确保参建人员"到之能战，战之能胜"。

（7）所有参建人员均积极参加社会主义劳动竞赛，建立多劳多得的奖励机制，员工收入与工作成绩挂钩，激发职工的建设热情。

（8）充分发挥工会的职能，关心职工的思想动态和生活状况，维护员工的合法权益，丰富员工的业余生活，为员工提供娱乐和休闲场所。不定期举行文体比赛，激发员工的生活和工作热情，充分发挥员工的主观能动性，使他们以工地为家，以饱满的热情投入到工作当中。

3.1.4 现场准备

（1）TBM施工工期长、现场情况变化大，因此保证测量控制网点的稳定、准确，是确保施工质量的先决条件。特别是在城区建设，障碍多、通视条件差，给测量工作带来一定的难度。因此，必须根据规划部门给定的永久性坐标和高程，按照建设单位提供的交桩资料，进行施工现场控制网点的测量，妥善设立现场永久性桩，为全过程中施工精度提供条件。

（2）确保施工现场水通、电通、道路通和场地平整。

（3）按照施工平面图和施工设施需要量计划，建造各项施工设施，为正式开工准备用房。

（4）单护盾TBM到场组装前，施工现场需要完善TBM临建建设，如搅拌站的建设、砂石料仓、刀具配件车间、物资库房、调度室等，并做好场地内的排水设施。

（5）根据施工机具需要量计划，按施工平面图要求，组织施工机械、设备和工具进场，按规定地点和方式存放，并应进行相应的保养和试运转等工作。

（6）建筑材料进场后，应进行各项材料的试验、检验。对于新技术项目，应拟定相应试制和试验计划，并均应在开工前实施。

（7）根据建筑材料、构（配）件和制品需要量计划，组织其进场，按规定地点和方式储存或堆放。

（8）按照施工组织设计要求，认真落实冬季施工、雨季施工和高温季节施工项目的施工设施和技术组织措施。

（9）单护盾 TBM 到场组装前，施工现场需要完善 TBM 临建建设，如搅拌站、砂石料仓、刀具配件车间、物资库房、调度室等，并做好场地内的排水设施。

3.2 单护盾 TBM 辅助工程建设

单护盾 TBM 辅助工程建设主要指前期的 TBM 组装场地、后期 TBM 施工场地的建设。因 TBM 体积庞大，从制造厂转运至工地，其部（构）件种类、数量多，组装场地分为主机组装和后配套组装两部分。组装场地布置需要考虑这些大件的尺寸和摆放，场地应用混凝土硬化，强度满足承载力要求，并尽可能避免不良地质，做好支挡和排水措施，确保 TBM 组装安全。

3.2.1 场地布置原则

（1）洞外施工场地一般集中布置在洞口附近位置，洞口周边场地不足时，可分区布置。多工点共用的搅拌站、加工厂、预制构件厂等辅助工程应结合运输条件、场地条件合理布置。

（2）采用有轨运输时，供料应确定洞外备料线、编组线和其他作业线的布置，出渣应确定洞外出渣线、翻渣设施的位置及存渣场地。

（3）采用连续皮带输送机出渣时，应确定洞外分渣设施的位置及存渣场地。

（4）施工场地应尽量采用混凝土硬化，场地内功能区域划分明确。并考虑行车道路布置，方便场地内运输调度。

（5）场地施工前将场地内各构筑物、管线位置及结构进行合理设计，形成详细的场地布置图，统筹规划洞外施工场地。已有施工图的应提前进行图纸会审，若不满足施工要求应提前进行变更。

3.2.2 场地建设要求

（1）场地建设应因地制宜，面积应满足施工生产需要。

（2）场地地基应具有一定的地基承载力，满足在其上修建结构物的承重要求，不满足要求时要进行地基处理。施工场地内应设置截、排水设施，防止场地内积水。

（3）场地内特殊结构厂房应根据结构功能进行单独设计，按照设计进行基础及房屋结构施工。有特殊要求的应对场地地基基础进行加固处理，如门式起重机走行基础、TBM 洞外组装区基础等。

（4）若场地内有桥涵工程,应根据施工组织确定墩台施工时间,场地与墩台有冲突时应制订墩台防护措施,并应验算通过。

（5）场地范围的供电、供水管路尽量采用直埋方式埋至于场地下,并按一定距离设置检查维修井,做好防冻措施。有条件的应设置管沟,将供水、供电线路布设于管沟内,方便检查维修。

3.2.3 场地规模容量

单台单护盾 TBM 施工场地规模应根据施工现场洞口地形条件、工程工期要求及造价、设备尺寸及工作条件等因素综合确定,可按表 3-1 考虑。

单台单护盾 TBM 施工场地规模参照表　　　　表 3-1

序号	辅助工程	规模	是否设置厂房	备注
1	搅拌站(含料仓)	1000m²	是	
2	加工厂	1000m²	是	
3	维修车间	500m²	是	
4	配件库房	600m²	是	
5	刀具修理、存储车间	400m²	是	
6	工地试验室	200m²	是	
7	材料库房	2000m²	是	
8	转渣场地	1000m²	否	皮带输送机
		2400m²	否	有轨编组出渣
9	锅炉房	200m²	是	
10	变配电站	1000m²	是	
11	洞外组装场地	2.5倍设备宽度×设备长度	否	整体组装
12		2.5倍设备宽度×100m	否	分体组装
13	高位水池	100～300m³	否	
14	管片预制厂	18000m²		管片
15	构件存放区	5000m²	否	
16	有轨运输编组区、备料区	2000m²	否	
17	油库	200m²	是	
18	设备充电区	800m²	是	
19	办公、生活区	10000m²	是	

3.2.4 管片预制厂建设

单护盾 TBM 衬砌方式采用钢筋混凝土预制管片,在掘进施工前,应根据工程进度计划及工程规模提前建设管片预制厂,以满足单护盾 TBM 掘进时管片拼装需求。

1）功能区域设置

管片预制厂厂房按照功能不同,厂区内主要划分为钢筋加工车间、管片生产区、管片水养区、管片存放区、试验区及配套设施等。为便于各个工序紧密连接,采取平面布置形式按生产流程安排,各功能区域之间没有交叉施工,避免相互之间的干扰,有利于流水作业。

(1)钢筋加工车间

钢筋加工车间采用钢结构建设,主要是将检查合格的钢筋经过调直、切断、弯曲、弯弧、焊接等一系列操作后,制作成管片生产所用的钢筋笼。钢筋车间内机械设备多、用电量大、布置复杂且多变,可根据现场实际情况灵活处理。为充分利用空间面积,蒸养窑流水线顶层可作为钢筋加工场所和钢筋笼堆放场所。钢筋加工车间如图3-2所示。

图3-2 钢筋加工车间

(2)管片生产区

管片生产区是将钢筋加工车间生产的钢筋笼放入组装好的模具内,浇筑符合要求的混凝土,振动成型,经过三次收面、蒸养、脱模、检查、修补、标识后,生产出合格的管片。管片生产区包括流水线生产区域以及预留地模生产区域。管片生产流水线平面布置示意如图3-3所示。

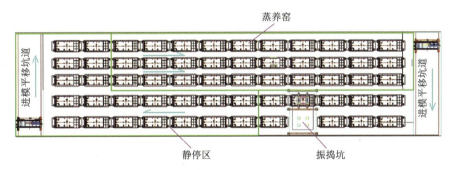

图3-3 管片生产流水线平面布置示意图

根据规范要求,管片蒸养出模后,必须经过静停、降温后才能入水养池养护,因此留有管片静停的区域,管片静停时立起静停;管片静停后通过叉车和平板车配合运出管片生产区,并直接通过水养池悬臂门式起重机直接吊入水养池内,管片入池后应在水养池外悬挂的标识牌上标明入池时间,以便水养到期后能够及时出池。

为适应液压翻转机作业需要,模具一般沿长度方向一字摆开,管片拆模后翻转现场如图3-4所示,管片生产模具布置现场如图3-5所示。

图3-4 管片拆模后翻转

图3-5 管片模具布置

图 3-6 管片水养池养护

(3) 管片水养区

为防止混凝土出现干缩裂纹和有利于确保管片混凝土后期强度，必须对标识后的管片进行养护。养护方法一般有水池养护和喷淋养护，但由于喷淋养护存在养护后的管片表面颜色不一致、养护效果不明显等缺点，养护方法多选择水养池养护。管片水养池养护现场如图 3-6 所示。

水养池养护需注意以下几点：

①池底要有 200mm 高的柔性木条，以保证管片尤其是邻接块在出入养护池时边角不被损坏，并且每一块管片的底部均应放入两条木条，位置在管片的三分之一处，保证管片在侧立时不会倾倒。

②养护池的深度要比管片侧立时至少高出 300mm，保证管片能够充分被水养护。

③养护池要分区标识，使管片出入养护池规范有序。

④养护池要预先留有排水口和进水口，方便养护池中的水随时更换。

⑤养护池的池底和边墙要经过特别的处理，尽可能地采用钢筋混凝土联体浇筑。

(4) 管片存放区

生产的管片经过养护后，进行生产管片的混凝土的抗压强度和其他试验，测试合格后才能使用，为保证管片具有足够的存储量，管片堆放场地地坪必须面积大，地面采用混凝土硬化，内配单层双向钢筋保证地面承载力。管片应堆放整齐，每层管片之间放置柔性垫条，垫条放置必须正确且各层垫条应位于同一垂直线上，堆放高度不宜超过 5 层。为方便取用管片，管片堆放区应按管片型号分区存放，即一个区域如堆放 A 型管片，则全部为 A 型管片。

(5) 试验区

根据设计图纸和相关规范规定，管片需进行水平拼装、检漏试验和抗弯试验等。场内需设置水平拼装台、检漏试验台和抗弯试验台。

2) 配套设施

配套设施主要有混凝土搅拌站、空压机房、锅炉房、变压器房、锅炉燃料存放区等，附属设施建设位置依附于主功能区，使其与主功能区能够方便连接。

3) 厂房建设

管片预制厂一般采用封闭钢结构厂房，建筑规模根据生产能力要求确定。在寒冷地区，厂房应充分考虑保温及管片养护要求，合理确定仰拱预制块室内养护区的大小，调整厂房规模。

(1) 厂房基础要求

根据厂房内生产及设备需求计算厂房地基基础承载力及沉降要求，特别是其中吊装设备对基础的要求，并对现场地基进行实测，不满足要求时应对地基进行处理，并对厂房基础进行特殊结构设计，避免因局部沉降造成厂房基础失稳，影响厂房结构安全和设备正常运行。

(2) 厂房高度确定

预制管片生产主要采用门式起重机或天车作为主要吊装设备配合仰拱预制块起吊转

运。厂房高度确定需要考虑吊装设备尺寸、吊装物尺寸、吊具尺寸、操作空间尺寸及设备上部与厂房顶高度等因素的影响。

(3)排水、防水、通风及应急照明系统

在厂房设计过程中,除满足厂房的功能性要求外,还应考虑厂房的排水、防水、通风及应急照明系统,保证厂房正常运转。

管片预制厂厂房要求整体保温性良好,以满足管片生产需要。应在钢筋加工区墙体上安装必要的通风设备,加强通风,在保证室内温度的同时,降低有害气体浓度。

应急照明系统及发电设备在厂房建设时也应一同考虑,以应对突发停电等情况。

3.2.5 管片预制生产

1)管片生产流水线

(1)管片生产流水线的特点

管片生产时由流水线操作司机操作平移小车的液压缸,将浇筑完成的管片推向下一个模具工位,再将空模推至浇筑工位进行浇筑,如此循环往复,实现流水线式生产。蒸养窑内共布置6个测温点,测温点的温度可以在流水线操作室的数字显示屏上显示,根据显示的温度可随时调整蒸汽量,以保证管片的蒸养质量,提高管片的质量及稳定性。

(2)管片生产流水线说明

管片生产流水线采用五线制,即两条浇筑线和三条蒸养线。每条浇筑线共设12个模具工位,配置施工人员完成相应任务。蒸养窑布置在流水线车间紧靠钢筋笼加工车间的位置,共可设置36个模具工位,在流水生产线和蒸养窑的两端分别放置出模平移小车和进模平移小车。在工作过程中,平移小车可以按控制指令分别将模具送入或者推出蒸养窑。

(3)管片生产自动化流水线工艺流程

管片生产自动化流水线工艺流程如图3-7所示。

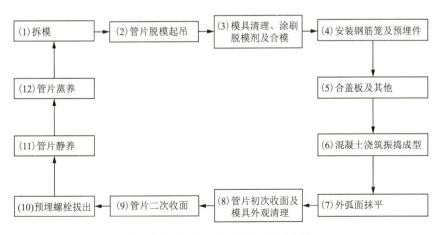

图3-7 管片生产自动化流水线工艺流程图

2）管片生产工艺及质量报检流程

（1）管片生产工艺流程

管片生产工艺流程如图3-8所示。

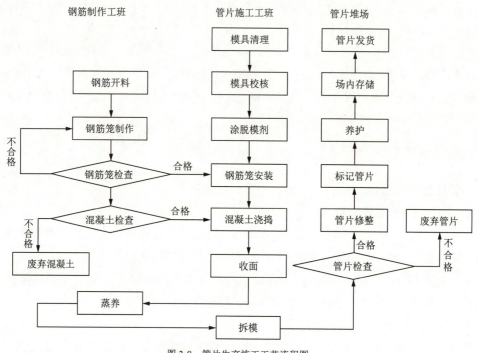

图3-8 管片生产施工工艺流程图

（2）管片生产质量报检流程

管片生产质量报检流程如图3-9所示。

3）生产方法

（1）钢模验收

钢模验收分为三步，首先是钢模制造单位的出厂验收，其次是钢模使用单位的初验收，最后是开始试生产的六环取三环进行拼装验收。经建设单位、设计单位、监理单位和施工单位共同验收通过后，再投入正式生产。

（2）钢筋笼加工及安装

钢筋原材料进厂检验合格后进行钢筋笼加工，钢筋笼在成型靠模上定位后，采用CO_2气体保护焊焊接成型，以保证钢筋笼精度、焊点质量。钢筋笼制作成型后，按规定要求进行实测检查，检查中发现的脱焊、漏焊应及时补焊，检查合格后，应填好记录，挂好标识牌（内容包括焊工、骨架型号、日期）并分类堆放，由专职质检员对其进行检，检查合格后在标识牌上签名。预埋件所用的材料、加工精度、焊接高度、长度应严格按设计图纸加工。钢筋笼成品制作完成并经检验合格之后，由悬臂吊运至蒸养窑顶部暂存，然后通过混凝土车间的桥式起重机吊运至模具内。存放期间，成品钢筋笼堆放层数不得超过4层且每层之间必须垫设方木。钢筋笼现场加工如图3-10所示。

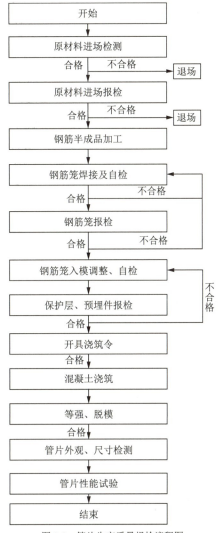

图 3-9 管片生产质量报检流程图

(3)混凝土浇捣成型

①利用流水线生产管片时,设计有自动化控制的高、低料斗,高料斗在轨道上行走,轨道一端连接搅拌站下料口,另一端连接管片模具工位上方,高料斗从搅拌站下料口接料后由轨道运至模具工位上方,放料至低料斗后,再由低料斗放料至模具内,如此循环往复。

②混凝土浇筑采用分层、分块下料浇筑,应使混凝土在模具内均匀布置,混凝土振捣以附着式振捣器为主,人工振捣为辅,浇筑分层厚度不能超过振捣器的振捣半径,振捣时间以混凝土表面停止沉落或沉落不明显、混凝土表面气泡不再显著产

图 3-10 钢筋笼现场加工

生、混凝土将模具边角部位充实表面并有灰浆泛出时为宜,不得漏振或过振。附着式振捣器不可以空振或过振,一般自低料斗放料完成,振捣时间以 21s 为宜,振捣过程中应着重加强螺栓孔位置振捣,防止出现漏振情况。

(4)收光、抹面

成型后管片外弧面的混凝土收水应根据气温间隔一定时间后进行。间隔时间一般以管片外弧面混凝土表面即将初凝来控制。初次收平后应及时把盖板合上,避免管片外弧面混凝土在轨道上运行过程中端头部位出现下坠现象,待管片将要初凝(即用手指在外弧面无明显的浆液时)方可打开盖板,进行二次收面,收水必须使管片外表面压实抹光且保证外弧面的平整和顺,收面过程中严禁随意洒水。在收水过程中,为保证管片边口处密实,收水工需用铁板压住管片的边口处。

4)管片蒸养

(1)管片混凝土浇筑成型后至脱模前应覆盖保湿,可采用蒸汽养护或自然养护两种方式进行养护。

(2)管片的蒸汽养护采用计算机自动控制,在正常生产周期内,只需要一次性设定蒸养程序,不需要在蒸养过程中人工调节温度。在蒸养窑内分成 3 个区域,即升温区、恒温区和降温区,各区域之间用隔热帘或者用砖砌墙(砖墙中间要加隔热板)隔开,共布置 6 个测温点,测温点的温度可以在数字显示屏上显示。管片经蒸养后以同条件养护的试件抗压强度达到设计强度的 50% 方可拆模,具体蒸养时间应经试验确定。

(3)管片浇筑成型后先在静停养护区静养 2h,然后将管片推入蒸养窑内开始升温,升温速度不宜超过 15℃/h,管片在升温区温度升至 55~60℃之间后,将管片推入恒温区进行恒温养护,恒温期间的最高温度不超过 60℃,恒温结束后管片开始在降温区进行降温,降温速度不宜超过 10℃/h,脱模时管片温度不宜超过室温 10℃。

(4)在整个蒸养过程中由流水线操作司机负责,蒸养工应注意温控仪表的准确性与灵敏度。管片蒸养现场如图 3-11 所示。

5)管片脱模

(1)经蒸养后的管片横移至浇捣工作线后打开盖板,掀起薄膜放好,用电动扳手松掉所有侧板和端板螺栓,注意先松开侧板 4 个边角螺栓,接着松开侧板所有锁紧螺栓,再松开侧板开合螺栓,最后松开端板开合螺栓。

(2)脱模时先打开模具侧板,再打开端板。注意严禁硬撬硬敲,以免损坏管片和钢模。利用吊具平衡起吊管片,不允许单侧或强行起吊,起吊时吊具和钢丝绳保持垂直平稳,注意不要碰到模具四周。管片脱模起吊使用管片水平吊具,并由专人操作,避免管片受力不均而损伤或相互碰撞。管片脱模现场如图 3-12 所示。

(3)将管片吊至翻身架后翻转 90°成立式状态,在厂房内的静停区进行降温,降温期间采用高压温水喷淋的方式对管片进行养护。管片应堆放排列整齐,并搁置在柔性材料的垫条上,搁置部位合理稳妥;冬季时节厂房门窗要关闭防风,同时每块管片应覆盖土工布进行温水养护,以减少收缩裂缝的产生。

图 3-11 管片蒸养现场

图 3-12 管片脱模现场

6）管片的水养

（1）待管片在静停区降温至其表面温度与水的温差小于 20℃时方能入水养池，在水养时管片必须全部浸没水中，且堆放排列整齐，并搁置在柔性材料的垫条上，垫条厚度一致，搁置部位合理稳妥。

（2）养护用水使用自来水，养护水的 pH 值 ≥ 4.5。管片在水中养护时，由于水化作用，不断析出 $Ca(OH)_2$，而 $Ca(OH)_2$ 是碱性物质，微溶于水中。时间一长，养护水的碱度越来越大，妨碍水泥水化的充分进行，所以要定期对水养池内的水进行置换，置换时不得一次性将水全部置换，需留存一半，然后将新的养护用水添加至规定水位。

（3）养护由专人负责，并做好管片入水时间及养护池的位置，以便及时测量水温，控制养护时间与养护质量，保证管片混凝土质量。

（4）管片成品直立，与养护池地面成 90°放入水池养护。

（5）水池水应淹过管片顶面，保证整块管片泡在水中。

（6）管片吊入、吊出水池必须扶稳，慢起轻放，以防碰损管片。

（7）因水养池较深，水养工人必须穿防汛服，避免落水。

（8）管片在水池中养护 7d 后吊出水养池，然后对管片存在的气泡或损坏部位等按规定进行修补，修补完成后再用叉车转运至存放场进行喷淋保湿养护 7d。管片水养现场如图 3-13 所示。

图 3-13 管片水养现场

7）管片的检验与试验

（1）管片水平拼装检验

①水平拼装检验是指通过测量管片水平组装三环后的尺寸精度和形位偏差，对管片和模具进行的检验。管片的三环水平拼装用于检验管片的互换性，故专门设置了管片拼装检验区域，设置三环拼装台一座。

②管片首次生产应进行水平拼装检验，验收合格后方可批量生产；正常生产期间，每生产 200 环后应进行水平拼装检验 1 次。水平拼装允许偏差见表 3-2。

水平拼装允许偏差　　　　　　　　　　表 3-2

序 号	项 目	允许偏差(mm)	检查数量
1	环面间隙	≤1.0	每环测 6 点
2	纵缝间隙	≤1.5	每条缝测 3 点
3	成环后内径	±2.0	测 4 条
4	成环后外径	+6/-2	测 4 条
5	螺栓孔不同轴度	≤1.0	每个

判定标准:偏差点不超过检查点的 20% 为该项合格,五项全部合格则判定该批产品的水平拼装合格。

(2)管片抗渗检漏试验

用于固定试件的支承座,应采用刚性支座,紧固螺杆及试验架钢板应有足够的刚度。密封面与管片应能紧密接触,结合处橡胶密封垫密封。进水口应均匀分布在承水压面的轴线上,标准块检漏试验时进水口不少于 4 个。

检漏试验仪器技术要求见表 3-3,压力表应按规定期限进行检定。

检漏试验仪器技术要求　　　　　　　　　　表 3-3

仪器名称	单 位	技术指标		
		量程	分度值	精度
压力表	2.5MPa	2.5MPa	0.05MPa	1.6 级
电子秒表	min	>2h	0.01	一级
加压泵		能保持均匀加压		

检漏标准:每生产 50 环管片应抽查 1 块做检漏测试。试验标准为:1.2MPa 水压力维持 3h,渗水深度≤5cm。连续 3 次检漏测试均合格,则改为每生产 100 环抽查 1 块,再连续 3 次合格,按最终检测频率 200 环 1 块进行检测。如出现 1 次不达标,则恢复 50 环抽查 1 块的最初检测频率,如此频率下出现不达标,则双倍复检,如再不达标,必须逐块检测。

(3)管片抗弯试验

①将管片平稳安放在试验架上,在加载点上垫上弧度不小于 20mm 的橡胶垫。

采用推进液压缸分配梁系统加荷的方法进行,管片抗弯试验装置如图 3-14 所示。加荷点标距 900mm 或由设计确定。两支座的距离为管片环向端面与内侧面的交线处,施荷点为管片外圆中部,两集中载荷点距离中点为 170mm。

②加荷顺序:采用分级加荷,根据《预制混凝土衬砌管片》(GB/T 22082—2017)规定,结合试验装备的特点以及压力表和推进液压缸的标定数据,先按载荷的 20% 级差加荷至设计载荷的 80%,再按设计载荷的 10% 级差加荷至设计载荷的 90%,继续按设计载荷的 5% 级差加荷至设计载荷,每级保持加荷时间 5min,加荷至设计载荷值时应持荷 30min。加荷过程中每一级持荷结束后,均应记录每级载荷值下的中心点、加荷点及水平位置等各测点位移,记录裂缝开展情况和最大裂缝宽度。加荷至设计载荷持荷结束后可以卸载,终止检验。如

需继续检验,则按设计载荷的 5% 级差加荷,每级保持加荷时间 5min,直至破坏。在持荷时间结束时,观测并记录各项读数。

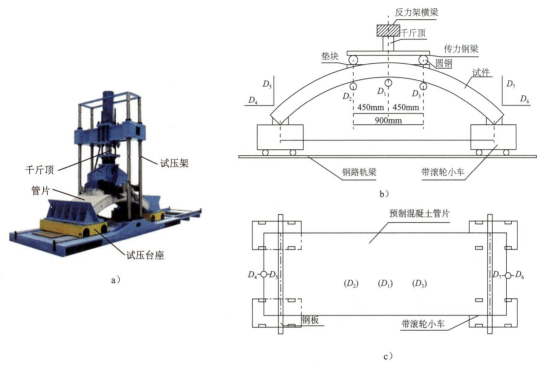

图 3-14 管片抗弯试验装置

③位移观测设置点及计算。

水平位移测点:设于两个带滚轮的承力小车外侧。

垂直位移测点:设于管片中点和两个载荷作用点,各测点均设百分表,使用专用支架固定。

计算公式如下:

中心点竖向位移:

$$W_1 = D_1 - \frac{D_5 + D_7}{2} \tag{3-1}$$

荷载中心点竖向位移:

$$W_2 = \frac{D_2 + D_3}{2} - \frac{D_5 + D_7}{2} \tag{3-2}$$

水平点位移:

$$W_3 = \frac{D_4 + D_6}{2} \tag{3-3}$$

式中:D_1、D_2、D_3、D_5、D_7——分别为竖向位移测点;
D_4、D_6——分别为水平位移测点。

④裂缝宽度观测。

用精度为 0.01mm 的读数显微镜观测受拉主筋处的最大裂缝宽度,并进行记录。

（4）管片抗拔试验

①试验场地应平整坚实，将试验管片内弧面向上并加垫支撑至放置平稳，然后将抓举头旋入中心注浆孔中。

②先将螺杆旋入吊装孔螺栓管内，检查螺栓的旋入深度及垂直度。

③将承压板套进螺杆，然后安装穿心式张拉推进液压缸，旋紧螺母，使管片、螺栓、推进液压缸、螺母连接成一个整体。

④安装载荷测试系统。

⑤当抗拔性能检验还未达到设计载荷时，应持续载荷 30s，每 5min 测量一次位移，记录载荷和位移，直至终止试验并观察混凝土裂缝开展情况。

⑥记录在不同抗拔力下灌浆孔螺栓的位移值。当位移突然增大，传感器读数不再增加，螺栓周围混凝土破坏时的载荷即为最大抗拔力。

8）**管片的堆放和运输**

（1）管片的堆放

①管片存放时，必须搁置在防腐蚀性材料上，如橡胶、垫木等，堆放时管片与管片之间保持一定的距离。

②管片堆放时，要由专人指挥，避免损坏管片的表面、边缘和角部。

③各种专用工具及各类吊索具，必须由专人负责，每周至少进行一次检查，发现问题及时整改，不得冒险作业。

④每次吊运管片时，必须使用专用吊索具并检查其使用情况，管片吊运时，严禁从人体上空越过。

⑤管片储存时，必须注意不要让管片产生有害的裂纹或永久性变形等，需要选择适当的储存场所和储存方法，以免因其自重造成储存场所不均匀下沉和垫木变形，从而产生异常应力和变形。储存时，注意不要让油类、泥等污损管片。

（2）管片的运输

①出厂前每块管片必须经过质量检验。管片应达到外光内实，外弧面平整、光洁，螺栓孔保持润滑，管片不得有缺角掉边，无麻面露筋、蜂窝等外观缺损。

②每块管片必须经过严格的质量检查，并逐块填写好检验表。厂内检验主要是检查管片的各项生产记录和各项检验指标是否达到设计和规范的要求，检验后应在管片的内弧面盖上管片型号、规格、生产日期及检验人员代号，检验合格的管片方可出厂。

③预制混凝土管片装运，卸车时应注意轻上、轻放，防止碰损。

④管片装车不得超载，装车形式为内弧面向上，管片与车辆之间必须用截面不小于 20cm×20cm，长度为 1.0～2.0m 垫木垫实、放稳。

⑤管片运输时，必须注意避免使其损坏，对于运输过程中被损坏的管片，应按技术负责人的指示处理。

⑥车上的管片必须有底座支承，以免运输途中发生错动而损坏。

⑦运输道路必须平整坚实，有足够的路面宽度与转弯半径，并要根据路面情况掌握行车速度。

3.2.6 施工风水电设施

1)施工供电

(1)专项设计

施工供电需进行专项设计,尽量采用永临结合方式。TBM 一般采用 20kV 高压电进洞方式双电源独立供电,以防止隧道内其他设备故障影响 TBM 供电,从而造成 TBM 掘进时意外停机,影响施工安全。工作区照明、抽水设备应配置应急电源。常规供电宜采用三相五线制(TN-S)接零保护系统。

(2)供电容量确定

供电容量应根据 TBM 连续皮带输送机及其他配套装备、办公生活、施工照明等用电总负荷确定。TBM 装机功率应按所选类型确定,当无资料时,可按表 3-4 选择。隧道连续皮带输送机功率可根据施工组织具体设计确定。

TBM 装机功率参数 表 3-4

序 号	直径(m)	装机功率(kW)	备 注
1	6~7	5200	
2	7~8	6000	
3	8~9	7000	
4	9~10	7800	
5	10~11	8500	
6	11~12	9300	

注:TBM 装机功率不包括高地温、软岩大变形及高海拔等条件下增设的设备功率。

(3)供电施工

①根据施工用电方案进行供电线路敷设及控制设备的安装,按照供电相关规范设置安全设施。

②从变电站引入的高压供电电缆,应根据长度要求安装高压接头,高压电缆应用电缆挂钩挂设在洞壁上,距离隧道边墙基础 1m 以上,电缆铺设应平顺,并注意防水。

③每隔 500m 距离设置高压标识,要求施工机械及人员注意保护高压电缆。

2)施工用水

(1)TBM 供水一般通过高位蓄水池的供水管路引至 TBM 后配套的储水箱内。蓄水池高度及容量需要根据 TBM 掘进的最高点高程及通过 TBM 施工用水量计算确定。特殊情况下,可采用泵压供水。

(2)洞内 TBM 用水宜与其他供水分开供应。洞内供水管的直径及水压应与 TBM 设备配套管路的要求相适应。

(3)隧道施工供水的水源水量应满足施工需要,尽量采用软水,可蓄水利用。采用水泵辅助供水时,宜采用变频恒压供水,且配置备用水泵,防止缺水造成 TBM 停机。

3）施工通风

（1）TBM 通风方案应根据施工实际情况进行专项设计，通过计算确定通风机功率及风管直径。

（2）在隧道施工过程中，需每天对洞内空气环境进行检测，若洞内空气环境不能满足施工需要时，应及时调整通风方案。

（3）TBM 在整个施工过程中，作业环境应符合国家职业健康及安全标准。

（4）TBM 施工一次通风供给的风量应不低于二次通风的需风量。二次通风所提供的风量还应满足设备散热和环境温度的通风要求。

① 一次通风量应根据机械、人员、风速来计算最小风量，每人供应新鲜空气不应小于 $3m^3/min$，回风风速不应小于 0.3m/s。

② 二次通风量应根据工作面、除尘、散热需风量进行核算，连接桥中部回风速度不宜小于 0.5m/s。

（5）通风设备的选择应根据隧道环境条件、职业健康要求、独头掘进长度、出渣方式、断面大小和通风方式等因素计算确定。

（6）通风机的安装与使用应符合以下规定：

① 一次通风机安装应满足通风设计的要求。

② 通风机应保持正常运转。

③ 通风机前后 5m 范围内不得堆放杂物。

④ 通风机应配置应急电源。

（7）通风管安装应符合以下规定：

① 通风管节长度不宜小于 50 m，每 100m 平均漏风率不宜大于 1%。弯管平面轴线的弯曲半径不宜小于通风管直径的 3 倍。

② 风管布设应做到平、直、少弯、少变形、少变径。

③ 施工过程中应定期测定粉尘和有毒有害气体浓度。

4）施工排水

（1）顺坡排水

顺坡排水是 TBM 施工时常见的排水方式，在 TBM 主机护盾后下方有限空间内布置抽水设备，抽排至后配套排污系统污水箱内，顺坡泵送排出洞外。

（2）反坡排水

① TBM 反坡排水需要进行专门的反坡排水设计。根据洞内施工用水及涌水量配备足够的抽水设备及抽水管路。

② 根据排水设计图，在洞内每隔一定距离设置抽水泵站接力抽排水。抽水泵站设置一定容量的蓄水坑或集水箱。

③ 反坡抽排水设备应根据每天最大涌水量的 1.2 倍及"一用、一备、一检修"原则配备，并根据坡度和水量设置集水箱、泵站及管路。每个泵站处应派专人值守，发现故障立即抢修。

④反坡排水时,电力应采用双电源供应,严禁断电。

(3)排水管径应满足隧道渗漏水、施工用水的排放需要。

3.3 单护盾 TBM 组装与调试

单护盾 TBM 现场组装常用方式分为隧道外地面组装、车站(竖井)组装两种方式,洞外场地不具备条件时,有时也采用洞内组装。单护盾 TBM 设备重、尺寸大、设备工艺性复杂、装配涉及方面广(含液压、电气、机械及特种作业等)、吊装难度大、整机零部件多、安全风险高,需要制订单护盾 TBM 组装专项方案(包含装配人员配置、工具设备配置、装配场地规划、单护盾 TBM 装机顺序性工艺、单护盾 TBM 装机作业工艺等)。

根据施工现场组装场地的总体规划和施工进度等条件限定,确定 TBM 组装的总体流程,分系统、分部位、分时段地进行 TBM 组装的管理、技术组织和安排,做好安全保障措施,确保 TBM 组装安全顺利完工。

TBM 现场组装工作分为准备工作阶段、组装作业阶段和现场调试阶段。

3.3.1 准备工作阶段

1)基本要求

将组装任务分解,并确定专业人员分别负责各部件的 TBM 组装与调试;研究装配图及技术要求,了解装配结构、特点和调整方法;制订装配工艺规程、选择装配方法;保障装配现场秩序,确定装配现场布置及合理的装配顺序;准备合适的装配工器具;对装配构件进行外观检验、防水、防锈、清洁、紧固、润滑等工作。

2)TBM 组装前的资料准备

(1)组装现场场地条件和天气条件。

(2)TBM 构件尺寸、重量、位置等技术数据。

(3)TBM 构件到场进展情况,根据组装顺序确定大件运输进场顺序,卸车时应按地面图示吊放。

(4)随机技术资料及以往其他项目成功的 TBM 组装方案和经验。

(5)经专家评审的专项施工方案,落实组装人员、设备、机具、材料等各种资源准备情况。

(6)实施性施工组织设计。

(7)国家、各部委及行业的相关(强制性)规定。

3）TBM组装前的技术准备

（1）根据TBM直径的大小，制订详细可行的TBM运输、组装、调配方案。针对每个大件的组装，做出相应的安全组装方案，详细制订每个大件组装要求、人员分工及职责、安全保障措施及相应预案，并将组装方案上报上级主管部门审批。

（2）根据TBM直径的大小，确定组装场地的大小，并对组装场地碾压平整，铺设不少于20cm厚混凝土，大型门式起重机走行轨道应为钢筋混凝土，场地内应有风、水、电。

（3）做好技术培训和技术交底，特殊工种进行技术检测和考核。

（4）组装零部件标识清楚、堆放整齐，并做好清洁工作。

（5）大型组装设备及吊具在大件组装前要进行模拟重量试吊，编制试吊方案，达到要求后，方可进行组装作业。

（6）对组装场地、大型起吊设备、辅助组装设备等进行一次全面的检查和维修保养，并应有书面的检查保养报告；组装用的大型门式起重机，在启用前必须通过当地安监部门检验，合格后颁发使用/启动操作证。

（7）成立组装领导小组，由若干专业小组分工负责，使组装工作有序进行。

（8）组装场地硬化达到设备组装要求，临时存放场地、步进洞室、大型门式起重机走行轨道的铺设等。

4）TBM组装人员配备及工具准备

（1）人员配备

根据施工组织设计和TBM结构特点，通常实行三班制作业，按专业分工，每班由工班长、专业工程师带领电工、起重机司机等30余人进行组装作业，保证组装进度。每次作业前由技术人员进行技术交底，保证每名工作人员了解工作内容及危险部分，确保在安全的条件下施工。

（2）工具准备

设备的组装包括各种钢结构件、油管、电线连接等，要完成这些工作必须依靠相关工具、材料才能完成，主要工具包括各型扳手、钳子、倒链及电动工具等。工具、材料、液压管接头、专用工具等应就近放置，面向洞口依次摆放工具间、螺母存放间、液压间、电气间及存放各类液压、水管接头的集装箱。

吊装工具应提前进入施工现场，按要求摆放。门式起重机等大型设备请有相关资质的公司进行安全检验。吊装设备及吊具见表3-5。

吊装设备及吊具 表3-5

序　号	名　称	数　量	规　格
1	履带式起重机	2台	300t
2	汽车式起重机	2台	16t、75t、100t
3	链吊具	1套	32t×4
4	钢丝绳	各16根	5t、10t、20t、40t
5	吊带	12套	1～6t
6	驱动组件专用吊具	1台	

续上表

序 号	名 称	数 量	规 格
7	刀盘吊具	1套	
8	各类吊具	4套	
9	各型吊耳	2套	M12、M16

为了进行电焊作业,氧气、乙炔缺一不可,开工前按施工组织、设计、防火措施的需要,配置相应种类数量的消防器材。焊割作业与氧气瓶、电石桶和乙炔发生器等危险品的存放距离均应符合规定的安全距离。要严格执行用火审批制度,并由专人进行用火看管,确保用火安全。

同时,还应进行组装材料的准备,主要包括钢丝绳、卸扣、型钢、方木、木板和一些应急物资。

3.3.2 组装作业阶段

TBM现场组装是施工组织中极为重要的工作,施工单位应在TBM运抵现场前编制现场组装方案。根据TBM各部件的组装说明及技术要求,制订各环节组装作业施工方法。对关键环节所采取的技术措施、资源供应提出明确要求。

1)单护盾TBM洞外地面组装

TBM整机组装必须按照其各部件的安装顺序依次进行,避免出现顺序错乱导致返工,影响施工进度和组装质量。TBM按照从前到后,从大件到小件,从结构到管线的顺序安装。先进行TBM护盾、主机和刀盘的安装,同时将后配套拖车整体组装和部件组装同步进行。TBM洞外组装及调试流程如图3-15、图3-16所示。

图3-15 单护盾TBM洞外组装、调试流程图

图3-16 单护盾TBM洞外组装现场

(1) 步进小车吊装

采用汽车式起重机将步进小车平板放置在水平地面上,根据测量定位,步进小车中心线与隧道中心线重合,并进行必要的固定。单护盾 TBM 步进小车吊装示意如图 3-17 所示。

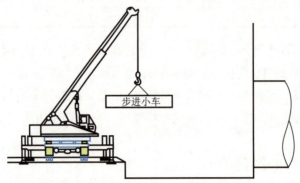

图 3-17　单护盾 TBM 步进小车吊装示意图

(2) 单护盾 TBM 主机组装

TBM 主机的组装首先应以主机的大构件拼装为主,然后根据先主机部件后辅机部件、先主要结构件后零碎构件、先零件后部件、先内部后外部、先下层后上层的安装顺序进行组装,最后再考虑走台、盖踏板、扶梯、护栏、传感器元件、控制元件以及信号线路、强电线路、液、气、水压管路的布设。为提高安装工效,在不发生冲突的原则下,上述顺序也可以穿插进行。中盾、前盾、刀盘、盾尾、管片拼装机采用 300T 履带式起重机和 100T 汽车式起重机配合依次组装。主机组装顺序如图 3-18～图 3-22 所示。

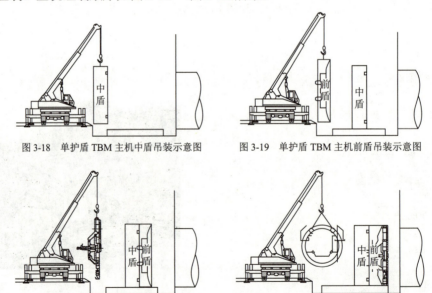

图 3-18　单护盾 TBM 主机中盾吊装示意图　　　图 3-19　单护盾 TBM 主机前盾吊装示意图

图 3-20　单护盾 TBM 主机刀盘吊装示意图　　　图 3-21　单护盾 TBM 管片拼装机吊装示意图

(3) 后配套组装

根据 TBM 制造商及施工设计不同,TBM 后配套拖车数量也不尽相同,可将后配套拖车按照设备桥(连接桥)到尾部的顺序从 1 号开始,从小往大进行编号,按照 1 号拖车、2 号拖车、3 号拖车的顺序从前往后依次连接至设备桥,直到拖车全部连接完毕。在后配套组装过程中,需将所有附件的安装完毕后,方可进行后续工序。

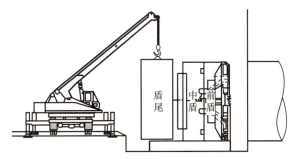

图 3-22　单护盾 TBM 主机盾尾吊装示意图

(4)皮带输送机组装

当所有后配套拖车安装连接完成后,可进行主机皮带、出渣口到卸渣口皮带的安装。首先安装主机皮带,调整各段皮带输送机支架位置后固定,然后安装皮带,硫化连接皮带,再进行设备桥皮带硫化连接。TBM 皮带输送机连接完成后,即可进行整机步进,到达始发洞室。

(5)主机步进

TBM 主机全部组装完毕后,采用步进小车的提升液压缸和主机的推进液压缸作业,将主机步进至开挖掌子面。

2)单护盾 TBM 车站(竖井)组装

单护盾 TBM 车站(竖井)组装顺序按照由后向前、先机械后液压再电气的总原则,单护盾 TBM 车站(竖井)组装、调试流程如图 3-23 所示。

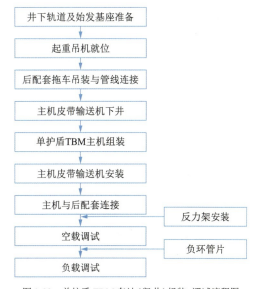

图 3-23　单护盾 TBM 车站(竖井)组装、调试流程图

(1)后配套拖车下井

各节拖车按从后到前的顺序下井,如 TBM 有 4 节拖车时,其下井顺序为:4 号拖车→3 号拖车→2 号拖车→1 号拖车。拖车下井后,由井下电瓶机车将拖车牵引至指定区域,并进行拖车之间的组装与各类管线连接。

(2)设备桥下井

设备桥下井时应注意其前后端位置,下井后,设备桥前端放置在加工好的台架上,后端与 1 号拖车进行连接。

(3)主机皮带输送机下井

主机皮带输送机下井后,放置在轨道上的管片车上,由电瓶车牵引至指定位置,待主机下井后再进行组装。

（4）主机下井组装

主机下井组装顺序为：中盾下井→前盾下井→刀盘下井→主机前移→管片拼装机下井→盾尾下井。

（5）主机皮带输送机安装

将轨线延伸至盾尾内部，放置主机皮带的管片车推进盾壳内，采用倒链将主机皮带输送机吊起，使主机皮带输送机通过管片拼装机中空插入土仓内，并固定牢靠。

（6）主机与后配套连接

采用电瓶机车将组装好的后配套、设备桥牵引至主机位置，通过高强螺栓或者插销将主机与设备桥后配套进行连接，并固定牢靠，拆除设备桥前端的台架。

3）电气、液压系统的管线连接

TBM整机步进到位后，即可进行电气系统长大线缆的铺设。各供电系统按照设计的电缆通道要求，分系统进行铺设，遵循以下原则：

（1）高压电缆、动力电缆、照明电缆、控制电缆分开铺设，按照设计的电缆桥架进行铺设。

（2）拖车连接处的管线布置必须预留弧度，以满足曲率半径要求。

（3）出现容易松动和活动的位置，应在管线下面垫设胶皮，以防止管线长时间磨损失效。

（4）电气线缆在铺设过程中，应时刻注意防止电缆的异常划裂，各接线箱应及时设置防水罩。

（5）液压系统液压油加注、润滑系统润滑油加注、油脂系统安装以及主驱动减速箱齿轮油加注等，应按照设计加油量进行添加。在作业过程中，必须保证加油机、管路、接头等部位的清洁，尽量保持环境清洁，避免有粉尘漂浮时加注。

3.3.3 整机调试

整机调试分为调试前准备、空载调试、设备验收三个阶段。

1）调试前准备

（1）检查底护盾、刀盘与步进机构底板的干涉程度，确保刀盘旋转时不发生任何干涉。

（2）检查风、水、电各类管线连接是否满足调试要求。

（3）确认电气系统电缆连接是否正常，尤其是高压系统各开关的状态确认。

（4）确认液压系统各闸阀的状态是否正确。

（5）检查确认冷却水位、液压油位、齿轮油位等是否满足TBM运行要求。

（6）参与调试及巡检人员必须了解各急停按钮的位置，并配置手持式对讲机。

2）空载调试

空载调试应遵循先局部、后整体；先主动力系统、后各功能系统的顺序。先后进行电气系统、液压系统、联动调试及各功能系统的调试。调试流程如图3-24所示。

图 3-24　单护盾 TBM 调试流程图

（1）电气系统

电气系统采用先高压、再动力、后控制的顺序进行调试，依次检查各高压柜带电指示是否正常，确认供电电压是否正常。送电顺序按照各级电压等级从上到下，依次合闸，且送断电操作必须由持证电工作业。调试步骤为：

①检查主供电线路，复查连接是否正确、是否有不安全因素，确认无误后，进行 20kV 高压试送电至高压电缆卷筒及开关柜，确认正常后，然后再送至变压器和主开关柜。

②送电后，调试电气控制系统，然后全面检查电机运行情况，注意电机运转方向。

③进入各个分系统参数设置与试运行阶段，此阶段最关键也最复杂，可能会持续很长时间。此阶段最关键的是各种控制器的参数设置与调整（流量计、管片拼装机的旋转角度控制器等）；显示仪表校正；控制电路板校准；以及可编程逻辑控制器（PLC）程序的部分变动等。

④完成各分系统调试后，就可整机试运行。

（2）液压动力系统调试

电气系统确认无误后，进行液压管路、阀组的检查，确保无误。依次启动各泵站，观察运行情况，启动各附属设备，检查空载运行情况。调试步骤为：

①检查油箱油位传感器和液位显示透明胶管，查看液压油位是否充足。

②检查所有油泵进油口处是否处于开启状态。

③检查所有控制阀门处于正常状态。

④检查液压泵驱动电机转向是否正确。

⑤逐个检查液压泵运转是否正常。

⑥检查各个液压阀组开关动作是否灵敏。

⑦检查液压管路接口处是否有油液泄漏情况。

⑧检查冷却系统是否正常工作。

（3）联动调试

电气液压调试完成后，进行各系统联动调试，根据程序设计的相互联动、联锁功能依次进行检测，确认各项联锁、安全系统是否满足设计要求。

（4）功能调试

安全确认完毕后，可对各分系统机构的功能进行调试。管片运输装置、推进液压缸、豆砾石填充系统、注浆系统等所有活动部件依次进行功能调试，按照完全满足设计功能要求及施工需要进行确认。

3）设备验收

单护盾 TBM 组装调试完成后，应进行设备验收，即负载调试，其主要目的是现场复核 TBM 设计各系统部位功能参数。

（1）主机验收要求

①开挖直径必须符合设计要求。

②主机内各辅助设备达到功能要求，运行中不得相互干涉。

③对于单护盾 TBM，在推进液压缸活动范围内，盾尾内表面平整，无突出焊缝，其变形应在允许的范围内。

（2）刀盘验收要求

①所有螺栓连接按制造厂家的设计要求装配。

②刀盘正向、反向转动，确定运行平稳，传动系统无异常响声。

③润滑系统应进行流量和压力测试，各润滑部件的受油情况达到设计要求。

（3）单护盾 TBM 的管片拼装机空载验收要求

①管片拼装机的行程、回转角度、提升距离、平移距离、调节距离必须符合设计要求。

②管片拼装机进行回转、平移、提升、调节等动作运行平稳，各滚轮、挡轮安装定位准确、安全可靠，各系统工作正常。

（4）皮带输送机验收要求

①空载试车时，不得有皮带跑偏现象。

②负载试车时，运转平稳，无振动和异常响声，全部托辊和滚筒均工作正常。

3.4 单护盾 TBM 始发技术

TBM 隧道始发技术是 TBM 法施工的关键，单护盾 TBM 始发按结构部位分为整体始发和分体始发方式;按与线路中线位置分为正体始发和斜体始发方式。其中,整体始发方式为常见始发方式,分体始发方式受场地条件限制,始发方式较为特殊,大多应用于城市轨道交通工程。

为确保 TBM 连续正常地从非受力工况过渡到受力平衡工况,以达到控制地层变形,保证工程质量的目的,"精心筹备,整装待发"非常重要。本节重点以单护盾 TBM 洞外组装整体始发技术,简要阐述分体始发技术以及斜体始发技术。

3.4.1 TBM 整体始发

整体始发是指 TBM 主机与后配套于洞口场地、采取暗洞或竖井组装后,将后配套拖车与 TBM 主体连接形成整体进洞,使主机与后配套连成整体始发掘进的方式。如图 3-25、图 3-26 所示。

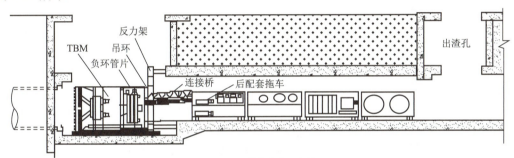

图 3-25 整体始发示意图

图 3-26 整体始发现场

1)整体始发条件

(1)单护盾 TBM 始发方案应通过专家评审并报送相关单位审批。

(2)根据工程特点、施工重难点等编制的针对性技术交底、安全交底应按要求完成审批,并对作业人员进行技术交底。

（3）对工程潜在的风险源进行辨识和分析,编制完成有针对性、可操作性的应急预案,组织落实抢险设备、材料、人员、方案。

（4）对单护盾TBM施工影响范围内的构筑物、管线等现有状况进行调查,并制订切实可行的保护措施。

（5）在单护盾TBM始发前已对控制点进行导线复核,控制点稳定,误差在允许范围内。测量成果按要求上报业主、监理、第三方监测单位进行了复核,成果均能满足TBM始发要求。

（6）单护盾TBM上岗人员安全培训资料齐全、考核合格；特种作业人员类别和数量应满足作业要求,操作证件齐全。

（7）洞口钻探结果是否与地质资料相符,如不相符,必须按照设计单位意见对地层进行适当处理。

（8）单护盾TBM渣土提升系统等配套设备进场验收记录齐全有效,特种设备安全技术档案齐全,并进行备案。

（9）为确保单护盾TBM始发掘进后快速顺利掘进,需备足材料及配件,如管片、止水条、软木衬垫、注浆材料砂石料以及TBM上易损配件。

（10）单护盾TBM始发段的监测点位应按监测方案布设,初始值完成采集,并按要求进行上报。

2)整体始发工艺

单护盾TBM始发是TBM施工中风险最高的环节,也是最关键的工序,尤其是在不良地层中始发,极易引起洞门塌陷或因地面建(构)筑物不均匀沉降引起的开裂等风险,给周边环境造成巨大影响。因此,在TBM始发时,应采用低推力、低转速、低贯入度缓慢掘进,严格控制掘进机的姿态。其始发流程如图3-27所示。

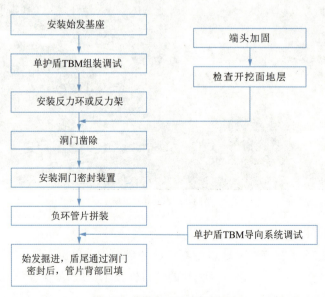

图3-27　单护盾TBM始发流程图

(1) 端头加固

①地层条件及加固方法。

为了保证单护盾 TBM 始发与到达的安全,需要根据地层条件、水文条件、隧道埋深及周边环境等因素对单护盾 TBM 始发和吊出的端头进行针对性的处理。在进场后将结合端头部位详细的地质勘察情况(必要时进行地质补勘)、周边环境情况(管线、地下障碍物、加固条件等)制订专项的加固方案及应急预案措施,并在完成加固后,单护盾 TBM 始发或到达前进行专项分析评估。TBM 始发端头加固示意如图 3-28 所示。

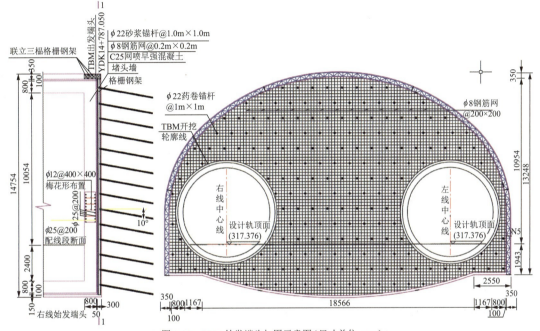

图 3-28　TBM 始发端头加固示意图(尺寸单位:mm)

具体处理原则为根据始发到达端头的地质、水文、埋深及环境情况,必要时采取竖向注浆、水平注浆、搅拌桩、旋喷桩、φ108mm 超前管棚注浆等措施对端头进行加固,同时做好加固效果检查,确保始发到达时端头地层稳定。

全土层地段采用地表注浆或水平注浆加固;半土层、半岩层采用水平注浆加固;始发、到达端头为全岩层地段,其强度、稳定性满足单护盾 TBM 始发、到达要求时,可不采取加固措施,仅对洞门区域局部渗漏水部位采取注浆堵水措施。

②加固范围及要求。

根据以往 TBM 始发到达施工经验,到达端端头加固风险大于始发端端头。单护盾 TBM 始发端头(到达端头)加固范围建议为:沿线路方向 1.5～2.0 倍主机长度,水平方向超出隧道轮廓线外各 3m,竖直方向顶端超出隧道轮廓线 3m,底部超出隧道轮廓线 2m。

③钻孔注浆加固。

a. 注浆加固原理。

通过压力,注浆机把水泥浆或水玻璃由钻孔注入地层内部(空隙、间隙、裂隙或空洞等)。注浆管材质可采用聚氯乙烯(PVC)管或薄壁管,防止单护盾 TBM 通过该加固区域时,刀具损坏及刀盘被卡。

b. 注浆主要参数。

注浆主要参数见表3-6。

主要注浆参数 表3-6

序号	项目	参考值
1	扩散方式	渗透~劈裂
2	浆液扩散半径	0.5m
3	$\phi 42mm$ 注浆管	@1.0m×1.0m
4	注浆速度	10~20L/min
5	注浆压力	2~3MPa
6	水泥浆∶水玻璃	1∶1(体积比)
7	水泥浆∶水/水泥	0.75~1.5∶1
8	水玻璃	35Be′

c. 施工技术要求。

钻孔:要求保证钻孔的角度。

下注浆管:将特制的注浆管分节放入孔内并连接牢固。

浆液制作:按设计和现场值班工程师提供的配合比拌制浆液,浆液的相对密度应符合要求,添加剂按试验人员确定的掺量进行添加,确保水泥浆液的配制质量。

注双液浆封孔:用双液注浆机通过双重管将浆液注入孔内,水泥浆和水玻璃在出浆孔处混合,待孔口冒浆时停止注浆,当浆液达到一定强度后,即能满足封孔的强度后开始注浆。

注浆:在一切工作都做好后方可开注浆机进行注浆,注浆过程中主要通过看压力、看注浆量来判断注浆的实施效果;看压力是否过高,看注浆量是否达到设计的注入量;这个过程主要靠注浆机司机来控制,另外注浆机司机还应做好注浆记录,并保证记录的真实性。

d. 施工注意事项。

在注浆施工中应通过现场试验对布孔方式、注浆参数及浆液配合比做进一步调整,并在后续注浆施工过程中根据现场实际情况进行适当调整,以确保注浆效果。

如出现堵管,堵管的处理要快速及时,不能慌乱,要按顺序一步步尽快处理。

注浆过程中要采取相应的措施来防止堵管,如多做试验选定合理的凝结时间,注意压力的变化,如压力升高要及时提升锌管。

水泥浆液若发生沉淀、离析现象,应进行二次搅拌。

施工过程中做好注浆施工的各种记录,及时了解注浆压力和流量变化情况并进行综合分析,判断注浆效果是否满足设计要求,注浆作业时,每 500 mm 记录一次注浆参数。

在钻孔和注浆施工过程中,要做好各种机械设备和电路的检查工作,消除各种不安全因素。

在拆除管路及注浆操作时应戴防护眼镜，以免浆液溅入人眼，并做好劳动防护，作业人员必须佩戴橡胶手套。

（2）洞门凿除

洞门围护桩混凝土凿除前，应确保洞门土体达到设计所要求的强度、渗透性、稳定性等技术指标后，方可进行洞口混凝土的凿除。

洞门围护桩混凝土采用人工使用高压风镐凿除，凿除工作分两步进行：第一步，先从下至上凿除围护结构厚度 2/3 的混凝土，并割除范围内的钢筋，保留内层钢筋，做到在始发或到达之前对端头地层的保护。第二步，待单护盾 TBM 组装调试完成，达到始发条件，单护盾 TBM 即将抵达围护结构时，凿除剩余混凝土并割除围护结构内层钢筋，再开始掘进。

为了保证始发前洞门处地层的稳定性，围护结构钢筋混凝土的凿除顺序如图 3-29 所示，洞门凿除现场施工如图 3-30 所示。

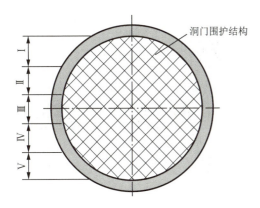

图 3-29 洞门凿除顺序图
（图中Ⅰ～Ⅴ表示洞门凿除先后分区顺序）

图 3-30 洞门凿除现场施工

（3）洞门密封

为了防止 TBM 始发掘进时泥土、地下水等从盾壳与洞门的间隙处流失，在 TBM 始发时需安装洞门临时密封装置，密封由帘布橡胶、扇形压板、折叶板、垫片和螺栓等组成。施工分两步进行：第一步，在始发端墙施工过程中，埋设好始发洞门预埋钢环；第二步，在 TBM 始发前，安装洞口密封铰接压板及橡胶帘布板。

TBM 进入预留洞门前在刀盘外围和帘布橡胶板外侧涂润滑油脂防止 TBM 刀盘磨损帘布橡胶板影响密封效果。其密封原理如图 3-31 所示。

（4）反力环（反力架）安装

单护盾 TBM 没有撑靴，掘进反作用力需要安装反力架或者反力环。反力架一般为钢结构件，也有个别情况下采用混凝土反力环，但是，混凝土反力环施工后需要等待混凝土强度，工序烦琐，因此很少使用。钢结构件反力架因刚度、强度高，安装拆卸方便经常被应用。

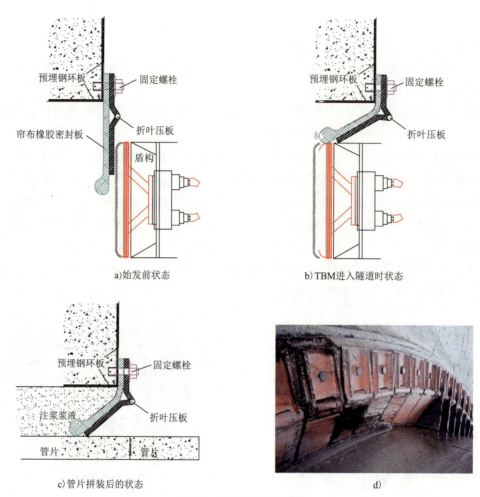

图 3-31 洞口密封原理示意图

①反力架安装。

反力架一般用于竖井始发或者对空间没有限制的条件下。

a. 反力架定位。

反力架位置根据单护盾 TBM 主机长度及负环数量确定,测量现场放样准确位置,反力架左右偏差控制在 ±10mm 之内,高程偏差控制在 ±5mm 之内,上下偏差控制在 ±10mm 之内。

b. 反力架的固定。

反力架提供 TBM 推进时所需的反力,因此反力架须具有足够的刚度和强度。将反力架放在始发基坑中,调整好位置以后,用 ϕ350mm 的无缝钢管支撑。为保证 TBM 推进时反力架横向稳定,采用型钢对反力架的支撑进行横向固定。反力架固定示意如图 3-32 所示。

②反力环安装。

反力环一般用于暗挖洞室始发或者对空间有要求的情况下。

a. 反力环的定位。

根据隧道中线和单护盾 TBM 主机长度,确定反力环预埋钢板位置,进行预埋钢板;反力环竖支撑整环形内轮廓不得超过管片内边缘,以免影响后配套拖车前进;根据测量组提前放出的隧道中线位置和高程、反力环前端顶部和底部的里程,严格控制反力环的中线、高程、垂直度及里程;反力环安装完成加固前,测量组进行复测。

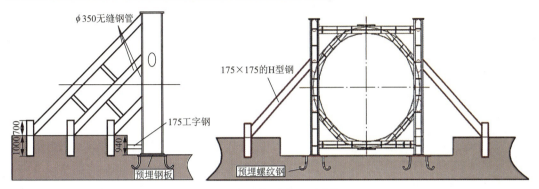

图 3-32 反力架固定示意图(尺寸单位:mm)

b. 反力环的加固。

反力环加固要求在 H175 型钢翼缘两侧位置焊接同腹板尺寸一样的长块钢板作为加筋腹板,确保竖支撑和斜支撑均不会变形,反力环支撑架采用 H175 型钢,预埋钢板边缘采用压板螺栓或者 ϕ25mm 螺纹钢筋固定四周,竖支撑和斜支撑均焊接在预埋钢板上,两者之间夹角为45°,焊接方式采用双面焊。反力环斜支撑根据相应的预埋钢板位置,双拼 H175 型钢+钢板加固,一端满焊在反力环竖支撑上,另一端支撑在预埋钢板上;反力环竖支撑根据自身长度,选择预定位置,其底部焊接在预埋钢板上(长度较长的焊接靠边缘位置,长度较短的焊接在靠中心位置,长短顺序,依次排列)。待单护盾 TBM 将倒数第一环管片全部安装到位后,要求管片环上下部分都能够紧贴反力环,不能出现空隙,以免造成反力环变形,影响 TBM 顺利推进;每推进 1.5m,要及时拼装一环负环管片,管片螺栓要求紧固。反力环加固示意如图 3-33 所示。

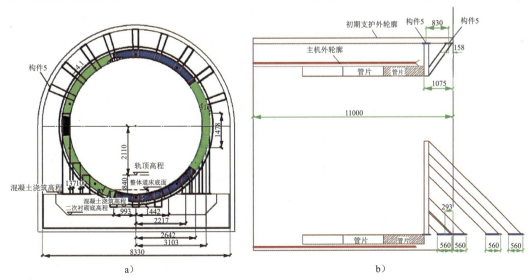

图 3-33 反力环加固断面示意图(尺寸单位:mm)

（5）负环管片拼装

负环的作用是为了单护盾 TBM 始发时传递推进反力，始发阶段主机部分向前掘进，推进液压缸向后将推进反作用力依次传递给负环管片、反力架（反力环）、始发井结构，单护盾 TBM 始发计划拼装负环管片数量以洞门里程、单护盾 TBM 主机长度、反力环（反力架）位置而定。负环管片拼装示意如图 3-34 所示。

①支撑垫块的安装。

在安装第一环负环管片时，首先在 TBM 盾尾盾壳避开推进液压缸位置下半圆内部安设 5 根长度 1200mm 的 140mm×58mm×6mm 槽钢（TBM

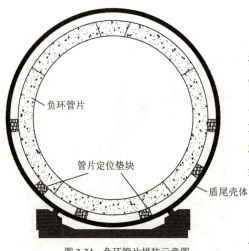

图 3-34　负环管片拼装示意图

盾尾直径为 6830mm，TBM 结构体钢板厚度为 50mm，管片外径为 6600mm），待 TBM 完全进入洞内，洞口开始进行同步注浆时，将槽钢拆除。

②定位第一块拼装落地块 B2。

负环管片封顶块 F 在 15 号液压缸位置，落地块中线与隧道铅垂中线偏移 54°。在拼装第一块管片时，以管片 B2 块内弧面中线为基准，确定其弧底位置，拼装时以水平尺进行确定。在管片拼装机位置定出隧道中线，落地块 B2 的左侧纵向螺母与之对应，确保后期管片拼装角度符合设计要求。

③拼装标准块、邻接块 B3、L2。

B3、B2 均在盾尾左侧，每安装一块管片，立即将管片环向连接螺栓插入连接孔，并戴上螺帽用风动扳手紧固。管片拼装到位后，应及时伸出相应位置的推进液压缸固定管片，防止管片倾覆，然后方可移开管片拼装机。

④B1、L1 及封顶块 F。

安装管片上部标准块 B1、邻接块 L1 及 F 块封顶块时，因负 6 环管片为第一环，没有纵向螺栓固定管片，所以在拼装邻接块时，先将其与标准块的环向螺栓连接，在盾尾盾壳上焊接 L 形吊耳，并用倒链进行固定，以支撑管片并保证施工的安全。封顶块就位后，拆去倒链，割除 L 型钢板，邻接块 L1、L2 落下与封顶块搭接密实，紧固封顶块、邻接块的螺栓。

3）始发要点及注意事项

（1）始发掘进要点

①在进行始发基座、反力架（反力环）定位时，严格控制安装精度，确保单护盾 TBM 始发姿态与隧洞设计线形符合；始发前基座定位时，单护盾 TBM 轴线与隧道设计轴线保持平行。

②单护盾 TBM 在始发台上向前推进时，通过导轨使单护盾 TBM 沿始发台向前推进。

③在盾尾壳体内安装管片支撑垫块，为管片在盾尾内的定位做好准备。

④负环管片拼装前在盾尾内侧标出第一环负环管片的位置和封顶块的偏转角度，管片拼装顺序与正常掘进时相同。

⑤安装拱部的管片时,由于管片支撑不足,要及时垫方木进行加固。

⑥第一环管片定位时,管片的后端面应与线路中线垂直。管片轴线应与线路的切线重合,管片采用错缝拼装方式;第一环负环管片拼装完成后,用推进液压缸把管片推出盾尾,并施加一定的推力把管片压紧在反力架上,即可开始下一环管片的安装。

⑦管片在被推出盾尾时,要及时进行支撑加固,防止管片下沉或失圆。同时也要考虑单护盾 TBM 推进时可能产生的偏心力,因此支撑应尽可能稳固。

⑧在始发阶段要注意推力、扭矩的控制,同时也要注意各部位油脂的有效使用。掘进总推力不超过反力架承受能力,同时确保在此推力下刀具切入地层所产生的扭矩小于始发台提供的反扭矩。

(2)始发注意事项

①单护盾 TBM 始发时要根据反力架和负环管片的承载能力,确定掘进参数,避免掘进扭矩超过反力架和负环管片承受的扭矩,通过目视和监测反馈数据及时调整掘进参数。

②严格控制 TBM 姿态,防止旋转、上飘。

③起始环管片应准确定位,连接牢靠,不变形,上下左右对称,误差不大于 1mm。

④注浆时,要对首环管片的尾端密封严实,反力架与砂浆接触的部位涂抹脱模剂,防止跑浆和黏模。严格控制注浆量和注浆压力,防止砂浆反灌入护盾外侧区域,从而造成板结,影响掘进。

3.4.2 TBM 分体始发

分体始发是在特殊情况下,TBM 始发受空间或正常长度限制,导致无法整体始发,先将 TBM 主机和一部分主要后配套组装连接,并通过延长管线将井下主机与地面拖车相连接,等掘进一定长度后,再将后续后配套设备连接,保证 TBM 能正常掘进的一种始发方式。分体始发示意如图 3-35 所示。

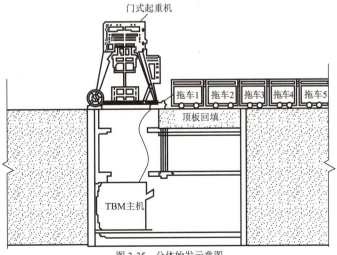

图 3-35 分体始发示意图

1)TBM 分体始发流程

施工准备→竖井及盲洞轨道安装→后配套下井安装并推至后盲洞→始发台定位安装→TBM 主机下井安装→TBM 主机步进进入始发洞→拆除始发台→反力架安装→管线延伸→安装 0～5 号环管片（直至掌子面）→TBM 负载调试、试掘进→掘进约 40m（将设备桥、1号、2号拖车前移与主机连接）→再掘进约 40m（将剩余拖车前移与 2号拖车连接）→继续掘进约 20m（拆除反力架、负环管片）→安装道岔（或完善双轨线）→TBM 始发完成。

2)TBM 分体始发关键技术

① TBM 始发基座安装。

始发基座安装按照测量放样的基线、定位段加固结实，基座上的轨道按实测洞门中心居中放置。TBM 始发基座与反力架分别设置，相互为独立结构。在始发架钢梁上设置钢轨作为 TBM 导向轨道。基座就位后通过横向和纵向进行加固，两边使用横梁支撑在竖井墙体衬砌结构上进行加固。

② TBM 始发轴线和姿态。

由于 TBM 位于曲线上，在缓和曲线 TBM 可直接延线路方向切线进行始发台定位（计算偏移量）；若 TBM 位于圆曲线始发时，始发台定位需按始发的割线方向定位始发（计算偏移量）。

根据 TBM 主机盾体结构尺寸，设计制作合适始发台架，依据隧道洞门中心位置和设计轴线坡度及平面方向定出 TBM 始发姿态的空间位置，然后推算出始发台架的空间位置，利用垫薄钢板调节始发架的高程，达到始发要求的精确位置。

TBM 始发前对始发台架两侧应进行加固。利用预埋在结构底板的钢板与始发架进行焊接，并利用 H 型钢两边支撑到结构物或井壁保证左右稳定。为了防止主机栽头，在前导洞预埋导轨进行定位，并将始发前的机头位置预抬高 2～5cm，以免始发掘进低头现象。

③ 安装洞门密封装置。

为了防止 TBM 始发掘进时渣土、地下水等从盾壳与洞门的间隙处流失，在 TBM 始发时需安装洞门临时密封装置，由帘布橡胶、扇形压板、折叶板、垫片和螺栓等组成。施工分两步进行：第一步在始发端墙施工过程中，埋设好始发洞门预埋钢环；第二步在 TBM 始发前，安装洞口密封铰接压板及橡胶帘布板。

TBM 进入预留洞门前，在刀盘外围和帘布橡胶板外侧涂润滑油脂，以防止 TBM 刀盘磨损帘布橡胶板，从而影响密封效果。

3)TBM 组装调试顺序

TBM 组装采用分体始发的方式，将 TBM 分段吊放在始发台上组装调试，前盾、中盾、刀盘、盾尾、主机皮带输机用履带式起重机和汽车式起重机配合组装。

4)TBM 空载调试

TBM 组装和管线连接完毕后，即可进行空载调试，其目的主要是检查设备是否能正常运转。主要调试内容包括液压系统、润滑系统、冷却系统、配电系统、注浆系统以及各种仪表的校正。

5）反力架位置、安装、固定

（1）反力架、负环管片位置

反力架的位置主要依据洞口第一环管片的起始位置、TBM 的长度以及 TBM 刀盘在始发前所能到达的最远位置确定。

如洞门长度设计为 0.8m，负环管片的环数为 N 环（管片的宽度为 1.5m），则确定反力架前端中心里程为：

$$D = D_{洞门} + (L_{管} - L_{洞}) + L_{管} \times N \tag{3-4}$$

式中：$D_{洞门}$——洞门里程，m；

$L_{洞}$——洞门长度，m；

$L_{管}$——管片长度，m；

N——负环管片环数，环。

安装反力架前，先对底板进行清理，当反力架安放至里程位置并精确测量后，对反力架进行精确定位，使之与 TBM 的中心轴线保持垂直。根据地下延线始发方案，反力架安装在大里程端，竖井与前导洞洞口安装首环管片，管片外露约 50cm，反力架安装位置距竖井井壁为 80cm（含 30cm 基准环）。

（2）反力架安装

反力架的定位与安装在 TBM 主机推进到前导洞后，进行反力架安装。安装时反力架与竖井底板结构连接部位的间隙要垫实，以保证反力架脚板有足够的抗压强度。

由于 TBM 始发姿态是空间结构，反力架靠盾尾侧平面要基本与盾尾平面平行，使反力架形成的平面与 TBM 的推进轴线垂直。反力架的横向和竖向位置保证负环管片传递的 TBM 推力准确作用在反力架上。

由于反力架为 TBM 始发时提供初始的推力以及初始的空间姿态，在安装反力架时，反力架左右偏差应控制在规范规定之内。混凝土导台水平轴线的垂直方向与反力架的夹角、TBM 姿态与设计轴线竖直趋势偏差、水平趋势偏差应符合规定要求。

（3）反力架固定

反力架支撑提供的反力应满足要求，且支撑具有足够的稳定性，反力架支撑采用加肋 $\phi 609$mm 钢管斜支撑在底板预埋钢板上，底部水平支撑在填充基坑边。

6）导轨安装

在 TBM 进洞的过程中，为防止 TBM 刀盘下沉，在前导洞内浇筑混凝土导台并埋设两根导轨，导轨高度略低于始发支座导轨，长度不得损坏洞门密封，并焊接牢固，防止 TBM 掘进时将其破坏，从而影响 TBM 的正常掘进。导轨位置以始发台滑轨延伸对应的位置为准，导轨可用 43kg/m 的钢轨制作。

7）负环管片拼装

负环管片为钢筋混凝土管片，一般厚 350mm，内径和外径按设计制作。在拼装第一环负环管片时，首先在TBM盾尾盾壳下半圆内部安设4～8根槽钢。在拼装首环负环管片的第一块管片时，首先根据标准块和邻接块进行定位，拼装时以水平尺进行确定。

为防止管片上浮，首环管片在推出TBM盾尾后，用6～8根方木支垫管片和前导洞间的间隙（导台、钢环、支护面），并通过专用螺栓固定在反力架基准环上。

8）TBM步进至前导洞

为满足始发阶段出渣及材料运输组织要求，于始发井前段先行实施约15m前导洞，导洞底部施作混凝土导台，TBM沿导台空推，拼装管片过程中通过底部吹填豆砾石，将管片在混凝土导台上稳固，当主机刀盘完全进入岩体后，在竖井口钢环处插入注浆管，对前导洞范围已安装的管片和TBM外壳与支护间隙进行全断面注浆，注水泥砂浆填充；局部不足部位，通过打开管片吊装孔进行二次注浆补强。

9）管片拼装要点

管片拼装流程与整体始发相同。其管片环、纵向螺栓连接要点如下：

（1）紧固螺栓前必须认真地进行对位。

（2）管片连接螺栓必须拧紧，螺栓紧固采取多次紧固的方式。

（3）管片拼装过程中安装一块即紧固一次螺栓，拼装结束后及时对环纵向螺栓进行二次紧固，然后，整圆器就位整圆。

（4）TBM掘进下一环时，借助推进液压缸，再一次紧固所有螺栓，尤其是纵向螺栓。

10）TBM一次始发

（1）TBM管线延伸

TBM采用地下分体始发，延长管线连接好后，在竖井底部边沿两侧折返布置，根据掘进速度，采用人工进行管线顺延。

延长管线长度应进行计算，根据地质条件适当预留长度，如TBM掘进约80m时，应进行车架转换，此时隧道内需延长管线L_1=80m，前导洞长L_2=15m，始发井边沿至拖车中线L_3=13m。

延长管线：$L=L_1+L_2+L_3$=80+15+13=108（m）

（2）一次始发期间施工编组

管线延伸掘进期间，按单列车编组进行材料及出渣运输组织，车辆编组为管片车+砂浆车+机车，1列平板车（渣车）+机车，利用后部盲洞作为行车空间。

一次始发编组采用1列机车+1节平板（管片车），在平板车上放1个$8m^3$小渣斗进行出渣，提出渣斗放置管片；在空间不足放的情况下，竖井底部临时放置砂浆车，从后配套拖车上的砂浆罐泵送砂浆。为更换机车电池，通过门式起重机将平板车吊出竖井，或移到轨道外，机车就位更换电池。具备条件（掘进超过约8m后），可以在编组上增加一节砂浆车，实现始发掘进段的材料运输。

11）TBM二次始发

（1）后配套拖车井下连接

当TBM掘进约80m时，停止掘进，拆除延长管线、双梁及拖车的全部连接，并将延长管线吊出地面上,利用机车将设备桥和 1～6 号拖车整体拖至主机后部顺次连接。

（2）二次始发期间施工编组

整机连接后,TBM 机车编组恢复至正常编组,按 2 节管片车 +1 节砂浆车 +5 节渣车 +1 节机车,1 列机车编组进行运输组织。当后配套至竖井井口长度超过 20m 后,在隧道内靠竖井井口位置设置道岔,竖井区域形成双线,达到正常 2 列编组。

3.4.3 TBM 斜体始发

斜体始发是 TBM 始发的特殊形式,由于始发掘进的周边环境复杂,受各种类型结构限制,使 TBM 始发与线路中心线存在一定约束距离,无法采用常规的整体始发,多个拖车与铺轨中心线的距离大于受限结构与线路中心线的距离,因而无法按照线路中心线铺设轨道,采用斜体始是种较好的方法。斜体始发平面示意如图 3-36 所示。

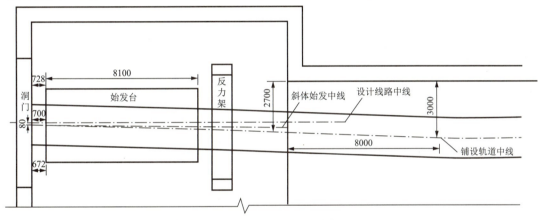

图 3-36 斜体始发平面示意图（尺寸单位:mm）

1）斜体始发要点

TBM 采用偏离中线 -60～80mm（或水平姿态 -60～80mm）,以 10～15mm/m 的调整趋势始发,通常 TBM 尚未脱离始发台时,不能过多调向,且盾壳与始发台之间的环向摩擦较小,TBM 容易旋转。但若等 TBM 主机全部脱离始发台后再进行姿态调整,则此时的刀盘水平姿态为 +46mm,趋势为 10～15mm/m,TBM 必然会超限（姿态超出 +100mm）。

因此,采取刀盘进洞 4.5m 左右（即前盾、中盾均已脱离始发台,仅剩盾尾在始发台上时）进行姿态调整。此时,刀盘理论上偏离中线约 -13mm,趋势仍为 +10～15mm/m,可对 TBM 姿态进行调整,防止 TBM 超限。除了尽早对 TBM 进行姿态调整外,还可采取以下措施防止 TBM 超限：

（1）TBM 开始姿态调整时,将掘进方向右侧靠近盾尾的木楔不楔紧,掘进时始终将左侧的木楔子楔紧,给盾尾一个向右的活动空间。

（2）值班工程师应提前准备转弯环,保证该段管片姿态与 TBM 姿态吻合。

（3）进洞开始吹填豆砾石时考虑管片位移，在管片姿态较大侧加大豆砾石吹填量、水泥净浆压力及注浆压力。

（4）拼装负环管片时，适当将管片往右侧安装。

（5）加密管片姿态测量的频率，并根据管片姿态反馈指导施工。

除了控制管片姿态外，始发掘进中还需要注意以下几点：

（1）速度及推力控制：逐步加大推力至 100～120kN，提高掘进速度至 20～30mm/min，时刻观察反力架、始发台，当出现反力架、始发台支撑位移、焊缝开裂、工字钢变形等立即加固反力架。

（2）刀盘转速及扭矩控制：TBM 扭矩可控制在 180kN·m 左右，刀盘转速控制在 1.4～1.6r/min 之间。

2）技术控制重点

TBM 始发的重点是要确保 TBM 姿态满足不超限，同时施工质量亦要满足规范要求。因此始发控制重点主要有以下几点：

（1）按照图纸将轨道转折点、反力架、始发台精确定位，偏差应在 1cm 以内。因始发精度要求较高，需复核测量放样资料，避免出现偏差过大的情况。

（2）对始发台、反力架进行全面的检查与修理，安装固定必须在定位完成后进行，反力架支柱底部必须以钢板垫实，始发台必须固定于地面上，近洞门端应支撑于始发井前端内衬墙上。

（3）每块压板必须编号，按照图示顺序安装，避免出现安装位置错误或者改造尺寸不准确的情况。

（4）密切关注后配套拖车与侧墙、反力架、负环管片位置关系，出现拖车位置侵限等情况立即停机进行处理。

（5）确保管片供应，以便于 TBM 姿态调整。

（6）确保 TBM 运转良好，避免在始发过程中出现故障造成停机，且保证在调整姿态时能提供较大的压力差。

3.5 单护盾 TBM 掘进及管片拼装

单护盾 TBM 掘进分为 TBM 试掘进和 TBM 正常掘进两个阶段，单护盾 TBM 掘进是整个施工过程中的最重要的关键工序。在试掘进期间，主要检验 TBM 的协调情况、液压系统、电气系统和辅助设备及皮带输送机系统的工作情况，对各设备进行磨合，并对各设备系统做进一步的调整，使其达到最佳状态，具备正式快速掘进的能力。在正常掘进期间，对试掘进参数进行总结,进一步优化,发挥单护盾 TBM 高效的施工。本节重点介绍 TBM 试掘进、正常掘进、物料运输、管片拼装、豆砾石吹填及背部注浆工艺流程及施工方法。

3.5.1 TBM 试掘进

试掘进时,需要对 TBM 各系统进行调试与磨合,使 TBM 达到正常使用状态。同时,通过试掘进收集设备掘进参数以及管片后回填与注浆量数据,为后续正式掘进提供技术支撑。在试掘进时推进速度要保持相对平稳,控制好每次的纠偏量,为管片拼装创造良好的条件。灌浆量要根据围岩情况、推进速度、出渣量等及时调整。施工轴线、管片拼装轴线与设计轴线的偏差控制在允许的范围。

1)试掘进的目的

(1)熟悉机器性能,掌握单护盾 TBM 在各种围岩情况下的工作状况和设备掘进参数。

(2)TBM 步进时处于空载状态,电气、液压系统及机械结构件未承受掘进荷载。试掘进时对各项系统进行调试,完善设备各项性能。

(3)进一步了解工程的地质条件,掌握在不同地质条件下单护盾 TBM 的施工方法。

(4)收集、整理、分析始发段地质条件下的设备掘进参数,为后期快速掘进打下良好的基础。

(5)熟悉管片拼装及钢轨铺设的操作工序,提高管片拼装的效率和质量。

(6)根据对地面变形情况的监测分析,掌握单护盾 TBM 施工时对周围环境的影响。

(7)熟悉设备的物料运输、管线延伸等系统,完善洞内外各个环节之间的衔接,不断提高设备的掘进效率。

(8)完善各部门之间的协调工作,尤其是掘进施工各工班的交接流程。

2)试掘进的主要措施

试掘进过程中,设备、人员及整个施工队伍都处于磨合期,在试掘进段达到良好的磨合,使施工过程达到规范化和制度化,保证 TBM 安全、快速、高效地施工。根据 TBM 的施工特点,主要从以下几方面保证试掘进的顺利完成。

(1)制订完善的安全生产技术规范、TBM 操作技术规程和单项设备的使用技术规范。

(2)在试掘进开始前,对 TBM 各工作岗位人员进行培训,做到定人定岗、持证上岗。

(3)在掘进过程中做好设备参数、地质条件等各项参数的记录,由技术部门人员统一归纳整理。

(4)加强对地面及周围建筑物的监测,及时将监测数据上报技术部门。

(5)对购买和生产的材料质量严格把关,建立和完善"三检"制度,杜绝不合格的材料在工程中的使用。

(6)加强隧道轴线及隧道变形的监控量测,发现问题及时上报相关部门。

(7)做好交接班记录,完善交接班制度,定期召开例会解决试掘进过程中出现的各类问题。

3）试掘进时人员组织

单护盾 TBM 试掘进期间的人员组织形式与正式掘进时相同，单台单班 TBM 现场施工人员配备见表 3-7。

单台单班单护盾 TBM 现场施工人员配置　　　　表 3-7

序 号	岗 位	人 数	职 责	备 注
1	工班长	1	总体负责掘进施工	
2	主司机	1	主机操作及设备维护	
3	维保技术员	3	设备维护保养及巡视	
4	管片组	5	管片拼装	
5	豆砾石组	3	豆砾石回填	
6	底部注浆组	2	管片底部注浆	
7	二次注浆组	4	管片背后全环注浆	
8	信号员	3	引导车辆卸料换料及卸渣	
9	管线员	3	输放管线，悬挂风筒	

注：不含后勤保障人员、项目管理、技术人员。

4）试掘进时的注意事项

（1）启动准备

①接通洞外变压器和单护盾 TBM 主机之间的电源，同时接通隧洞内的照明。

②接通 TBM 变压器的主开关，使变压器投入使用。待变压器工作平稳后，接低压侧的电源输出开关，检查 TBM 所需的各种电压，接通 TBM 及后配套上的照明系统。同时检查 TBM 上的漏电监测系统，确定接地绝缘值可以满足各个设备的工作要求。

③检查气体监测系统、火灾监测系统的监测数据、结果，确认 TBM 可以进行掘进作业。

④确认所有灯光、声音指示元件工作正常，所有调速旋钮均在零位。

⑤检查液压系统的液压油位、润滑系统的润滑油位，如有必要马上添加油料。

⑥确认供水、通风正常，即洞外向 TBM 供水、通风正常。

（2）启动流程

①接通单护盾 TBM 的控制电源，启动液压动力站、通风机、TBM 自身的供水（加压）水泵。根据施工条件，确定是否启动排水水泵。

②确定各种辅助施工进入掘进工况，管片施工、底部钢枕施工、砂浆回填、风筒的挂接等各项工作的完成情况可以满足掘进的需要。

③确认 TBM 自带的可收放高压电缆、水管满足掘进需要。

④检查测量导向的仪器工作正常，并提供准确的位置参数和导向参数。

⑤根据测量导向装置给出的 TBM 位置参数，利用调向装置调节 TBM 的方向偏差（水平、垂直、圆周），确认防扭转机构工作正常。

⑥确认皮带输送机系统运转正常。

⑦启动 TBM 各个部位的声电报警系统，提示进入工作状态。

3.5.2 TBM 正常掘进

单护盾 TBM 正式掘进的人员组织形式、掘进流程等与试掘进相同。掘进时,应充分研究试掘进期间的地质及设备掘进参数,根据前方的水文、地质情况及设备的状态做好充分针对性的掘进方案,以到达快速掘进的目的。

1)单护盾 TBM 掘进控制流程

单护盾 TBM 掘进控制流程如图 3-37 所示。

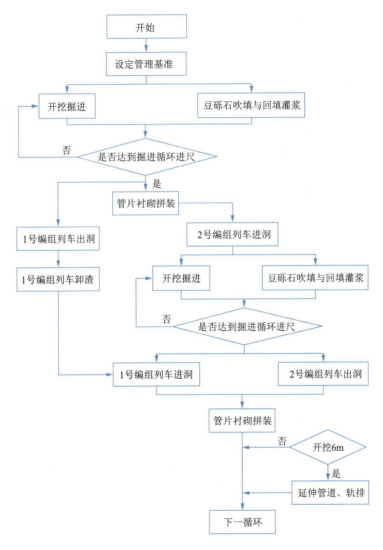

图 3-37　单护盾 TBM 掘进控制流程图

(1)TBM 掘进

刀盘破岩切削下来的渣土随着刀盘铲斗和刮板转动,从底部到顶部,然后沿溜渣槽到达刀盘顶部后进入刀盘中心的皮带输送机上,主机皮带输送机和后配套皮带输送机将渣土运送到后配套上的编组渣车或连续皮带输送机上,与此同时,成洞段进行豆砾石充填及回填灌浆等工作。当刀盘向前掘进1.5m时(一般1.5~2m为一个行程,与TBM推进液压缸长度有关),即完成一个循环的掘进。

(2)管片拼装

当刀盘推进完成一个行程后,即完成一个循环的掘进,TBM停止掘进,在尾盾的保护下,利用TBM上的管片拼装机进行管片的拼装。

2)出渣及运料方式

单护盾TBM出渣及运料方式与敞开式TBM施工(皮带输送机+轨道式有轨运输)基本一致,特殊情况可根据工程实际施工情况选择确定。

3)质量控制措施

(1)掘进施工管理

单护盾TBM在完成始发掘进后,将对掘进参数进行必要的调整,为后续的正常掘进提供条件。主要内容包括:

①根据地质条件和始发段掘进过程中的监测结果进一步优化掘进参数。

②正常推进阶段采用始发掘进阶段掌握的最佳施工参数,通过加强施工监测,不断地完善施工工艺,控制地面沉降。

③推进过程中,严格控制推进里程,不断将人工测量结果与电子测量系统的数据进行比较,发现问题及时调整,将偏差控制在误差范围内。

④根据技术交底设定的参数推进,进出土与衬砌背后豆砾石回填灌浆同步进行,不断完善施工工艺,地表最大变形量控制在+10~-30mm之内;管片不出现下沉,管片姿态符合设计和规范要求。

⑤工程技术人员根据地质变化、隧道埋深、地面荷载、地表沉降、单护盾TBM姿态、刀盘扭矩、推进液压缸推力等各种勘探、测量数据信息,正确下达每班掘进指令,并即时跟踪调整。

⑥单护盾TBM操作人员严格执行指令,谨慎操作,对初始出现的小偏差应及时纠正,应尽量避免单护盾TBM走"蛇"形,单护盾TBM一次纠偏量不宜过大,以减少对地层的扰动。

⑦做好施工记录,记录项目见表3-8。

施工记录项目　　　　　　　　　表3-8

序　号	隧道掘进	豆砾石回填	同步注浆	测　量
1	施工进度	吹填压力	注浆压力	单护盾TBM滚动角
2	液压缸行程	吹填量	注浆量	—
3	掘进速度	碎石级配	浆液性质	推进总长度
4	刀盘转速	—	浆液配合比	本环轴心坐标
5	盾尾间隙	—	—	—

（2）掘进时注意事项

①提高效率。

经过100m的试掘进以后，随着主机和后配套生产能力不断提高，掘进速度也在逐渐提高，此时要注意人力资源的调配，在一些重要的、影响进度的工作岗位坚持使用熟练操作人员，对劳力不足的岗位增加人员；对一些影响施工进度的机械设备，分析原因实施技术改造或更换；开展施工工序分析活动，激励所有员工发现施工中的制约因素，鼓励自觉改进。

②狠抓安全。

随着生产进度的提高，各个工序之间的衔接变得非常紧凑，单个工序的速度也逐渐加快，此时工人易产生疲劳现象，存在安全事故隐患，应该采取的对策：加大安全监督，每个班派专职的安全员，配合工班长做好安全监督，发现问题及时纠正或解决；洞内洞外派专职的安全员轮流巡视，及时发现隐患并消除；采取措施改进工人工作环境，并采取相应措施防止工人疲劳，给工人营造一个愉悦的工作氛围；加大对危险机械的维修保养频率，如机车、矿车、空气压缩机等，确保其正常安全。

③保证质量。

随着施工速度的提高，施工中也容易出现一些质量问题，如管片错台、注浆效果差等，采取的措施为：专职质量检查人员协同现场工程师一起做好现场生产的质量控制，一旦产生质量问题，及时发现，及时汇报，及时分析，及时纠正；加大所有员工的技术培训，提高员工的生产熟练程度和生产技巧，提高产品质量；注重员工的质量意识培养，创造"心中有质量、口中谈质量、工作后提高质量"，切实把质量作为一切工作的前提。

④技术改造与技术创新。

在正常掘进时要加大技术的吸收和攻关力度，分析TBM施工以及TBM本身的优缺点，组织力量进行技术改革和技术创新，更进一步了解TBM，提高使用效率。

3.5.3 TBM物料运输

1）运输系统设备组成

TBM物料运输按设备组成可分为"有轨运输"和"有轨运输+皮带运输"两种方式。无轨运输因污染严重，通风费用高、装载、会车等附加洞室工程量大且出渣能力有限，TBM施工一般不采用。

两种出渣运输方式组成及适用条件见表3-9。

两种出渣运输方式组成及适用条件　　表3-9

类别	组成	适用条件
有轨运输	牵引机车+运输渣车+材料车+运输车（管片、轨排运输车）+人车+豆砾石/砂浆罐车+其他车辆进行编组，并配合翻渣倒运系统使用	（1）开挖直径较小，皮带输送机布置困难。 （2）运输坡度小于30‰。 （3）运输线路顺畅，支路少、干涉较少、洞外场地大。 （4）通过增加编组数量，能够满足TBM设计最大掘进速度
有轨运输+皮带运输	（1）牵引机车+材料车+豆砾石/砂浆罐车+其他车辆进行编组有轨运输，配合连续皮带输送机出渣。 （2）无轨材料、人员运输，配合连续皮带输送机出渣	（1）适用于平直隧道，或弯曲较少且半径较大的隧道，特殊隧道可配置转接皮带输送机。 （2）满足TBM设计的最大掘进速度。 （3）条件适合宜优先选用皮带输送机出渣

（1）有轨运输指机车牵引矿车出渣和物料运输，牵引机车包括窄轨内燃机车、电瓶车等。电瓶车具有使用灵活无污染等优点，但电瓶使用寿命短、用电效率低、牵引能力不足。窄轨内燃机车牵引力大、运输量大、污染严重，相对电瓶车通风费用有所增加，但对于长隧洞有轨运输来说仍是首选方案。

（2）有轨运输+皮带运输是指采用连续皮带输送机出渣，牵引机车运输物料，其优点是出渣效率快、污染少、所需的通风费用低、出渣和材料运输两条线、施工干扰小；缺点是一旦出现故障，出渣系统将失去作用，因此检修、维护时间长。

TBM施工运输主要包括垂直运输和水平运输，其中管片和矿车的垂直和水平运输贯穿整个掘进施工过程。垂直运输主要是将掘进施工所需的材料吊运至列车编组上，将掘进渣土吊运至临时存渣场；水平运输主要是通过水平运输系统（有轨运输）将垂直运输的施工材料（管片、轨道、轨枕、油脂等）运输到工作面或将渣土运送到渣场。水平运输一般在隧道内设单线，始发场地及车站设置双线。

有轨运输编组出渣应根据单循环出渣量、支护材料用量配置，卸渣形式可采用侧翻式或翻转式，运输编组方式应与物料有轨运输综合考虑。

2）垂直运输方式

垂直运输系统由门式起重机、翻转倒渣装置、门式起重机轨线、地面渣仓等组成，主要进行渣土的垂直运输及管片、材料垂直下放运输。垂直运输系统通过2台不小于45t的门式起重机进行出渣、管片、材料下放。垂直运输示意如图3-38所示，垂直运输出渣翻渣现场如图3-39所示。

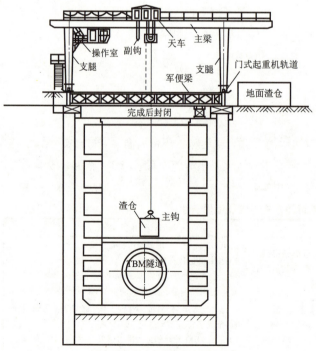

图3-38 TBM垂直运输示意图

图3-39 垂直运输出渣翻渣

3）洞内水平运输方式

（1）有轨水平运输

由牵引机车、渣土运输车、砂浆运输车、管片运输车及轨线组成水平运输系统。轨线布设采用 43kg/m 钢轨，轨距 970mm，轨枕采用 H175 型钢间距 0.8m 布设。在洞外及车站处设置双轨及叉车道，洞内设置单轨。列车编组示意如图 3-40 所示，管片运输车在前方，列车进入 TBM 后配套系统时，刚好使管片运输车位于管片吊机下方。管片运输车前面不能有其他车辆，否则会妨碍管片的吊卸。其次紧跟砂浆运输车，进入时恰好位于 TBM 注浆罐附近。再次为渣土运输车，牵机车在最后。

图 3-40 有轨水平运输列车编组示意图

列车编组：单护盾 TBM 每循环进尺 1.5m，出渣量 100m³，每节渣车容量约 18m³，每台设备配置 3 列编组，每列编组形式为：55t 变频电机车 +6 节 18m³ 矿车 +1 节 8m³ 砂浆罐车 +1 节豆砾石罐车 +2 节管片车。

（2）皮带出渣水平运输

TBM 掘进产生的岩渣从刀盘溜渣槽进入刀盘中心的主机皮带输送机，经 TBM 后配套皮带输送机输送到连续皮带输送机内，通过连续皮带输送机运至洞外。隧道内连续皮带输送系统如图 3-41 所示。

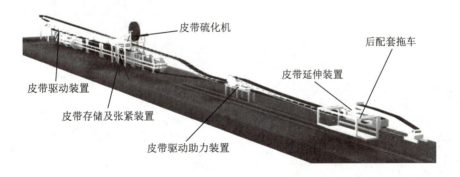

图 3-41 隧道内连续皮带输送系统示意图

（3）水平运输轨道设置

隧道运输轨线由钢轨、轨枕、浮放轨组成，轨线可以是单线、四轨三线或复合式轨线。由于隧道空间所限，轨距一般采用 762mm，左右线分别为重车和轻车运输线。在 TBM 后部设一双开道岔浮放轨，可进行拖移。通过放置浮动道岔方式，列车编组可在由两根内轨组成的中线进入 TBM 内部。四轨三线制有轨运输布置如图 3-42 所示，四轨三线制 TBM 物料运

图 3-42 四轨三线制有轨运输布置示意图

输组织如图 3-43 所示,现场实物如图 3-44 所示。单线有轨运输轨道布置如图 3-45 所示。

TBM 法施工常采用四轨三线制,其优缺点如下。

①优点:对编组列车的容量没有特别的要求,可组织实施两列以上编组列车施工运输组织,由于左右两线的运输互不干涉,运输是连续的,不管区间隧道是长是短都能适应。列车调度有较大的灵活性,易于应付突发性故障和事件。工序适应性较强,当工序临时变动或脱节时,便于进行列车临时调度。运输列车长度可长可短,可配合各种长度的 TBM 输送带。

②缺点:轨道需要量增大一倍,轨枕要求的长度长、强度大,需求量较大。

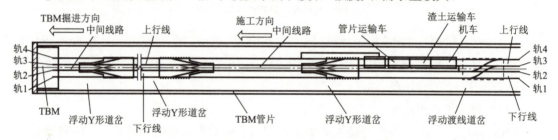

图 3-43 四轨三线制 TBM 物料运输组织布置示意图

图 3-44 四轨三线制 TBM 物料运输组织布置现场

图 3-45 单线有轨运输轨道布置现场

3.5.4 TBM 管片拼装

管片拼装是护盾式 TBM 施工的一个重要工序,成型隧道由环、纵向螺栓逐块将高精度预制钢筋混凝土管片组装而成,整个工序由 TBM 司机、管片拼装机操作员和拼装工配合完成。

管片拼装按其整体组合可分为通缝拼装、错缝拼装和通用楔形管片拼装。通缝拼装是指各环管片的纵向环缝对齐,这种拼装方法在拼装时易定位,纵向螺栓容易连接,拼装施工应力小,但容易产生环面不平,并有较大累积误差,导致环向螺栓难穿,形成环缝压密量不够;错缝拼装是采用前后环管片的纵缝错开拼装,错开角度取决于管片每两个纵向螺栓孔的间隔大小,用此法建造的隧道整体性较好,环面较平整,环向螺栓比较容易连接,但是拼装施工应力大,纵向穿螺栓困难,纵缝压密差;通用楔形管片拼装是利用左右环宽不相等,管片任意旋转角度进行拼装,这种拼装方法工艺要求高,在管片拼装前需要对隧道轴线和管片数量进行预测,及时调整管片旋转角度,楔形管片主要应用于隧道的转弯和纠偏,楔形管片的楔形量、楔形角由标准管片的宽度、管片的外径及施工隧道的转弯半径等确定。

1)管片拼装流程

管片拼装流程如图 3-46 所示。

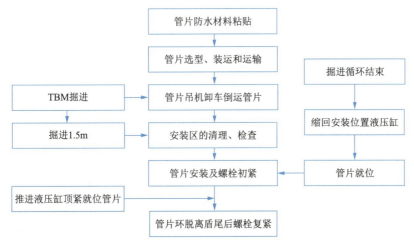

图 3-46 管片拼装流程

2)管片选型

(1)根据管片的拼装点位选型

通用环管片在实际拼装过程中,可以根据不同的拼装点位来控制不同方向上的偏移量。这里所说的拼装点位是管片拼装时 K 块所在的位置。由于是错缝拼装,所以相邻两块管片的点位不能相差 2 的整数倍。一般情况下,本着有利于隧道防水的要求,只使用上部 5 个点位。根据工程实际情况,选择拼装不同点位的管片,就可以得到不同方向的楔形量(如左、右、上、下等)。

(2)根据盾尾间隙进行管片选型

通常将盾尾与管片之间的间隙叫盾尾间隙。如果盾尾间隙过小,盾壳上的力直接作用在管片上,则在掘进过程中盾尾将会与管片发生摩擦、碰撞。轻则增加 TBM 向前掘进的阻力,降低掘进速度,重则造成管片错台、破损。如果一边间隙过小,另一边相应变大,这时盾尾尾刷密封效果降低,在注浆压力作用下,水泥浆很容易渗漏出来,破坏盾尾的密封效果。

盾尾间隙是管片选型的一个重要依据,每次安装管片之前,对管片的上、下、左、右四个位置进行测量。如发现有一方向上的盾尾间隙接近 15mm 时,就需要拼装相应的管片来对盾尾间隙进行调节(在 TBM 掘进过程中,应及时跟踪盾尾间隙,发现盾尾间隙有变小趋势,最好能通过推进液压缸来调整间隙)。调整的基本原则是:哪边的盾尾间隙过小,就选择拼装反方向的管片。同时通过拼装不同的点位,还可以调节上、下方向的盾尾间隙。如此时 TBM 在进行直线段的掘进,则必须注意管片的选型,否则左边盾尾间隙将越来越小,直至盾尾与管片发生碰撞。如 TBM 处于曲线段,则应根据线路的特点综合考虑。

(3)根据液压缸行程差进行管片选型

TBM 是依靠推进液压缸顶推在管片上所产生的反力向前掘进的,把推进液压缸按上、下、左、右四个方向分成四组。而每一个掘进循环,这四组液压缸的行程的差值反映了 TBM 与管片平面之间的空间关系,可以看出下一掘进循环盾尾间隙的变化趋势。当管片平面不垂直于 TBM 轴线时,各组推进液压缸的行程就会有差异,当这个差值过大时,推进液压缸的推力就会在管片环的径向产生较大的分力,从而影响已拼装好的隧道管片以及掘进姿态。

通常我们以各组液压缸行程的差值大小来判断是否应该拼装转弯环,在两个相反的方向上的行程差值超过 40mm 时,就应该拼装相应的点位进行纠偏。

(4)TBM 间隙与液压缸行程之间的关系

在进行管片选型的时候,既要考虑盾尾间隙,又要考虑液压缸行程的差值。而液压缸行程的差值更能反映 TBM 与管片平面的空间关系,通常情况下应把液压缸行程的差值作为管片选型的主要依据,只有在盾尾间隙接近于警戒值(25mm)时,才根据盾尾间隙进行管片选型。

(5)管片拼装方法

①管片采用通用环错缝拼装,安装点位以满足隧道线型为前提,重点考虑管片拼装后盾尾间隙要满足下一掘进循环限值,确保有足够的盾尾间隙,以防盾尾直接接触管片。管片拼装前根据盾尾间隙、推进液压缸行程差选择拟安装管片的点位。

②TBM 掘进到预定长度,且拟安装封顶块位置的推进液压缸行程大于 1.5m 时,TBM 停止掘进,进行管片拼装。管片拼装现场如图 3-47 所示。

③管片拼装时必须从隧道底部开始,然后依次安装相邻块,最后安装封顶块。每安装一块管片,立即将管片纵环向连接螺栓插入连接,并戴上螺帽用电动扳手紧固。

④在安装封顶块时先搭接 1.0m 以安装机径向顶进,调整位置后缓慢纵向顶推,为防止封顶块顶入时损坏防水密封条,应对防水密封条进行涂润滑油作润滑处理。

⑤管片拼装到位后,应及时伸出相应位置的推进液压缸顶紧管片,其顶推力应大于稳定管片所需力,然后方可移开管片拼装机。

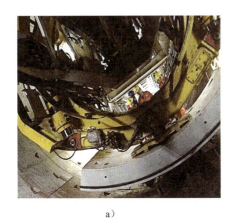 

a)   b)

图 3-47   管片拼装现场

3）影响管片选型的其他因素

（1）铰接液压缸行程的差值

目前单护盾 TBM 均为铰接式，即 TBM 主机不是一个整体，而是在 TBM 中体与盾尾之间采用铰接液压缸进行连接，铰接液压缸可以收放，这样就更加有利于 TBM 在曲线段的掘进及 TBM 的纠偏。铰接液压缸利用位移传感器将上、下、左、右四个方向的行程显示在显示屏上，当铰接液压缸的上下或左右的行程差值较大时，TBM 中体与盾尾之间产生一个角度，这将影响液压缸行程差的准确性。这时应当将上下或左右的行程差值减去上下或左右的铰接液压缸行程的差值，最后的结果作为管片选型的依据。

（2）TBM 掘进

TBM 应尽量根据设计线路进行掘进，避免产生不必要的偏差，这样可以根据管片排版进行管片拼装，也有利于管片按计划进行生产。如果 TBM 偏离设计线路，在纠偏过程中也不要过急，否则管片的偏移量跟不上 TBM 的纠偏幅度，盾尾仍然会挤坏管片。TBM 掘进纠偏原则："蛇行"修正应以长距离慢慢修正，修正过急，TBM "蛇行"将更加明显。在直线推进的情况下，应选取 TBM 当前所在位置点与设计线上远方的点作为直线，然后以这条线为新的基准进行线形管理；在曲线推进情况下，应使 TBM 当前所在位置点与远方点的连线同设计的曲线相切（如 TBM 垂直方向处于 -40mm，计划控制在 -20mm 内，每环纠偏宜控制在 5mm 变化内，不宜超过 10mm，那么应至少 4 环才能把 TBM 姿态调整到预设范围内）。

4）管片拼装操作要点

（1）在管片运输进洞前应清除管片上的浮灰、浮砂，对管片进行清理后，按设计图要求粘贴密封止水条、软木衬垫。

（2）将管片的连接件、防水垫圈等材料准备好。

（3）操作人员全面检查管片拼装机动力、液压和机械设备是否正常，管片吊具是否安全可靠。

5）盾尾开口情况下管片拼装措施

重庆轨道交通 5 号线单护盾 TBM 盾尾底部 90°范围为开口式，通过预制一批混凝土垫块，在安装底部管片前先将散装豆砾石满铺，将混凝土预制垫块放置在豆砾石中，然后依次安装底部管片、两侧管片和顶部管片,有效避免了开口盾尾管片下沉及管片错台的现象,提高了管片结构的施工质量。管片底部混凝土垫块如图 3-48、图 3-49 所示,管片底部满铺豆砾石拼装成环效果如图 3-50、图 3-51 所示。

图 3-48 管片底部混凝土垫块照片

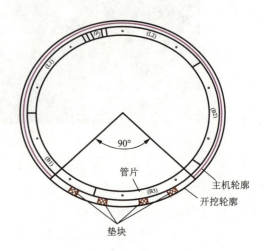

图 3-49 管片底部混凝土垫块位置示意图

图 3-50 管片底部满铺豆砾石照片

图 3-51 管片拼装成环后照片

6)管片拼装质量合格控制措施

(1)成立学习小组,定期组织施工人员进行技能培训和考核,加强对工人的质量意识教育,经理论和现场考核均合格后方可上岗,并重新对操作工人进行技术交底。

(2)安排质检人员全过程跟班作业,进行指导与监督检查。

(3)加强对施工人员的管片选型理论培训。

(4)严格执行管片拼装质量管理规定。

(5)建立健全管片拼装小组质量管理办法,制订有效的奖罚办法,提高管片小组施工质量意识和责任心。

3.6 TBM 豆砾石吹填及背后注浆

单护盾 TBM 管片背后豆砾石回填的工艺原理是掘进一个循环安装管片后,开启豆砾石喷射机对管片背后全环吹填豆砾石,可以边掘进边吹填豆砾石,管片全环吹填豆砾石再注浆后产生的浮力小于管片自重,不会产生管片上浮现象,成洞后管片平顺,错台小,极大提高了成洞质量。工艺流程如图 3-52 所示。

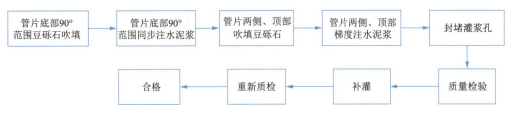

图 3-52 单护盾 TBM 豆砾石吹填及背后注浆工艺流程图

3.6.1 TBM 豆砾石吹填工艺

1)施工前准备工作

为了豆砾石回填灌浆工作的顺利进行,在施工前期应做好充分的准备工作,对材料进行检验、设备精心测试、人员严格培训。

(1)对进场的水泥、豆砾石、砂等材料做好计量验收、指标检测工作。施工试验配合比必须进行前期试验,按监理工程师批准的施工配合比进行施工。

(2)对豆砾石回填灌浆设备、台架等进行性能试验,尤其是空气压缩机和豆砾石喷射机要进行风压、风量测试,以满足豆砾石回填能力;灌浆泵要进行压水试验,检查仪表状态是否正常;高速制浆机的自动控制系统定量加水泥、加水的准确程度要进行验证。

(3)对施工人员进行岗前培训,各工种必须熟悉豆砾石回填灌浆的全部施工流程、操作规范、实施方法、质量保证、安全防范等,通过系统教学,使每一个施工人员具有岗位责任能力。

2)豆砾石吹填施工方法

豆砾石回填是在起始环回填(豆砾石、水泥浆)的基础上进行,在管片脱离护盾后立即进行,管片外侧与围岩之间的空腔应充填密实,豆砾石底拱回填坚持"脱离护盾一环就必须回填一环"的原则进行。将豆砾石运输罐车与豆砾石喷射机上料系统连接,打开放料阀使豆砾石放入皮带输送机的上料口,启动皮带输送机将豆砾石输送到豆砾石喷射机上方料斗,通过控制料斗下方的放料阀门,将豆砾石均匀输送到豆砾石喷射机接料口,在放料的同时启动豆砾石喷射机,这时豆砾石有序地分配到豆砾石喷射机内各料腔,通过压缩空气豆砾石经管道压送到喷头至管片外侧与围岩之间的空腔中。

(1)底部豆砾石回填

底部豆砾石回填是施工的关键环节。露出盾尾的管片如果封顶块在正拱顶,则底部豆砾石从 0 孔位开始吹填,如果封顶块在拱顶左侧 36°位置,则从两侧拱的 1-1′孔位进行灌注(图 3-53),当感觉到管道内没有豆砾石流动时停止灌注,取下喷头将 0 孔位或 1-1′孔位临时封堵,后续的管片底部吹填依此方式进行。

(2)两侧拱豆砾石回填

在豆砾石吹填时,为防止产生偏压而使管片发生错台或损坏,必须做到自下而上,采用双机对称灌注。两侧拱回填滞后尾盾 3 环开始,具体方法:将连接喷豆砾石管道的喷头先、后装入两侧拱的 3-3′孔位进行灌注(图 3-54),2-2′孔位作为观察孔。当感觉到管道内没有豆砾石流动时停止灌注,取下喷头 3-3′孔位临时封堵,完成一次两侧拱的豆砾石回填,依次配合掘进、衬砌向前推进。

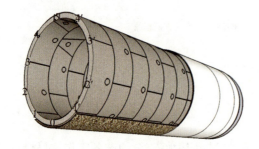

图 3-53 底部豆砾石回填示意图

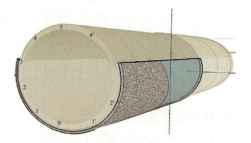

图 3-54 两侧拱豆砾石回填

(3)顶拱部豆砾石回填

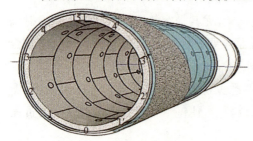

图 3-55 顶部豆砾石回填

顶拱部豆砾石回填在滞后两侧拱豆砾石灌注部位 5 环后实施。具体方法:将连接喷豆砾石管道的喷头先、后装入顶拱部的预留孔 4-4′孔灌注(图 3-55),当感觉到管道内没有豆砾石流动时停止灌注,取下喷头将 4-4′孔位临时封堵。将喷头装入顶拱部 5 孔位灌注,在灌注过程中机械手和豆砾石工要密切配合,尤其是豆砾石工要认真观察灌注情况,当感觉到管道内没有豆砾石流动时停止灌注,取下喷头将 5 孔及时临时封堵,完成了一次顶拱部豆砾石回填。

3)质量控制

(1)按照施工规范和施工方案的回填灌浆技术要求,制订工程质量保证措施。

(2)切实做好回填工作前的一切准备工作,组织全员进行技术交底,使全员熟悉施工方案、操作规程和技术标准。

（3）员工上岗前要进行培训,熟悉回填流程和技术规范。

（4）豆砾石的粒径 5～10mm,要保持级配合理,含泥量不得超标,存放期间防止污染。

（5）严格执行科学的施工配合比,计量、配料要准确,浆液搅拌均匀、浆液密度稳定。

（6）回填记录要翔实,每一个回填单元都必须做好详细记录,数据完整准确。并将此项工作作为班组之间工作交接掌握回填情况的依据,防止漏灌。

（7）回填设备要完好,要做到豆砾石回填和灌浆的连续性。

（8）质量控制实行"三检制",即施工班组自检、施工员复检、项目部专职质检员终检。

3.6.2 TBM 管片背后注浆工艺

单护盾 TBM 管片背后注浆的工艺原理是在掘进一个循环、安装管片并吹填豆砾石后,开启一次注浆系统对管片底部 90°范围同步注水泥净浆,在后配套后边约 30m 处采取梯形注浆工艺进行全环二次注浆。管片背部梯形注浆如图 3-56 所示。

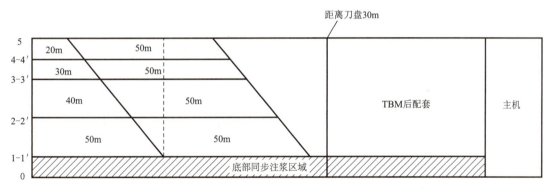

图 3-56 管片背部梯形注浆示意图

1）施工前准备工作

（1）水泥浆配合比

通过现场试验确定施工配合比,选定的施工配合比必须进行生产性试验,据现场情况协商调整,以达到满足设计要求和现场施工要求。施工试验配合比见表 3-10。

水泥浆施工配合比　　表 3-10

名称	配合比（质量比）	重度（误差<3%）（kg/m³）	水泥（kg）	水（kg）
水泥浆液	0.6:1	1757	1077	646

（2）制浆

水泥浆拌制在洞外搅拌站进行,通过自动计量系统按照试验配合比进行拌制,通过水泥浆罐车运输进洞。

2)施工方法

(1)底拱水泥浆的灌注

管片露出盾尾即进行底拱水泥浆灌注。底拱水泥浆灌注是用水泥浆泵将水泥浆压送经管道到底拱回填部位。机械手要做到水泥浆进料与水泥浆泵联动,同时要和灌浆工密切配合,机械手在灌浆工的指令下,启动水泥浆泵0孔位进行压灌,采取量控为主,压力控制为辅,灌注完毕用封孔砂浆及时封堵。

(2)两侧拱下部灌浆

两侧拱下部灌浆由灌浆工分别将注浆塞安装到第1环(距离刀盘尾部30m范围内)两侧拱下部的2-2′孔位,同时依次安装第5环、第9环2-2′(观察、串浆、注浆)孔位的注浆塞。在灌注过程中,灌浆工要严密观察串浆情况,当依次发现第5环、第9环的2-2′孔位有比较混浊水泥浆液漏出时,将注浆塞阀门关闭。注浆压力一般为1.1~1.2倍的静止土压,施工中根据地层特性进行调整,通常情况下控制在0.3~0.6MPa,达到压力要求后恒压5min直至浆液不再进入时停止灌注,同时关闭注浆塞阀门,视该孔灌注结束。灌浆工取下灌浆管接头分别接到第5环、第9环2-2′孔位的注浆塞上。

(3)两侧拱中部灌浆

由灌浆工分别将注浆塞安装到第1环两侧拱上部的3-3′孔位,同时依次安装第5环、第9环3-3′(观察、串浆、注浆)孔位的注浆塞。当依次发现第5环、第9环的3-3′孔位有比较混浊的水泥浆液漏出时,将注浆塞阀门关闭。其余操作同两侧拱下部灌浆。

(4)两侧拱上部灌浆

由灌浆工分别将注浆塞安装到第1环两侧拱上部的4孔位和4′孔位,同时依次安装第7环、第13环4-4′(观察、串浆、注浆)孔位的注浆塞。当依次发现第7环、第13环的4-4′孔位有比较混浊的水泥浆液漏出时,将注浆塞阀门关闭。

(5)顶拱中心灌浆

顶拱中心灌浆是单机工作,由灌浆工将注浆塞安装到第1环顶拱中心5孔位,同时依次安装第7环、第13环5(观察、串浆、注浆)孔位的注浆塞。在灌注过程中,灌浆工要严密监视灌浆压力和串浆情况,当依次发现第7环、第13环的5孔位有比较混浊水泥浆液漏出时,将注浆塞阀门及时关闭。其余操作同两侧拱下部灌浆。下一个施工循环依次按照梯度平行作业。

(6)灌浆孔封堵

灌浆孔封堵按非灌浆孔封堵的施工配合比制拌的砂浆实施,抹灰工取下注浆塞将灌浆孔清理干净,用抹灰工具填充捣实,灌浆孔封堵应表面光洁平整,同时做好养护工作。

3)质量控制

回填材料质量保证:

①水泥按设计要求使用未受潮、无结块的水泥,按照规定做好定期抽检工作,发现不合格质量标准的严禁使用。

②砂的含水率不大于3.0%。为了防止雨季雨淋、环境污染、低温冻结等导致筛选困难。应采取如下措施：一是进场砂采用高架房式库房存放；二是必要时机械摊开、翻动松散、敞亮降水；三是勾缝、封孔、管片修补的用砂，过筛晾干后称量装袋保管。

③灌浆用水采用自来水或经过处理、符合灌浆施工用水的要求。

其余质量控制要点同豆砾石吹填。

3.7 TBM 刀盘刀具更换及修复技术

TBM 在实际工作中的有效利用率为20%～30%，利用率相对较低，其中刀盘上的刀具检查、更换与刀盘的维修等作业时间约占掘进施工总时间的三分之一；用于刀具的费用约占掘进施工费用的三分之一。因此，使用 TBM 进行隧道掘进施工时，刀具是要优先慎重考虑的重要环节之一。在保证刀具质量的前提下，一是要尽可能地延长刀具的使用寿命，让其使用寿命达到或基本达到设计值，降低换刀频率；二是要尽可能地缩短每把刀的换刀时间。在工程实践中，对刀具的预防性维修非常重要，尽量采取主动换刀的形式进行刀具更换，以确定刀具最佳更换周期，减少刀具维修保养时间和由于刀具更换或修复的停机次数。

3.7.1 TBM 刀具更换技术

1）刀具检查

认真准确、详细地进行刀具检查是了解刀具运转状况和进行刀具更换的基础，而刀具的正常运转则是 TBM 正常运转的前提，所以刀盘检查是 TBM 施工中最重要的也是必不可少的环节之一。

（1）刀具外观检查。

检查刀盘上所有刀具螺栓是否有脱落现象，刀圈是否完好，有无断裂及弦磨现象；刀体是否有漏油现象；挡圆是否断裂或脱落，若挡圆脱落，还应检查刀圈是否发生移位。

（2）刀具螺栓的检查。

用手锤敲击螺栓垫，听其声音来辨别螺栓的紧固程度，或一边敲击一边用手感觉其振动情况来辨别螺栓的紧固程度。

（3）刀具磨损量测量。

准确地掌握刀具磨损量是更换刀具以及选择合适掘进参数的基础，根据试掘进阶段刀具磨损情况，一般在岩石条件较硬时每30m测一次，岩石条件相对软时每50m测一次。

2)刀具更换基本原则

(1)中心刀和正滚刀最大磨损极限一般为38mm,边刀最大磨损极限一般为20mm,所以当刀具达到最大磨损极限时必须更换。

(2)当刀具出现漏油、刀圈断裂、轴承损坏、挡圈脱落且刀圈移位、掉刀且托架刀座损伤时必须更换。

(3)相邻刀具的磨损量高差不应大于15mm,如图3-57所示。

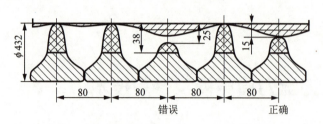

图3-57 相邻刀具磨损量高差示意图(尺寸单位:mm)

3)刀具更换

刀具更换必须严格按照刀具的拆装工艺进行,其中,最重要的是装配面的清洁、刀具位置对中以及刀具螺栓的紧固力矩达到规定要求,并做好详细的刀具更换记录。

根据单护盾TBM刀具更换规定和现场的实际情况,确定刀具更换方法。TBM的滚刀采用背装式,更换时人员在刀盘内部进行操作,依据一定的更换步骤和方法,能够大幅度提高换刀的速度和效率。刀具更换流程如图3-58所示。

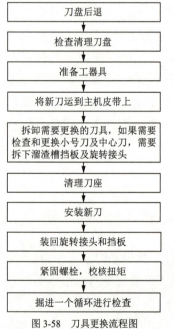

图3-58 刀具更换流程图

3.7.2 TBM刀盘修复技术

TBM刀盘刀具损坏的主要形式包括刀盘面板、滚刀、刀孔、滚刀安装座、刮渣板、刮板座、刀盘渣仓等的磨损、变形以及脱落等,需从地质方面(稳固围岩)、设备方面(改进设计)、管理方面(合理选择掘进参数)提出一系列改进措施。

1)刀盘修复工作流程

刀盘修复工作流程如图3-59所示。

2)刀盘关键零部件修复

(1)刮板座的修复

首先对损坏的刮板座使用碳刨进行刨除,然后用角磨机进行打磨,以母板上的定位销孔对新刮板座进行定位,定位完成后对需焊接的位置使用烤枪进行加温(加温至约80℃,用测温枪进行测量),最后使用二氧化碳保护焊机对其焊接,焊接完成后自热冷却,进行下一个仓刮板座整修时刀盘只允许反转。

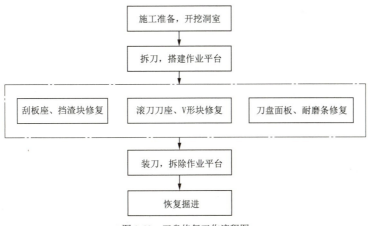

图 3-59 刀盘修复工作流程图

(2) 挡渣块的修复

首先将磨损严重的挡渣块及进渣口圆弧位置磨损严重的钢板进行割除,然后量取进渣口圆弧位置需修补的钢板尺寸,用足够厚的钢板进行下料、定位、焊接,焊接完成后,在其背部加 1～2 个满足厚度要求的三角筋板并进行焊接;进渣口圆弧位置修复完成后,从刮板仓内侧向外侧方向按照一定距离对挡渣块进行定位,然后对其焊接面进行加温(加温至约 80℃,用测温枪进行测量),最后使用二氧化碳保护焊机对其焊接,焊接完成后自热冷却,进行下一个仓挡渣块整修工作时刀盘只允许反转。

3) 滚刀刀座与 V 形块修复

(1) 滚刀刀座的修复

以未磨损的面为基准面,对刀座磨损的位置使用不锈钢焊条进行补焊,同时利用角尺对其进行找平,多次重复此步骤,直到刀座磨损部位与基准面基本持平,然后对刀盘焊接面进行打磨,使修补面与基准面持平。待刀座修复完成后,对其进行加热、淋油淬火。

(2) V 形块的修复

将需更换的 V 形耐磨块使用碳刨刨掉,然后用角磨机将耐磨块基面位置打磨光滑,然后对耐磨块按照 V 形口内侧到刀孔另一侧距离 630mm 进行定位,用烤枪对需焊接的部位加温(加温至约 80℃,用测温枪进行测量),最后使用二氧化碳保护焊机对其进行焊接,焊接完成后自然冷却。对磨损较轻的耐磨块,使用耐磨焊丝对其磨损的位置进行堆焊。在所有 V 形耐磨块更换及修复完成后,使用耐磨焊条对其表面堆积一定高度的网格状耐磨层。

4) 刀盘面板与耐磨条修复

(1) 耐磨条的修复

将磨损的耐磨条用碳刨刨掉,对定位面使用角磨机进行打磨,然后对耐磨条及耐磨块进行定位,对焊接面进行加温(加温至约 80℃,用测温枪进行测量),最后使用二氧化碳保护焊机对其进行焊接,焊接完成后自然冷却。

(2) 刀盘面板的修复

将磨损的耐磨板用碳刨刨除,以未磨损位置表面为基准面,在此基面上焊接数根一定长度的角铁,用合适厚度的钢板对磨损的位置与角铁之间进行填充、定位并焊接,最后进行打磨,使修复面与基准面基本平整。刀盘母体修复完后,按照原设计位置对耐磨板进行定位,对焊接面进行加温(加温至约80℃,用测温枪进行测量),最后使用二氧化碳保护焊机对其进行焊接,焊接完成后自然冷却。

3.8 单护盾 TBM 到达接收技术

单护盾 TBM 到达是 TBM 施工中至关重要的环节之一,也是即将看到胜利果实,容易被人忽视的环节,因单护盾 TBM 掘进阻力减少,地层的不稳定性极易造成地面塌陷、管片无法挤紧引发渗漏水等风险。

3.8.1　TBM 接收施工工艺

单护盾 TBM 接收施工的工作内容包括 TBM 定位及接收洞门位置复核测量、地层处理、安装洞门圈密封设备、安装接收基座等,TBM 到达施工工艺流程如图 3-60 所示。

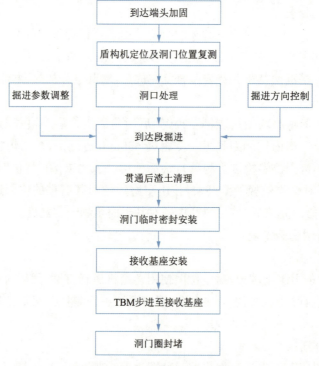

图 3-60　TBM 到达施工工艺流程图

3.8.2　TBM 定位及接收

单护盾 TBM 推进至接收施工范围时,应对 TBM 的位置进行准确的测量,明确隧道中心轴线与隧道设计中心轴线的关系,同时应对接收洞门位置进行复核测量,确定单护盾 TBM 的贯通姿态及掘进纠偏计划。

在考虑单护盾 TBM 的贯通姿态时须注意两点:一是单护盾 TBM 贯通时的中心轴线与隧道设计轴线的偏差,二是接收洞门位置的偏差。综合这些因素在隧道设计中心轴线的基础上进行适当调整,纠偏要逐步完成。

3.8.3　TBM 接收洞门处理

TBM 接收时,应对端头地层进行评估,查看是否存在安全隐患,以确定到达的安全性。达到洞门如需处理,可参见始发洞门端头加固处理措施。

当单护盾 TBM 逐渐靠近端头时,应加强对地层岩土的观测,在刀盘抵达端头时,停止推进,迅速将泥土清理干净。

3.8.4　TBM 接收基座安装

接收基座用始发基座代替,接收基座的中心轴线应与隧洞设计轴线一致,同时兼顾单护盾 TBM 到达姿态。接收基座的轨面高程除应适应线路情况外,还应确保刀盘贯通后拼装管片有足够的反力,将接收基座以单护盾 TBM 进洞方向 +5‰ 的坡度进行安装。

3.8.5　TBM 到达掘进措施

根据到达段的地质情况确定合理的掘进参数并做出书面交底,总的要求是:低速度、小推力、合理的压力和及时饱满的回填注浆。

(1)距单护盾 TBM 接收面 10m 段的掘进

①该段推进时要求保持匀速、平稳,禁止推进速度和推力出现较大的波动。

②该段掘进参数:速度控制在 50mm/min 以内,推力 10kN 以内,刀盘转速 2.5r/min 左右。

③加强洞外巡查,地面值班人员要及时将洞外情况反馈技术负责人、施工负责人和主司机室,以便根据实际情况及时调整掘进参数。

④该段遵循"小推力、低速度、低转速、少出渣"的原则,并时刻监视推力变化、出渣情况等。

(2)接近接收井 2m 掘进

速度 30mm/min 以内,推力 7kN 以内,刀盘转速 2.0r/min 左右。

（3）到达掘进

①详细复核确认到达里程，值班工程师提醒主司机注意 TBM 上显示的里程，要与实际里程进行核实。

②在掘进完成后，单护盾 TBM 推出隧道上接收台。

（4）最后 5 环推进拼装

单护盾 TBM 掘进完成后，还需安装 5 环管片，到达预留洞门（接收面）长度控制在 400～700mm。该 5 环管片拼装时，由于 TBM 前方没有了反推力，将可能造成管片与管片之间的环缝连接不紧密，容易漏浆。同时，由于注浆也受洞门密封装置密封效果的影响，易产生漏浆，从而导致管片发生位移。因此，最后 5 环管片拼装时应注意如下事项：

①安装管片时，伸液压缸推力设定为 50bar，到达最后 10 环管片连接螺栓要求反复紧固，不少于两次，第一次在管片拼装时，第二次在下一环掘进时，保证管片连接紧密。

②最后 5 环管片推进时，同步注浆采用加强水泥砂浆。

③为保证不漏浆，在折页板上安装钢丝绳，单护盾 TBM 推出洞口时，及时拉紧钢丝绳。

（5）为保证到达 10 环管片的稳定，在管片四个方位的纵向螺栓处采用拉紧装置进行拉紧，调度提前安排准备好吊耳和连接槽钢。

（6）通过管片注浆孔对洞门圈进行注浆填充。注浆过程中要密切关注洞门情况，一旦发现漏浆应立即停止注浆并进行封堵处理。双液浆配合比见表 3-11。

双 液 浆 配 合 比　　　　　表 3-11

水 灰 比	A 液∶B 液（体积比）	浆液密度（g/cm³）	凝结时间（s）
1∶1	1∶1	1.44	50～70

3.8.6　TBM 到达施工要点

（1）单护盾 TBM 进入到达段施工时，工作人员应明确 TBM 实时的里程及刀盘距洞门的距离，并按施工技术方案进行施工。

（2）单护盾 TBM 到达前，应检查端头加固情况是否满足要求。

（3）增加地表沉降监测的频次，并及时反馈监测结果指导施工。

（4）在单护盾 TBM 贯通后安装的几环管片，一定要保证注浆饱满密实，防止引起管片下沉与错台。

（5）接收基座定位放置后，采用 H175 型钢对步进小车前方和两侧进行加固，防止单护盾 TBM 机推上步进小车的过程中，接收基座移位造成接收失败。

（6）在接收基座安装固定后，单护盾 TBM 可慢速推上接收基座。在通过洞门临时密封装置时，为防止刀盘和刀具损坏帘布橡胶板，在刀盘外圈和刀具上涂抹黄油。

（7）单护盾 TBM 在接收基座上推进时，每向前推进 2 环拉紧一次洞门临时密封装置，通过同步注浆系统注入双液浆填充管片外环形间隙，保证管片姿态正确。

(8) 提前准备好洞门密封相关材料,并安装好洞门密封橡胶。

(9) 提前准备好单护盾 TBM 接收需要的材料,接收基座运至端头井下,完成加固。

(10) 在到达掘进段,维保工程师及维保工需每天按照下达的维保任务,认真地对机械进行维修,保证单护盾 TBM 的正常运转。

(11) 到达前 200m,每 50m 要进行导线和高程复测,同时应对到达洞门进行测量,以精确定位。

(12) 以 50m 为起点,结合洞门位置,参照设计线路,每一环都必须严格地按掘进计划进行。

(13) 到达前 10 环,需采取辅助措施加强管片环间连接,以防单护盾 TBM 掘进推力减少引起环间松动造成漏水。

(14) 到达前 6 环的掘进要确保到达端头的稳定和防止地层坍塌,调整注浆配合比,确保注浆效果,以防涌水、涌泥而引起地层坍塌。单护盾 TBM 贯通如图 3-61 所示,单护盾 TBM 接收如图 3-62 所示。

图 3-61 单护盾 TBM 贯通现场

图 3-62 单护盾 TBM 到达现场

本章参考文献

[1] 王梦恕. 不同地层条件下的盾构与 TBM 选型 [J]. 隧道建设,2006(02):1-3,8.

[2] 卜武华,田娟娟. 软岩洞段单护盾隧洞掘进机(TBM)主要施工问题及对策 [J]. 山西水利科技,2011(03):41-43.

[3] 赵文松. 重庆地铁单护盾 TBM 掘进性能研究 [D]. 石家庄:石家庄铁道大学,2013.

[4] 何良波. 城市轨道交通建设中单护盾 TBM 的施工技术 [J]. 建材与装饰,2019(14):263-264.

[5] 王文广,樊德东,汪强宗,等. 单护盾 TBM 设备在地铁隧道施工中的应用及改进 [J]. 建筑机械化,2016,37(08):51-54.

[6] 张利民. 引洮单护盾 TBM 掘进通过不良地质洞段施工技术 [J]. 甘肃农业,2012(09):101-102.

[7] 刘小刚. TBM 在岩石城市轨道交通建设中的应用研究 [J]. 现代隧道技术,2012,49(05):15-22.

[8] 蒉振东,孙鹤明,李佳坤,等. 轨道交通单护盾 TBM 碎石吹填灌浆工艺研究与实践 [J]. 重庆交通大学学报(自然科学版),2017,36(09):22-27.

[9] 姚天宝. 单护盾 TBM 在引洮 7# 隧洞中的应用 [D]. 兰州：兰州交通大学，2015.

[10] 刘杰. 浅析长斜井单护盾 TBM 施工质量控制 [J]. 内蒙古煤炭经济，2016（13）：93-95，109.

[11] 陈援. 护盾式硬岩掘进机在引洮供水工程中的应用 [J]. 国防交通工程与技术，2015，13（S1）：138-139.

[12] 张利民. TBM 设备施工超前地质预报的技术措施 [J]. 甘肃水利水电技术，2012，48（09）：57-58，63.

[13] 刘知义. 安伊高铁 BT26 号隧道单护盾 TBM 洞口段施工技术 [J]. 铁道建筑技术，2013（03）：14-16.

[14] 阳斌. 单护盾 TBM 快速掘进条件分析 [J]. 隧道建设，2014，34（10）：997-1000.

[15] 高海杰，王耀，吴越斌. 浅谈单护盾 TBM 刀具的磨损 [J]. 建筑机械化，2014，35（03）：69-70，82.

第 4 章

特殊地质地段单护盾 TBM 施工技术

Key Technology of TBM Construction with Single Shield

Key Technology of TBM Construction with Single Shield

特殊地质地段单护盾 TBM 施工技术 | 第 **4** 章

本章主要介绍了隧道特殊地质的表现形式以及对单护盾 TBM 施工造成的影响,结合已有类似工程实例,从单护盾 TBM 特殊地质施工、卡机预防及卡机后处置措施等方面进行阐述,旨在指导和帮助单护盾 TBM 隧道施工的管理和技术人员等参建者,在施工中遇到特殊或不良地层,或出现意外卡机时能提供一些参考和借鉴。

但是,这里所讲述的特殊地质施工并不是意味着单护盾 TBM 可以实现长距离或多段特殊地层快速施工,重大特殊地质还是要尽量提前规避或采取辅助工法处理,要遵循单护盾 TBM 适应性总体原则和基本要求,一是前期地质勘察基本准确、绝大部分地层适合单护盾 TBM 掘进;二是单护盾 TBM 施工尽可能没有长大段落不良地层,如存在严重不良地层段有条件采用超前处理或辅助工法通过。以下各节内容分别针对砂岩及砂质泥岩地层、含水疏松砂层、断层破碎带地段施工来进行阐述。

4.1 砂岩及砂质泥岩地层 TBM 施工技术

砂岩及砂质泥岩遇水软化,极易造成单护盾 TBM 掘进过程中糊刀盘、堵塞刀孔、溜渣斗等现象,造成单护盾 TBM 掘进扭矩增大,出渣困难,对 TBM 的掘进速度影响较大。本节依托重庆轨道交通 5 号线工程,分析单护盾 TBM 在砂岩及砂质泥岩地质条件下快速掘进的影响因素,如何采取有效措施已达到快速掘进的目的。

4.1.1 砂岩特性及刀盘泥饼产生机理

1)砂岩特性

以重庆地区为例,砂岩及砂质泥岩地层主要位于侏罗系中统下沙溪庙组(J_2S),砂岩及砂质泥岩主要特性如下。

砂质泥岩:紫红或紫色,粉砂泥质结构,巨厚~中厚层状构造,主要矿物成分为黏土质矿物,含灰绿色砂质团块、砂质条带或薄层。中等风化岩体裂隙不发育,岩体较完整。岩石饱和抗压强度标准值为 7.74MPa,为软岩,岩体基本质量等级为 IV 级。局部地段由于砂质含量不同,导致力学强度差异较大。

砂岩:黄灰色、紫灰色,中~细粒结构,巨厚~中厚层状构造,主要矿物成分为石英、长石,含少量云母及黏土矿物,多为钙质胶结,局部夹泥质薄层条带,中等风化岩体裂隙不发育,岩体较完整。岩石饱和抗压强度标准值 27.49MPa,为较软岩,本层岩体基本质量等级为

131

Ⅳ级。局部地段由于泥质含量不同,导致力学强度差异较大。

重庆轨道交通 5 号线单护盾区间地质条件较好,在路线范围未发现断层、滑坡、软弱夹层等不良地质现象。区间位于川东南弧形地带,华蓥山帚状褶皱束东南部,构造骨架形成于燕山期晚期褶皱运动。在场地基岩露头出露地带中测得岩体中主要发育两组构造裂隙。J1:140°～170°∠50°～75°,优势产状 160°∠55°,延伸 1～3m,闭合,裂面平直,无充填,间距 2～4m,结构面结合差;J2:240°～250°∠55°～65°,优势产状 245°∠60°,延伸 2～5m,间距 2～3m,裂面平直,裂隙张开,宽 1～3mm,泥质充填,不充水,结构面结合差。

2)泥饼产生机理

刀盘掌子面的黏性土体受到刀具切削、刀盘挤压后形成细小的土颗粒,通常刀盘中心部位开口率相对较小,渣土在刀盘的碾压下极易自刀盘中心位置向刀盘面上形成附着的泥饼,并在掘进过程中,在高温、高压作用下不断变厚变硬,最终导致刀具被渣土糊住,刀盘失去削土能力。当扭矩明显增大,掘进速度没有明显变化时,可能就是刀具被渣土糊住。因此在掘进过程中需要定期进行刀盘的清理。

在全风化、强风化、中风化、微风化泥岩(泥质粉砂岩、粉砂质泥岩)中掘进时,由于这几类土体富含黏土矿物,粒径小且黏性大,在 TBM 刀具的切削和刀盘冲击作用下,岩块变成粉末状,极易附着在刀盘上,在渣土改良效果欠佳或掘进参数不合理时生成泥饼。

4.1.2 砂岩及砂质泥岩对单护盾 TBM 影响

单护盾 TBM 在砂岩及砂质泥岩施工中主要存在以下问题:

1)刀盘"结泥饼"

(1)施工影响

单护盾 TBM 在泥岩、砂质泥岩和泥质砂岩段掘进过程中,受刀盘喷水或地下水影响,泥岩软化后糊刀盘、堵塞刀孔、溜渣斗、掘进扭矩增大、出渣困难,严重时主机皮带输送机无法正常启动或单机电流超限,迫不得已需停机进行刀盘清理,严重影响施工进度。刀盘结泥饼现象及刀孔堵塞照片如图 4-1 所示。

a)   b)

图 4-1 泥岩、砂质泥岩刀盘结泥饼现象及刀孔堵塞照片

单护盾 TBM 施工中刀盘的压力不能太大,太大则会导致刀盘被泥沙抱死。刀盘转速过快会导致地层扰动较大,且渣温较高;刀盘转速较慢会导致渣土不能进行良好搅拌,易出现刀盘结泥饼情况。

(2)砂岩及砂质泥岩地层刀盘"结泥饼"原因分析

泥饼是 TBM 刀盘切削下来的土颗粒在土仓内重新聚集而形成的半固结和固结状的土块。早在 20 世纪 60 年代,日本和欧洲就针对类似问题,在实践中不断探寻解决的办法。当 TBM 施工出现"结泥饼"现象时,主要由地层地质因素、TBM 系统设计缺陷和施工控制因素三个方面的原因构成。

① 地层地质因素:当地层中的黏土矿物含量超过 25% 时,易发生"结泥饼"现象。黏土矿物遇到地下裂隙水易软化并可吸收水分发生膨胀,在土仓内不断被搅拌或者刀盘推进过程的挤压形成泥团。由于黏土矿物的黏性很大,极易附着在土仓内堵塞刀孔或者刀盘开口,很难排出,这时就慢慢结成了泥饼。

② TBM 系统设计缺陷:刀盘中心区域的开口率不足和刀盘冲刷流量不足,特别是对刀盘中心区域的冲刷量不足,从而引发"结泥饼"现象。

③ 施工控制因素:TBM 控制操作者(主司机)的行为和预判施工泥饼风险的能力对"结泥饼"现象的发生有着重要的影响,作业人员对地质条件的认知不足也会影响"结泥饼"现象的发生。

2)洞内作业环境恶劣

TBM 作业过程中,刀盘喷水基本可以消除由于刀具破碎围岩产生的扬尘,但是在砂岩及砂质泥岩段施工中,为了减少刀盘"结泥饼"现象,喷水不能按照常规来控制,喷水量偏少,扬尘增大,洞内空气质量差,能见度低,对作业人员的健康和各种精密电子设备的寿命都带来不利影响,同时严重影响 TBM 掘进测量的精度(TBM 采用 PPS 自动测量系统),开挖方向不易把握,为避免 TBM 掘进姿态偏差过大,迫使停止掘进降尘,等待测量系统正常工作。洞内灰尘及测量姿态无法显示照片如图 4-2 所示。

a)   b)

图 4-2 洞内灰尘及测量姿态无法显示照片

3）快速掘进参数设定难度大

采用TBM施工，掘进参数的选择至关重要，它直接影响着TBM的施工速度。在单护盾TBM的掘进参数中，主要包括液压缸总推力、掘进速度、刀盘转速、刀盘扭矩、电机电流值、贯入度、推进液压缸压力。其中电机电流值与刀盘扭矩、推进液压缸压力与推进力成正比，而获得合理掘进速度是控制掘进参数的目的，合理的掘进速度可以保证单护盾TBM施工快速安全。

从理论上讲，在围岩条件一定的情况下，提高刀盘的推力和转速，可以提高纯掘进速度。但刀具、刀盘等承受载荷的能力是有限的，随着推力和转速的增加，刀具的更换和损耗也会增大。因此既要提高纯掘进速度，又要降低刀具损耗，达到技术与经济的统一，就要在不同的围岩条件下，选择最佳掘进参数。

4.1.3 砂岩及砂质泥岩单护盾TBM应对措施

1）始发段掘进参数统计分析

通过始发段单护盾TBM掘进参数统计分析，优化总结出单护盾TBM在砂岩和砂质泥岩地层中快速施工的液压缸总推力、掘进速度、刀盘转速、刀盘扭矩，最终得到合理的掘进参数。

（1）中等风化砂质泥岩

根据施工现场掘进参数统计分析，在中等风化砂质泥岩地段分别绘制成液压缸总推力统计图、刀盘扭矩统计图、刀盘转速统计图，如图4-3～图4-5所示。

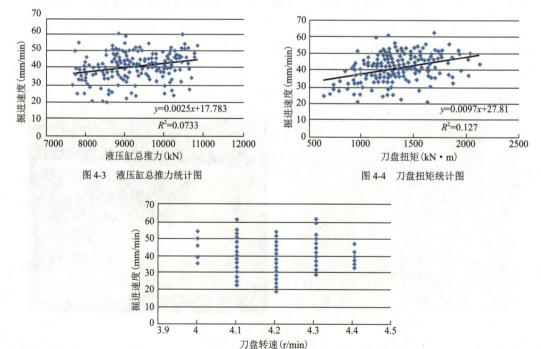

图4-3 液压缸总推力统计图

图4-4 刀盘扭矩统计图

图4-5 刀盘转速统计图

① 以掘进速度作为控制掘进参数选取的指标。

对图 4-3～图 4-5 进行分析，得到中等风化砂质泥岩地段正常掘进参数范围，见表 4-1。

正常掘进参数值　　　　　　　　　　　　　　　　　　　表 4-1

序　号	掘　进　参　数	合理的参数值
1	液压缸总推力（kN）	9000～10000
2	刀盘扭矩（kN·m）	1450～1700
3	刀盘转速（r/min）	4.1、4.2、4.3
4	最大掘进速度（mm/min）	61

由此得出：

a. 随着液压缸总推力的增加，掘进速度先是上升，直到液压缸推力到达 9000kN 时，这时掘进速度到达峰值，然后随着液压缸总推力的增加，最大掘进速度保持稳定，最大掘进速度几乎没有增加或减小。

b. 随着刀盘扭矩的增加，掘进速度与之成正比上升，当刀盘扭矩到达 1500kN·m 时，掘进速度上升趋势变缓。

c. 刀盘转速对掘进速度的影响不大，相同刀盘转速下的掘进速度差别较大。

② 以刀盘转速作为控制掘进参数选取的指标。

考虑到掘进速度 = 贯入度 × 刀盘转速，贯入度又与液压缸推力有关，选择出现较多的刀盘转速值，根据相同刀盘转速下液压缸推力与掘进速度绘制散点图，如图 4-6～图 4-8 所示。

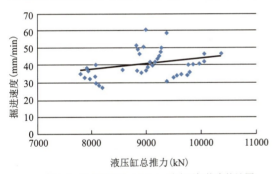

图 4-6　刀盘转速为 4.3r/min 时液压缸推力统计图

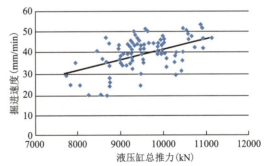

图 4-7　刀盘转速为 4.2r/min 时液压缸推力统计图

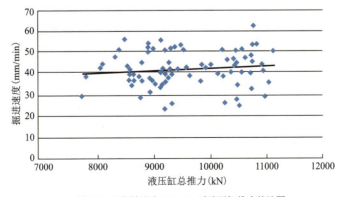

图 4-8　刀盘转速为 4.1r/min 时液压缸推力统计图

从图 4-6～图 4-8 可以看出：在刀盘转速分别为 4.3r/min、4.2r/min 时，随着液压缸推力增加，掘进速度也呈上升趋势，当刀盘转速为 4.1r/min 时，液压缸推力的增加对掘进速度的变化影响不明显。

（2）中厚层砂岩、砂质泥岩互层（砂质泥岩占 60%～80%）

根据对施工现场统计到的掘进参数统计分析，将中厚层砂岩、砂质泥岩互层（砂质泥岩为主）地段的单护盾 TBM 掘进参数分别绘制成散点图，如图 4-9～图 4-11 所示。

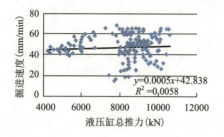 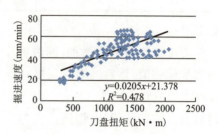

图 4-9　液压缸总推力统计图　　　　图 4-10　刀盘扭矩统计图

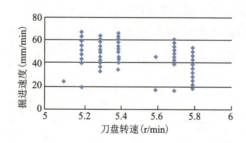

图 4-11　刀盘转速统计图

①以掘进速度作为控制掘进参数选取的指标。

对图 4-9～图 4-11 进行分析，得到中厚层砂岩、砂质泥岩互层（砂质泥岩为主）地段正常掘进参数范围，见表 4-2。

正常掘进参数值　　　　表 4-2

序　号	掘进参数	合理的参数值
1	液压缸总推力(kN)	8000～10000
2	刀盘扭矩(kN·m)	1300～2000
3	刀盘转速(r/min)	5.2、5.4
4	最大掘进速度(mm/min)	67

由此得出：

a. 液压缸总推力在较小时增大能够提高掘进速度，当达到 8000kN 以后，再增大液压缸总推力对掘进速度的影响不明显。

b. 刀盘扭矩与掘进速度成正比关系，随着刀盘扭矩的增大，掘进速度也几乎是线性增大的。

c. 刀盘转速对掘进速度的影响不是很明确，在相同的刀盘转速下，掘进速度的差别达到了 30mm/min，可以看出刀盘转速对掘进速度没有直接的影响。

②以刀盘转速作为控制掘进参数选取的指标。

考虑到掘进速度＝贯入度×刀盘转速，贯入度又与液压缸推力有关，选择出现较多的刀盘转速值，根据不同刀盘转速下液压缸推力与掘进速度分别绘制散点图，如图 4-12～图 4-16 所示。

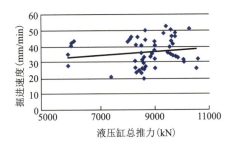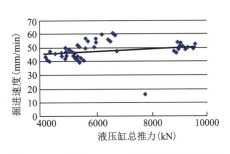

图 4-12　刀盘转速 5.8r/min 时液压缸推力统计图　　图 4-13　刀盘转速 5.7r/min 时液压缸推力统计图

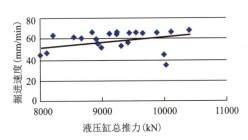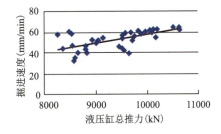

图 4-14　刀盘转速 5.4r/min 时液压缸推力统计图　　图 4-15　刀盘转速 5.3r/min 时液压缸推力统计图

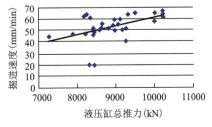

图 4-16　刀盘转速 5.2r/min 时液压缸推力统计图

从图 4-12～图 4-16 可以看出：在刀盘转速分别为 5.2r/min、5.3r/min、5.4r/min、5.7r/min 时，液压缸推力越大，掘进速度越快，当刀盘转速为 5.8r/min 时，液压缸推力的增大对掘进速度的影响不确定。

（3）中厚层砂岩、砂质泥岩互层（砂质泥岩占 30%～60%）

根据对施工现场统计到的掘进参数统计分析，将中厚层砂岩、砂质泥岩互层地段的单护盾 TBM 掘进参数绘制散点图,如图 4-17～图 4-19 所示。

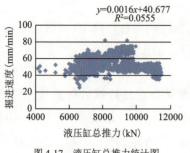
图 4-17 液压缸总推力统计图

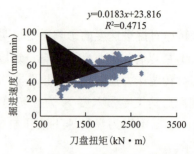
图 4-18 刀盘扭矩统计图

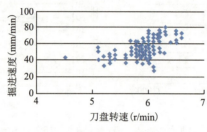
图 4-19 刀盘转速统计图

①以掘进速度作为控制掘进参数选取的指标。

对图 4-17～图 4-19 进行分析,得到中厚层砂岩、砂质泥岩互层地段正常掘进参数范围,见表 4-3。

表 4-3 正常掘进参数值

序　号	掘进参数	合理的数值
1	液压缸总推力(kN)	9000～10000
2	刀盘扭矩(kN·m)	2100～2300
3	刀盘转速(r/min)	6、6.1、6.2
4	最大掘进速度(mm/min)	80

由此得出:

a. 掘进速度随液压缸总推力的增加先上升再下降,当液压缸总推力为 9000～10000kN 时,掘进速度取得峰值。

b. 掘进速度随刀盘扭矩增加而增加,基本符合线性增长的规律。

c. 当刀盘转速为 6.3r/min 时,掘进速度取得最大值,其余转速情况下对掘进速度的影响不明显。

②以刀盘转速作为控制掘进参数选取的指标。

考虑到掘进速度 = 贯入度 × 刀盘转速,贯入度又与液压缸推力有关,选择出现较多的刀盘转速值,根据不同刀盘转速下液压缸推力与掘进速度分别绘制散点图,如图 4-20～图 4-24 所示。

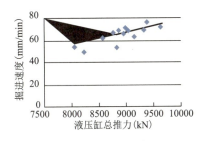

图 4-20　刀盘转速为 6.2r/min 时液压缸推力统计图

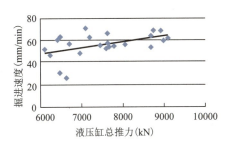

图 4-21　刀盘转速为 6.1r/min 时液压缸推力统计图

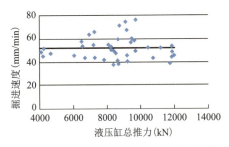

图 4-22　刀盘转速为 6r/min 时液压缸推力统计图

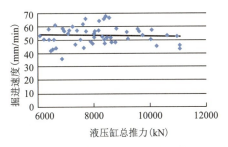

图 4-23　刀盘转速为 5.9r/min 时液压缸推力统计图

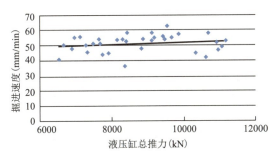

图 4-24　刀盘转速为 5.8r/min 时液压缸推力统计图

从图 4-20～图 4-24 可以看出：刀盘转速分别为 6r/min、6.1r/min、6.2r/min 时，随液压缸推力的增加，掘进速度基本也是上升的，当刀盘转速为 5.9r/min、5.8r/min 时，随液压缸推力的增加，掘进速度没有上升的趋势，保持比较稳定的趋势。

2）优化掘进参数，减缓刀盘"结泥饼"

根据不同地质情况选择正确的掘进参数是保证安全、快速掘进的重要因素，推力越大，贯入度越高，掘进速度越快，在扭矩的限制下，应尽可能采用高推力，这样才能提高掘进效率，获得良好的经济效益。

岩石的单轴抗压强度、硬度、耐磨性等主要地质因素对 TBM 掘进速度、利用率、刀具磨损等性能指标都有较大的影响。只有充分考虑这些影响因素，才能更好地发挥 TBM 的掘进效率，合理安排施工，提高利用率。TBM 在软弱围岩中掘进，如果仍按在硬岩条件下的掘进参数进行施工，易产生围岩剥落增大，支护工作量增加，严重时刀盘可能被卡住，造成意外停机，同时引发掘进方向不好控制，刀盘易下沉，机身摆动，造成掘进方向出现过大偏差。这些问题影响了 TBM 高效施工性能的发挥,严重地制约了 TBM 的施工进度。因此,在软弱围岩地段施工时必须根据围岩特性、输送皮带上石渣块度构成情况,选择合理的掘进参数,减少对围岩的扰动。

依托重庆轨道交通 5 号线单护盾 TBM 施工,通过刀盘结泥饼影响因素分析,总结出减少泥饼形成的针对性措施。

(1)清理刀盘时间的影响

中等风化砂质泥岩地层施工中频繁进行刀盘泥饼清理工作,每次清理刀盘花费时间 15min 至 10h 不等,大部分历时 1～3h,频繁地清理刀盘会占用正常掘进时间,降低施工效率,影响工程经济效益。第一区间清理刀盘时间统计见表 4-4。

第一区间清理刀盘时间统计表　　　　表 4-4

环　号	开始时间	结束时间	历　　时	环　号	开始时间	结束时间	历　　时
左 10	7:35:00	9:28:00	1:53:00	左 231	20:10:00	21:47:00	1:37:00
左 15	7:30:00	9:57:00	2:27:00	左 235	7:30:00	9:40:00	2:10:00
左 25	7:28:00	10:23:00	2:55:00	左 238	19:30:00	0:15:00	4:45:00
左 29	7:28:00	9:32:00	2:04:00	左 242	7:30:00	13:53:00	6:23:00
左 38	7:30:00	10:13:00	2:43:00	左 250	7:30:00	9:28:00	1:58:00
左 48	7:25:00	11:12:00	3:47:00	左 483	7:30:00	8:10:00	0:40:00
左 52	21:00:00	0:35:00	3:35:00	左 516	7:30:00	8:40:00	1:10:00
左 55	9:13:00	10:32:00	1:19:00	右 38	7:00:00	9:42:00	2:42:00
左 61	7:34:00	8:32:00	0:58:00	右 137	7:30:00	11:25:00	3:55:00
左 68	8:40:00	8:55:00	0:15:00	右 153	7:30:00	10:05:00	2:35:00
左 77	7:46:00	8:37:00	0:51:00	右 168	7:30:00	11:39:00	4:09:00
左 191	22:28:00	0:45:00	2:17:00	右 183	7:00:00	10:00:00	3:00:00
左 198	20:29:00	1:48:00	5:19:00	右 193	8:46:00	10:56:00	2:10:00
左 203	19:30:00	0:32:00	5:02:00	右 212	7:30:00	9:32:00	2:02:00
左 205	19:30:00	5:43:00	10:13:00	右 221	7:45:00	8:45:00	1:00:00
左 226	8:28:00	9:10:00	0:42:00	右 229	9:11:00	9:45:00	0:34:00
左 229	13:12:00	15:20:00	2:08:00	右 262	7:54:00	10:16:00	2:22:00

注:环号栏内"左"表示左线,"右"表示右线,数字表示环号。

(2)清理刀盘频率分析

通过图 4-25 分析,较频繁地清理刀盘环号分别为:左线 10 环、15 环、25 环、29 环、38 环、48 环、52 环、55 环、61 环、68 环、77 环,平均每掘进 7 环就需要进行一次刀盘的清理;在左线掘进 191 环、198 环、203 环、205 环也进行了刀盘的清理,平均每掘进 5 环就需要进行一次刀盘的清理;在左线掘进 226 环、229 环、231 环、235 环、238 环、242 环、250 环进行了刀盘的清理,平均每掘进 4 环就需要进行一次刀盘的清理;在右线掘进 137 环、153 环、168 环、183 环、193 环、212 环、221 环、229 环进行了刀盘的清理,平均每掘进 13 环就需要进行一次刀盘的清理。

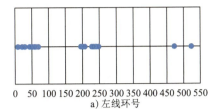
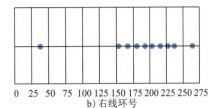

a) 左线环号　　　　　　　　　　b) 右线环号

图 4-25　刀盘清理环号统计图

（3）结泥饼过程对掘进参数影响分析

根据刀盘清理时间、清理频率，选出几组清理时间长、清理间隔短的区段进行掘进参数的统计分析，每一组中第一环和最后一环进行了刀盘清理，由于每组最后一环是在清理刀盘泥饼后开始掘进，每组掘进参数平均值为除最后一环以外的前几环平均值，统计和计算的结果见表 4-5。

每一个清理循环中的掘进参数统计表　　　　　　　　表 4-5

区段分组	环号	掘进速度 v(mm/min)	刀盘转速 (r/min)	刀盘扭矩 T(kN·m)	液压缸总推力 F(kN)
1 （掘进 5 环后清理）	左线 10	37.20	3.54	1229.20	5784.80
	左线 11	46.60	3.96	1770.00	5908.60
	左线 12	47.20	4.00	1420.00	5853.60
	左线 13	41.80	4.00	1478.00	4704.00
	左线 14	41.40	4.30	1462.80	4654.00
	左线 15	47.40	4.10	1476.60	4806.80
	平均值	42.84	3.96	1472.00	5381.00
2 （掘进 4 环后清理）	左线 25	62.20	5.00	1909.80	6562.20
	左线 26	45.00	5.48	1434.60	5769.20
	左线 27	43.40	5.10	1634.80	6934.20
	左线 28	39.40	5.20	1506.80	6299.60
	左线 29	45.80	5.60	1269.60	5639.00
	平均值	47.50	5.20	1621.50	6391.30
3 （掘进 4 环后清理）	左线 48	36.80	5.20	1726.20	6699.80
	左线 49	34.40	4.94	1848.00	7289.20
	左线 50	39.80	5.14	1573.20	7714.60
	左线 51	38.80	5.18	1856.00	8212.00
	左线 52	27.80	4.54	1597.80	6496.20
	平均值	37.45	5.12	1750.85	7478.90
4 （掘进 3 环后清理）	左线 52	27.80	4.54	1597.80	6496.20
	左线 53	36.80	4.40	1605.60	6137.20
	左线 54	36.20	4.70	1747.40	6173.60
	左线 55	41.40	5.10	1327.60	6209.40
	平均值	33.60	4.55	1650.27	6269.00

续上表

区段分组	环号	掘进速度 v(mm/min)	刀盘转速 (r/min)	刀盘扭矩 T(kN·m)	液压缸总推力 F(kN)
5 （掘进6环后清理）	左线55	41.40	5.10	1327.60	6209.40
	左线56	34.40	5.14	1096.40	7028.60
	左线57	37.20	5.16	1418.60	5583.80
	左线58	33.00	5.18	1452.20	5780.20
	左线59	36.60	4.50	1446.60	5967.80
	左线60	40.60	4.40	1648.80	6205.80
	左线61	40.40	5.16	1406.00	5566.40
	平均值	37.20	4.91	1398.37	6129.27
6 （掘进7环后清理）	左线61	40.40	5.16	1406.00	5566.40
	左线62	33.80	5.20	1213.40	4955.60
	左线63	38.40	5.10	1323.80	4973.80
	左线64	42.40	4.44	1832.00	5977.20
	左线65	40.80	4.40	1949.80	7084.40
	左线66	44.60	4.40	1983.40	7818.40
	左线67	49.00	4.40	1967.80	7162.40
	左线68	42.40	5.00	1596.40	6586.00
	平均值	41.34	4.73	1668.03	6219.74
7 （掘进7环后清理）	左线191	33.20	4.50	1680.40	4836.40
	左线192	32.20	4.32	1844.60	4674.60
	左线193	31.40	4.40	1532.60	4096.00
	左线194	39.40	4.20	1740.80	5325.00
	左线195	33.00	4.14	1878.40	5011.60
	左线196	34.00	4.20	1832.00	5518.00
	左线197	27.00	4.20	1993.60	5060.60
	左线198	32.60	4.54	1601.00	5214.40
	平均值	32.89	4.28	1786.06	4931.74
8 （掘进5环后清理）	左线198	32.60	4.54	1601.00	5214.40
	左线199	26.20	4.66	1944.00	5364.40
	左线200	42.40	4.58	2406.00	5919.00
	左线201	27.40	4.44	2037.80	5542.00
	左线202	28.60	4.26	1990.40	5598.60
	左线203	30.60	4.30	1591.00	4800.00
	平均值	31.44	4.50	1995.84	5527.68
9 （掘进2环后清理）	左线203	30.60	4.30	1591.00	4800.00
	左线204	21.40	4.30	1692.20	4793.80
	左线205	20.60	3.46	1545.80	3999.00
	平均值	26.00	4.30	1641.60	4796.90

续上表

区段分组	环号	掘进速度 v(mm/min)	刀盘转速 (r/min)	刀盘扭矩 T(kN·m)	液压缸总推力 F(kN)
10 （掘进3环后清理）	左线226	41.00	4.16	1810.20	6211.20
	左线227	34.20	4.16	2005.40	6219.60
	左线228	39.60	4.24	2083.60	6753.20
	左线229	33.60	3.98	1495.80	6005.60
	平均值	38.27	4.19	1966.40	6394.67
11 （掘进2环后清理）	左线229	33.60	3.98	1495.80	6005.60
	左线230	44.80	4.32	2002.80	6674.40
	左线231	33.80	4.50	1563.00	5701.60
	平均值	39.20	4.15	1749.30	6340.00
12 （掘进4环后清理）	左线231	33.80	4.50	1563.00	5701.60
	左线232	35.60	4.40	1464.40	5595.20
	左线233	28.00	4.38	1839.40	6191.00
	左线234	34.00	4.14	1978.80	5579.80
	左线235	25.80	4.22	1202.60	3940.20
	平均值	32.85	4.36	1711.40	5766.90
13 （掘进3环后清理）	左线235	25.80	4.22	1202.60	3940.20
	左线236	23.40	4.12	1788.00	4194.80
	左线237	26.00	4.00	1656.60	4470.60
	左线238	32.40	4.14	1472.00	4066.20
	平均值	25.07	4.11	1549.07	4201.87
14 （掘进4环后清理）	左线238	32.40	4.14	1472.00	4066.20
	左线239	25.20	4.18	1535.20	4336.20
	左线240	27.00	4.08	1364.80	4506.80
	左线241	23.60	4.24	1653.20	4956.60
	左线242	56.00	4.28	1792.40	5437.20
	平均值	27.05	4.16	1506.30	4466.45
15 （掘进10环后清理）	左线15	47.40	4.10	1476.60	4806.80
	左线16	53.20	4.76	1900.60	4746.80
	左线17	60.00	5.14	1687.20	5883.80
	左线18	63.40	5.30	1858.40	6023.60
	左线19	55.60	5.10	2232.20	6044.80
	左线20	44.80	4.42	1835.40	5674.80
	左线21	29.80	4.14	1627.20	4557.60
	左线22	39.00	5.10	1364.80	4799.20
	左线23	41.20	5.00	1513.20	5112.40
	左线24	30.80	4.60	1645.00	5537.40
	左线25	62.20	5.00	1909.80	6562.20
	平均值	46.52	4.77	1714.06	5318.72

续上表

区段分组	环号	掘进速度 v(mm/min)	刀盘转速（r/min）	刀盘扭矩 T(kN·m)	液压缸总推力 F(kN)
16（掘进10环后清理）	右线183	44.20	5.54	1612.00	7160.40
	右线184	40.80	5.76	1778.60	7480.80
	右线185	38.60	5.84	1627.20	7263.20
	右线186	44.60	5.84	1772.80	7579.00
	右线187	41.40	6.10	1826.00	7647.20
	右线188	44.80	5.92	1827.40	7582.20
	右线189	43.60	5.90	1797.20	7852.80
	右线190	45.20	6.00	1842.00	8088.20
	右线191	44.20	6.02	2006.80	8130.00
	右线192	43.80	5.80	1833.80	8250.80
	右线193	35.60	4.78	1292.60	6080.20
	平均值	43.12	5.87	1792.38	7703.46
17（掘进9环后清理）	右线212	39.00	5.38	1700.00	7765.80
	右线213	42.00	5.32	1663.40	7453.40
	右线214	44.40	5.40	1550.60	6809.80
	右线215	48.60	5.80	1501.60	7450.00
	右线216	48.00	5.72	1598.20	7093.20
	右线217	45.60	5.50	1802.40	7554.60
	右线218	46.60	5.82	1683.20	7880.20
	右线219	46.00	6.00	1834.80	7725.00
	右线220	51.60	5.80	1876.40	8625.60
	右线221	40.80	5.36	1630.20	8226.60
	平均值	45.76	5.64	1690.07	7595.29
18（掘进8环后清理）	右线221	40.80	5.36	1630.20	8226.60
	右线222	35.80	5.38	1753.40	8441.20
	右线223	41.20	5.36	1359.20	7646.80
	右线224	43.00	5.36	1526.20	8084.40
	右线225	42.00	5.32	1823.80	8039.00
	右线226	43.40	5.88	1915.80	8449.60
	右线227	44.40	6.00	1991.60	8479.80
	右线228	44.40	5.66	1550.60	6282.40
	右线229	45.80	6.06	1863.60	7086.80
	平均值	41.88	5.54	1693.85	7956.23

续上表

区段分组	环号	掘进速度 v(mm/min)	刀盘转速 （r/min）	刀盘扭矩 T(kN·m)	液压缸总推力 F(kN)
19 （掘进15环后清理）	右线153	40.00	6.00	1946.20	7335.40
	右线154	47.60	5.96	2157.00	7881.00
	右线155	44.80	6.00	2064.40	7426.80
	右线156	42.80	5.92	2094.20	7660.80
	右线157	122.40	5.90	2112.00	7315.80
	右线158	40.60	6.00	2075.80	7926.80
	右线159	49.00	5.90	2276.40	8394.20
	右线160	37.40	5.98	1726.20	7897.20
	右线161	36.40	5.82	1762.40	8145.20
	右线162	39.80	5.92	2214.40	7657.60
	右线163	46.00	6.00	2022.20	8263.20
	右线164	48.60	6.00	1980.00	8452.40
	右线165	47.20	5.96	2018.20	8581.00
	右线166	46.60	6.00	2058.40	8501.20
	右线167	47.60	5.98	1908.60	8844.60
	右线168	42.80	6.00	2016.00	8441.80
	平均值	49.12	5.96	2027.77	8018.88

将表4-5每组平均值数据绘制成散点图，如图4-26～图4-29所示。在中风化砂质泥岩地层中，随着掘进速度的增加、刀盘转速的增加、液压缸总推力的减小，下一次需要清理刀盘前掘进的环数增加，这表示清理刀盘的频率降低，结泥饼、糊刀盘的情况得到一定的改善，而扭矩的变化对改善结泥饼、糊刀盘的情况基本没有影响。

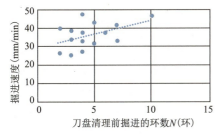

图4-26 掘进速度与刀盘清理频率的关系图

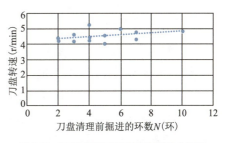

图4-27 刀盘转速与刀盘清理频率的关系图

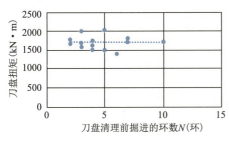

图4-28 刀盘扭矩与刀盘清理频率的关系图

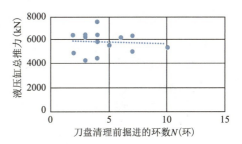

图4-29 液压缸总推力与刀盘清理频率的关系图

从图 4-26～图 4-29 可以看出：在中风化砂质泥岩地层中，如果想至少掘进 10 环以上再清洗刀盘，仅从节约清洗刀盘的时间成本方面进行分析，建议纯掘进时的掘进速度不低于 45mm/min，刀盘转速不低于 5r/min，液压缸总推力尽量采用较低值。

从图 4-30～图 4-33 可以看出：在砂岩、砂质泥岩互层段地层中，随着掘进速度的增加、刀盘转速的增加、扭矩的增加，下一次需要清理刀盘前掘进的环数增加，这表示清理刀盘的频率降低，结泥饼、糊刀盘的情况得到一定的改善，而液压缸总推力的变化对改善结泥饼、糊刀盘的情况影响不明确。

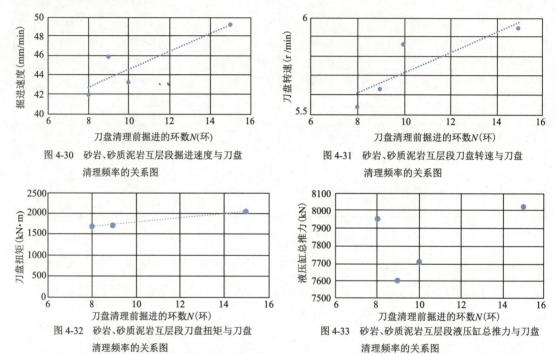

图 4-30　砂岩、砂质泥岩互层段掘进速度与刀盘清理频率的关系图

图 4-31　砂岩、砂质泥岩互层段刀盘转速与刀盘清理频率的关系图

图 4-32　砂岩、砂质泥岩互层段刀盘扭矩与刀盘清理频率的关系图

图 4-33　砂岩、砂质泥岩互层段液压缸总推力与刀盘清理频率的关系图

在砂岩、砂质泥岩互层段地层中，由于有砂岩的存在，糊刀盘的情况比纯砂质泥岩地层较少，如果想至少掘进 15 环以上再清洗刀盘，只从节约清洗刀盘的时间成本方面进行分析，建议纯掘进时的掘进速度不低于 50mm/min，刀盘转速不低于 5.9r/min，刀盘扭矩采用 2000kN·m，液压缸总推力尽量满足掘进速度。

3）优化掘进参数，减少刀具磨损

通过相关的调研，TBM 停机时间的长短与许多因素有关，其中刀具更换对 TBM 作业工时利用率的影响最大，而刀具磨损的速度常常与掘进参数有很大的关系，选择合理的掘进参数，刀具磨损少，减小换刀的频率，节约时间，提高掘进效率，从而提高经济效益。而在实际工程中，随着刀盘转速增加，往往导致刀具与岩石产生的摩擦热不能及时传递出去，从而导致刀具材料耐磨性减弱，刀具磨损量增加。

国内外学者基于理论推导、试验数据和现场数据分析等提出了诸多刀具磨损预测公式，以下刀具磨损预测公式在工程界得到了广泛的应用：

$$\delta = \frac{\pi L k N D}{v} \qquad (4\text{-}1)$$

式中：δ——刀具磨损量，mm；

L——掘进距离，km；

k——地层的磨损系数，mm/km；

N——刀盘转速，r/min；

D——刀具轨迹直径，mm；

v——推进速度，mm/min。

由式（4-1）可知，当掘进距离 L、地层磨损系数 k、刀具轨迹直径 D 为定值时，刀盘转速 N 与推进速度 v 的比值便是刀具磨损的决定因素。根据统计的掘进参数计算不同地层中的 N/v 的比值，见表 4-6。

掘进参数与 N/v 比值统计表 表 4-6

地　层	掘进速度 v(mm/min)	刀盘转速 N(r/min)	N/v 比值	掘进速度 v(mm/min)	刀盘转速 N(r/min)	N/v 比值
中等风化砂质泥岩	50	4.16	0.083	54	4.3	0.080
	56	4.2	0.075	44	4.3	0.098
	52.6	4.12	0.078	41	4.4	0.107
	39.6	4.2	0.106	37.6	4.3	0.114
	48.6	4.4	0.091	32.4	4.26	0.131
	47.4	4.3	0.091	27.4	4.1	0.150
	47.4	4.4	0.093	51.4	4.1	0.080
	41	4.3	0.105	37	4.1	0.111
	44.4	4.2	0.095	37.4	4.16	0.111
	46	4.2	0.091	56.2	4.08	0.073
	47	4.08	0.087	46	4.08	0.089
	46.2	4.2	0.091	42.8	4.06	0.095
	42.6	4.3	0.101	49.4	4.16	0.084
	45	4.2	0.093	47.4	4.1	0.086
	38.6	4.2	0.109	38.8	4.18	0.108
	45.4	4.2	0.093	38	4.2	0.111
	43.4	4.22	0.097	35.8	4.1	0.115
	40.2	4.14	0.103	42.4	4.14	0.098
	36.8	4.2	0.114	46	4.2	0.091
	42.4	4.2	0.099	46.6	4.1	0.088
	44.4	4.1	0.092	40	4.2	0.105
	38	4.14	0.109	47.2	4.12	0.087
	45.2	4.3	0.095	45.6	4.14	0.091
	44.2	4.3	0.097	37.8	4.1	0.108

续上表

地 层	掘进速度 v(mm/min)	刀盘转速 N(r/min)	N/v 比值	掘进速度 v(mm/min)	刀盘转速 N(r/min)	N/v 比值
中厚层砂岩、砂质泥岩互层（砂质泥岩60%～80%）	56.8	5.22	0.092	46	5.32	0.116
	64.2	5.2	0.081	47	5.3	0.113
	60.4	5.3	0.088	45.8	5.2	0.114
	63.6	5.4	0.085	49.2	5.2	0.106
	64.4	5.4	0.084	52.6	5.3	0.101
	58.6	5.4	0.092	55.2	5.2	0.094
	18.8	5.36	0.285	52.8	5.4	0.102
	25	5.8	0.232	55.8	5.3	0.095
	26	5.8	0.223	62	5.3	0.085
	28.6	5.8	0.203	58.6	5.3	0.090
	32	5.8	0.181	57.8	5.2	0.090
	41	5.8	0.141	46	5.8	0.126
	46.8	5.68	0.121	45.8	5.7	0.124
	49.6	5.7	0.115	43.4	5.7	0.131
	49.6	5.7	0.115	41.4	5.7	0.138
	49.8	5.7	0.114	43.2	5.7	0.132
	50.6	5.8	0.115	42.2	5.7	0.135
	37.6	5.3	0.141	43.8	5.8	0.132
	42.4	5.8	0.137	58.4	5.7	0.098
	29.6	5.8	0.196	47.4	5.7	0.120
	34.6	5.8	0.168	50.8	5.7	0.112
	41.4	5.4	0.130	55.6	5.7	0.103
中厚层砂岩、砂质泥岩互层（砂质泥岩30%～60%）	52.2	5.9	0.113	55.2	6.08	0.110
	48.6	5.84	0.120	48.4	5.9	0.122
	50.2	5.92	0.118	52.6	5.96	0.113
	43.2	5.96	0.138	53	5.8	0.109
	48.2	5.9	0.122	51.2	5.9	0.115
	50.2	5.7	0.114	49.2	5.9	0.120
	55.6	5.8	0.104	51.2	6.12	0.120
	62.8	6.38	0.102	58.2	5.9	0.101
	72.2	6.52	0.090	55.8	5.9	0.106
	55.6	6	0.108	55.4	6.1	0.110
	63	6.1	0.097	43.8	6	0.137
	63	6.16	0.098	55	5.92	0.108
	70.6	6.12	0.087	33.2	6.02	0.181
	75.4	6.3	0.084	46.4	6	0.129
	73	6.08	0.083	40	5.64	0.141
	55.2	5.82	0.105	48.4	5.9	0.122
	51	5.72	0.112	59.6	6.18	0.104

续上表

地层	掘进速度 v(mm/min)	刀盘转速 N(r/min)	N/v 比值	掘进速度 v(mm/min)	刀盘转速 N(r/min)	N/v 比值
中厚层砂岩、砂质泥岩互层（砂质泥岩30%～60%）	53	5.92	0.112	43.8	5	0.114
	52	5.88	0.113	44.6	5.5	0.123
	64.8	5.9	0.091	45.6	5.3	0.116
	67.8	6.14	0.091	45	5.42	0.120
	64.2	6.2	0.097	44.8	5.74	0.128

表 4-6 中红色项为每种地层中最低的 3 个 N/v 比值项，相应的这几环的掘进参数见表 4-7。

最小 N/v 值的掘进参数表　　　　表 4-7

地层	N/v	掘进速度 v(mm/min)	刀盘转速 N(r/min)	刀盘扭矩 T(kN·m)	液压缸总推力 F(kN)
中等风化砂质泥岩	0.075	56	4.2	1559.4	7021.6
	0.078	52.6	4.12	1675.8	7315.2
	0.073	56.2	4.08	2012.2	8185.2
中厚层砂岩、砂质泥岩互层（砂质泥岩占60%～80%）	0.081	64.2	5.2	1415.2	7984.6
	0.085	63.6	5.4	1305.2	9121.4
	0.084	64.4	5.4	1339	8629.6
中厚层砂岩、砂质泥岩互层（砂质泥岩占30%～60%）	0.087	70.6	6.12	2012.6	8599.2
	0.084	75.4	6.3	2016	9162.2
	0.083	73	6.08	2065.4	9203.2

从表 4-7 中得到减少刀具磨损的掘进参数建议值：

①在砂质泥岩段：掘进速度控制在 55mm/min 左右，刀盘转速为 4.1r/min、4.2 r/min，考虑到过大的推力和扭矩可能对刀具有不利影响，刀盘扭矩可采用较小值 1600kN·m，液压缸总推力控制在 7500kN 左右。

②在中厚层砂岩、砂质泥岩互层（砂质泥岩占 60%～80%）段：掘进速度控制在 64mm/min 左右，刀盘转速为 5.2r/min、5.4r/min，刀盘扭矩控制在 1400kN·m，液压缸总推力控制在 8500kN 左右。

③在中厚层砂岩、砂质泥岩互层（砂质泥岩占 30%～60%）段：掘进速度控制在 73mm/min 左右，刀盘转速为 6.1r/min，刀盘扭矩控制在 2000kN·m，液压缸总推力控制在 9000kN 左右。

4）合理掘进循环时间的确定

单护盾 TBM 后配套施工主要包括豆砾石回填、注浆、材料运输等方面，在掘进完成后便可以进行管片拼装等一系列的工作。如果一味地追求快速的掘进速度，采用较大的推力、扭矩和刀盘转速，不仅会加大单护盾 TBM 的工作压力，对管片造成破损，加大刀具的磨损，还不便于隧道的曲线控制，影响隧道的施工质量，而后配套的设备也不能跟上掘进速度，会导致注浆与豆砾石回填不能及时进行、运渣车不能及时到达等，导致单护盾 TBM 在等待后配套设施的时间里闲置。如果掘进速度过慢,则会延误工期,影响施工进度。所以需要根据实际情况确定合理掘进速度以满足后配套施工和施工进度的要求。

豆砾石底拱回填坚持"脱离护盾一环就必须回填一环"的原则进行,并及时进行底部灌浆以控制管片沉降,两侧豆砾石回填是滞后盾尾3环开始回填,顶部豆砾石回填是滞后盾尾5环开始回填,而第一次注浆是掘进一个循环安装管片并吹填豆砾石后,在前边开启注浆泵对管片底部90°范围同步注水泥净浆,在后配套后边大约30m处采取梯形注浆工艺进行全环注浆。

(1)水平运输影响分析

根据重庆轨道交通5号线掘进参数统计,最快掘进速度达到80mm/min,也就是说掘进1.5m仅需18min45s。因此若掘进速度过快将导致后配套运输材料不能及时赶上,回填等工作不能及时进行,影响隧道成型的质量。

以重庆轨道交通5号线为例,根据施工运输安排,列车编组共有3列编组,每列编组为:55t变频电机车+6节18m^3矿车+1节8m^3水泥浆车+1节豆砾石车+2节管片车组成。一个掘进循环按照掘进30min、安装管片30min计算,列车平均运行速度5km/h,原定的施工运输安排可以满足在最大运距下的运输要求。

整个工程分为3个区间,其中通过的两个车站为会车平台,如图4-34所示。

图4-34 会车平台示意图

由于有三列编组,假设每次管片拼装完成都有一组列车在最近的会车平台等待进洞,取极限运距下进行分析:

①掘进完成时,1组列车准备出洞,2组列车在会车平台二准备进洞,3组列车刚装车完毕位于洞外会车平台,开始安装管片。

②30min后,管片拼装完成,开始掘进,1组列车到达会车平台一,2组列车已经进洞装渣,3组列车达到会车平台一。

③如果掘进时间多于30min,1组列车到达洞外会车平台并开始装车(预计10min),2组列车继续装渣,3组列车到达会车平台一并进行等待,列车还是能顺利达到,对于施工回填进度无影响;如果掘进时间少于30min,假设为20min,1组列车在区间一,2组列车装渣完毕准备出洞,3组列车到达会车平台一并进行等待。

④如继续按照掘进时间为20min分析,30min后管片拼装完成,1组列车出洞10min、装车10min、进洞10min,位于30min前同一位置,2号列车到达会车平台一,3号列车已经进洞装渣。

⑤20min 后掘进完成,1 号列车到达会车平台一与 2 号列车会车,3 号列车准备出洞,准备安装管片。

⑥安装管片 15min 时,1 号列车与 3 号列车在会车平台二会车,安装管片 30min 时,1 号列车刚好达到并准备装渣,2 号列车达到洞外会车平台,3 号列车到达会车平台一。此时下一列装渣的 2 号列车不能在 50min 内赶到区间二,不能到达 TBM 内进行装渣。

由以上关于运输过程的分析,还需考虑实际施工过程中的各种因素影响,要给列车运输预留富余时间,建议平均掘进时间控制在较高于 30min 一环是比较合理的,也就是说平均掘进速度建议为 45~55mm/min。

(2)掘进参数优化

①在中等风化砂质泥岩段:掘进速度控制在 45mm/min 左右,刀盘转速为 4.1r/min、4.2 r/min、4.3 r/min,刀盘扭矩控制在 1700kN·m,液压缸总推力控制在 10000kN 左右。

②在中厚层砂岩、砂质泥岩互层(砂质泥岩占 60%~80%)段:掘进速度控制在 50mm/min 左右,刀盘转速为 5.2r/min、5.4r/min,刀盘扭矩控制在 1400kN·m,液压缸总推力控制在 10000kN 左右。

③在中厚层砂岩、砂质泥岩互层(砂质泥岩占 30%~60%)段:掘进速度控制在 50mm/min 左右,刀盘转速为 6.1r/min,刀盘扭矩控制在 1500kN·m,液压缸总推力控制在 6000kN 左右。

综合分析以上三种因素对于掘进参数的优化,为配合后配套设施,控制最高掘进速度不超过 55mm/min,不低于 45mm/min,尽量使用较高的掘进速度以节约工期,可以得到对于不同地层下的掘进参数的推荐值,见表 4-8。

不同地层情况下的掘进参数推荐值　　　　　　表 4-8

序号	地质条件	掘进速度 v(mm/min)	刀盘转速 N(r·min)	刀盘扭矩 T(kN·m)	液压缸总推力 F(kN)
1	中等风化砂质泥岩	45~55	4.1~5	1600~1700	7500~10000
2	中厚层砂岩、砂质泥岩互层(砂质泥岩占 60%~80%)	50~55	5.2	1400	8500~10000
3	中厚层砂岩、砂质泥岩互层(砂质泥岩占 30%~60%)	50~55	5.9~6.1	1500~2000	6000~9000

5)控制刀盘喷水量,增加皮带喷淋装置

在砂质泥岩地质条件下,既要减少 TBM 刀盘结泥饼现象,又要达到降尘效果,为此在掘进时减少刀盘喷水,在主机皮带输送机、后配套皮带输送机加设喷水装置,掘进时开启此装置,可将水喷成水雾,起到有效降尘作用,减少刀具及出渣口被堵,提高砂质泥岩地质条件下 TBM 掘进效率,为 TBM 掘进争取更多的有效施工时间。因此,控制刀盘喷水量是防止泥岩遇水泥化的关键,在围岩干燥,无地下水影响时,刀盘喷水量按照能够保证刀具安全的原则来控制,实际操作中控制在正常掘进喷水量(约 5m³/环)的 1/2;在围岩存在地下水影响时,根据地下水量的大小和渣土的湿润度来控制,实际操作中控制在正常喷水量的 1/4,甚至可以不喷水。刀盘少喷或不喷水时,出渣基本呈颗粒状,无水影响时不会结泥,保证了刀盘和皮带输送机运输的正常工作。皮带喷水雾化除尘装置如图4-35所示。

图4-35 皮带喷水雾化除尘装置

6）降尘控制

（1）为改善单护盾TBM砂岩、砂质泥岩地层掘进过程中洞内作业环境，除了在皮带输送机上增加喷水装置外，必要时也可在设备后配套出渣皮带采用覆盖帆布降尘，如图4-36所示，或者增加皮带卸渣口喷水装置，如图4-37所示，从而减少渣土下落飞溅的扬尘。

图4-36 皮带输送机覆盖帆布降尘照片　　图4-37 皮带卸渣口喷水装置照片

（2）对TBM通风设备进行改造，将风筒向主机方向延伸，使通风口正对主机操作平台；增加二次通风出口，在喷浆桥架下加装二次风机。通过上述措施，使主机上部施工平台环境质量得到改善，温度降低，空气质量提高，有利于工人更好地施工。

7）成立专业的刀盘清理班组

单护盾TBM在有裂隙水的砂质泥岩地层掘进施工或者刀盘喷水量控制不当时，将不可避免地造成糊刀盘、堵塞刀孔的现象，为了减少单护盾TBM刀盘清理影响正常掘进时间，可将刀盘清理工作纳入TBM掘进工序管理，即利用每循环管片拼装间隙、设备维修保养时间等，安排刀盘清理小组进入刀盘内清理。

4.1.4 典型工程案例

以重庆轨道交通6号线1期工程为例，地质主要为Ⅳ级围岩，其中砂岩占4.6%，泥质砂岩、砂岩泥岩和泥岩共占95.4%。泥质砂岩、砂岩泥岩和泥岩TBM掘进的渣土遇水软化结泥，堵塞刀孔、刀盘出渣孔和1号皮带输送机，造成TBM多次停机清理刀盘泥饼，其中最长一次停机36h清理刀盘。

1）刀盘结泥

因施工地层的泥岩都含水，TBM在掘进泥岩段时出现刀盘结泥、主大梁内集泥、TBM皮带输送机受料斗结泥等现象，影响施工进度。同时，因TBM都是敞开式，在设计刀盘时没有考虑结泥的问题，造成以上问题的产生。如图4-38、图4-39所示。

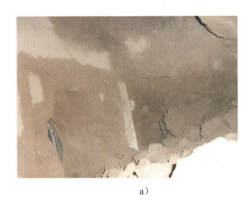
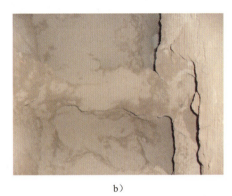

a)　　　　　　　　　　　　　　b)

图4-38　砂质泥岩刀盘结泥饼堵塞刀孔照片

a)　　　　　　　　　　　　　　b)

图4-39　砂质泥岩皮带刀孔照片

2）采取的主要措施

目前可通过刀盘少喷水甚至不喷水解决渣土遇水结泥堵塞出渣孔的问题，但带来的后果是刀盘不喷水导致隧道内灰尘较大，影响作业环境及TBM设备的正常运转。为此，在隧道内1～3号皮带输送机接口处，采用薄铁皮（或帆布）覆盖，加装喷水装置除尘，改装隧道二次通风口的位置等措施，来达到隧道除尘、改善作业环境的目的。刀盘不喷水出渣效果如图4-40所示，优化后的洞内施工环境如图4-41所示。

图 4-40　刀盘不喷水出渣效果　　　　图 4-41　优化后的洞内施工环境图

4.2 含水疏松砂层 TBM 施工技术

含水疏松砂层是隧道施工中较难处理的不良地质,该地层主要由疏松(粉)细砂岩、含砾砂岩构成。遇水极易软化、泥化、崩解,且具塑性流变特征。单护盾 TBM 在该地层掘进施工中,出渣量较平时明显增大,且容易发生 TBM 卡机、掘进姿态难以控制以及管片变形等现象,严重影响工程施工质量和进度。本节从含水疏松砂层地质的特性、对单护盾 TBM 施工影响、掘进控制技术、TBM 被卡脱困施工技术以及典型案例等方面进行阐述,对后续含水疏松砂层地质条件下的单护盾 TBM 施工提供借鉴和参考。

4.2.1　含水疏松砂层地质特性

含水疏松砂层主要由疏松(粉)细砂岩、含砾砂岩构成,局部夹粉细砂岩、粉砂岩,含水率较大,岩性属极软岩。在该地层开挖过程中,由于揭露水力通道的组成部分、构造富水带或渗流击穿隧道洞壁而产生水流、泥沙突然涌出。含水疏松砂层造成的地质灾害实质是围岩的含水层结构、水动力条件和围岩力学平衡状态因隧道开挖而发生急剧变化,破坏了原有的地层结构,打破了土体和地层中水体的力学平衡状态,存贮在地下水体中的能量瞬间释放,并以流体形式高速地向隧道内运移的一种动力破坏现象。

4.2.2　含水疏松砂层对单护盾 TBM 施工的影响

1)盾体被抱死

含水疏松砂层极不稳定,不能自稳,变形破坏严重,需全断面支护。TBM 通过该段时容易造成刀盘前面坍塌和围岩的变形,严重时可能因围岩大变形造成盾体被抱死。

2)掘进姿态难以控制

由于隧洞底部积水泥化严重,其承载力无法满足 TBM 稳定需要,导致 TBM 掘进姿态难以控制,出现 TBM 刀盘严重低头、盾体下沉等现象,导致掘进方向超出允许偏差范围;同时盾体滚动加剧,当盾体滚动超过 ±8% 时,某些 TBM 会自动停机导致掘进中断。

3)设备损坏

极有可能造成设备被砸或被掩埋,涌水还会造成设备被淹等风险。

4)管片变形

由于 TBM 掘进姿态难以控制,导致管片后续安装困难、管片破损严重、管片错台等,造成管片止水功能丧失、已安装管片下落或位移变形等严重后果。

4.2.3 含水疏松砂层掘进控制技术

1)技术措施

(1)根据工程地质勘探资料揭示含水疏松砂层,为预防其对施工的不利影响,TBM 施工一定要坚持"先探后掘"的施工原则,并应尽量选择顺坡排水,降低成本的同时,也能最大限度减少地下水对施工的影响。

(2)由于 TBM 施工设备限制,在没有辅助坑道条件时,TBM 刀盘及护盾周边难以采取止浆措施,同时 TBM 设备所预留的空间不足,钻孔设备布置困难,钻孔角度、长度等不能满足注浆堵水要求,注浆效果不能保证。还可能出现漏浆,造成刀盘、护盾固结的情况,甚至造成主轴承密封损坏等严重后果。因此,实际施工中不建议采用 TBM 设备的超前注浆堵水,而是通过加强抽排水措施,待 TBM 主机部分通过突水段后,结合突水量、水压、突水形态等研究确定堵水方案。极限情况下可采用泄水洞泄水、辅助坑道超前注浆堵水等措施。

(3)采用膨润土填充盾体与围岩间的间隙,盾体与围岩间摩擦力明显增大,增大 TBM 推力。

(4)对于因塌方导致工作孔被封堵的情况,施工人员应首先用手检查塌方土体是否松散,条件允许下,采用条形工具将其捅穿,从而增大该孔位豆砾石回填量。另一方面,对侧、顶管片上的工作孔逐一检查,坚决杜绝从高孔位向低孔位回填的施工行为。当出现工作孔被堵并无法实现填充时,应准确、详细地做好施工记录,为后续水泥灌浆提供施工依据。

(5)为防止刀盘前方渣土大量涌出,致使前方围岩塌方更加严重,应在刮渣口处焊接钢板条,以控制出渣量,同时起到破碎大块渣体的作用。另外,增加运输编组的出渣能力,如加强对侧卸渣车的保养、维修;及时清理翻渣台下方周边区域渣土,防止因出渣量增大,自卸汽车倒运渣土速度无法满足洞内出渣速度。

(6)制订 TBM 计划停机和非计划停机刚性处理措施,可避免各部门、人员之间出现分歧而延误下步措施。当 TBM 中非掘进系统设备出现故障导致停机时,为避免出现 TBM 长期停于同一里程,可采取单次掘进长度满足管片拼装即可,预留一定长度的液压缸行程,每间隔半小时左右可恢复掘进一定长度,以免围岩收敛过大,TBM 盾体被抱死。待管片拖出盾尾后,针对性地选择几个工作孔进行收敛变形监测,根据监测结果,可通过扩挖刀实现开挖断面的扩大,延缓围岩紧贴盾体的时间,从而降低 TBM 被困风险。

(7)控制掘进参数,加强出渣皮带的检查保养,必要情况下,提前更换皮带。因出渣量和大块围岩的增多,将直接增加出渣皮带负荷,容易造成皮带损伤。对此,TBM 掘进速度不宜过快,严格控制刀盘贯入度;同时做好皮带的检查保养和相关配件的储备。在 TBM 通过类似洞段前,重点对是否更换皮带进行现场检查和会议探讨,在不能确保其顺利使用时,应果断做出更换皮带的决定。

(8)地下水监测。TBM 通过后应确保地下水排放畅通,避免大量地下水聚集,造成支护结构破坏,形成更大规模的突水流砂灾害。地下水监测的内容包括单孔地下水流量、地下水清浊情况以及后续地下水分布情况。

(9)支护结构监控量测。TBM 通过后需要加强对支护结构的监控量测,避免出现因地下水排放不通畅或局部应力集中造成支护结构开裂变形,造成隧道后方坍塌,突水流砂等重大灾害。监控量测内容包括拱顶下沉、水平位移、应力监测、支护结构开裂变形监测等。

2)设备措施

(1)加强设备尤其是电气设备的防护等级。

(2)反坡施工段,要充分考虑抽排水系统富余量,一般按照设计涌水量的 3 倍配置,并考虑快速扩容空间及能力。抽排水系统一般采用分级永久泵站+TBM 随机泵站进行设置,根据 TBM 设备及隧道抽排水能力合理安排主洞每级泵站的间距。当有多条辅助坑道具备抽排水条件时,应根据辅助坑道数量和抽排水设施设置难易程度综合判定集中抽排水泵站的数量和位置。

3)应急措施

建立突涌水的预警报警系统和应急预案,确保人员和设备的安全。在隧道内设置逃生梯,并放置救生圈,以便发生涌水时施工人员能安全逃生。在合理的位置设置避险安全舱,来不及逃出洞外人员可以进入安全舱,以便等待救援。

4.2.4　TBM 被卡脱困施工技术

(1)TBM 前盾延伸改造

对 TBM 前盾进行延伸改造,降低刀盘在塌方围岩洞段中的扭矩。以引洮供水一期工程为例,在 TBM 刀盘被卡后,采用从拱顶向下的 212°的圆弧范围,在径向隔开刀盘暴露在原前盾切口的盘体与径向坍塌体的直接接触,坍塌体被延伸护盾支护,从而减少由于坍塌体与盘体的摩擦产生的反扭矩。

(2)盾体正上方小导坑开挖支护

先从盾尾处观察窗进入,施工上导坑,开挖形成圆拱直墙型断面结构直至刀盘位置。当围岩自稳性极差，每循环开挖前在拱架背部和周边采用风镐（自加工钻杆）顶入波纹钢插板进行超前支护，外插角 5°～10°。开挖时先掏出下榀拱架轮廓，在拱架及其连接筋安装完成后，最后开挖中间核心土。出渣采用人工手提灰桶通过观察口倒入皮带输送机上，运输至侧卸式渣车内。每循环支护采用工字钢拱，拱架在安装完成至焊接完成期间临时采用方木支撑。如图 4-42 所示。

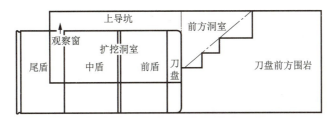

图 4-42　盾体正上方小导洞开挖支护

（3）扩挖洞室施工

上导坑施工完毕并经监测显示稳定后，开始进行扩大洞室的开挖。扩大洞室开挖从盾尾观察窗位置经上导坑向盾体两侧开挖，直至盾体上方开挖完成，并一直挖至刀盘位置，扩大洞室与盾体间净空。扩大洞室分两步实施：第 1 步观察窗前 3 榀拱架位置的形成；第 2 步在前 3 榀拱架位置形成后向前开挖至刀盘位置。支护采用工字钢拱架 + 工字钢支撑的形式进行。分块拱架采用连接板和普通螺栓连接，螺栓连接完成后将连接板焊接，分块中部焊接 1 根支撑，支撑脚部与盾体焊接，焊接支撑期间临时采用规格方木支撑。

（4）辅助坑道 + 反向脱困施工技术

在含水疏松砂层掘进中发生突水流砂后，若采用常规的超前注浆加固（面对一般的坍塌、涌水效果较好）等手段施工风险大，加固效果不佳，往往在施工过程中会引发次生灾害等。根据其规模以及所处地层围岩特性、地下水发育情况等区域地质情况，选择最为安全稳妥的应对措施及对策，一般采用辅助坑道 + 反向脱困施工技术：在发生突水流砂段的后方选择围岩较好的位置作为绕洞开口位置，同时根据突水流砂的规模和破坏力选择最为合适的线间距（绕洞直线段与正洞的间距），采用矿山法施作辅助坑道，施工至围岩较好位置时迂回至正洞，通过超前大管棚或全断面帷幕灌浆的方式反向施工处理突涌段。这种方式可避开已大面积扰动的破碎体，安全性较高。

（5）冻结法 + 矿山法处理

根据超前地质预报判断帷幕注浆效果无法满足隧道施工要求时，采用冻结法 + 矿山法处理，必要时可设置辅助坑道。根据工程地质条件及隧道内实际施工条件，按"隧道内钻凿、布设水平孔、近水平孔冻结临时加固土体，矿山法暗挖构筑"的施工顺序，即：在隧道内利用水平孔和部分倾斜孔冻结加固地层，使隧道周围土体冻结，形成强度高、封闭性好的冻土帷幕，然后根据"新奥法"的基本原理，在冻土中采用矿山法进行隧道的开挖构筑施工，地层冻结和开挖构筑施工均在区间隧道内进行。

4.2.5 典型工程案例

以引洮供水一期工程为例,7号隧洞的围岩岩性主要由上第三系 N_2L_3 及白垩系 K_1hk_4 的岩层构成。K_1hk_4 的泥质胶结粉细砂岩,局部夹薄层泥岩,岩性软弱,单轴饱和抗压强度 R_b=5~6MPa,为较软岩,遇水易软化膨胀,具有饱水崩解塑性流变等工程特性;上第三系 N_2L_3 以砂质泥岩、泥质粉砂岩、局部砂岩、砂砾岩、泥质胶结为主,胶结程度差,单轴饱和抗压强度 R_b=1.5~2.0MPa,属极软岩,遇水易膨胀,饱水后崩解,失水干缩,具弱膨胀性。围岩物理力学指标为:密度 2.19g/cm³,含水率 14.2%~17.2%,天然抗压强度 1.4~2.2MPa,饱和抗压强度 0.99MPa,天然弹性模量 72.4~130.5MPa,饱和弹性模量 12.8~44.5MPa,变形模量 75MPa,泊松比 0.35~0.4,渗透系数 $6.5×10^{-5}$~$3.2×10^{-4}$cm/s。

1)TBM 被卡前掘进参数

为保证 TBM 快速掘进,同时满足各项施工质量要求,TBM 掘进参数的设定对施工有着重要的指导意义,TBM 在Ⅳ类围岩掘进参数见表 4-9。

TBM 掘进姿态控制标准 表 4-9

序号	项目	控制标准
1	水平方向姿态	预警偏向值:±100mm;趋势值:±0.5%
2	垂直方向姿态	预警偏向值:+20~+80mm;趋势值:0.2~+0.6%
3	调向值	每掘进 800mm 水平和高程调向值不大于 ±5mm,趋势值变化小于 0.1%
4	推进液压缸行程差	单环掘进液压缸行程差变化不能大于 15mm;累计液压缸行程差不大于 30mm
5	铰接液压缸行程差	铰接液压缸上下两组行程差:正常掘进时不大于 15mm,需要调向时不大于 20 mm;铰接液压缸左右两组行程差:正常掘进尽量不使用,需要调向时不大于 10 mm
6	中盾与尾盾高程差	不大于 20mm
7	TBM 前盾滚动值	0~+1.5%

2)TBM 被卡情况

TBM 进入含水疏松沙层段以后,洞段掘进出渣量较平时明显增大,最大出渣量为正常出渣量的 19 倍,且无规律、不稳定,掌子面经常突然发生坍塌,主机皮带输送机屡次被瞬间塌落的大量渣块压死,无法启动,如图 4-43 所示。TBM 施工至桩号 K60+939 时(距离出口 3061.17m),由于地层地下水出露突然增大,掌子面泥化严重,大量泥沙涌入刀盘土仓内,将主机皮带输送机压住无法启动;伴随有泥沙和积水通过主轴承中间的主机皮带输送机孔大量涌入 TBM 前盾和中盾内,威胁盾体设备安全;TBM 盾尾开口处大量泥沙涌入导致管片无法安装,TBM 掘进施工中断。由于本次突发的突泥涌沙量较大,无法控制,泥沙陆续涌入盾体内造成 TBM 主机约 3/4 的部位被埋,管片拼装区域至 TBM 主机室之间区域大量堆积涌出的泥沙,如图 4-44 所示。

a)主机皮带输送机被疏松塌方体卡住

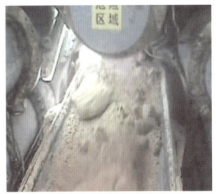
b)主机皮带输送机被疏松塌方体压死

图 4-43 掌子面坍塌

a)K60+939 处 TBM 主机内部设备被泥沙掩埋

b)K60+939 处管片拼装机被泥沙掩埋

图 4-44 突水流砂

由于突泥涌砂段隧洞底板围岩泥化严重，承载力较低，导致出现 TBM 持续"栽头"现象，且栽头趋势明显。通过调整掘进参数、增加掘进过程中上下主推液压缸压力差与铰接液压缸行程差等方法但仍无法控制栽头现象，停止掘进施工，如图 4-45 所示。

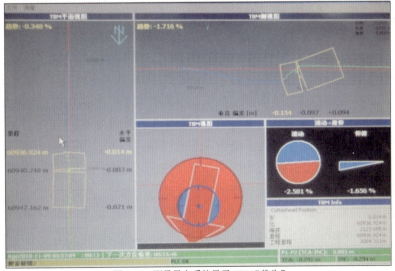

图 4-45 测量导向系统显示 TBM"栽头"

3)TBM 脱困

施工中采取的主要脱困措施有帷幕固结灌浆处理、长大管棚超前加固、绕洞施工、冻结法改良地层等措施,但均未达到单护盾 TBM 脱困的目的。最后采用原位拆机再组装进口始发实现 TBM 脱困。

(1)帷幕固结灌浆处理

进行全断面帷幕预注浆目的是通过注浆对前方疏松地层进行改良加固,以便为人工开挖创造安全的施工环境。全断面帷幕固结灌浆每循环纵向加固范围为 15m(含止浆墙厚度),径向加固范围为工作面及开挖轮廓线外 5m,注浆材料采用普通硫铝酸盐水泥、超细高强混凝土(HSC)单液浆为主,辅助普通水泥—水玻璃双液浆。注浆施工中,根据现场注浆情况,合理选择注浆材料,同时对浆液配合比进行调整,在注浆效果检查完毕并合格以后,拆除止浆墙并向前开挖,开挖 10 m(含止浆墙厚度),再施作下一循环止浆墙。第一循环全断面帷幕固结灌浆实施完毕后,随即进行刀盘拆除和上台阶开挖,但由于本帷幕注浆受刀盘开孔限制,且受地层粉细砂粒径影响存在较多注浆盲区,致使开挖过程中掌子面渗水及崩塌情况较严重,上断面开挖支护 7 m 过程中多次出现突泥涌砂现象,最终导致开挖无法继续进行。

(2)长大管棚超前加固

长大大管棚超前加固的目的是通过管棚及注浆稳定前方工作面周边地层,以便为开挖创造安全的施工条件。本循环超前大管棚设计纵向加固范围为 25m,开挖 15 m,在现场共施作 3 根管棚,长度分别为 13m、7m、4m。在施作管棚过程中,由于掌子面前方围岩为扰动过的饱水粉细砂,且地层水压力极大(平均为 0.51~0.65MPa),存在较大的水土压力,超前大管棚在钻进过程中从管内大量喷水及涌砂,造成管棚设备钻进和接管十分困难,无法继续施作。

(3)绕洞施工

在掌子面退后 129.46 m,里程桩号 K61+060 处流水方向左侧开设绕洞,避开 TBM 施工扰动区域进行开挖施工,绕线洞段总长度 447.42m,开挖施工采用上下台阶法,非钻爆人工开挖,支护采用喷混凝土挂网、钢拱架及超前小导管管棚支护,此方案可避免后期处理 TBM 卡机下沉段。绕洞开挖至桩号改 61+017.60 时,累计开挖进尺 53.00m 处掌子面发生涌砂,将所安设的超前管棚与钢拱架一并推出,施工被迫停止。后经研究决定尝试采用真空降水配合超前长大管棚方案进行涌砂处理施工,同时在绕线掌子面退后 22m(桩号改 61+039)处,开设小导洞降排水。期间,降排水小导洞掌子面上部也产生涌砂,并伴有股状水流出,开挖停止,并封闭掌子面。同时,由于地层渗透系数为 $6.5×10^{-5}~2×10^{-4}$cm/s 之间,真空降水效果差;前方地层仍为流塑性含水疏松沙层,长大管棚前端无法得到有效支撑而下沉达到 80cm,绕洞施工也被迫停止。

(4)冻结法改良地层

由于隧洞埋深大,冷冻掌子面位于出口工作面隧洞 3km 位置,因此将冷冻平台设置于洞内,距离掌子面 100m 左右位置,供水塔设置于洞外,采取 219mm 管路将清水送至冷冻平台。在隧洞内利用水平孔和部分倾斜孔冻结加固地层,共 64 个冻结孔,具体冻结孔的布置如图 4-46 所示,通过冻结隧洞周围土体,形成强度高、封闭性好的冻土帷幕。

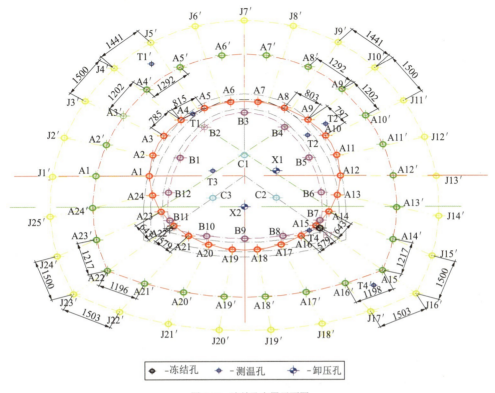

图 4-46 冻结孔布置平面图

根据"新奥法"的基本原理,在冻土中采用矿山法进行隧洞的开挖构筑施工,地层冻结和开挖构筑施工均在区间隧洞内进行,其主要施工顺序为:施工准备→冻结孔施工(同时安装冻结制冷系统、盐水系统和检测系统)→积极冻结→探孔试挖→掘进与临时支护→隧洞永久支护→结构注浆→进行融沉注浆充填。

4)刀盘改造及盾体优化

(1)刀盘改造

通过对单护盾 TBM 开挖特点进行分析对比,刀盘设计采用了正、反转开挖模式,并对刀盘做了较大的优化,可较好地将盾体、管片旋转量控制在允许范围内。刀盘总重量由 80t 减少到 60t,以减小反作用力;刀盘距前盾切口长度由原来的 960mm 减少到 765mm;对旋转接头进行优化;扩挖采用垫块形式;原设计采用移动刀座的形式,现将 35～39 号刀具刀座设计为可加高形式,分别为 15mm、25mm、50mm 三种形式。

(2)盾体优化

盾体在原设计基础上,只对局部进行优化设计:前盾上部比前盾下部加长 400mm;底部增加一根推进液压缸;中盾和尾盾之间增加一组稳定器。

5)施工经验

(1)当含水疏松砂层渣土含水率低于 17%,且 TBM 机械设备运行正常时,TBM 能够顺利通过此类地层;当含水率高于17%时,单护盾TBM对类似地层适应性将大幅度降低,施工风险极大。

(2)在通过含水疏松砂层不良地质洞段前,须做好充分的施工准备。设备方面提前做好设备保养、检修和构配件的储备;技术方面做好施工刚性技术标准和阶段地质交底;材料方面做好豆砾石和水泥的储备。施工期间,配备足够的现场值班人员。

(3)当TBM掘进通过含水疏松砂层时,应严格、及时进行底部砂浆回填、豆砾石回填和水泥灌浆工作。如果因管片背部严重塌方而无法实现豆砾石和水泥灌浆工序时,管片工作孔宜采用具备堵砂排水效果的木塞,并固定牢固,以防止出现大量涌砂导致管片失稳的风险。

(4)TBM在含水疏松砂层洞段施工期间,应快速通过,不可进行计划停机并避免出现意外停机事件。衬砌应采用配筋率高、适用于塌方洞段的管片。

(5)对于TBM如何避免遭遇此类洞段,应加强对地质的勘探工作,适当增加投资,采用多种科学技术,多方面勘测隧洞地质情况,以合理做好施工整体规划。

4.3 断层破碎带地段 TBM 施工技术

断层是地壳岩石体(地质体)中顺破裂面发生明显位移的一种破裂构造,断层发育广泛,是地壳中最重要的构造类型。单护盾TBM施工遇到断层破碎带会对隧道施工产生较大影响,不仅可能导致TBM掘进作业时间利用率降低,甚至有可能出现TBM损坏和难以顺利通过的情况。因此,必须采取有效的措施,本节主要从断层破碎带的形成机理、对单护盾TBM施工的影响、掘进控制技术、断层破碎带处理措施以及典型工程案例等方面进行阐述,为后续单护盾TBM断层破碎带施工提供借鉴和参考。

4.3.1 断层破碎带形成机理

断层形成机理是一个复杂的课题,涉及破裂的发生和断层的形成、断层作用与应力状态、岩石力学性质,以及断层作用与断层形成环境的物理状态等问题。

当岩石受力超过其强度,即应力差超过其强度便开始破裂。破裂之处,出现微裂隙,微裂隙逐渐发展,相互联合,形成一条明显的破裂面,即断层两盘借以相对滑动的断裂面。断层形成之初发生的微裂隙一般呈羽状散布,大多数裂隙是张性的。当断裂面一旦形成且应力差超过摩擦阻力时,两盘就开始相对滑动,形成断层。随着应力释放,应力差趋向于零或小于滑动摩擦阻力,一次断层作用即告终止。

断层破碎带变形是软弱围岩表层坍塌松弛型变形,是一种逐层的松弛叠加变形,内部深层的岩体并不会发生大的位移和变形。从理论上讲,只要对周圈围岩加强支护到一定强度,就可抑制大变形的发生。

另外,在较大构造或者断裂的地层中存在蚀变带,揭示围岩主要表现为软弱破碎,风化程度高,遇水或具有临空面后不能自稳,极易软化垮塌,富水糜棱化或成流砂状,蚀变作用以降低岩石黏聚力为主,水对蚀变岩的作用也是以降低黏聚力为主,与破碎带现状符合。同时,支护之后围岩相对稳定,不会发生异常变形,无高地应力作用体现,分析其成因和特性也应归属于破碎带地层,其在花岗岩、白云岩、板岩和砂岩等地层中比较常见,如图 4-47 所示。

图 4-47 断层破碎带

4.3.2 断层破碎带对单护盾 TBM 施工的影响

1)刀盘被卡无法转动

断层破碎带卡刀盘可分为两种情况:一种是岩体具有一定强度,节理裂隙发育受扰动后垮塌形成大块状/块状堆积体,堆积在刀盘周边及前方,不规则交错岩体卡在滚刀与掌子面、刮渣口与周边完整岩体之间,致使刀盘无法转动;二是岩体强度低,受扰动后呈泥沙状包裹在刀盘面板上,即常见的刀盘结泥饼、糊刀盘,致使刀盘旋转阻力增大,严重时刀盘无法转动。

2)无法推进

断层破碎带由于围岩不能自稳,扰动时持续垮塌,破碎渣体在刀盘旋转过程中持续涌入刀盘。一方面造成刀盘扭矩增大,电机超负荷运行后极易自我保护跳停,致使无法加大推力,造成无法推进;另一方面造成皮带输送机压力增大,无法正常出渣,进而导致不能正常推进。除此之外,原地转刀盘持续出渣,致使破碎垮塌范围持续增大,存在安全风险。

3)盾体被卡

护盾被卡主要有两种形式:一是护盾区域垮塌破碎范围大,大量松散渣体堆积在护盾周边,致使护盾被卡;二是软弱松散围岩快速变形后致使护盾被"抱死"。

4)掘进姿态难以控制

围岩软硬不均时可能会引起单护盾 TBM 主机不均匀下沉,掘进方向难以控制。TBM 盾体底部围岩强度不足以承受主机重量时,极易出现单护盾 TBM"栽头"。

5)设备损坏

断层破碎带掌子面围岩稳定性差,易坍塌掉块,造成刀具不均匀受力损伤或者被砸坏,同时,断层破碎带若支护不及时,极有可能造成设备被砸或被掩埋,涌水还会造成设备被淹等风险。

6)管片拼装不稳

开挖面及边墙坍塌,管片拼装不稳,不能提供单护盾 TBM 掘进所需的足够反力。

4.3.3 断层破碎带掘进控制技术

1）施工组织控制

（1）采用单护盾 TBM 施工的隧道，要强化施工地质勘察和超前地质预报等工作，对于设计文件中明确的断层破碎带，在施工组织筹划中要明确各断层破碎带的施工处理方案，长大段落尽量提前处理。

（2）对于计划采用单护盾 TBM 掘进通过的局部断层破碎带，需在进入之前进行综合超前地质预报，采用物探结合钻探，如长短结合、钻探验证等方式方法，以确定断层破碎带的破碎程度、边缘、长度及地下水发育情况等，探明恶劣程度。

（3）对于未提前发现、直接进入的断层破碎带，亦需要进行补充和加强地质预报工作，采用综合手段，从多方位探明恶劣程度，如果富水，还需进行超前泄水。

（4）根据断层破碎带恶劣程度不同、现场条件和综合经济风险对比情况，对于短小（或可多循环处理）的断层破碎，如果确定采用单护盾 TBM 掘进通过，则要具体做好以下工作：

①根据地质预报结果，断层破碎带施工首先应确定合理的掘进通过方案，由于地质条件的复杂性和不可预知性，施工方案可分阶段制订，并针对过程中出现的问题及时优化调整。

②做好通过断层破碎带的物资机具设备储备，如注浆加固成套设施、临时支撑体系、大功率排水设施等。

③通过断层破碎带期间，应加强设备维保，做好配件储备，防止因设备故障长时间停机致使地质条件进一步恶化，加大不良地质处治难度。

2）掘进及施工参数控制

（1）断层破碎带掘进刀盘扭矩、电机电流较稳定时，采用低推力、低转速、低贯入度的方式掘进，这样能有效地减小对围岩的扰动，从而减小或避免发生塌方。

（2）断层破碎段掘进刀盘扭矩、皮带输送机压力波动大时：若刀盘扭矩大、皮带输送机压力小，则适当增大刀盘转速；若刀盘扭矩小、皮带输送机压力大，则适当减小刀盘转速；若无电机电流超限导致刀盘停止旋转、皮带卡滞的风险，则适当增大推进压力，避免原地空转刀盘出渣导致掌子面垮塌；若刀盘扭矩、速度、皮带输送机压力均较正常时，则适当降低推力，减小液压缸压力，避免液压缸压力过大致使管片破损。

（3）断层破碎带施工总体组织原则为"宁慢勿停，快速通过"，注重管片背后支护加强和围岩结构快速有效加固。强化施工组织，连续均衡掘进以快速通过破碎带，避免长时间停机导致围岩再次恶化。

4.3.4 断层破碎带处理措施

针对利用超前地质预报已探明前方断层属小规模及一般规模的破碎带，且 TBM 尚未卡机的情况下，可利用相关措施保证 TBM 顺利通过。对于较大和大规模的破碎带，采用 TBM 掘进通过的难度比较大，在施工过程中一般都会产生卡机风险，掘进效率极低，实际上属于卡机或辅助工法处理的范围。

1)断层破碎带规模划分

(1)小规模断层破碎带是指围岩弱~中风化,局部强度低,局部坍塌或小范围剥离整体,具有一定自稳能力的小规模坍塌段。

(2)一般规模破碎带是指围岩强~全风化,局部具有强度,整体自稳能力差,拱顶及洞壁垮塌、剥落严重,破碎带宽度较小,地下水较发育的破碎带。

(3)较大规模断层破碎带是指围岩强~全风化,整体强度低,自稳能力差,拱顶及洞壁大面积垮塌,地下水发育的破碎带。

(4)大规模破碎带是指围岩风化程度极高,整体自稳能力极差且易变形、收敛,地下水极发育,其宽度一般大于30m。

2)小规模断层破碎段处理措施

(1)通过盾体预留的超前注浆孔打设注浆管,打设范围为盾尾作业平台对应隧道拱部区域,注浆管采用小导管。围岩不能成孔时,利用钻机将前端带有尖锥的小导管顶入,当导管顶入困难时,采用钻进玻璃纤维锚杆作为注浆管使用,进行掌子面前方及拱部化学注浆。

(2)控制掘进参数采用低推力、低转速、低贯入度的方式掘进。

(3)可采用循环加固掘进方式通过。

3)一般规模断层破碎带处理措施

(1)在盾体底部施作超前泄水孔(兼探孔),隧道拱部范围出水时,在盾尾施作泄水孔。

(2)其他处理措施同小规模断层破碎段处理措施。

4)后续处置

TBM通过断层破碎带后,还需进行必要的管片背后二次注浆加固,加强支护结构稳定性及地下水情况监测,保证隧道结构稳定安全。

(1)二次注浆加固

同步注浆加固可能存在盲区或不足之处,TBM通过后,需进行二次注浆加固。

二次注浆需结合前期施工记录进行,主要加固方式为径向注浆,加固深度根据破碎松散围岩厚度确定,浆液选择一般为普通水泥浆,地下水发育处可采用水泥—水玻璃双液浆,保证初期支护背后密实。

(2)地下水监测

在出水量较大处,应打设泄水孔保证排水畅通并阻止细颗粒渣体随水流失,一是避免支护背后形成水压造成管片结构破坏,二是防止大量细颗粒物质流失形成临空面,发生突涌。施工过程中,应将地下水监测纳入监控量测同时进行,主要观测出水量的大小及变化情况,有无水压,以及是否携带大量泥沙流出。

5)常规工艺和技术

采用双排注浆小导管注浆后,可在开挖工作面周围形成一个壳体保护拱,达到加固地层的目的,同时又可起到超前锚杆支护的作用,对地层变形控制效果明显。施工前应先进行注浆试验,注浆初拟参数根据注浆试验参数进行调整。该方法已在包家山隧道超前支护中得到成功应用。

断层地段每 3m 进行一次超前注浆,注浆小导管钻孔从工作面最后一榀工字钢拱架上部穿过,打入小导管后,钢管尾部和工字钢架焊接成整体。止浆墙采用喷射混凝土,掌子面上台阶范围喷射 10cm 厚混凝土进行封闭,采用 2 台 KBY50/700 型注浆泵进行注浆作业。径向注浆小导管在进行初期支护时同步打设,在开挖下一循环时对本循环打设的径向小导管进行注浆。为了节约时间,径向注浆管全部用铁丝绑在预埋在边墙的 ϕ10mm 钢筋上,采用 4 台同型号注浆泵注浆。

隧道超前小导管注浆一般采用长度为 6m、规格为 ϕ42mm×4mm 的热扎无缝钢管,钢管的一端加工成尖锥状,以利于将注浆管顶入地层,另一端加工丝扣,并焊双道管箍,用于连接注浆管路和防止注浆时跑浆,小导管加工如图 4-48 所示。

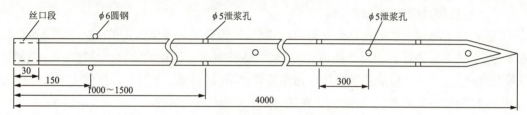

图 4-48 小导管加工示意图(尺寸单位:mm)

注浆材料根据地层的特性要求,通常选择普通水泥单液浆、超细水泥单液浆和普通水泥—水玻璃双液浆。考虑到小导管的超前支护作用,内层导管外插角为 10°,外层导管外插角为 30°,环向间距 40cm,双层排距 40cm,每层小导管之间交错布置。注浆压力 1.5～2.0MPa,两循环注浆重叠区为 1m。注浆时可考虑隔孔注浆方式。当注浆压力达到设计压力时,可结束注浆。超前小导管注浆施工工艺流程如图 4-49 所示,小导管布置如图 4-50 所示。

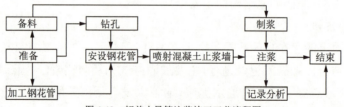

图 4-49 超前小导管注浆施工工艺流程图

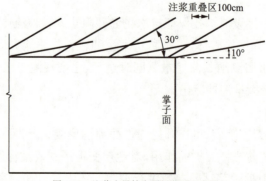

图 4-50 注浆小导管布置纵断面示意图

4.3.5 典型工程案例

以格鲁吉亚KK公路隧道为例,该隧道穿越岩性接触带、两处岩质变化地段(K13+900、K17+800),断层破碎带围岩主要表现为节理裂隙发育,层间结合差,岩体本身呈块状和碎石状结构,致使围岩沿节理面或层面松动、错落,施工扰动后可能出现较大范围的失稳、塌方、塌落。

针对断层破碎带的主要处理措施如下。

1)超前地质预报

提前做好超前地质预报探测,并在掘进期间加强超前地质预报的频率,以确定塌方位置边缘、长度、深度以及含水情况等,并根据超前预报结果,提前调整掘进参数、姿态,洞内提前进行应急物资储备。

2)掘进参数控制

TBM通过断层破碎带时,适当减小TBM的掘进速度、刀盘转速、掘进推力、液压缸压力等掘进参数,这样能有效减小对围岩的扰动,从而减小塌方量。断层破碎带规模较小时,采用低转速、低推力、稳步掘进的方法直接通过。

3)工序管理

加强后续工序管理,围岩出露护盾后及时安装管片并回填灌浆,实现均衡连续掘进,防止停机时间过长,造成单护盾TBM刀盘被卡。

4)超前支护+注浆预加固

当断层破碎带规模为中等规模,坍塌较为严重,单护盾TBM直接掘进无法通过时,施作超前支护;若护盾上方围岩垮塌严重,可利用护盾及后方封闭塌腔,然后注浆固结护盾上方塌落围岩,以便减少向前继续掘进时的掉渣量;同时,对破碎带前方地层进行注浆预加固,以减少或防止围岩变形,然后缓慢掘进通过。

5)循环加固掘进

经探测刀盘前方断层破碎带较为严重时,应停止单护盾TBM掘进,首先通过应急通道向主隧道侧进行钻孔注浆加固,钻孔长度需覆盖主隧道,每次加固长度大于15m。注浆采用水泥浆,水灰比为1:1,注浆压力为5bar。注浆加固完成后,经钻孔检查到达要求后恢复掘进,依次循环加固通过不良地质段。

本章参考文献

[1] 段志强,王力,李立功,等.单护盾隧道掘进机在砂岩、砂质泥岩地层中的掘进参数关系研究[J].城市轨道交通研究,2019,22(7):120-125.
[2] 周波,甄树锋.单护盾TBM在含水疏松砂岩洞段下的掘进研究[J].水利技术监督,2019(05):178-180.
[3] 张斌.强富水砂卵石冲沟段地层TBM施工技术探讨[J].水利技术监督,2017,25(01):121-123.
[4] 黄兴,刘泉声,刘滨,等.深部软弱地层TBM围岩力学行为试验研究[J].煤炭学报,2014,39(10):1977-1986.

[5] 张志英.甘肃引洮工程7号隧洞TBM通过特殊砂岩段所采取的措施[J].山西水利科技,2010(04):63-64.

[6] 柴国平.单护盾TBM在不良地质隧洞施工中的问题及解决措施[J].甘肃水利水电技术,2014,50(11):46-49.

[7] 吴乐.单护盾TBM通过不良地段施工技术[J].建筑机械化,2012,33(S2):101-104,200.

[8] 高琨.单护盾TBM在突泥涌砂地质段施工探讨[J].隧道建设,2012,32(01):94-98.

[9] 阮怀勇.单护盾TBM通过不良地质洞段应对措施探讨[J].中国新技术新产品,2012(03):117-118.

[10] 卜武华,田娟娟.软岩洞段单护盾隧洞掘进机(TBM)主要施工问题及对策[J].山西水利科技,2011(03):41-43.

[11] 陈艺平.TBM法施工遇到不利地质条件时的应对措施[J].工程技术研究,2019,4(12):78-80.

[12] 魏文杰.中天山隧道超高水压富水破碎带施工方法研究[J].隧道建设,2014,34(05):484-488.

[13] 李广涿.TBM连续遭遇超大突涌水施工技术措施探讨[J].西北水电,2019(06):79-83.

[14] 苏华友,任月宗,薛继洪.不良地质条件对TBM施工的影响与探讨[J].中国钨业,2009,24(02):44-47.

[15] 刘大军,张益忠.TBM在不良地质洞条件下的施工技术[J].探矿工程(岩土钻掘工程),2008(10):60-65.

[16] 张志强,王旭春,卢泽霖,等.基于掘进参数的TBM破碎带施工围岩稳定性分析[J].青岛理工大学学报,2020,41(05):30-36.

[17] 宋涛.TBM不良地质地段施工技术[J].农业科技与装备,2010(08):61-64,67.

[18] 赵小娜,李文富,李文逸,等.不良地质段的TBM施工技术在大伙房输水隧洞施工中的应用[J].水利水电工程设计,2008,27(04):1-2,6.

[19] 王占生,王梦恕.TBM在不良地质地段的安全通过技术[J].中国安全科学学报,2002(04):58-62.

[20] 张学军,胡必飞.软弱千枚岩地段TBM掘进施工技术[J].隧道建设,2011,31(06):706-711.

[21] 杨智国.围岩坍塌地段TBM处理措施研究[J].铁道工程学报,2005(02):51-54,50.

[22] 徐虎城.断层破碎带敞开式TBM卡机处理与脱困技术探析[J].隧道建设(中英文),2018,38(S1):156-160.

[23] 王梦恕,王占山.TBM通过断层破碎带的施工技术[J].隧道建设,2001(03):1-4.

[24] 赵海雷,陈馈,周建军,等.引松供水4标TBM连续穿越灰岩的施工技术研究[J].隧道建设,2017,37(03):354-362.

第 5 章

复杂工况单护盾TBM穿越技术

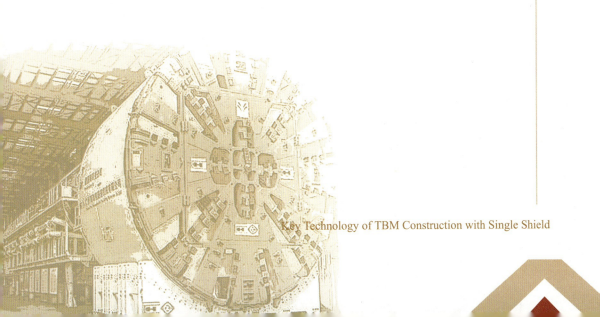

Key Technology of TBM Construction with Single Shield

Key Technology of TBM Construction with Single Shield

近年来，单护盾 TBM 广泛用于城市地铁建设中，施工中面临着越来越复杂的周边环境和施工条件，施工中穿越障碍物或者近距离通过既有建构筑物的情况也越来越多。本章通过成功上跨既有铁路施工技术及重叠隧道施工经验，为今后同类工程的施工提供借鉴。

5.1 TBM 上跨既有铁路施工技术

城市轨道交通建设迅猛发展，新建线路施工环境条件变化也越来越复杂，不可避免的需要下穿或者上跨既有线。北京、上海、广州等地虽然已有很多 TBM 下穿或者上跨既有运营路线的经典案例，但是单护盾 TBM 上跨既有铁路在国内尚属首例。本节依托重庆轨道交通 5 号线单护盾 TBM 三次成功上跨渝怀铁路上下行线、沪蓉铁路（原兰渝铁路）既有线施工案例，为今后同类工程的施工提供借鉴。

5.1.1 位置关系与工程地质

1）位置关系

重庆轨道交通 5 号线人和站—幸福广场站单护盾 TBM 区间隧道沿金开大道向东行进，右线在里程 YDK17+199.29～YDK16+897.68、左线在里程 ZDK17+823.25～ZDK16+926.96 依次上穿渝怀上行线人和场隧道、渝怀下行线新人和场隧道、沪蓉铁路人和场隧道后到达人和站。区间隧道与既有铁路隧道竖向净间距 4.250～11.944m，影响长度范围 19.41～40.06m。采用 2 台单护盾 TBM 从大竹林出入段始发掘进，经施工通道接入正线区间，到达人和站。区间隧道与既有铁路线平面位置关系如图 5-1 所示，区间隧道与既有铁路线空间位置关系，分别如图 5-2、图 5-3 所示，区间隧道上跨既有铁路线情况汇总见表 5-1。

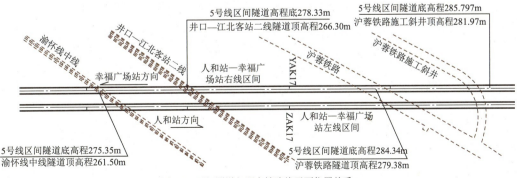

图 5-1　区间隧道与既有铁路线平面位置关系

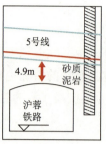  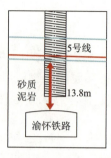

图 5-2 区间与铁路隧道剖面位置关系

图 5-3 区间隧道与既有铁路线空间三维位置关系

区间隧道上跨既有铁路线情况汇总表 表 5-1

序号	名称	既有铁路交点里程	区间隧道交点里程	范围(m)	净距(m)
1	渝怀上行线人和场隧道	运营行里程:K14+673,隧道洞身标:1+908	YDK17+179.88～YDK17+199.29	19.41	11.81
2		运营行里程:K14+701,隧道洞身标:1+936	ZDK17+215.84～YDK17+235.25	19.41	10.8
3	渝怀下行线新人和场隧道	运营行里程:K14+804,隧道洞身标:2+008	YDK17+090.27～YDK17+110.69	20.42	10.99
4		运营行里程:K14+832,隧道洞身标:2+036	ZDK17+126.25～YDK17+146.7	20.2	9.54
5	沪蓉铁路人和场隧道	运营行里程:K1665+430,隧道洞身标:2+576	YDK16+897.68～YDK16+937.74	40.06	5.34
6		运营行里程:K1665+396,隧道洞身标:2+542	ZDK16+926.96～YDK16+966.33	39.37	4.25

2)既有铁路情况

(1)渝怀铁路上行人和场隧道

隧道起讫里程 DK12+850～DK17+584(运营统一里程:K12+765～K17+499;洞身标:0+000～4+734),与重庆轨道交通 5 号线交叉段围岩级别为Ⅳ级,采用Ⅳ级加强复合衬砌。其洞室高度为 8.58m,宽度为 6.15m。

重庆轨道交通 5 号线上跨段落里程范围为 YDK16+911.681～YDK17+194.572，本段为单护盾 TBM 施工，隧道衬砌均采用Ⅱ型配筋（普通型），衬砌采用 C50 防水混凝土，抗渗等级为 P12。右线与渝怀铁路 DK14+745 里程（运营统一里程：K14+660；洞身标：1+895）处相交，交角为 35.458°，净距 11.813m；左线与渝怀铁路 DK14+773 里程（运营统一里程：K14+688；洞身标：1+923）处相交，交角为 35.458°，净距 10.808m。

（2）渝怀铁路下行新人和场隧道

隧道设计行车速度 120km/h，起讫里程 DK12+795～DK17+566（运营统一里程：K12+796～K17+567；洞身标：0+000～4+771），其与重庆轨道交通 5 号线交叉段围岩级别为Ⅳ级，原设计采用Ⅳ级加强符合衬砌，混凝土强度等级采用 C25，钢筋混凝土等级采用 C30。

重庆轨道交通 5 号线上跨段落里程范围为 YDK16+911.681～YDK17+194.572，本段为单护盾 TBM 施工，隧道衬砌均采用Ⅱ型配筋（普通型），衬砌采用 C50 防水混凝土，抗渗等级为 P12。右线与渝怀铁路下行 DK14+816（运营统一里程：K14+817；洞身标：2+021）里程处相交，交角为 35.431°，净距 10.991m；左线与渝怀铁路下行 DK14+845（运营统一里程：K14+846；洞身标：2+050）里程处相交，交角为 35.431°，净距 9.538m。

（3）沪蓉铁路人和场隧道

沪蓉铁路人和场隧道为时速 200km 客货共线铁路双线隧道，起讫里程 D2K951+960～D2K947+510（运营统一里程：K1662+854～K1667+304；洞身标：0+000～4+450）。其与重庆轨道交通 5 号线交叉段围岩级别Ⅳ级，采用Ⅳ级Ⅰ型衬砌，衬砌拱部、边墙、仰拱采用 C35 钢筋混凝土，仰拱填充采用 C20 混凝土，初期支护采用 C25 混凝土。其洞室高度为 12.603m，宽度为 14.22m。

3）区间隧道工程地质情况

上跨既有铁路区间线路所经地段的原始地貌属构造剥蚀丘陵区，后经改造为城市主干道，沿线人类活动强烈，大部分地段为城市主干道，地形平缓、起伏小，纵、横坡平缓，坡度小于 5°。沿线高程 290～375m 之间，相对高差 85m 左右。上跨铁路段左右线洞身开挖范围内均为砂质泥岩，局部夹杂薄层砂岩，地质情况如图 5-4、图 5-5 所示。

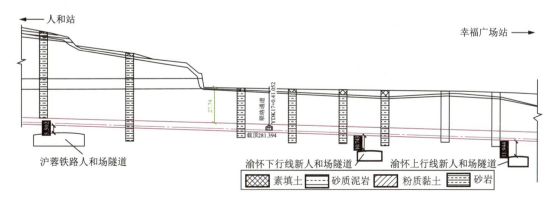

图 5-4 区间左线隧道上跨既有铁路段地质纵断面示意图

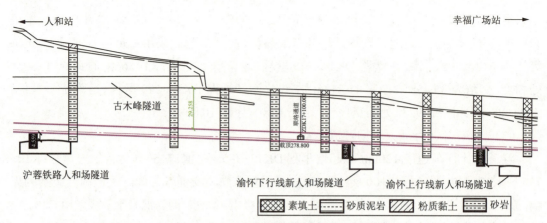

图 5-5 区间左线隧道上跨既有铁路段地质纵断面示意图

5.1.2 安全风险识别与规避措施

1）依据和方法

根据《铁路隧道风险评估与管理暂行规定》(铁建设〔2007〕200号)和《公路桥梁和隧道工程施工安全风险评估指南(试行)》的规定，采用专家调查法对区间隧道上跨既有铁路隧道风险源进行识别与分析，通过确定各风险事件的概率等级(P)和后果等级(C)，采用 $R=P×C$ 定级法确定相应的风险等级。

2）风险事件及等级

根据重庆轨道交通5号线上跨既有铁路线安全评估报告，重庆轨道交通5号线的修建与运营，对渝怀上行线人和场隧道、渝怀下行线新人和场隧道、沪蓉铁路人和场隧道既有隧道二次衬砌的内力及变形均有一定的影响，其衬砌安全系数均存在一定程度的降低。采用专家调查法对上述施工风险进行识别与分析，并提出相应的风险控制措施，初始风险等级和残留风险等级汇总见表 5-2。

单护盾 TBM 上跨既有铁路线初始风险等级汇总表　　　　表 5-2

评价单元		风险因素	风险事件	初始风险等级评定		
				概率等级	后果等级	风险等级
上跨渝怀上行线人和场隧道	新建隧道	(1)隧道底部距离既有铁路隧道拱顶约11m；(2)围岩为中风化砂质泥岩，节理裂隙较发育，设计围岩级别为Ⅳ级；(3)地质不确定因素（如空洞、不密实段）对TBM掘进的影响	新建隧道拱底沉降过大	2	3	中度
			TBM主机低头	2	3	中度
	渝怀上行线人和场隧道	(1)隧道底部距离既有铁路隧道拱顶约11m；(2)围岩为中风化砂质泥岩，节理裂隙较发育，设计围岩级别为Ⅳ级；(3)TBM掘进对隧道结构的扰动和振动；(4)地质不确定因素（如塌方、孔洞）对铁路隧道影响	二次衬砌开裂、渗水	1	3	中度

续上表

评价单元		风险因素	风险事件	初始风险等级评定		
				概率等级	后果等级	风险等级
上跨渝怀下行线新人和场隧道	新建隧道	(1)隧道底部距离既有铁路隧道拱顶约10m； (2)围岩为中风化砂质泥岩，节理裂隙较发育，设计围岩级别为Ⅳ级； (3)地质不确定因素(如空洞、不密实段)对TBM掘进的影响	新建隧道拱底沉降过大	2	3	中度
			TBM主机低头	2	3	中度
	渝怀下行线新人和场隧道	(1)隧道底部距离既有铁路隧道拱顶约10m； (2)围岩为中风化砂质泥岩，节理裂隙较发育，设计围岩级别为Ⅳ级； (3)TBM掘进对隧道结构的扰动和振动； (4)地质不确定因素(如塌方、孔洞)对铁路隧道影响	二次衬砌开裂、渗水	1	3	中度
上跨沪蓉铁路人和场隧道	新建隧道	(1)隧道底部距离既有铁路隧道拱顶约4.5m； (2)围岩为中风化砂质泥岩，节理裂隙较发育，设计围岩级别为Ⅳ级； (3)地质不确定因素(如空洞、不密实段)对TBM掘进的影响	新建隧道拱底沉降过大	2	3	中度
			TBM主机低头	2	3	中度
	沪蓉铁路人和场隧道	(1)隧道底部距离既有铁路隧道拱顶约4.5m； (2)围岩为中风化砂质泥岩，节理裂隙较发育，设计围岩级别为Ⅳ级； (3)TBM掘进对隧道结构的扰动和振动； (4)地质不确定因素(如塌方、孔洞)对铁路隧道影响	二次衬砌开裂、渗水	1	3	中度

通过以上风险识别与分析结果可以看出，区间隧道上跨铁路段由于围岩条件较好，覆盖层厚度相对较厚，各风险事件的初始风险等级均为中度，根据风险接受准则，需在加强施工控制和管理的同时，实行过程动态监测，施工及运营中发现异常情况及时采取必要的处理措施，以降低风险，将残留风险等级降低至可接受范围。

3) 风险事件处理措施

风险事件处理措施见表5-3。

单护盾TBM上跨既有铁路线风险事件处理措施表 表5-3

序号	风险事件	安全控制标准	风险处理措施	计算结果分析
1	既有铁路隧道不均匀沉降	铁路隧道结构沉降值小于10mm	为确保既有铁路安全与正常运营，尽量通过降低掘进推力、速度，严格控制TBM掘进方向，减少对下方铁路隧道结构的扰动和振动；施工期间，加强新建隧道和既有铁路隧道的监控量测工作，发现异常情况及时上报，采取必要措施予以处理	根据评估报告，"围岩累计竖向位移分布图"显示铁路隧道最大沉降值为6.1mm
2	铁路隧道二次衬砌开裂或渗水	裂缝宽度不大于0.2mm		根据评估报告，重庆轨道交通5号线施工过程对沪蓉铁路隧道有一定程度的影响，隧道衬砌安全系数较施工前有所降低，降低幅度均小于4%，降低后能满足《铁路隧道设计规范》(TB 10003—2016)关于混凝土结构强度安全系数最小为2.4的规定

5.1.3 上跨既有铁路施工技术

1）施工方案要点

为确保单护盾 TBM 上跨铁路安全通过,根据重庆轨道交通 5 号线人和站—幸福广场站区间隧道施工特点,综合考虑单护盾 TBM 上跨施工对既有隧道结构的影响,总体施工方案如下。

（1）TBM 上跨前

①上跨铁路施工需征得铁路部门同意。施工前,认真履行施工方案报批,同相关运行管理部门签订施工安全协议,并办理营业线施工许可证。

②根据设计文件要求,核查铁路线的实际高程、断面尺寸、支护形式及运营情况等,做到目标明确、措施有力。

③对单护盾 TBM 区间隧道设计线路进行联测,确保测量数据的准确性。

④委托第三方检测单位在既有铁路隧道内交叉里程断面上布设监测点,完善监测网络。

⑤按照审批后的施工方案对全体参建人员进行交底,必要情况下组织进行 TBM 掘进施工工序演练,提高全员技能水平和风险控制意识。

⑥提前对 TBM 设备进行检修保养,保障 TBM 机况性能,降低机械故障率,从而避免 TBM 上跨过程中长时间停机。

⑦在 TBM 推进至各既有铁路隧道交叉里程点前后 50m 范围内,对新建隧道的隧底进行物探,探测隧底是否存在空洞或不密实区域,对于探测出的空洞或不密实区域进行注浆加固,保证施工和后期运营的安全。

（2）TBM 上跨过程中

①施工步骤。

上穿铁路段分左、右线异步单护盾 TBM 法施工,上穿三条既有铁路隧道施工分五步进行,如图 5-6 所示。

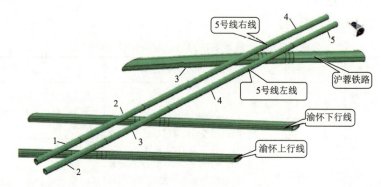

图 5-6　左、右线 TBM 施工步骤示意图

1- 右线第一步掘进通过渝怀上行隧道 20m；2- 右线第二步掘进通过渝怀下行 20m+ 左线第一步掘进至渝怀下行隧道前 30m；
3- 右线第三步掘进通过沪蓉铁路 20m+ 左线第二步掘进至沪蓉铁路前 30m；4- 右线第四步单护盾 TBM 进入正常段掘进 + 左线第三步掘进通过沪蓉铁路 20m；5- 左线第四步单护盾 TBM 正常段掘进

②基于工程上跨既有线路段地质条件较好,上跨方案将充分发挥单护盾 TBM 具有的施工速度快(破岩、出渣、管片衬砌一次成洞)、超挖小、对围岩扰动小的优势,立足于现有单护盾 TBM 施工工艺,遵循"宁慢勿停"的原则,重点加强 TBM 掘进参数控制、工序衔接及设备管理,严格控制 TBM 掘进姿态偏差和出渣量,确保 TBM 均衡、连续掘进通过。

③TBM 上跨过程中,通过既有隧道内交叉里程断面上设置的监测点,24h 不间断监测既有隧道的变形、应力变化等情况,及时监测新建隧道对既有隧道产生的影响,并做好应急预案及抢险物资准备。施工过程中对既有隧道监测值达到预警值时,要立即停止施工、及时预警、分析查明原因,采取相应可靠措施进行处理,必要时重新对三条既有铁路线下穿段进行加固。

④对于隧道底部探测的孔洞或不密实区域,在管片背后回填灌浆的基础上,待 TBM 主机通过后,利用管片吊装孔对该区域地层进行钻孔注浆加固处理,从而提高围岩的整体稳定性和承载能力。

⑤此外,TBM 上跨过程中,加强与铁路部门、地方政府的沟通协调,对既有隧道现状实时进行调查,并采取一系列铁路保护组织措施,确保铁路行车万无一失。

(3)TBM 上跨通过后

TBM 上跨通过后,根据监测情况进行跟踪补充注浆,直至监测稳定,确保隧道结构沉降、位移控制在允许范围内。

2)施工控制要点

(1)超前地质预报

TBM 上跨铁路隧道前,参考重庆市轨道交通设计研究院编制的《人和站—幸福广场站区间结构左/右线地质纵断面图》,委托第三方通过地质雷达、声波反射法(HSP)等物探手段及必要的地表探孔取芯孔对穿越铁路隧道结构及周边围岩进行探测,同时结合 TBM 掘进参数、出渣情况和成洞质量等多重措施预先判断掌子面及隧底围岩状况,为 TBM 后续掘进方案的调整提供依据。

(2)TBM 掘进参数设定

单护盾 TBM 采用电子计算机控制系统,能自动控制刀盘转速、推进速度及前进方向,并及时反映掘进中的施工参数。施工参数的选择是根据地质条件的变化、姿态的变化、监控量测情况等进行反复调整和优化的过程,若发现异常情况需及时调整。因此,施工参数的管理贯穿于掘进过程的始终。

在 TBM 上跨既有铁路线施工过程中,掘进参数的选择遵循"四低一连续"(即:低转速、低贯入度、低推力、低扭矩、连续掘进、少喷水)的原则,尽量减少刀盘对地层的扰动和结"泥饼"现象的发生。

①掘进推力。

TBM 是依靠主推进液压缸推力推进的,推力的大小与 TBM 掘进所遇到的阻力有关,正确的使用主推进液压缸是 TBM 能否沿设计轴线(高程)方向准确前进的关键。因此,在每环推进前,应根据前面几环 TBM 推进的相关参数,分析 TBM 趋势,正确的选择主推进液压缸的编组,合理地进行纠偏。根据前期类似地层 TBM 施工经验,推力控制为 5～10kN。

②掘进速度。

掘进速度是 TBM 掘进施工中一个重要的管理值,决定了单位时间进入刀盘的渣土量、单位时间管片脱出盾尾的长度和开挖面到结构完成面的过渡时间。掘进速度加快,可有效地提高施工效率,减少围岩收敛时间,从而控制地面沉降;而掘进速度过快,又容易造成皮带输送机出渣能力不够,导致刀盘被卡。根据施工中 TBM 掘进参数分析,上跨铁路期间掘进速度设定为 30～50mm/min。

③刀盘转速。

刀盘转速分正转和反转,刀盘转速正转一般为 5～6r/min,反转转速一般为 3～5r/min。

④贯入度。

TBM 掘进贯入度受掘进速度和转速影响,贯入度等于掘进速度除以转速,根据转速和掘进速度制定贯入度。

⑤刀盘扭矩。

刀盘总扭矩控制在 1200～2500kN·m。当刀盘大扭矩持续时间长,若导致刀盘内周密封温度上升较快,应放慢掘进速度或停止掘进查找原因,并采取有针对性的措施。如果因地质原因发生刀盘结"泥饼"现象时,及时清理附着于刀盘刀孔、刮渣孔周边范围的泥块、泥团等,防止掘进产生的岩渣因刀盘被糊死发生拥堵,造成扭矩增大,甚至酿成卡机事故。

⑥滚动值控制。

TBM 掘进滚动控制主要分为盾体滚动和管片滚动,TBM 自身滚动可通过正反转和调整版实现调整,管片滚动可通过点位的选择实现调整。由于单护盾刀孔非对称设计,反转容易引起刀孔堵死,通常情况下以正转为主,较少采用反转模式,除非盾体滚动值超限。

⑦刀盘喷水控制。

在掘进过程中,刀盘喷水管理遵循"少喷甚至不喷水"的原则,从源头上杜绝结"泥饼"现象。

3)TBM 施工轴线控制

(1)测量控制

单护盾 TBM 的测量控制主要包括平面控制测量、掘进施工测量。先进行平面控制测量对既有的测量控制网进行复测、加密,采取附合导线法施测;掘进施工测量的控制点埋设在隧道管片的底部,采取附合导线法施测。

上跨前先用人工测量方法测定 TBM 始发姿态,再利用 TBM 自带导向系统再次测得 TBM 姿态,确保两者结果一致。TBM 掘进期间,通过导向系统指引 TBM 掘进方向,并通过管环测量检查导向系统的稳定性及成型隧道的管片拼装质量。

施工测量实施三级复核制度,并配合监理进行检核,以确保控制点准确。

（2）TBM 掘进方向控制

本 TBM 采用自动导向系统（PPS）和人工测量辅助系统进行 TBM 姿态监测。该系统配置了导向、自动定位、掘进程序软件和显示器等，能够直观的全天候在 TBM 主机室动态显示 TBM 当前垂直和水平位置与隧道设计轴线的偏差以及趋势。通过调整铰接液压缸行程差，结合分区操作 TBM 的推进液压缸来控制掘进方向。

在 TBM 上跨铁路线之前，调整 TBM 姿态至最佳状态，减少 TBM 纠偏对地层的扰动。同时，在掘进中使 TBM 趋势始终处于抬头状态，即垂直趋势为正，避免"栽头"。

推进液压缸油压的调整不宜过快、过大，避免造成管片局部破损甚至开裂及对 TBM 本身的不良影响。同时，正确进行管片选型，确保管片拼装质量与精度，尽可能将管片端面与 TBM 掘进方向垂直。

5.1.4 空洞或不密实段固结注浆

对于上跨范围探测出的区间隧道管片背后空洞或不密实区域，根据现场实际情况，待 TBM 主机或后配套通过后，在回填灌浆基础上，采用钻注一体机通过管片预留注浆孔进行固结灌浆加固改良地层，从而提高围岩的整体性和承载能力，避免 TBM 隧道施工期间造成既有铁路隧道衬砌结构出现沉降、变形。

隧底注浆加固范围为拱底 90°范围，加固深度根据现场实际情况确定。隧底注浆加固位置如图 5-7 所示。

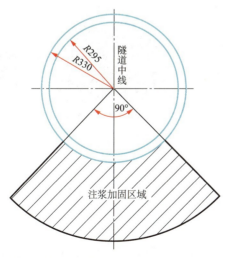

图 5-7　隧底注浆加固位置示意图（尺寸单位：cm）

为了满足注浆需要，在 TBM 通过既有铁路线过程中，全部拼装增设预留注浆孔型管片，一环 16 个注浆孔，通过注浆孔向隧道外围地层打设注浆管注浆加固。隧底注浆孔布置如图 5-8 所示。

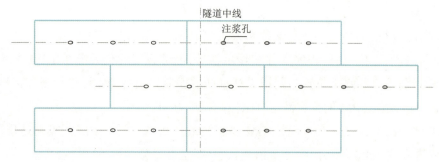

图 5-8　隧底注浆孔平面布置示意图

1）施工工艺

钻注一体机可实现边转边注功能，气腿式凿岩机钻孔完成后需采用无缝注浆钢管，具体施工流程如图 5-9 所示。

图 5-9　隧底注浆施工工艺流程图

（1）防喷装置安装

为确保钻孔完成后，钻杆拔出时不喷水、涌浆，在预埋注浆孔部位增设防喷装置。放喷装置由 DN50 球阀、注浆头及止水盘根组成，具体安装如图 5-10 所示。

a）球阀

b）注浆头

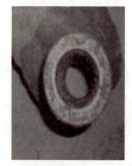
c）止水盘根

图 5-10　管片防喷装置

（2）钻机定位

先将钻杆位置及倾角固定，调整气腿长度及角度，完成后方可开始钻孔施工。

（3）钻孔

灌浆孔的孔位布置以管片吊装孔位置为基础，利用气腿式凿岩机钻孔，灌浆孔排距为 3m，钻孔呈梅花形布置，入岩深度根据现场实际地质情况确定。钻孔过程中若出现卡钻可采用稀泥浆护壁。

（4）钻孔冲洗

为提高灌浆效果,在钻孔结束后采用风、水联合冲洗、或用导管通入大流量水流从孔底向孔外冲洗,清除孔底沉淀和孔壁岩粉,直至回水澄清为止。裂隙冲洗方法应根据不同的地质条件,通过现场灌浆试验确定。

（5）无缝注浆钢管加工与安装

注浆管采用 $\phi32mm\times3.5mm$、长 3.5m 热轧无缝钢管,钢管前端呈尖锥状,在钢管前处设计活套管节,在活套内管管壁四周钻 6mm 注浆孔,通过钢管后退时,将活套管拉开并通过注浆孔注浆,直到将管拔出为止,如图 5-11 所示。

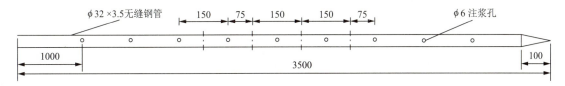

图 5-11　无缝注浆钢管加工布孔大样示意图（尺寸单位:mm）

（6）无缝注浆钢管打入

将无缝注浆钢管与孔口管或者注浆头连接,打开球阀后通过气腿式凿岩机用力压入。

（7）注浆

钻注一体机打设注浆管采用分段后退式注浆工艺,分段长度（步距）为 50～80cm。若压力较大时采取间歇式注浆原则,间歇时间控制在 5～10min,让浆液在地层中充分扩散后再进行注浆,避免由于注浆压力过大而引起管片破裂及串浆现象。

（8）观测记录与数据处理

做好注浆过程的各项记录,开环位置、注浆时间、注浆压力、水泥用量、注浆过程中出现的特殊情况等。

（9）注浆达到设计要求后,清洗管路,拆除注浆管,进行下一个孔位注浆。

2）注浆参数

（1）注浆材料:地层注浆加固浆液以水泥浆为主,水泥—水玻璃双液浆为辅。水泥浆采用水灰比 0.6:1～1:1 的水泥单液浆,水泥采用 P.O 42.5 普通硅酸盐水泥;双液浆配比为水泥浆:水玻璃=1:（0.5～1.0）。

（2）注浆压力:通过现场试验确定,暂定为 0.5～0.8MPa。

（3）终注标准:注浆压力达到 0.8MPa 并持续注浆 10min 以上,进浆量小于 5L/min。

（4）注浆参数调整拟选择 3～5 个注浆孔位进行。调整到合适的注浆参数后,根据加固方案进行注浆,过程中根据实际情况可适量调整参数。

3）控制标准

（1）单孔注浆结束标准:以定量、定压相结合的方式控制。

（2）全段注浆结束标准:按照总注浆量和压力来控制,同时要求加固体加固效果应均匀,不出现较大的松散未注浆区域,若达不到要求,应及时补充注浆。

4）施工注意事项

（1）注浆后设置检查孔，孔数不少于注浆量的 6%，并能够涵盖整个注浆范围，取芯观察浆液填充情况，反算出浆液填充率不小于 85%。

（2）为避免注浆产生的管片错台、上浮等不利影响，注浆过程中，需严格控制注浆压力，遵循小压力、多循环、分区对称的注浆原则，注浆压力、注浆分区等参数，应经过现场试验确定；洞内注浆过程中，必须持续对既有铁路线沉降、变形进行监测，避免注浆对隧道造成变形、破坏。

5.1.5 监控量测信息反馈技术

上跨既有线施工风险大，为确保施工安全风险可控，需制订既有线专项监控量测方案。本节从监测目的、监测项目、监测实施方案、监测项目控制基准、测点固定方法、数据处理及信息反馈等方面详细介绍上跨既有线的监测方法。

1）监测目的

（1）通过监控量测信息反馈，分析施工方法和施工手段的科学性和合理性，以便及时调整施工方法，保证施工安全。

（2）对围岩稳定性和支护作出正确的定量评价，验证理论计算结果。用量测的信息，反馈力学参数、模型，进一步优化设计。根据监测资料修正原设计和调整支护及整个施工方案。

（3）隧道监测为控制工程造价、节约工程投资、保证工程质量及施工安全提供理论依据，是隧道动态设计施工中的一个重要组成部分。

2）监测项目

隧道监测旨在收集可反映施工过程中围岩的动态信息，据以判定隧道围岩—支护体系的稳定状态。本次对 3 座既有铁路隧道量测项目、量测目的、量测频率及量测仪器见表 5-4。

监测项目及量测频率 表 5-4

序号	量测项目	量测目的	量测频率	量测仪器
1	拱顶位移	监控既有隧道拱顶位移，把握受上方轨道交通 5 号线施工影响情况	TBM 距铁路隧道＜10m，1 次 /d； TBM 距铁路隧道 10～30m，1 次 /2d； TBM 距铁路隧道＞30m，1 次 /3d	全站仪、收敛计、精密水准仪
2	水平位移	监控既有隧道净空水平位移，把握受上方轨道交通 5 号线施工影响情况		
3	轨道及道床位移	监控既有隧道内轨道、道床位移，把握受上方轨道交通 5 号线施工影响情况		
4	衬砌应力量测	掌握二次衬砌的应力变化，对隧道结构的安全性进行评价	TBM 距铁路隧道＜10m，1 次 /2h； TBM 距铁路隧道 10～20m，1 次 /5h； TBM 距铁路隧道 20～30m，1 次 /12h； TBM 距铁路隧道＞30m，1 次 /d	表面式应变计 +振弦测试仪
5	裂缝发展	监控既有隧道内衬砌裂缝发展，把握受上方轨道交通 5 号线施工影响情况		表面式位移计 +振弦测试仪
6	TBM 振动监测	对既有隧道结构进行振动监测，以评价既有结构受振影响程度	TBM 距铁路隧道＜10m，1 次 /2h； TBM 距铁路隧道 10～20m，1 次 /5h； TBM 距铁路隧道 20～30m，1 次 /12h； TBM 距铁路隧道＞30m，1 次 /d	速度传感器 +振动记录仪

3）监测实施方案

（1）拱顶位移监测

通过拱顶位移量测，可以了解既有隧道结构的变形程度和安全性。

①量测断面及测点布置。

拱顶位移是监测隧道结构横断面的变形，根据重庆轨道交通 5 号线 TBM 隧道上穿渝怀铁路上、下行和沪蓉铁路 3 座人和场隧道工程方案技术咨询报告中得到的 3 座既有隧道受影响范围，每个监测断面在拱顶布置 1 个拱顶位移测点，拱顶位移测点及水平位移测线布置如图 5-12 所示。

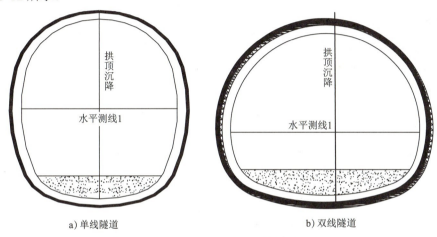

a）单线隧道　　　　　　　　　　　b）双线隧道

图 5-12　拱顶位移测点及水平位移测线布置示意图

②测点埋设及量测方法。

测点埋设：在隧道衬砌拱顶位置埋设监测点，当采用全站仪监测时，埋设反光标记；水准仪监测时，埋设测钩。图 5-13 所示为现场埋设测点施工。

a）　　　　　　　　　　　　　　b）

图 5-13　现场埋设测点

量测方法：采用全站仪或水准仪测试测点的高程，将前后两次测试结果相减，则得拱顶位移。

③量测频率。

量测频率原则上应根据量测值的变化量和 TBM 隧道掌子面位置与交叉点距离确定。但结合工程实际情况（只有在天窗点时间才能进入隧道，而且天窗点时间较短），在上方重庆轨道交通 5 号线 TBM 隧道施工期间,洞内拱顶位移量测频率见表 5-5。

拱顶位移量测频率 表 5-5

序　号	轨道交通 5 号线 TBM 隧道掌子面与交叉点水平距离(m)	量测频率
1	< 10	1 次 /1d
2	10 ~ 30	1 次 /2d
3	> 30	1 次 /3d

(2)水平位移监测

通过水平位移量测,可以了解既有隧道结构的变形程度和安全性。

①量测断面及测线布置。

水平位移是监测隧道结构横断面的变形,为了量测结果的互相印证,监测断面与拱顶位移量测断面一致,见表 5-4。

②测点埋设及量测方法。

测点埋设:在图 5-12 所示衬砌边墙位置用电钻钻孔,然后用带钩的膨胀螺栓进行测点埋设,每断面共埋设 2 个测点。

量测方法:将 SWJ-Ⅳ型收敛计两端的测钩挂在测点上,对测线 1 的净空进行量测,前后两次量测值之差即为水平位移。

③量测频率。

量测频率同拱顶位移,见表 5-5。

(3)轨道及道床位移监测

对既有铁路隧道在上方重庆轨道交通 5 号线 TBM 隧道施工影响段内的轨道进行监测,以了解轨道的位移,确保铁路的运营安全。

①量测断面及测点布置。

将测点布置在轨道下方的轨道板上(测点的变化可真实反映轨道的位移),为了各监测项目监测结果的相互比较,单线隧道每个断面布置 2 个测点,双线隧道每个断面布置 4 个测点,轨道位移量测测点布置见图 5-14。

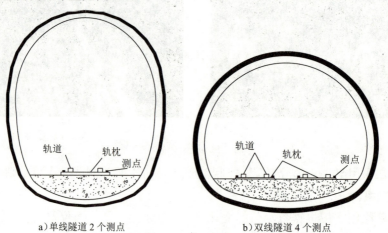

a)单线隧道 2 个测点　　　　　　b)双线隧道 4 个测点

图 5-14　轨道位移量测测点布置示意图

②测点埋设及量测方法。

测点埋设：在量测断面轨道外侧的轨道板上用红油漆做标记，作为位移监测点。

量测方法：在既有隧道受上方 TBM 隧道施工范围外设置不动点，用精密水准仪对测点进行测量，前后两次测量的高程之差即是该点道床板的位移（即轨道位移）。图 5-15 为现场监测情况。

a） b）

图 5-15　现场监测

③量测频率。

量测频率同拱顶位移量测，见表 5-5。

（4）衬砌应力监测

结构内力监测包括隧道横向内力和纵向内力监测，横向内力监测是通过在既有隧道衬砌拱顶、左右拱腰、左右拱脚及左右边墙等 7 个位置环向布置表面应变计进行监测，将测得的衬砌混凝土的应变换算成结构横断面的内力；纵向内力监测是通过在拱顶、左右墙脚等 3 个位置纵向布置表面应变计来进行监测，将测得的混凝土应变换算成纵向的内力。

通过隧道横向内力和纵向内力监测，可以掌握既有隧道受上方重庆轨道交通 5 号线 TBM 隧道施工的影响程度，以及施工完成后隧道结构的受力状态，以确保既有隧道的结构安全和铁路隧道运营安全。运用埋设元件、无线发射和无线接收等装置，可实现上方重庆轨道交通 5 号线 TBM 隧道施工期和施工后长期的实时监测。

①结构内力监测断面、测点布置。

各内力监测断面的布置原则：重点关注受上方 TBM 隧道施工影响段落，在该范围内按一定间距布置。监测断面布置在既有铁路隧道与新建区间隧道左、右线相交断面处，每座铁路隧道各布置 2 个监测断面，见表 5-6。

结构内力监测断面一览表 表5-6

序 号	监测断面里程	测试结构内力方向	备 注
1	K1+895	纵、横向	渝怀上行线
2	K1+923	纵、横向	
3	K2+021	纵、横向	渝怀下行线
4	K2+050	纵、横向	
5	K2+571	纵、横向	沪蓉铁路
6	K2+535	纵、横向	

各监测断面内测点布置见图5-16,图中测点1~7为横向应变计,测点8~10为纵向应变计。

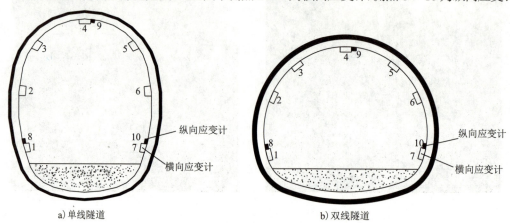

a)单线隧道　　　　　　　　b)双线隧道

1~7-横向应变计测点;8~10-纵向应变计测点

图5-16　应变计布置图

②测点埋设及量测方法。

测点埋设:将各应变计按图5-16所示测点位置布置,按要求安装牢固,并将应变计的导线沿衬砌表面引至就近的无线发射装置(用一个特制小箱固定在墙脚或置于避车洞内,下同)并与之相连。

量测方法:在隧道外通过接收装置实时接收无线发射装置发送信号。

③量测频率。

量测频率应根据量测值的变化量以及上方重庆轨道交通5号线TBM隧道施工情况而定,量测值日变化量较大,特别是速率增加时需要加大量测频率;上方重庆轨道交通5号线TBM隧道施工区段距量测断面的距离较近时量测频率也要加大,正常情况下结构内力量测频率见表5-7。

结构内力量测频率 表5-7

隧道位置距量测断面水平距离(m)	量测频率
<10	1次/2h
10~20	1次/5h
20~30	1次/12h
>30	1次/d

(5)衬砌裂缝发展监测

①监测测点布置。

根据检测报告可知,渝怀铁路上行人和场隧道、渝怀铁路下行新人和场隧道均有裂缝,而沪蓉铁路人和场隧道无裂缝,故拟对有裂缝的2座隧道各选取典型裂缝3条进行监测。裂缝宽度和长度监测的测点布置如下:

a. 裂缝宽度监测。

根据裂缝发育程度跨缝布置应变传感器,以监测裂缝宽度的发展情况。布置原则为:对长度大于 2m 或宽度大于 0.5mm 的纵向和斜向裂缝均布置应变传感器,每条裂缝在其最宽处布置 1 个测点,并沿裂缝方向两侧 2m 处各设置 1 个测点,即每条裂缝布置 3 个测点。

b. 裂缝长度监测。

在上方重庆轨道交通 5 号线 TBM 隧道施工前,对需要监测长度裂缝的两端用油漆等做标记,以观察裂缝在长度方向的发展情况。

②测点埋设及量测方法。

测点埋设:对裂缝宽度监测的应变计沿垂直于裂缝方向跨缝按要求安装牢固,并将应变计的导线沿衬砌表面引至就近的无线发射装置并与之相连。

量测方法:在隧道外通过接收装置实时接收无线发射装置发送信号。

③量测频率。

量测频率与结构内力量测频率相同,见表 5-7。

(6)振动监测

TBM 施工会产生振动,该振动是否会造成既有隧道的振动破坏,故而需要在重庆轨道交通 5 号线 TBM 隧道上穿既有隧道施工时,对既有隧道结构进行振动监测,以评价既有结构受振动影响程度。

①监测测点布置。

在上方重庆轨道交通 5 号线 TBM 隧道上穿既有铁路隧道施工过程中,三座人和场隧道与 TBM 交叉点处将受到最大振动影响,故而确定既有隧道的交叉断面为监测断面。

在监测断面中,受上方 TBM 施工振动影响的监测点将会随 TBM 的掘进而变化,如掘进为图 5-17 中的从左向右,则监测点将会是在 1～3 号测点范围内变化,可依次在图 5-17 所示的 1～3 号位置采用水平传感器和垂直传感器进行 TBM 振动监测。

②量测方法。

a. 监测仪器。

现场监测所需的仪器设备主要由拾振器或测振仪、记录仪和振动分析仪三大部分组成。

由于拾振器或测振仪的型号不同,可测到的物理量及量测范围不同,在实际应用中应根据不同的工程实际进行选择。同时,传统的振动速度的采集是通过传感器、测振仪、光线示波器组成的测试系统取得的,此系统由于笨重及自动化程度不高已不能适应现在的野外观测需要,现场采用了 TC-4850N 无线网络测振仪。

b. 数据采集及传输。

该无线测试系统利用 3G/GPRS 技术将无线通信与国际互联网等多媒体通信手段相结

合来实现超远距离爆破振动监测,完成遥测、遥控、高速无线数据传输。

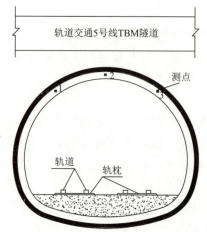

图 5-17 TBM 施工振动测点布设示意图
1～3- 测点编号

系统主要由 TC-4850N 无线网络测振仪、三向振动速度传感器、公网服务器数据中心、客户端构成。在现场测试前,用户固定好传感器后打开仪器电源即可离开现场,通过远程计算机完成参数设置和启动采集后,仪器即进入工作状态。当振动信号传来时,系统会自动记录下整个动态波形,将其转换为数字信号存储,测试人员在远离现场处通过终端测控软件,即可将数据文件传回本地进行操作分析,并实时监控系统工作状态。其构成如图 5-18 所示。

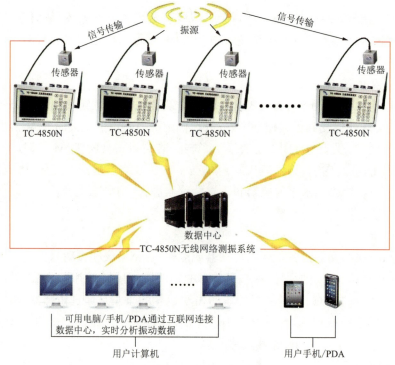

图 5-18 TC-4850N 无线传输系统构成图

注:仪器与数据中心可通过 GPRS、CDMA、TD-SCDMA、WCDMA、CDMA2000、EDGE 等方式传输数据

③量测频率。

量测频率要根据现场实际施工时间确定,主要选择 TBM 运行时间进行量测。

4)监测项目控制基准

(1)应力监测项目

应力监测项目主要采用应力增量法进行标准判定。结合前期检测结论中关于隧道衬砌结构健全度的具体评判结论,确定容许的应力增长控制标准,具体见表 5-8。

不同健全度隧道所允许的应力增量　　表 5-8

序号	既有隧道的健全度	拉应力的增加(MPa)	压应力的增加(MPa)
1	AA	0.3	1.0
2	A2、A1	0.5	2.0
3	B、C、S	1.0	5.0

(2)变形类监测项目

①水平位移:5mm。

②拱顶位移:5mm。

③轨道沉降:2mm。

(3)振动类监测项目

峰值振动速度:2cm/s。

5)测点固定方法

(1)应变计及数据传输线

①应变计固定。

根据在郑西高铁阌乡隧道、函谷关隧道的成功经验,对表面应变计的固定采用膨胀螺栓+粘钢胶的方式:埋设时,先在衬砌上钻 30mm 深、直径 6mm 的孔,再在应变计两端座子底面涂抹粘钢胶,然后用膨胀螺栓(长 4cm,不带钩)将应变计固定在衬砌表面,最后在应变计座子及其四周涂抹粘钢胶。

②数据传输线。

在环向按间距 60cm 在衬砌表面钻深 30mm、直径 6mm 的孔,然后安装膨胀螺栓(长度 60mm,带钩)后在螺栓四周涂抹粘钢胶,最后用宽 4mm 尼龙扎带将数据传输线固定在膨胀螺栓上。

(2)位移监测点

①拱顶位移。

在需要监测的拱顶处设置反光膜。

②水平位移。

在衬砌边墙钻钻深 30mm、直径 6mm 的孔,然后安装带钩的膨胀螺栓,然后在其四周涂抹粘钢胶。

③轨道及道床位移。

以钢轨外侧的出露固定钢轨的螺栓作为测点,将作为监测点的螺栓涂红油漆标记。

（3）振动速度传感器及数据传输线

①速度传感器固定。

埋设时，先在衬砌上钻深 30mm、直径 6mm 的孔，再在与速度传感器匹配的弓形槽两端座子底面涂抹粘钢胶，然后用膨胀螺栓（长度 40mm，不带钩）将安装好速度传感器的弓形槽固定在衬砌表面，最后在弓形槽座子及其四周涂抹粘钢胶。

②数据传输线。

同应变计数据传输线固定方式。

6）数据处理及信息反馈

（1）监测数据的处理

采集的监测数据以数值和图形图表等多种形式描述各项监测项目的变化趋势。根据各个量测项目采集的数据，进行数据处理、分析，并提供给设计、监理、施工和工务部门作为改变施工方法、加强管理等的依据。

根据监测数据分析结果进行下列分析，提供作为变更设计和施工方法的依据，实现监测的根本目的。

①随时把握既有隧道的安全性，提供监测分析结果及评价日报、周报及月报。

②根据监测数据分析结果，对其进行理论分析。

③提供完整的监测结果分析报告书，总结评价 TBM 隧道施工合理性和既有铁路隧道的安全性，以便为类似工程提供参考。

（2）信息反馈

①当天的监测成果下次测试前分别报送至施工单位，叙述监测点情况及有关注意问题。如遇报警情况，先当场口头/电话通知，并在 2h 内提交正式报警资料。

②周报表在每周末最后一天报送至施工单位。

③月报表主要归入工程监测总结报告中，在月末（30 日）前报送施工单位。

监测信息反馈详如图 5-19 所示。

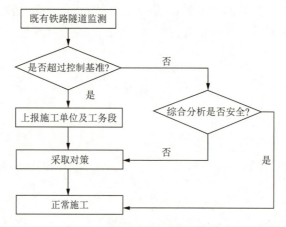

图 5-19　监测资料反馈管理程序图

7)监测结论及建议

(1)沪蓉铁路人和场隧道

①最大拉应力增量 0.92MPa、最大压应力增量为 -0.92MPa,均小于拉压应力增量控制标准;TBM 在既有隧道上方掘进及掘进后 10 d 的应力变化最大值分别为 0.42MPa、0.13MPa。说明既有隧道结构内力受上方 TBM 区间隧道施工影响小,既有隧道结构安全。

②既有隧道受上方 TBM 掘进的振动小于 0.1cm/s 或未受影响。说明既有隧道结构安全。

③最大拱顶和水平位移分别为 1.0mm、0.9mm,远小于控制标准。说明既有隧道受上方 TBM 区间隧道施工影响小,既有隧道结构安全。

④道床位移最大值为 0.40mm,远小于控制标准。说明既有隧道内轨道受上方 TBM 区间隧道施工影响小,列车运行条件未受影响,行车安全。

综上所述,沪蓉铁路人和场隧道受上方 TBM 区间隧道掘进施工影响很小,结构、行车均安全。

(2)渝怀铁路上行人和场隧道

①最大拉应力增量 0.63MPa,最大压应力增量为 -1.26MPa,均小于拉压应力增量控制标准;TBM 在既有隧道上方掘进及掘进后 10d 的应力变化最大值为 0.09MPa、0.23MPa。说明既有隧道结构内力受上方 TBM 区间隧道施工影响小,既有隧道结构安全。

②既有隧道受上方 TBM 掘进的振动小于 0.1cm/s 或未受影响。说明既有隧道结构安全。

③最大拱顶和水平位移分别为 0.3mm、0.04mm,远小于控制标准。说明既有隧道受上方 TBM 区间隧道施工影响小,既有隧道结构安全。

④道床位移最大值为 0.3mm,远小于控制标准。说明既有隧道内轨道受上方 TBM 区间隧道施工影响小,列车运行条件未受影响,行车安全。

综上所述,渝怀铁路上行人和场隧道受上方 TBM 区间隧道掘进施工影响很小,结构安全、行车安全。

(3)渝怀铁路下行新人和场隧道

①最大拉应力增量 0.69MPa、最大压应力增量为 -0.52MPa,均小于拉压应力增量控制标准;TBM 在既有隧道上方掘进及掘进后 10d 的应力变化最大值为 0.09MPa、0.27MPa。说明既有隧道结构内力受上方 TBM 区间隧道施工影响小,既有隧道结构安全。

②既有隧道受上方 TBM 掘进的振动小于 0.1cm/s 或未受影响。说明既有隧道结构安全。

③最大拱顶和水平位移分别为 0.18mm、0.09mm,远小于控制标准。说明既有隧道受上方 TBM 区间隧道施工影响小,既有隧道结构安全。

④道床位移最大值为 0.3mm,远小于控制标准。说明既有隧道内轨道受上方 TBM 区间隧道施工影响小,列车运行条件未受影响,行车安全。

综上所述，渝怀铁路下行新方人和场隧道受上方 TBM 区间隧道掘进施工影响很小，结构安全、行车安全。

（4）建议

根据监测结果知：三座既有铁路隧道受上方 TBM 区间隧道施工影响小，三座隧道结构均处于安全状态；三座既有铁路隧道内运营条件未受影响，行车安全。但为了保证既有铁路隧道长期运营安全，提出建议如下：

①对重庆轨道交通 5 号线 TBM 区间隧道与既有沪蓉铁路人和场隧道交叉影响段设置减振道床。

②分别对渝怀铁路上行人和场隧道、渝怀铁路下行新人和场隧道与重庆轨道交通 5 号线 TBM 区间隧道交叉段二次衬砌背后存在的小尺度脱空注浆加固。

5.2 TBM 重叠隧道穿行施工技术

随着国家对基础建设投入的加大及大城市交通拥堵客观形势的需要，我国隧道及地下工程建设方兴未艾。尤其是地铁受周边环境的限制，城市轨道交通网络的增加，换乘车站的增多，重叠隧道的应用实例越来越多。国内已有部分 TBM 重叠隧道施工的成功范例，基本形成"先下后上"的施工工序，建立了相关研究方法及结论。因不同地质、水文及重叠方式，其施工力学行为、对周边环境的影响变形规律均存在较大差异，研究已从个案上升到系统体系阶段。

本节依托重庆轨道交通 5 号线上下隧道重叠施工案例，采取下行隧道先行施工、上行隧道后施工的施工顺序，并在上行隧道施工过程中，下行隧道采用台车进行同步支撑的方式，顺利完成重叠段隧道施工，取得了良好效果。重叠隧道施工攻克了极小净间距重叠、上行隧道施工下行台车同步移动、下行掘进列车通行等难题。无论是地质条件还是周边环境复杂程度，重庆轨道 5 号线 TBM 重叠隧道的设计和施工难度均较高。这种施工工艺为国内类似工程提供了设计思路和经验参考。

5.2.1 重叠隧道施工顺序

重叠隧道施工是按照先下后上的顺序进行施工，在上部隧道掘进施工过程中，下部已建成隧道受 TBM 自重及振动等的作用，结构受力复杂。为有效降低上部隧道施工对下部已建成隧道结构的影响，在上部 TBM 工作面前后一定范围内所对应的下部隧道结构内架设临时内支撑系统（穿行支撑台车）。

根据 TBM 主机长度及相应安全系数，设计支撑台车支撑范围为 3 倍 TBM 主机长度（分为 3 组支撑模板），台车自身配置电机、液压系统、走行轨道等，可实现自行移动，移动速度为 6.7m/min，移动期间可持续提供支撑力。重叠隧道支撑台车组装整体效果如图 5-20 所示，隧道支撑台车持续前移与 TBM 掘进关系如图 5-21 所示。

图 5-20　重叠隧道支撑台架组装整体图

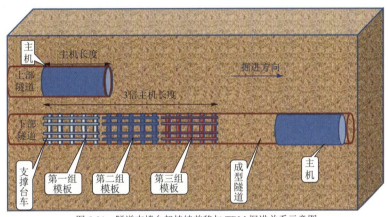

图 5-21　隧道支撑台架持续前移与 TBM 掘进关系示意图

下部隧道支撑台车是对管片结构进行辅助受力，降低上部隧道施工对下部已经成型隧道管片结构的影响。而管片受力容易变形位置主要为螺栓连接处，针对连接位置，采用同步支撑台车实现，同步支撑台车是全范围支撑，并通过支撑模板、支撑伸缩系统、支撑控制系统实现自身行走而向前持续提供支撑力。

5.2.2　下部隧道加固施工

下部隧道加固施工流程如图 5-22 所示。

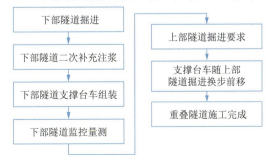

图 5-22　下部隧道加固施工流程

1）下部隧道掘进及管片背后二次补充注浆

首先进行下部隧道掘进，同时在最后一节拖车对隧道顶部进行二次补充注浆。二次注浆采用 1 台注浆机，注浆机可随拖车移动，注浆过程中要对其管片结构进行监测。为保证注浆质量，每 5 环在管片背后压注双液浆形成封闭加强环，使下部隧道衬砌形成节段。

193

二次注浆采用水泥净浆,水灰比为0.6∶1,注浆压力控制在1MPa以内。

2)下部隧道支撑台车组装

支撑台车主要由主架、支撑模板、液压系统、行走系统、下部模板吊装系统等部分组成。

(1)按照台车轨距2400mm在隧道既有轨两侧纵向间距1500mm布置枕木,并安装43kg/m钢轨,尽量保证走行轨道中心线应和隧道中心线重合,铺设误差不得大于30mm,钢轨在10m范围内直线误差不超过15mm,然后用丝杆将枕木支撑好,支墩及轨道安装如图5-23所示。

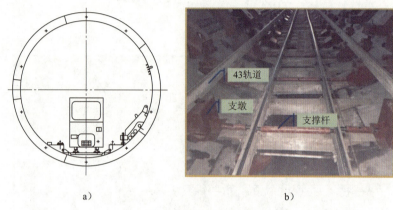

图 5-23 支墩及轨道安装

(2)同步支撑台车主架安装就绪,再利用升降液压缸、边模液压缸、底模液压缸将第一组模板安装就位,然后利用丝杆对支撑模板进行局部调整,让支撑模板和混凝土管片尽量贴合,并预加一定外力,保证该组五环支撑模板,每环支撑模板(5块)与底部枕木(2块)自身形成一个封闭的整环,从而对混凝土管片进行保护。台架支撑定位状态及第一组模板支撑如图5-24所示。

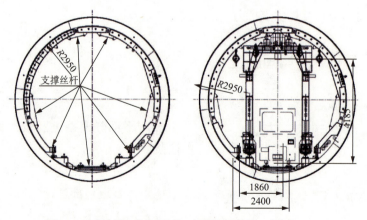

图 5-24 台架支撑定位状态及第一组模板支撑图(尺寸单位:mm)

(3)第一组五环支撑模板组装、调试完成后,主架和第一组支撑模板分离,由主架行走系统驱动,主架移动至下一组模板支撑位置,同第二步操作,让第二组五环支撑模板,每环支撑模板(5块)与底部枕木(2块)自身形成一个封闭的整环,按照同样方案调试第三组支撑模板。

3)下部隧道监控量测

重叠隧道施工监测项目及要求见表5-9。

监测项目及要求 表5-9

序号	监测项目	仪器	断面间距
1	监测基准点	—	影响范围外
2	地表(地面)沉降	精密水准仪、钢钢尺	每50～100m设一个监测断面,沿中线每5～10m设一个监测点
3	隧道变形	全站仪	在始发、接收段、联络通道附近、左右线重叠段、小半径曲线段、下穿重要建构筑物段
4	钢支撑轴力	轴力计	每4m一个断面

4)上部隧道掘进要求

待下部隧道超越上部隧道两倍TBM长度且补充注浆和监控量测完成后开始上部隧道掘进施工。掘进工程中做好上下里程确认,确保上部隧道TBM主机在支撑台车支撑范围内。建立完善的通信系统,TBM主机掘进通过第一组支撑后及时将支撑前移,确保上部隧道连续掘进。

5)支撑台车随上部隧道掘进换步前移

(1)上部隧道TBM掘进至第二组模板上方位置时,操作液压系统,将主架和第三组支撑模板分离,由主架行走系统驱动,主架向隧道后端移动至第一组模板支撑位置,拆除第一组支撑模板上丝杆,利用主架在升降液压缸、边模液压缸、电动葫芦等共同作用下将第一组模板脱模,向隧道中心线方向收回至最小状态。图5-25所示为支撑模板收回状态图。

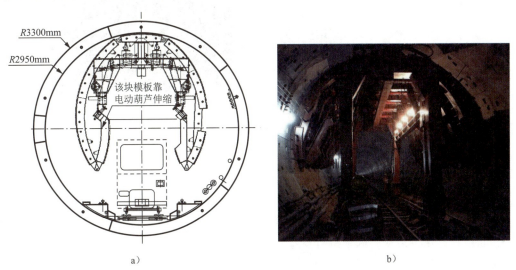

图5-25 支撑模板收回状态

(2)第一组模板收模完成后,在第三组模板前端提前铺设好枕木和钢轨,操作主架行走系统,驱动主架和第一组模板穿过第二、三组模板,主架移动至第四组模板位置,利用升降液压缸、边模液压缸、底模液压缸将第一组模板安装就位让支撑模板和混凝土管片尽量贴合,并预加一定外力,保证该组五环支撑模板,每环支撑模板(5块)与底部枕木(2块)自身形成一个封闭的整环。图 5-26 所示为支撑模板穿行状态,图 5-27 所示为支撑模板支撑状态。

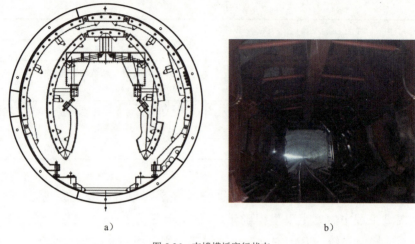

图 5-26 支撑模板穿行状态

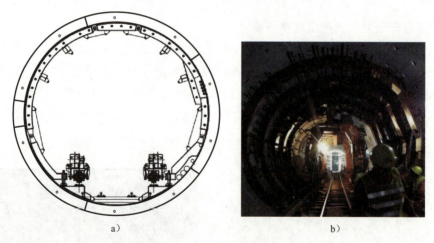

图 5-27 支撑模板支撑状态图

(3)待 TBM 继续掘进至下一支撑循环时,重复上述(1)(2),让支撑模板交替向前。

(4)支撑模板台车控制措施如下:

①使用支撑台车前,仔细检查各部分螺栓是否已旋紧,液压管路是否漏油,液压各功能部件是否工作正常,各相对运动部件是否有卡死现象等问题,并及时进行处理;TBM 掘进作业的同时,让支撑模板交替向前进行支撑。

②对支撑模板和混凝土管片尽量贴合,并预加一定外力,保证每环支撑模板与底部枕木自身形成一个封闭的整环,对混凝土管片进行保护;同时,掘进过程中,对支撑台车应力随时进行监测。

5.2.3 上部隧道掘进要点

上部隧道掘进前采取针对性措施,并通过掘进参数调整和优化,控制掘进姿态及掘进速度,确保上部隧道 TBM 主机在支撑台车支撑范围内。

1)掘进前关键措施

(1)施工前对区间重叠段里程进行复核,确保起始里程与设计要求里程一致。

(2)建立动态信息传递系统,提前在下部隧道管片布设监控量测点,隧道内每3环(4.5m)布设一个断面,监测项目为拱顶下沉,水平收敛及应力监测。施工前测得初值,上部隧道掘进时每天监测两次。

(3)掘进施工前重叠段下层隧道管片背部二次注浆施工完成。

(4)掘进施工前同步支撑台车进场并安装、加固到位。

(5)作业班组人员、设备操作手必须进行相关培训,维修保养人员到位。

2)掘进施工关键措施

TBM 掘进扰动过大将对下层已修建结构有一定的影响,为减少相互间影响,TBM 掘进期间姿态若需调整按照"多次小调"原则,管片背部同步注浆饱满,其余掘进过程控制按照正常掘进控制。

3)掘进通过后措施

由于 TBM 掘进对地层造成一定程度破坏而产生沉降,TBM 掘进完成后利用二次注浆机,通过管片上预留的注浆孔进行加固。TBM 主机通过后立即对同步注浆量不足部位进行二次补注浆。

4)掘进姿态控制

(1)采用全自动导向系统和人工测量辅助进行 TBM 姿态监测。

随着 TBM 推进导向系统后视基准点需要前移,必须通过人工测量来进行精确定位。为保证推进方向的准确可靠,拟进行人工测量(直线段不大于 100m/次,曲线段不大于 50m/次),以校核自动导向系统的测量数据并复核 TBM 的位置、姿态,确保掘进方向的正确。

(2)采用分区操作推进液压缸控制掘进方向。

根据线路条件所做的分段轴线拟合控制计划、导向系统反映的 TBM 姿态信息,结合隧道地层情况,通过分区操作 TBM 的推进液压缸来控制掘进方向,正常情况下压力差不大于80bar。

5)掘进姿态调整与纠偏

掘进过程中 TBM 的方向偏差控制在 ±20mm 以内;在缓和曲线段及圆曲线段,TBM 的方向偏差控制在 ±30mm 以内。

6)质量控制措施

(1)管片拼装的质量保证措施。

①严格按规范和设计要求正确安装管片防水材料。

黏结剂、软木衬垫、防水橡胶条和丁基腻子胶必须具备合格的证明材料,经监理工程师检验通过后方可实施;黏结剂涂刷均匀饱满、防水橡胶条和软木衬垫粘贴平整牢固,腻子片嵌贴严密稳固,位置准确,不得有起鼓、超长和缺口现象;螺栓衬垫要严密,不得有裂隙,使用前检查,发现损坏立即更换,不得使用。

②加强管片运输过程保护。

运输前制定切实可行的方案和各种预备工作,采用专用运输车运输,确保管片在运输和吊运途中不受损或毁坏。管片在生产厂的堆放高度不超过6层,管片在施工现场的堆放高度不超过4层,管片在运输途中的堆放高度不超过3层。

③正确进行管片选型。

作业前根据实际情况编制下一步作业指导书,对管片正确选型,管片按一定顺序进行编号,防止选错。做好管片选型,合理拟合设计线路并与单护盾TBM当前姿态相符。

④规范管片拼装操作。

拼装时先底部就位,然后自下而上、左右交叉安装,每环相邻管片均布摆匀并控制环面平整度和封口尺寸,最后插入封顶管片。

⑤严格进行管片螺栓复紧。

连接螺栓初步拧紧,脱出盾尾后复紧。当后续TBM掘进至每环管片拼装前,对相邻已成环的3环范围内管片螺栓进行全面检查并复紧。

⑥合理选取同步注浆参数,确保管片受力均匀并尽早获得稳定。

注浆前进行配合比试验,选出最佳配合比,并根据不同地质情况,适时调整配合比;严格控制砂浆的搅拌质量,搅拌均匀,时间充分,同步注浆速度与掘进速度相匹配;提高TBM推进质量,防止管片移位、错台;注意调整盾尾间隙,控制推进液压缸的伸缩和同步注浆压力,拼装精度控制在设计要求之内,防止管片移位、错台。

(2)管片壁后水泥—水玻璃双液浆补强加固的质量保证措施。

①工程质量严格按照本工程制订的并经监理工程师认可的施工方案要求执行,严格按国家有关技术规范、规程、标准控制施工。

②根据施工程序,严把配料、注浆压力、注浆量关,每一道工序均安排专人负责,并记录好每一道工序的原始数据。

③配料:进行详细的浆材配合比试验,选定合适的注浆材料、添加剂及浆液配合比,保证所选浆材配合比、强度、耐久性等物理力学指标满足设计的工程要求;配料时采用计量准确的计量工具,严格按照设计配方配料施工。

④注浆:注浆一定要按程序施工,每段进浆要准确,注浆压力一定要严格控制,专人操作。当压力突然上升或从孔壁、地面溢浆时,应立即停止注浆;每段注浆量应严格按设计要求进行;跑浆时,要采取措施处理。

⑤根据洞内管片衬砌变形和地面及周围构筑物变形监测结果,及时进行信息反馈,修正注浆参数和施工方法,发现问题及时解决。

⑥每道工序均要安排专人负责每道工序的操作记录。

（3）管片自身防水的质量保证措施。

TBM法隧道防水的原则是"以防为主、多道防线、综合治理"，其防水施工的主要内容包括管片自防水、管片接缝防水（弹性密封垫防水、嵌缝防水）等。

①提高管片的加工精度、完善制作工艺、合理选择原材料和制作机具及科学合理的混凝土配合比，并在生产过程中及时优化配合比等。

②采用高效减水剂、高活性微矿粉掺合料，选择合适的拌合物配合比参数，配制以抗裂、耐久为重点的高性能混凝土。

③对钢模正式投入使用前，进行四个阶段的检测：加工装配精度检测，运输到位后的精度检测，试生产后的钢模精度同实物精度对比检测，管片三环水平试拼装精度检测。

④完善制作工艺，加强生产过程中的计量装置的检验校核和质量监督控制。

⑤加强养护，混凝土浇筑完成后，进行蒸汽养护，严格控制蒸汽养护时间、升温梯度、恒温时间、降温梯度和相对湿度，脱模后及时进行水中养护，养护时间不少于7d。

⑥对每个单块成品管片都要进行内在强度、外观质量及制作精度等各项指标的检验，只要有一项不合格的坚决不使用。

⑦加强管片堆放及运输的管理，防止管片产生附加应力而开裂或在运输中碰掉边角，减少对管片的返修，确保管片完好。

（4）管片接缝防水的质量保证措施。

管片接缝的防水也是区间隧道防水的重要环节，为提高接缝防水的效果，在施工中做好以下几方面的工作：

①对密封垫的安装作业要编制专项作业指导书，并要求在施工中必须严格执行。在弹性密封垫粘贴安装前应清除管片上预留凹槽接触面的灰尘，防止安装后剥离、脱落。安装时应特别注意，弹性密封垫必须精确的粘贴在凹槽的正中位置，以保证管片拼装时弹性密封垫能以最大面积接触。

②粘贴步骤：根据管片选型→基面清理→槽内涂黏结剂→密封条涂黏结剂→粘贴→用木锤或橡胶锤打压密贴。

③在管片拼装前，若因故导致弹性密封垫损坏或膨胀条发生了预膨胀，则必须重新更换。

④管片角部为防水的薄弱环节，角部密封垫应铺设到位，确保防水密封效果。

⑤加强管片拼装施工管理，提高拼装质量。为防止成环管片在水压作用下，环纵缝张开漏水，拼装时也要按要求严格紧固环纵向螺栓。

⑥加强TBM施工控制，提高TBM掘进质量，给管片的拼装提供一个良好的环境。这样才能保证管片居中安装、铺设顺畅、密封垫各部位受力均匀，提高防水效果。

⑦减小隧道轴线的偏差和纠偏力度，避免因TBM推进产生过大的横向分力而导致管片破损和错台。

5.3 TBM穿越建（构）筑物控制技术

5.3.1 下穿建筑物控制技术

城市轨道交通工程一般都修建在城市繁华地段，地表、地下建（构）筑物众多，由于线路条件和车站埋深的控制，区间隧道与周边建（构）筑物或其基础有时距离非常近，易诱发建（构）筑物的沉降或破坏。与钻爆法相比较，采用 TBM 施工时，因 TBM 采用刀具挤压、切割方式破岩，对围岩扰动小，无须爆破，从根源上避免了震动，有效地保护了围岩的稳定和周边建筑物的安全。另外，TBM 施工形成的开挖面光滑圆顺（呈圆形），不会产生应力集中，有利于结构自身及周边围岩、建（构）筑物的稳定。相比而言，TBM 施工对周边建（构）筑物的影响很小。

TBM 下穿施工对建（构）筑物的影响分为均匀沉降、不均匀沉降（倾斜）、地表曲率变化、地表水平变形（拉伸、压缩变形）四种。地层沉降和位移变形对于建筑物的破坏作用，不仅受单一种类的地表变形的影响，而是几种变形同时作用的结果。区间隧道与建（构）筑物的平面位置关系主要分为侧穿（隧道结构与建筑物有一定的距离）和下穿两类，其中下穿又可分为正下穿、侧下穿、斜下穿三种，详见图 5-28。

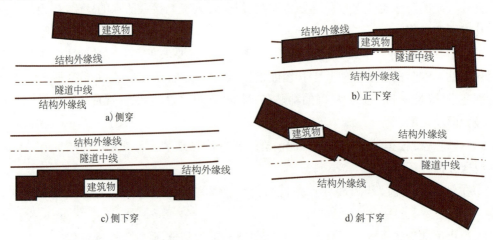

图 5-28　建筑物与隧道平面相对关系示意图

1）TBM 下穿建筑物的控制因素

（1）工程地质和水文地质条件

对于下穿隧道来讲，由于其在既有结构下方施工，工程地质和水文地质条件的好坏直接影响上部既有结构的变形和安全情况，而岩体的具体特征决定下穿隧道的施工方法和具体措施，甚至是决定下穿工程成败的关键。

(2)空间位置关系

下穿隧道与既有上覆建(构)筑物结构的空间位置关系也是影响既有结构变形的关键因素之一。比如新建隧道是紧贴既有结构还是之间留有一定厚度的土(岩)层,针对不同的地质情况将会产生不同的影响。

(3)既有建(构)筑物结构的现状

结构的破坏是由于所受外力超过其极限承载力。在结构的设计过程中,对结构所受各种载荷一般都作了较保守的计算,在设计年限内,结构承载力一般都能满足要求。但由于新建结构要下穿既有建筑物施工,引起了新的变形,从而产生附加内力。对于已经使用若干年的地下结构,由于长期受外界因素影响,结构会遭受不同程度的破坏,很多结构已经开裂、渗水。因此,要充分做好既有结构的现状监测,在全面掌握既有结构动态反应的基础上,才能给出比较合理的变形警报值和容许值、采取恰当的施工措施,达到控制变形的目的。

2)建(构)筑物调查、评估、沉降值计算

(1)建(构)筑物调查

在TBM施工前,对隧道影响范围内的房屋、道路、桥梁、地下设施等进行全面调查,调查内容主要包括建(构)筑物名称、位置、用途、建造时间、现状、结构类型、基础类型、基础深度、尺寸及其与隧道的相对位置关系等,其中基础调查是重点。对重要建(构)筑物,必要时由当地具有较高权威的评估鉴定机构对其进行专业评估,形成评估报告,以备核查。其中建筑与允许承受变形量由评估报告结合现行的标准规范得出。

(2)建(构)筑物评估

准确评估建(构)筑物的整体情况,在调查阶段,应首先完成对建构筑物本身变形情况的测量,确定沉降、变形的初始值,同时对周边地质环境和外部因素进行综合分析,找出其中对盾构掘进有较大影响的主要因素(包括自然条件的变化、建构筑物本身的结构形式和载荷情况以及外部环境的影响等)。

(3)建(构)筑物沉降值计算

对于TBM隧道施工影响范围,采用Peck理论计算方式确定,Peck假定施工引起的地面沉降是在不排水的情况下发生的,沉降槽体积等于地层损失的体积,地面沉降的横向分部类似正态分布曲线,如图5-29所示。

地层损失计算值的相关因素与隧道埋深、TBM直径和管片直径等有关,地层损失量最大值小于建(构)筑物允许变形量时,预处理为防范措施;当地层损失量大于建(构)筑物允许变形量时,预处理措施为补偿措施,主要的补偿措施有加固补偿、建(构)筑物隔离及局部拆迁等。

3)TBM下穿建(筑)物的控制标准

TBM施工下穿既有建(构)筑物结构的控制标准有三项:一是要保证上覆既有建(构)筑物结构的安全和正常使用;二是要保证新建隧道的安全和正常使用,特别是新建隧道的变形要满足施工正常运营限界要求,即不能发生过大的变形;三是要满足新建隧道周围环境的要求,如地面沉降要满足地面建(构)筑物变形要求等。

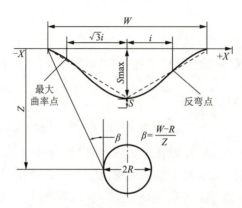

图 5-29 TBM 隧道施工引起的地表沉降槽曲线

（1）地面建（构）筑物沉降及倾斜

沉降对地面建（构）筑物的危害主要表现在地面的不均匀沉降引发的建（构）筑物倾斜（或局部倾斜），《建筑地基基础设计规范》（GB 50007—2011）对各类建筑物的允许倾斜值已明确规定。因此，对建（构）筑物而言，根据不同的地质条件，其允许最大差异沉降（不均匀下沉）控制值见表 5-10。对表中未包括的其他建（构）筑物的地基变形允许值，可根据上部结构对地基变形的适应能力和使用上的要求确定。

建筑物的地基变形允许值　　　　表 5-10

变形特征		地基土类别	
		中、低压缩性土	高压缩性土
砌体承重结构基础的局部倾斜		0.002	0.003
工业与民用建筑相邻柱基的沉降差	框架结构	0.002 L	0.003 L
	砖石墙填充的边排柱	0.007 L	0.001 L
	当基础不均匀沉降时不产生附加应力的结构	0.005 L	0.005 L
单层排架结构（柱距为 6m）柱基的沉降量（mm）		（120）	200
桥式起重机轨面的倾斜（按不调整轨道考虑）	纵向	0.004	
	横向	0.003	
多层和高层建筑基础的倾斜	$H_g \leqslant 24$	0.004	
	$24 < H_g \leqslant 60$	0.003	
	$60 < H_g \leqslant 6100$	0.0025	
	$H_g > 100$	0.002	
体型简单的高层建筑基础的平均沉降量（mm）		200	
高耸结构基础的倾斜	$H_g \leqslant 20$	0.008	
	$20 < H_g \leqslant 50$	0.006	
	$50 < H_g \leqslant 100$	0.005	
	$100 < H_g \leqslant 150$	0.004	
	$150 < H_g \leqslant 200$	0.003	
	$200 < H_g \leqslant 250$	0.002	

续上表

变形特征		地基土类别	
		中、低压缩性土	高压缩性土
高耸结构基础的沉降量	$H_g \leqslant 100$	400	
	$100 < H_g \leqslant 200$	300	
	$200 < H_g \leqslant 250$	200	

注：1. 有括号者仅适用于中压缩土。
   2. L 为相邻柱基的中心距离(mm)；H_g 为自室外地面起算的建筑物高度(m)。
   3. 倾斜指基础倾斜方向两端点的沉降差其距离的比值。
   4. 局部倾斜指砌体承重结构沿纵向 6～10m 内基础两点的沉降差与其距离的比值。

（2）地表沉降

隧道在开挖时，由于释放应力的作用，将使洞周的地层发生位移，对浅埋隧道来说，位移场将波及地面，从而引起上部楼房和既有管线的变位。为了确保既有建筑物的安全，需根据结构的特征、已使用的年限以及隧道的结构形式、地层信息、施工效应等，制定合理的地面沉降控制标准。暗挖隧道施工时地面下沉量允许值见表 5-11。

暗挖隧道施工时地面下沉量允许值 表 5-11

建筑物类型	允许最大下沉量(mm)	附注
主要交通干道及广场	30	主要交通干道、铁路、桥梁、停车场、广场等
一般道路	40	地下无构筑物的一般交通道路
建筑群	30	楼房及平房公共设施等
地下管线	30	电力、热力、煤气、上下水等

（3）TBM 洞室变形

洞室变形需小于洞室预留变形量，预留变形量应根据地层情况、洞室大小、施工方法、地表沉降控制要求等因素综合考虑确定。

4）TBM 下穿建筑物的处理方法

根据 TBM 下穿建筑物的控制因素和控制标准，TBM 下穿建筑物时要从以下几个方面考虑：一是对两结构之间的地层进行预加固；二是对既有建筑物进行现状评价和加固处理；三是根据需要适当加强 TBM 施工支护参数；四是根据实际条件调整 TBM 操作参数。

（1）建筑物保护方法

对于影响较大的建筑物，需采取特殊保护方法。保护方法可分为直接法和间接法两大类。直接法包括基础托换、结构补强等；间接法包括地基加固、隔断法、冻结法等。

①基础托换。

当 TBM 施工中需要将建筑物的桩基切断或可能使其产生过大的变形时，常采用基础托换予以保护。该法需预先在隧道两侧或单侧影响范围外设置新桩基和承载梁，以代替或承托原有基础。托换法按其对建筑物的支承方式又可分为下承式、补梁式、吊梁式等。

②地基加固。

常用的地基加固方法有注浆、树根桩、旋喷桩、深层搅拌桩等。经实践证明，这些方法都能取得控制地表变形、保护建筑物的良好效果。地基加固范围应根据隧道与建筑物的相对位置关系、隧道覆盖层厚度以及建筑物基础结构形式而定。

③隔断法。

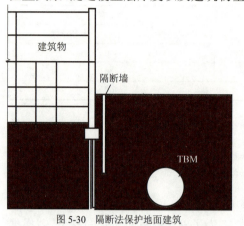

图5-30 隔断法保护地面建筑

在靠近已有建筑物进行TBM法施工时,为避免或减少TBM施工对建筑物基础的影响,应在两者间设置隔断墙予以保护。隔断墙可以采用钢板桩、地下连续墙、连续旋喷桩和挖孔桩等,它们应按承受TBM通过时的侧向土压力和地基下沉所产生的负摩擦力进行验算,以确定适当的配筋和埋置深度。为防止隔断墙侧向位移,还可在墙体顶部构筑连系梁并以地锚支承,隔断法保护地面建筑如图5-30所示。

(2)对结构风险点先期进行安全评估及控制管理

在进行下穿段施工前,首先对既有结构强度和现状进行全面评估,根据检测结果确定施工控制标准,如发现有脱离、断裂等现象,应提前进行处理。在施工过程中,要加强对既有结构的检查,对结构裂缝进行跟踪观察,密切注意裂缝的发展情况,对于一些对结构的使用和强度有影响的裂缝要及时进行处理。处理措施如下:

①首先组织权威部门评估裂缝对于结构的耐久性和强度的影响程度。

②根据评估结果采取相应的处理措施。对于一般的结构裂缝采用注环氧树脂填充的措施进行处理;对结构耐久性和强度影响较大的裂缝除采用环氧树脂填充外,还应根据需要采取措施对结构进行补强处理。

(3)监控量测体系

隧道下穿施工时,首先要建立严密的监控量测体系,对施工过程进行全面地监控量测,随时反馈信息,指导施工生产。当监测值达到控制标准的30%时,为"预警"状态,需通知施工单位引起注意;当监测值达到控制标准的70%时,为"报警"状态,此时要立即要求施工单位停止施工,并密切关注变形的进一步发展。当发生既有结构沉降速率超限时,立即启动抢险预案,采取下列处理措施:

①立即停止开挖施工,封闭所有施工掌子面,加强结构监控量测工作。

②启动应急预案,组织专家讨论分析造成既有结构沉降速率超限的原因和相应的控制措施。

③根据确定的控制措施重新制订或调整施工工艺和施工组织,进行施工交底,严格落实各项措施后再进行开挖施工。

④若既有结构沉降速率超限未得到有效控制,再次重复上述过程直到完全解决既有结构沉降速率超限问题。

(4)应急预案

加强地质超前预报和施工监测,并制定专项的施工组织设计。施工时应加强超前预注浆、出渣量、管片背后注浆,以保证开挖面的稳定和有效控制地面沉降。在进行下穿段隧道施工时,制定并严格落实各项防护措施。在发生施工段沉降或洞内变形过大时,立即启动抢

险预案,并采取下列处理措施:

①立即采取防护措施,同时把有关信息上报相关各单位和部门,各单位联合采取必要的抢险措施,加强对既有结构的检查和量测工作。

②启动应急预案,组织专家讨论分析造成掌子面变形较大的原因和相应的控制措施。

③根据确定的控制措施重新制订或调整施工工艺和施工组织,进行施工交底,严格落实各项措施后再进行掘进施工。

5)建(构)筑物鉴定及补偿

TBM通过及监测稳定后,根据建(构)筑物变化情况,由鉴定机构对其进行鉴定,必要时与施工前的调查评估做比较,然后根据鉴定结果确定加固、修缮处理方案。

(1)建(构)筑物鉴定报告

TBM掘进通过建筑群后,根据隧道埋深,建(构)筑物基础和结构形式,地基承载力等情况综合分析,受TBM施工影响较大的建(构)筑物由当地具有较高权威的评估鉴定机构和相关单位对房屋进行鉴定。出具鉴定报告,鉴定报告是建(构)筑物补偿施工组织设计的主要依据。

鉴定报告包括如下内容:

①建(构)筑物结构布置是否与原设计一致。即建(构)筑物的结构形式是否发生改变,梁、柱、剪力墙等承载结构是否完好,如建(构)筑物墙体、柱体是否有出现倾斜、裂缝;基础是否发生沉降、不均匀沉降等。建(构)筑物的使用功能是否发生变化;外观是否改变,如景观、外墙之类是否完好、破损。

②建(构)筑物现状。即建(构)筑物整体情况及所处的环境是否发生变化,必要时需对建(构)筑物的承载能力和地基承载力进行验算。

③分部位对建(构)筑物的构件和结构等进行安全性分析。按照国家现行相关规范要求评定出安全等级,最后综合评定建构筑物整体安全等级。

(2)施工前后对比

鉴定机构出具鉴定报告后,就鉴定报告的各项指标与施工调查报告的指标进行对比,找出其中变化较大或有较大影响的项目,并以对比数据差值为基础分析建构筑物的变形、沉降等情况,制订建(构)筑物补偿措施。

(3)建(构)筑物补偿措施

建(构)筑物补偿措施按照建(构)筑物损坏程度分成三类,拆迁、大修和修缮。

①根据鉴定报告,若建(构)筑物发生结构破坏,已经无法使用,或存在安全鉴定不达标等情况,建(构)筑物失去全部使用功能时,与相关业主单位进行协商赔偿并进行建(构)筑物拆迁。

②针对建(构)筑物结构整体完好,仅有部分功能受损的情况,通过与建(构)筑物业主方及相关单位沟通协调,采用大修理的方式对建(构)筑物失去的功能进行局部补偿。如发生不均匀沉降的建(构)筑物地基加固,建(构)筑物基础扩大,局部改建等。其目的主要以恢复建(构)筑物的使用功能为主。

③对于建(构)筑物发生的变形较小、不影响结构受力和正常使用的,采取小规模修缮,

以恢复建(构)筑物外观质量为主,主要有裂缝修补、外墙瓷砖、地板、吊顶修复等。

5.3.2 典型工程案例

1)TBM下穿小区建筑群

(1)TBM与下穿建筑物关系

以重庆轨道交通5号线单护盾TBM区间隧道下穿建筑物为例,单护盾TBM区间某小区房屋建筑关系如图5-31所示。

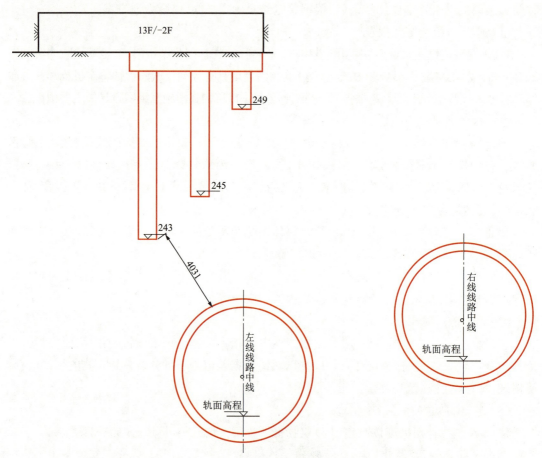

图5-31 单护盾TBM区间某小区房屋建筑关系示意图(尺寸单位:mm;高程单位:m)

(2)应对措施

①详细调查建(构)筑物的结构及基础形式,事先进行拍摄影像及评估和备案。

②穿越前可选取30~50环作为正式下穿试验段,以确定并优化下穿时的各项技术参数。

③增加管片注浆孔数量,TBM通过后根据监测数据及时对隧道拱顶120°范围内的土体进行注浆回填。

④建立既有建筑物变形监测系统,根据监测反馈数据及时调整施工参数并采取相应的

应变措施,做好应急预案。

⑤通过重要建筑时须加强沉降观测频率,并根据监测数据及时调整 TBM 推进参数,如掘进速度、出土量等。

⑥TBM 掘进时的建筑物保护,同步豆砾石、注浆是关键。必须确保豆砾石、注浆方量,可比正常情况略多。

⑦根据监测资料及时进行二次补压浆,控制好建筑物的后期沉降和不均匀沉降,特别是不均匀沉降的控制是保护建筑物的关键。

⑧不但要采取地下掘进控制措施,还要做好对建构筑物的地上应急保护工作,这样才能更好地保证建筑物的安全。

2)TBM 下穿电缆隧道

(1)TBM 与电缆隧道关系

以重庆轨道交通 5 号线单护盾 TBM 区间隧道下穿电缆隧道为例,右线线路下穿某小区电缆隧道加固如图 5-32 所示。

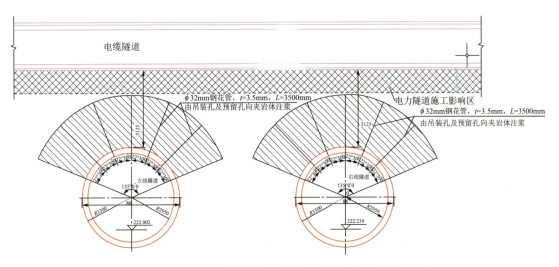

图 5-32　下穿某小区电缆隧道加固示意图(尺寸单位:mm;高程单位:m)

(2)措施

①加固方法可根据现场实际情况与产权单位协调确定,采用地面注浆或施作内衬等措施,保证管涵安全。

②施工中控制掘进速度,及时进行一次注浆、二次注浆,加强监控量测,根据反馈信息及时调整掘进参数。

③设定沉降警戒值,并做好处置预案,保证建筑物安全。

④TBM 掘进交叉段前施作超前注浆,注浆深度 3m。区间隧道待 TBM 通过后利用管片吊装孔及预留孔进行钻孔对隧道顶部 135°范围内的夹岩进行注浆加固,钻孔深度 3.5m,纵向间距为 1.5m。注浆采用 $\phi 32mm \times 3.5mm$ 的热轧钢管加工制成钢花管,钢管前端加工成锥形,尾部焊接 $\phi 6.5mm$ 钢筋加劲箍,管壁四周钻四排 $\phi 6mm$ 压浆孔。注浆采用超细水泥浆单液,其参

数如下:注浆压力 0.5～1.0MPa。水泥浆水灰比为 1∶1。施工时,当每孔注浆量达到设计注浆量或达到设计注浆压力时,可以结束注浆。水泥浆单液的参数可据现场注浆效果进行调整。

3)TBM 下穿立交桥

(1)TBM 与立交桥位置关系

TBM 隧道与公路快速干线的交叉立交桥,为重要的市政立交桥。该桥 M 线主线桥面宽约 28m,采用桩柱式桥台,桩径为 1.5m,桩底高程为 323.0～332.0m;匝道桥面约宽 8.5m,墩柱为简支墩,基础为独立桩基础,地面墩桩直径为 1.3m,桩径为 1.5m,桩底高程为 321.0～329.0m。隧道在分段里程范围内侧穿或正穿立交桥基础。此部分桥基础竖向垂直距离为 7.288～19.15m,与隧道中心线水平距离在 6.6m 以内的有 30 根桩。其中隧道正穿 2 组桥台桩基(正穿桩基 5 根,侧穿 8 根)以及 G 匝道 5 根桩基,与其竖向垂直距离为 7.736～21.2m;侧穿桩基部分水平距离在 6.6m 左右的有 12 根,最小水平距离为 0.95m,竖向最小距离 10.063m。区间隧道主要影响范围内的地层从上到下填土、强风化砂岩、中等风化砂岩、砂质泥岩。其中填土最深处约有 12.5m,区间隧道处位于砂质泥岩中。TBM 区间隧道与公路立交桥基础平剖面关系如图 5-33 所示。

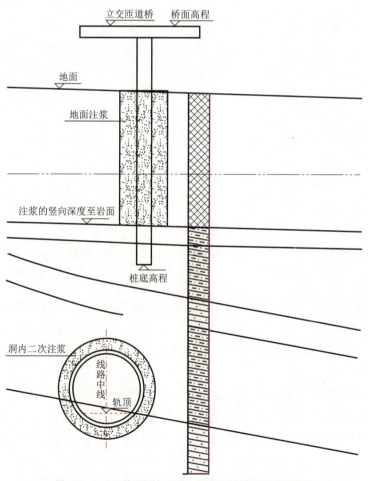

图 5-33 TBM 区间隧道与公路立交桥基础平剖面关系示意图

(2)采取的技术措施

①施工前进一步对建(构)筑物的结构现状详细调查。

②单护盾 TBM 通过前对单护盾 TBM 机进行检查、维修,尽量不停机通过。

③单护盾 TBM 掘进机通过前,对桩基预注浆加固,并根据监测情况跟踪注浆。地面注浆采用 ϕ48mm 袖阀管 @0.8m×0.8m(梅花形布置),地面注浆材料采用水泥 1∶1 水泥浆,注浆压力一般按 0.3～0.5MPa 范围控制,压力可根据场地地层的实际情况做适当调整。TBM 掘进抵达前需提前 1 个月按如图所示的范围加固地层,加固后土体 28d 无侧限抗压强度不小于 1.0MPa。

④单护盾 TBM 施工过程中,进行系统、全面的监控测量(包括地面建筑物变形监测),实行信息化施工。

⑤严格控制 TBM 掘进参数,单护盾 TBM 通过后及时同步注浆并加强二次注浆,并注意控制同步注浆的量与压力。

⑥这些范围内管片配筋需采用浅埋Ⅳ级围岩断面配筋施工。

⑦加强监测,根据监测情况必要时跟踪注浆。

⑧桩底高程及范围详见设计说明风险工程设计及临近建(构)筑物和管线的保护措施中表格内容。

4)TBM 侧穿水库

(1)TBM 施工隧道与水库位置关系

区间在大竹林至人和站区间(ZDK17+144.39～ZDK17+298.973、ZSSK0+461.45～ZSSK0+634.641、YDK17+144.39～YAK17+342.928、YSSK0+461.45～YSSK0+580.567)、人和站至和睦路站区间里程(ZDK15+364.18～ZDK15+830.876、YDK15+364.18～YDK15+830.876)旁穿刘家沟水库、黛湖水库,最小水平距离 12.770m,高差 20.665m,如图 5-34 所示。

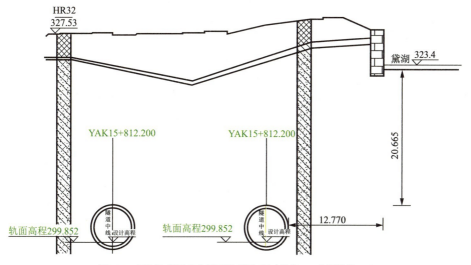

图 5-34 区间与黛湖水库剖面关系图(尺寸单位:m;高程单位:m)

（2）控制措施

①详细调查了解地质情况，预判地层渗水性。

②掘进期间密切关注掌子面渗水情况，发现渗水较大时立即停机，采用超前注浆孔进行注浆堵水。

③掘进通过后及时进行豆砾石回填及同步注浆和二次补充注浆。

④加强监控量测，根据检测数据及时调整掘进参数及同步注浆参数。

本章参考文献

[1] 吴同昌. 盾构侧穿并上跨既有地铁线路施工控制研究 [J]. 施工技术，2017，46（08）：46-48，55.

[2] 熊海涛. 地铁单护盾 TBM 区间上跨既有铁路隧道施工控制技术研究 [J]. 铁道勘察，2016，42（02）：103-106，120.

[3] 彭冠锋. 地铁区间单护盾 TBM 法上跨既有铁路隧道成套关键技术研究 [J]. 工程技术研究，2018（11）：29-31.

[4] 马亮，赵海雷. 重庆地铁单护盾 TBM 隧道上跨既有铁路施工技术 [J]. 建筑机械化，2018，39（05）：55-58.

[5] 周文波，吴惠明. 观光隧道盾构叠交施工技术初探 [J]. 中国市政工程，2002（04）：29-32.

[6] 李德才，扈森，王明年. 深圳地铁重叠隧道设计与施工技术要点 [J]. 现代隧道技术，2006（04）：21-26.

[7] 柴炜，林廷松. 深圳地铁 5 号线重叠段隧道设计与施工技术 [J]. 山西建筑，2011，37（22）：178-180.

[8] 吕奇峰，黄明利，韩雪峰. 重叠隧道施工顺序研究 [J]. 铁道标准设计，2010，（10）：102-105.

[9] 陈先国，高波. 重叠隧道的施工力学研究 [J]. 岩石力学与工程学报，2003（04）：606-610.

[10] 仲建华. 城市轨道交通工程硬岩掘进机（TBM）技术 [M]. 北京：人民交通出版社，2013.5.

[11] 陈平. 重叠地铁区间隧道 TBM 施工的数值模拟 [D]. 兰州：兰州交通大学，2011.

[12] 陈平，李笑. 重叠地铁区间隧道 TBM 施工地表沉降的数值模拟 [J]. 甘肃科技，2013，29（04）：112-114，88.

[13] 苏鹏. 城市硬岩重叠隧道施工关键技术研究 [D]. 成都：西南交通大学，2013.

[14] 李立功，张亮亮，刘星. 小净距双洞隧道下穿建筑物爆破振速控制技术研究 [J]. 隧道建设，2016，36（05）：592-599.

[15] 张彦伟，韩国令，段志强. 复合式 TBM 重叠隧道施工下层支撑体系计算探讨 [J]. 公路交通技术，2017，33（03）：77-81.

[16] 刘国柏. TBM 穿越河谷施工技术研究 [J]. 水利建设与管理，2016，36（10）：16-18，22.

[17] 刘源. 浅析双护盾 TBM 超近距离下穿人防洞室施工关键技术 [J]. 中国新技术新产品，2020（22）：96-98.

第 6 章

单护盾 TBM 空推步进施工技术

Key Technology of TBM Construction with Single Shield

Key Technology of TBM Construction with Single Shield

随着国内大城市地下快速路的兴建,我们已经面临城市地下通道建设单护盾 TBM 整机过站平移步进施工。敞开式 TBM 的平移步进过站技术已趋于成熟,但由于单护盾 TBM 自身结构原因,其平移步进技术的实际应用尚未成熟,大都参照 TBM 的过站整机滑动或平移技术。与传统步进装置相比,本书中介绍的单护盾 TBM 自进式步进装置平均步进速度为 100m/d,远大于以往盾构步进架步进速度,较大程度上提升了单护盾 TBM 步进施工技术优势。同时,不采用传统的导向轮设置,可以在中线变化较多的隧道内进行 TBM 整机前移,不需提前设置导向槽来控制方向,调向便利;TBM 设备系统自带步进架的液压系统及推进液压缸,节约成本;操作可采用 TBM 本身自带的遥控和本地控制两种方式,使用方便且安全可靠。重庆轨道交通 5 号线大竹林站至重光站段隧道区间单护盾 TBM 自进式步进装置的成功运用,加快了工程施工进度,节约了施工成本,克服了单护盾 TBM 步进施工技术瓶颈。

TBM 步进是指在非掘进状态下以整套重复且固定动作循环换步作业以实现机器前行的隧道施工工序。

我国城市轨道交通盾构及 TBM 施工技术随着不断地研究与应用日趋完善,单护盾 TBM 施工技术已经得到成功的运用和实践。由于单护盾 TBM 的步进施工技术是综合盾构和其他类型 TBM 的特征而来,所以这一过程有必要进行专门阐述。

6.1 盾构及 TBM 常见步进方式

6.1.1 盾构步进

盾构从结构上和工作原理上有很多类型,比如矩形盾构和圆形盾构、土压平衡式盾构和泥水平衡式盾构。目前国内使用的类型以圆形盾构为主,主要应用于城市轨道交通隧道施工中。在通过相邻区间之间的车站时,盾构步进技术广为应用,其常见的应用方式如下。

1)轨道法

轨道法盾构步进过站施工技术主要是利用钢轨作为盾构步进载体,关键技术工艺有顶升盾体、液压推进液压缸卸载、安装在轨重物推移机,其结构如图 6-1 所示,施工工艺流程如图 6-2 所示。

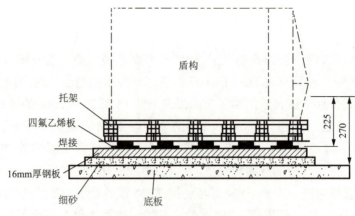

图 6-1 轨道法结构示意图（尺寸单位：mm）

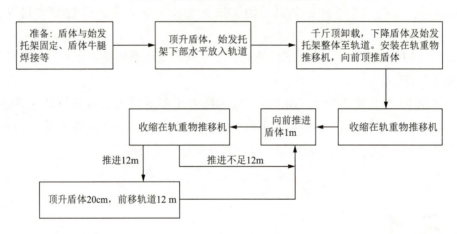

图 6-2 轨道法施工工艺流程图

该方法最快步进速度 40m/班，平均推进速度 30m/班。但对地面平整度要求高，地面承载力需求大；在轨道上设置导向卡，不适用于小于 500m 转弯半径施工环境；依靠始发托架与轨道间刚性静摩擦，钢轨及连接螺栓安装技术要求高；人工作业量大。

2）钢板法

盾构主机采用过站小车和液压缸等机具辅助进行，车站底板铺设钢板，钢板与小车之间放置滚轴，利用液压缸顶进；后配套采用在车站底板铺设轨道、利用外牵引力前进。

该方法平均推进速度 20 m/d，最大推进速度 31.2 m/d。除盾构主机纵向前进外，可利用液压缸实现纵向平移；需反复对钢板进行气割、打磨、抛光，工序复杂，人工作业量大；导向控制难度大。

3）滚钢法

在地面上铺设钢板，其长度大于盾构主机长度；在钢板上固定放置装有滚钢的钢制卡槽；将盾体放置在托架小车上，并将二者连接成"托架—盾体"整体结构，而后将其搁置于滚钢上。利用焊接在盾体上的牛腿和液压千斤顶，实现盾构主机的举升动作，用卷扬机拖动地面钢板,并循环更换滚钢,使盾构主机迁移,如图6-3所示。

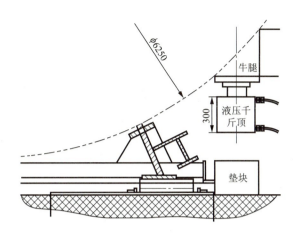

图6-3 滚钢法结构示意图(尺寸单位:mm)

通过滚钢分散钢轨承重载荷,使用滚动摩擦方式,实现盾构步进过站。该方法工序烦琐,人员作业量大。

4)轮式法

该方法是通过挡头和推进液压缸提供步进过站反力,将盾体直接放置装有轨道行走轮的小车上前进,其结构如图6-4所示。

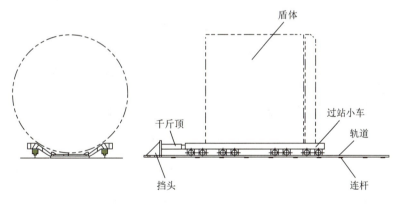

图6-4 轮式法结构示意图

该方法可最大限度地减少因为盾构过站占用大量时间所带来的对盾构施工工期的影响;但地面需铺设钢板分散钢轨承重载荷,轨道安装技术要求高,人工作业量大。

6.1.2 TBM步进

1)敞开式TBM步进

敞开式TBM步进每循环作业由TBM主梁结构、推进液压缸、后支撑及步进机构协同完成。步进机构由步进平板小车、导向轮、前支撑液压缸、步进推进液压缸（含底座）、撑靴（顶部和底部）固定架组成，如图6-5所示。

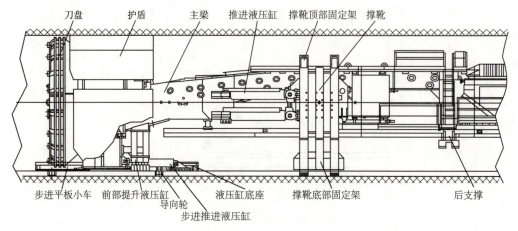

图6-5　敞开式TBM步进机构示意图

每循环步进作业分为以下5个步骤。

步骤1：TBM放置于步进平板小车及步进机构上，如图6-6所示。

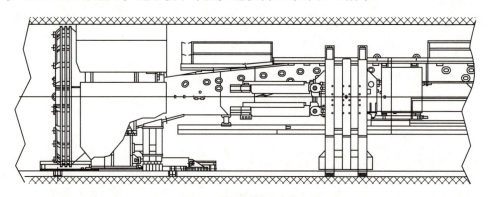

图6-6　循环步进作业步骤1

步骤2：使用步进平板小车推进液压缸向前推进一个循环行程，如图6-7所示。

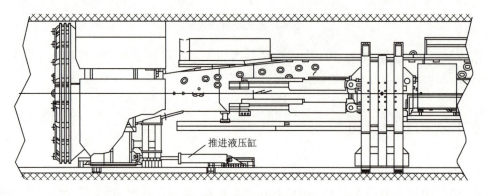

图6-7　循环步进作业步骤2

步骤3：推进结束，利用前部提升液压缸和后支撑抬高TBM，同时安放轨排架延伸轨线，如图6-8所示。

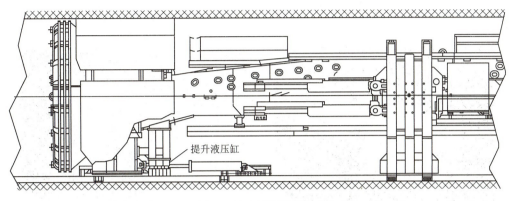

图6-8 循环步进作业步骤3

步骤4：收起步进小车推进液压缸，步进平板小车向前；收起TBM推进液压缸，撑靴向前拖拉后配套，收起后支撑同步前移，如图6-9所示。

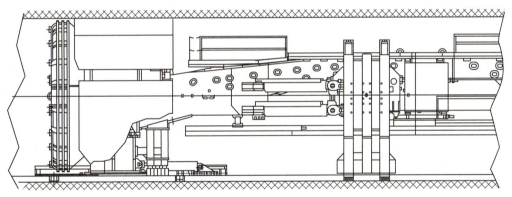

图6-9 循环步进作业步骤4

步骤5：收起前部提升液压缸，置于行走梁的垂直支撑的后面；撑紧后支撑，如图6-10所示。

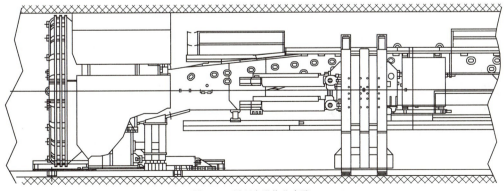

图6-10 循环步进作业步骤5

该步进方法要求：使用混凝土导向槽，混凝土地面平整度±5cm，转弯半径不小于500m。所有液压执行元件的连接均使用TBM设备自带部分液压系统，不需单独设置液压泵站；由TBM主司机独自操作，相应作业人员配合即可。步进平均速度为100m/d。现场作业情况如图6-11所示。

a)　　　　　　　　　　　　　　　　b)

图6-11　TBM步进作业现场

2）护盾式TBM步进

由于双护盾TBM普遍用于水利等长大距离隧道的独头掘进，一般在洞外装机始发步进，所以其步进方法较为简单；通常采用TBM刀盘和前体依靠辅助推进液压缸推进底部管片步进，方法较为简单，国内首台单护盾TBM始发步进时也是采用该方法。TBM始发步进如图6-12所示。

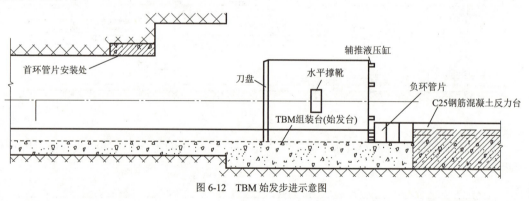

图6-12　TBM始发步进示意图

6.2 单护盾TBM平面滑行

从外观整体结构上讲，单护盾TBM主机与圆形盾构主机相似；把敞开式TBM步进平板小车装置的水平移动和圆形盾构主机的升降机构工程相结合，实现单护盾TBM步进自进式作业的施工技术便在重庆轨道交通 5 号线一期工程中诞生了。步进装置结构功能整合如图 6-13 所示。

a) 敞开式TBM步进小车

b) 圆形盾构步进小车

c) 单护盾TBM步进小车

图 6-13 单护盾 TBM 步进装置结构功能整合

6.2.1 施工环境

1) 工程环境

重庆轨道交通 5 号线一期工程使用的 2 台 $\phi 6.83m$ 单护盾 TBM 施工,在大竹林车辆段 TBM 洞外组装,步进后始发;分别经人和站、和睦路站步进后再掘进至区间风井拆机吊出。由于车站步进施工环境单一,且距离短,所以仅以大竹林车辆段单护盾 TBM 自进式步进装置的施工技术应用为例进行阐述。

单护盾 TBM 始发前,需在大竹林车辆段端左、右线隧道内步进施工长度分别为 778.24m 和 207m。所经隧道断面有 4 种,且相邻隔断面间隧道距离短;最小转弯半径位于如图 6-14 所示左线 45.39m 隧道段,转弯半径不足 50m。由于步进距离长,经现场复测,混凝土平整度 ±12cm,最大纵坡为 29‰。

单护盾 TBM 步进施工所通过隧道均为钻爆法开挖。隧道在开挖时,TBM 还处于工厂内制造阶段,单护盾 TBM 自进式步进装置的构想及制造还未完成,所以在 48.85m 和 45.39m 段隧道地板混凝土设有导向槽。步进模式采用主机牵引后配套拖车的形式,达到 TBM 整机前移的目的。

2) 单护盾 TBM 主要参数

单护盾 TBM 盾尾底部采用 60° 开口,刀盘直径 6850mm,主机总质量 450t,推进液压缸 21 根,按照"5+5+5+6"分为四个区控制,单根液压缸参数 $\phi 260/\phi 220-2100$,总推力 39023kN,最大推进速度 100mm/min。

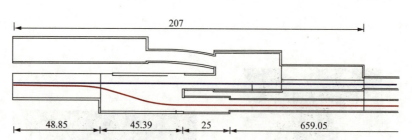

图 6-14 大竹林车辆段单护盾 TBM 步进施工平面示意图（尺寸单位：m）
（红线-左线步进隧道中线；蓝线-右线步进隧道中线）

6.2.2 单护盾 TBM 自进式步进技术

1）步进装置

该步进装置由推进液压缸 4 根、举升液压缸 8 根、回拉液压缸 4 根、导向柱 4 根、盾体防扭转卡块、举升液压缸支架、推进液压缸反力座、步进小车及液压系统等组成。自进式步进装置结构组成如图 6-15 所示。

2）TBM 步进方向的控制

推进系统分别采用遥控和本地控制两种形式，向前步进主要利用下方区域的 4 根推进液压缸。在步进时，可通过调节外侧的液压缸行程来改变步进方向。推进液压缸的分布如图 6-16 所示。

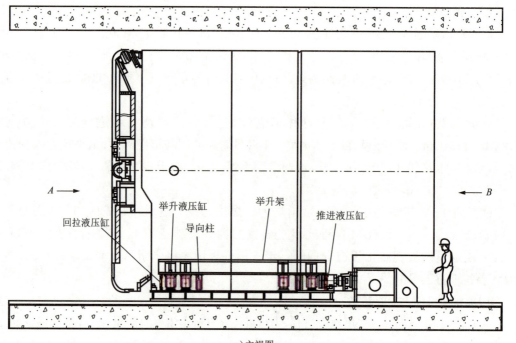

a）主视图

图 6-15

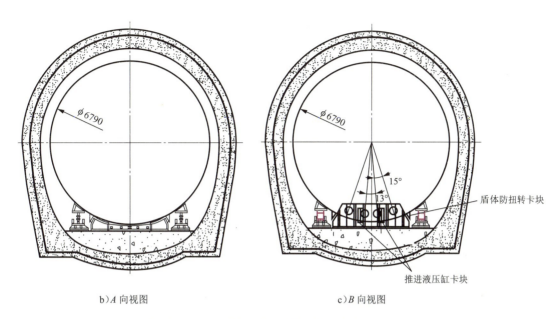

b）A 向视图　　　c）B 向视图

图 6-15　单护盾 TBM 自进式步进装置结构组成（尺寸单位：mm）

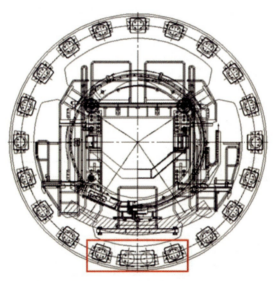

图 6-16　单护盾 TBM 主机推进液压缸分布示意图

6.2.3　施工方法

1）安装

步骤 1：步进小车安装。

洞外 TBM 组装前，确定主机安装区域，主要是设备中线的确定，在此区域安装步进小车，如图 6-17 所示。

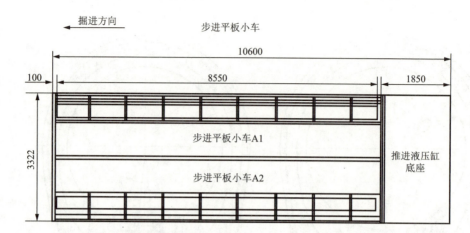

注：考虑到运输，步进小车由三块组成：分为步进小车A1、步进小车A2（由中间分开为两部分）和推进液压缸底座。安装时先放置推进液压缸底座，再将步进小车A1、A2用螺栓连接，最后与液压缸底座用螺栓进行连接

图 6-17　步进平板小车平面示意图（尺寸单位：mm）

步骤 2：安装盾体防扭转卡块。

将 TBM 主机放置在步进小车上。先放置中盾，应注意放置的位置尺寸要保持和设计图纸一致。在距步进小车外边缘水平距离 50mm 的盾体上划线，将防扭转卡块焊接到盾体上。

步骤 3：放置举升支座、举升液压缸和导向柱。

根据设计安装位置尺寸，在地面上划线，确定举升支架的放置位置，再分别按由下到上的顺序放置举升支座、举升液压缸和导向柱。支座结构如图 6-18 所示。

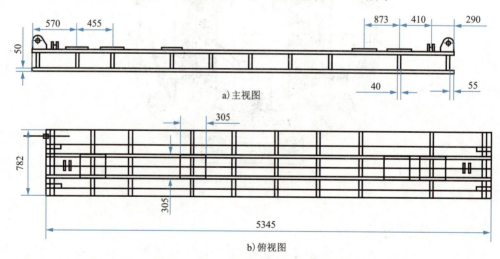

图 6-18　举升支座（尺寸单位：mm）

步骤 4：安装举升架。

根据设计安装位置尺寸，在盾体上划线，确定举升液压缸的安装位置，并对盾体和举升液压缸支座进行焊接。焊接完毕后，将举升、回拉液压缸安装在液压缸支座与举升支架

之间。

步骤 5：液压部分。

TBM 设备的液压系统调试完毕后，再安装步进架的液压系统。安装步骤如下：

①举升液压缸和回拉液压缸的液压管路连接。

利用中盾位置的 TBM 管片拖拉液压缸的液压控制系统作为举升液压缸和回拉液压缸的液压系统，并将举升和回拉液压缸与拖拉液压缸油路串联，工作压力为 25MPa。

②推进液压缸的液压管路连接。

将 4 根推进液压缸伸出至液压缸底座，用螺栓将卡块与液压缸底座连接，使推进液压缸靴板固定在卡块的卡槽内，推进液压缸工作压力均为 15MPa。

2）使用步骤

步骤 1：

先回收举升液压缸和回拉液压缸，使得举升支架脱离地面，通过推进液压缸向前推动 TBM 主机，以主机盾体与步进架间的摩擦力作为反力，使 TBM 主机在步进小车上向前移动，后配套拖车跟随主机前进，如图 6-19、图 6-20 所示。

图 6-19　举升支架脱离地面

图 6-20　准备推进状态

步骤 2：

推进液压缸行程（行程 2100mm）伸出完毕后，伸出举升液压缸和回拉液压缸（行程 70mm），将 TBM 主机与步进小车分离，如图 6-21、图 6-22 所示。

图 6-21　TBM 主机与步进小车分离

图 6-22　推进液压缸伸出状态

步骤 3：

TBM 主机与步进小车分离后，回收推进液压缸，通过推进液压缸撑靴头将平板小车向前拉动至步骤 1 位置，如图 6-23 所示。

a)　　　　　　　　　　　　　b)

图 6-23　推进液压缸回收状态

步骤 4：

步进小车移动到位后，回收举升液压缸和回拉液压缸，TBM 主机再次放置在步进小车上，一次循环步进完成。

3）注意事项

（1）测量技术人员需提前埋点放线，以隧道地板中线为基准，分别放置步进平板小车中线、外侧边线。

（2）当地面高程差值大于举升液压缸行程 70mm 时，可在举升架底座底部加设垫铁，以提高 TBM 盾体与地面相对高差；但不得超过推进液压缸靴板与其底座卡块间的夹角间隙，放置损伤推进液压缸球头铰接结构。

（3）TBM 后配套高压电缆卷筒电缆接驳时，可使用备用独立液压泵站供给液压缸压力，380V 电源供电，由人工直接操作液压换向阀作业。

（4）延伸管线的同时，应密切关注 TBM 后配套与洞壁间距离。

（5）作业至转弯处，应密切关注管片拼装机尾部和设备桥前部搭接处拖拉液压缸状态。

本章参考文献

[1] 朱朋金，赵康林，肖利星．TBM 侧向平移、空推新设备的研发及应用 [J]．隧道建设（中英文），2020，40（03）：417-425．

[2] 邝光霖，邹宝平，兰玉．成都地铁滚钢法盾构过站施工技术 [J]．黑龙江科技信息，2011（17）：299．

[3] 王珣，杨博，刘文斌．盾构机平移过站技术 [J]．隧道建设，2007（04）：52-54．

[4] 陈鸿杰．利用钢轮拖车辅助盾构机过站施工技术 [J]．城市轨道交通研究，2012，15（07）：105-109．

[5] 陈鸿杰．钢轮拖车辅助盾构机过站施工技术 [J]．现代城市轨道交通，2011（02）：55-57．

[6] 张彦伟，李树元，杨书江，等．单护盾 TBM 平面滑行步进装置及其步进方法 [P]．河南：CN104989413A，2015-10-21．

[7] 李立功，柴富奇，董立朋，等．一种用于狭窄空间盾构平面滑行步进的装置及该装置的施工方法 [P]．广东：CN110985015A，2020-04-10．

[8] 李南川.西秦岭隧道TBM掘进步进施工技术[J].隧道建设,2011,31(06):749-754.
[9] 李震.盾构机分体平移过站施工技术[J].山西建筑,2016,42(09):170-171.
[10] 黄生龙.盾构机小车过站技术研究[J].工程技术研究,2019,4(08):30-32.
[11] 王晓明.盾构机、钢套筒整体滑移过站施工技术探索与应用[J].砖瓦,2020(10):156-157.
[12] 董涛,齐保栋,翟可.盾构机顶推整体平移过站技术[J].青海交通科技,2016(02):7-9,21.
[13] 赵康林,朱朋金,肖利星,等."TBM侧向平移+弧形出渣导洞"始发方案在青岛地铁中的应用[J].建筑技术开发,2020,47(07):45-47.
[14] 王海军.敞开式TBM空推步进技术在引松供水工程的应用[J].隧道建设(中英文),2019,39(09):1500-1506.
[15] 向南,张细宝,刘日彤,等.TBM空推步进左右线导台分叉处施工技术优化[J].施工技术,2019,48(24):55-58.

第 7 章

单护盾 TBM 姿态控制技术

Key Technology of TBM Construction with Single Shield

Key Technology of TBM Construction with Single Shield

第 7 章 单护盾 TBM 姿态控制技术

随着城市轨道交通工程的发展，TBM 法也越来越多的用于城市轨道交通的建设中。TBM 姿态控制的好坏与隧道成型施工质量的优劣密切相关，通过研究单护盾 TBM 推进过程中姿态控制的关键因素，以掌握其与单护盾 TBM 姿态调整的对应关系，为单护盾 TBM 掘进过程中姿态控制提供依据。

7.1 姿态影响因素及控制方法

当单护盾 TBM 施工遇有长距离、大坡度、曲线复杂和地质条件复杂等工况时，单护盾 TBM 的姿态控制将成为难点。在掘进过程中，掘进姿态控制不当将导致隧道区间曲线的偏离，从而影响隧道的施工质量和区间结构的安全性。单护盾 TBM 与盾构在设备方面的铰接形式不同，单护盾 TBM 铰接形式一般都是主动铰接，而盾构铰接一般是被动铰接。相比而言，单护盾 TBM 姿态控制更难。在软弱围岩地层情况下，单护盾 TBM 采用皮带出渣，掘进过程中不能保压掘进，推力较小，速度较快，姿态控制较难。

7.1.1 TBM 姿态影响因素

在进行 TBM 法隧道施工中，须分析影响施工质量的主要因素，从而确定相应的解决方案，以保证隧道的整体成型质量。TBM 姿态及隧道轴线是最主要的影响因素，需要进行系统的分析。通过分析在施工现场的具体情况，参考相关的文献资料，可以得到单护盾 TBM 姿态的影响因素。影响因素主要有以下几个方面。

（1）地质条件

地层直接影响到单护盾 TBM 及隧道的整体受力情况，尤其是在两种不同的地层之间进行掘进时，单护盾 TBM 的受力情况更加复杂，给掘进中的姿态控制造成了较大的困难，所以在施工中，要对隧道穿越地层的地质情况进行系统地分析，事先确定施工方案，以保证施工的顺利进行。

（2）设计轴线

隧道的总体设计除了要满足工程运行的使用要求以外，对于 TBM 法施工，还应在设计中充分考虑到 TBM 法施工的特点，发挥 TBM 法施工的长处，以保证施工的顺利高效进行。对于既有的隧道轴线，应充分地对设计轴线进行系统的分析研究，对不同的设计线形，确定具体的施工方案，主要包括：在设计轴线的基础上，结合 TBM 法施工的特点制定出一条指导施工的施工轴线;确定小半径施工、穿越建构筑物及河流施工、穿越不同地层施工等特殊工况的施工方案;确定具体的测量监测方案;确定轴线调整预案等。

(3)隧道测量

在隧道掘进过程中,测量的正确性、准确性及精确性是至关重要的,它直接决定了TBM的掘进方向,所以在施工中应保证测量的万无一失,要经常进行复测,并对现有测量成果进行及时调整,保证隧道轴线的正确性。由于管片上浮或旋转造成测量系统出现问题,此时主司机要密切注意液压缸行程差值的变化以及线路是否正确,在发现异常时要及时反馈至相关人员对测量系统进行校核。

(4)刀具更换与磨损影响

一般在掘进曲线段前,TBM最小转弯半径曲线是要求在全盘新刀的情况下模拟的,换刀对掘进姿态的影响主要出现在曲线掘进段,提前考虑刀具更换的位置、方案,方能够顺利通过曲线段。在岩层较硬的情况下,边刀磨损过量直接导致机头快速抬头或快速朝一边滑动而难以控制,而在岩层较软的情况下,边刀若为新刀或没有较大磨损,机头极易快速下沉且方向不宜控制。

(5)管片姿态

管片的不同形式对隧道的掘进有着不同的影响,一般设计方会出具隧道的整体管片排列图,但应结合施工情况做出相应的调整,同时根据管片的不同拼装方式制订施工方案。当管片拼装出现偏差时,推进液压缸作用在管片上会影响反力的方向,从而对刀盘推力的方向产生影响,最终使TBM姿态在设计轴线上产生偏差。

(6)主体自重

单护盾TBM在掘进的过程中,刀盘推力是依靠推进液压缸顶在已安装好的管片上产生的反力。推进时,在掌子面岩层不足以稳定刀盘的情况下,就会出现TBM调向难以控制的状况,一般表现为机头快速下沉,造成TBM姿态出现偏差,从而给TBM调向工作带来极大的困难,严重时会造成设备损坏。

(7)铰接形式

对于主动式铰接,在TBM与轴线偏差值较大的情况下,TBM的纠偏会比较困难,并且会使TBM及管片局部受力,造成TBM或管片的损伤,影响管片的成环质量以及工程的整体质量。

(8)盾尾垫起或前盾栽头

在软岩掘进时会经常出现微小的塌方,由于岩层含泥量较多且含水率较高,导致出渣困难,刀仓经常会被堵死;出渣不能及时进行,推力和扭矩就会增加,渣土就会垫在盾体后面,使掘进的姿态受到限制,TBM处于抬头状态。而在岩石含水率增加的过程中,围岩的含水率随之增加并出现软化,泥化的程度也会增加,导致TBM低头,不能合理进行液压缸位差的调整,会引发TBM出现栽头现象。

7.1.2 TBM 姿态控制方法

单护盾 TBM 的姿态控制是通过调整推进液压缸的几个分组区的推进油压的差值,并结合铰接液压缸的调整,使单护盾 TBM 形成向着轴线方向的趋势,使单护盾 TBM 三个关键点位(切口、铰接、盾尾)尽量保持在轴线附近。以隧道轴线为目标,根据自动测量系统显示的轴线偏差和偏差趋势把偏差控制在设计范围内,同时在掘进过程中进行 TBM 姿态调整,确保管片不破损及错台量较小。通常来说就是保头护尾。

1)控制要点

(1)TBM 沿着设计线路掘进时与轴线的偏移量。

(2)TBM 盾尾与成型管片之间的夹角与盾尾间隙。

(3)TBM 沿着设计线路掘进时,前进趋势与设计轴线的偏差。

(4)TBM 自身的滚动角。

2)姿态控制方法

(1)盾尾位置控制

在 TBM 通过砂岩、砂质泥岩地层,会造成管片旋转,因此需要提前对 TBM 头部姿态作出调整。一般情况下会通过人工测量反馈一定的浮量,将垂直姿态适当的下调一定的比例,如上浮 100mm 时,需将整体姿态向下 50mm,确保盾尾管片的姿态在控制轴线允许偏差范围内。

(2)调节量控制

一般情况下掘进调节量 5mm/m 以内较为合理,线性最佳;特殊情况下,可根据线路的转弯半径提前进行调节,例如在左转时,进入转弯曲线前,需提前向左边进行适当的偏移。因此主司机必须提前掌握整个线路的走向以及趋势,确保方向能够更加缓和地调整。

(3)趋势调节控制

趋势一般情况下不能太大,否则会造成急于纠偏的现象,大趋势变化由大方位变化而来。趋势要与管片楔形量调整大小匹配,在管片能够调整的范围内进行调向,也就是要跟着管片方向进行调向。反之则容易使管片与盾尾卡死,铰接力及行程会增加。

(4)液压缸行程差控制

一般情况下液压缸行程差不大于 50mm,在特殊情况下液压缸行程差值也不要大于 60mm。液压缸行走的差值,直接反映了调向的快慢,例如左边的液压缸行程比右边的行程多行走 50mm,那么方向将向右边偏移,一般情况下调节的行走行程的差值不大于管片调形量,例如管片楔形量为 38mm,那么每环最大的调节行程差控制在 38mm 以内较为合适,否则过快的调向会造成卡盾现象。

(5)铰接控制

铰接控制是为了控制 TBM 姿态,以适应蛇行前进,特别是适应曲线掘进。主动铰接系统主要有由铰接液压缸及控制阀组组成,其中油泵源作为高压定量泵,系统设定工作压力一般为 35MPa。

铰接液压缸成周向分布,由 4 组 14 根铰接液压缸组成,调整时 4 组全部动作,转弯方向一侧液压缸缩回,另一侧伸出,由编制程序自动控制。控制阀组设有液压锁和双向溢流阀组成,既保证铰接液压缸能够长时间锁紧,又可以保护机械结构作用。

铰接液压缸行程为 190mm。主动铰接系统需在刀盘旋转的情况下才能够正常运行。铰接控制点位如图 7-1 所示,铰接动作范围如图 7-2 所示。

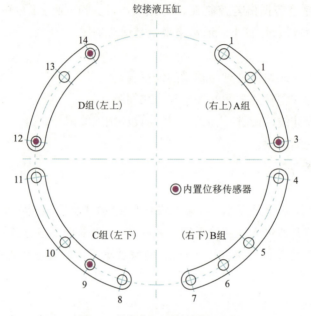

图 7-1　单护盾 TBM 铰接控制点位图

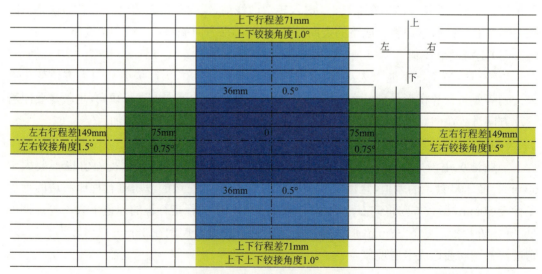

图 7-2　单护盾 TBM 铰接动作范围示意图

由图 7-2 可知:

①上下动作铰接最大行程差 36mm(同角度 0.5°)以内时,左右动作铰接最大行程差

149mm（铰接角度1.5°）。

②左右动作铰接最大行程差75mm（铰接角度0.75°）以内时，上下动作铰接最大行程差为71mm（同角度1°）。

③在曲线施工的操作中，如超出上述范围时，连锁机构启动，此时只能进行回直操作。

（6）速度与调向控制

掘进速度的快慢与调向也有直接的关系，一般情况下，速度慢对调向更为有利。因此在调向困难时，一定要放慢掘进速度以确保方向可控，并且每掘进300～500mm，观察姿态的变化是否与调节的方向相一致。如果行程差在增大而方向没有任何变化或向相反的方向移动，那么需立即停机并将情况及时的反馈至相关人员进行测量核定。

7.2 姿态控制措施

7.2.1 不同线形姿态控制

1）直线段的姿态控制措施

在进行直线段推进时，应尽量控制切口位置保持在施工轴线的 -10～+10mm 范围之内，最大控制在施工轴线的 -20～+20mm 范围之内；左右两侧的推力应始终保持一致，并根据实际的刀盘受力情况作微小调整，使两侧液压缸行程保持一致；左右液压缸行程差值最大不应超过 50mm；合理控制铰接及盾尾位置，使之位置偏差亦控制在 -20～+20mm 的偏差范围之内。如出现超出偏差范围的情况，应及时作纠偏处理。纠偏时切口的位置亦要保持在 -20～+20mm 的偏差范围之内，严禁在纠偏过程中过大的调整切口位置，造成后续推进中的姿态失控；铰接液压缸的行程应始终控制在 30～80mm 的范围之内，并且左右的铰接液压缸行程差值不应超过 10mm。如果出现超出偏差范围的情况，应及时作纠偏处理，以保证铰接部位能够起到正常的保护调整作用，避免铰接部件的局部受损。

2）圆曲线段的姿态控制措施

圆曲线段的姿态控制在进行圆曲线段的推进时，应提前计算好左右液压缸行程的超前量。超前量的值可以通过计算求出，也可以通过 AutoCAD 绘图直接量取。在推进过程中，切口的控制中心应向着圆曲线的圆心方向作出一定量的偏移。偏移量的大小视圆曲线的半径大小而定，半径越小偏移量越大，推进中应控制切口位置保持在设定的控制中心附近，正常施工时的误差不应超过 -10～+10mm，最大应控制在 -20～+20mm 范围内；左右两侧的液压缸推力应始终保持有一定的差值，并根据实际的刀盘受力情况做微小调整，使两侧液压缸行程差值与提前计算得出的超前量的值保持一致，左右液压缸行程差值与超前量之间的最大误差不应超过10mm。按照设计部门给出的曲线段管片排列图进行管片选型拼装,并视具体的施工情况进行管片处理,通过楔形传力衬垫对管片姿态进行微量调整,并控制好环面平整度及喇叭度。

合理控制铰接及盾尾位置,盾尾的控制中心应向着圆曲线的圆心方向作出一定量的偏移,偏移量的大小视圆曲线的半径大小而定,半径越小偏移量越大;盾尾(铰接)的控制中心应向着背离圆曲线圆心的方向作出一定量的偏移,偏移量的大小视圆曲线的半径大小而定,半径越小偏移量越大;推进中应控制盾尾及铰接位置保持在设定的控制中心附近,位置偏差宜控制在 −20 ~ +20mm 范围内,如出现超出偏差范围的情况,应及时进行纠偏处理,纠偏时切口的位置控制在 −20 ~ +20mm 范围内,严禁在纠偏过程中过大的调整切口位置,造成后续推进中的姿态失控。铰接液压缸的行程应始终控制在 40 ~ 100mm 范围内,如果出现超出范围的情况,应及时作纠偏处理,以保证铰接部位能够起到正常的保护调整作用,避免铰接部件的局部受损。

3)竖曲线上的姿态控制措施

竖曲线上的姿态控制相对比较简单,主要控制好 TBM 的坡度变化,在进行直线段的推进时,应尽量控制切口位置保持在轴线附近,正常施工时的误差不应超过 −10 ~ +10mm 的范围,最大应控制在 −20 ~ +20mm 范围内,同时控制 TBM 坡度与设计轴线纵坡基本保持一致,最大误差不应超过 2%,应根据实际 TBM 坡度值调整好上下两组推进液压缸的推进油压,使 TBM 的坡度保持在稳定的状态下,并根据实际的刀盘受力情况进行微小调整,使上下液压缸行程保持一致,上下液压缸行程差值最大不应超过 50mm,合理控制铰接及盾尾位置,使之位置偏差也控制在 −20 ~ +20mm 范围内,如出现超出偏差范围的情况,应及时进行纠偏处理,纠偏时切口的位置也要保持在 −20 ~ +20mm 范围内,严禁在纠偏过程中过大的调整切口位置,造成后续推进中的姿态失控;铰接液压缸的行程应始终控制在 30 ~ 80mm 范围内,并且上下的铰接液压缸行程差值不应超过 10mm,如果出现超出偏差范围的情况,应及时进行纠偏处理,以保证铰接部位能够起到正常的保护调整作用,避免铰接部件的局部受损。

7.2.2 不同地质姿态控制

(1)淤泥层中单护盾 TBM 掘进姿态的控制

单护盾 TBM 在淤泥层中掘进时,由于地层自稳性能极差,为控制单护盾 TBM 水平和垂直差在允许范围内,避免单护盾 TBM 蛇形量过大造成对地层的过量扰动,宜将单护盾 TBM 掘进速度控制在 30 ~ 40mm/min 之间,刀盘转速控制在 3 ~ 5r/min。在该段地层中掘进时,4 组推进液压缸推力应较为均衡,避免掘进过程中推进液压缸行程过大。否则可能会造成推力轴线与管片中心线不在同一直线上。

(2)全断面土层中单护盾 TBM 掘进姿态的控制

全断面土层属于均一地层,单护盾 TBM 在该类地层中掘进其轴线姿态能较好地控制,在掘进时保持各分区推进液压缸均匀,总推力和掘进速度均匀,即可保持 TBM 较好的姿态。

(3)砂层中单护盾 TBM 掘进姿态的控制

单护盾 TBM 在全断面富水砂层中掘进,由于含水砂层的自稳性极差,含水率高,极易出现单护盾 TBM"栽头"现象。为避免单护盾 TBM 在含水砂层中掘进出现"栽头"现象,在推进过程中单护盾 TBM 应保持向上"抬头"的趋势,如果发现有"栽头"趋势,应立即调节上下部压力,维持单护盾 TBM 向上的趋势。

(4)软硬不均的地层中单护盾 TBM 掘进姿态的控制

岩层层面起伏大的地层中会导致隧洞开挖面内的岩层出现软硬不均。单护盾 TBM 在这种地层中掘进时,其姿态控制难度大,易产生垂直方向上的过量蛇行,造成管片错台及开裂。以上软下硬地层为例,在这类地质条件下掘进时,单护盾 TBM 刀盘受力不均,掘进速度不均衡,这就要求在掘进过程中,必须时刻观察测量系统提供的单护盾 TBM 姿态数据,结合观察推进液压缸的行程差。否则就会造成管片选型变化大,甚至造成过小的盾尾间隙使管片不能顺利脱出盾尾。因此,在推进过程中不能单一的只注意测量系统所提供的 TBM 姿态来指导掘进,还应兼顾各推进液压缸的行程差。

7.3 姿态纠偏方法及控制要点

在实际施工中,由于地质、测量误差等原因,TBM 推进方向可能会偏离设计轴线并超过管理警戒值;在稳定地层中掘进时,因地层提供的滚动阻力小,可能会产生盾体滚动偏差;在线路变坡段或急弯段掘进过程中,有可能产生较大的偏差,这时就要及时调整 TBM 姿态、纠正偏差。

7.3.1 姿态纠偏影响因素

(1)铰接对纠偏的影响

在纠偏过程中一侧的铰接拉得太长会对纠偏造成较大的影响。收铰接会加大不利的趋势,严重时这环的纠偏可能会前功尽弃。一定要做到收铰接的时间不能太长,压力不要太高,尽量把趋势从正值纠到负值(或负值纠到正值)并使之大于 2 的趋势点再收铰接,这样就会把姿态调到有利的一侧,这时收铰接才会对姿态纠偏起到事半功倍的效果。

(2)推力对纠偏的影响

众所周知,一般情况下想让 TBM 姿态向右(或向左),应加大相反方向区域液压缸的推力,或减少同方向区域液压缸的推力来实现。但也有些特殊情况,例如推进过程中一侧推力比另一侧推力大,但掘进液压缸的行程显示却是推力小的一侧变化快,这种现象多出现在小半径施工中。出现这种情况原因有两点:一是因为开挖面土质不是均匀分布;二是两侧的推力压差还不够大。

(3)掘进速度对纠偏的影响

如果 TBM 姿态出现较大的偏差,在纠偏过程中掘进速度不宜过快,因为在纠偏过程中要适时调整推进液压缸压力,如果速度太快,很容易造成纠偏力度不够或猛纠、狠纠的现象。

(4)管片点位的选择对纠偏的影响

根据单护盾 TBM 的掘进趋势,即满足的关键点为管片的轴线要与单护盾 TBM 的轴线重合,在考虑纠偏调整的时候应考虑几点注意事项:首先要根据推进液压缸的行程,封项块要拼装在行程最短的一侧;其次看单护盾 TBM 姿态,如果单护盾 TBM 向右,而右侧的行程最大,那就得看第三个考虑的因素——铰接。铰接这个因素也是最容易让人忽略的因素,如果右侧铰接最小,那么拼装时所要优先考虑的是拼装在行程最短的两侧,使得管片有向右的趋势,减小管片与单护盾 TBM 轴线之间的夹角;如果左侧的铰接最小,那么拼装在行程最短处也是可以的,因为单护盾 TBM 已经有向左的趋势了。总而言之,管片点位的选择要根据 TBM 姿态、盾尾间隙、液压缸行程、铰接情况综合考虑。

7.3.2 姿态控制标准

TBM 姿态的好坏直接影响成型后区间隧道的施工质量,根据《盾构法隧道施工与验收规范》(GB 50446—2017),隧道轴线和高程允许偏差要求和检验方法见表 7-1。

隧道轴线和高程允许偏差和检验方法 表 7-1

序号	项　目	允许偏差(mm)			检验方法	检查频率
		地铁隧道	公路隧道	水工隧道		
1	隧道轴线平面位置	±50	±75	±100	用经纬仪测中线	1 点/环
2	隧道轴线高程	±50	±75	±100	用经纬仪测中线	1 点/环

7.3.3 姿态纠偏方法

(1)摆头、大摆尾

TBM 的姿态变化轨迹是以前点后侧为基准点,后点进行扇形展开,摆头、大摆尾的情况主要多出现在方向回调的阶段,因此要注意回调的力度。同时这种情况会对掘进速度是有一定影响的,对下一环的掘进也将产生不利的影响,如果盾尾处的间隙很小,当掘进时受力不均等因素存在就会对管片产生扭动,这不仅降低了推进液压缸的有效推力,同时还会加大管片间的内力使得管片损坏或错台严重。

(2)摆头、小摆尾

摆头、小摆尾情况出现的原因是,前点变化明显,使得一侧的掌子面土体严重超挖,并使掌子面土体的内聚力增加,另一侧出现很大空隙,而这个空隙暂时是无法填充的,当TBM停止掘进时,由于一侧的内力释放,就会使得前点向另一侧偏移。摆头、小摆尾情况多出现在急纠的第二阶段,当前点向轴线方向移动较快,而后点由于管片等卡住调向缓慢而引起,因此要及时地回调液压缸压力纠偏。

(3)大摆头、大摆尾

大摆头、大摆尾情况是,前点变化明显,后点也变化明显。这种情况多出现在大方向纠偏的开始阶段,当前点向轴线移动,后点会继续想轴线相反方向移动。

这几种姿态的纠偏方式都各有其优缺点,在掘进过程中似具体情况灵活运用,利用其他参数的使用找到三者平衡点,但要尽量使TBM减少对土体的扰动,同时保证盾尾与管片之间间隙不要过小防止卡盾。

7.3.4 异常姿态纠偏方法

(1)单护盾TBM的铰接方式为被动铰接,可根据《单护盾TBM操作手册》相应纠偏内容进行调整。在间隙过小的情况下要及时调整方向,同时在管片选型上做出调整,及时减小铰接压力,不得已的情况下还需增加辅助液压缸等措施来进行脱困。

(2)液压缸行程差过大。

液压缸行程差过大是由多种因素造成,其中最主要的因素是调向过快和管片选型出现问题,管片选型一定要与调向相结合避免此类问题的发生。在发生此种情况的时候需要在盾尾没被卡住前首先要通过管片选型来调整液压缸差,同时掘进过程中要注意液压缸行程差的变化。当调向与行程差存在矛盾时,要减缓调向速率,但要注意在大方位偏移调向时一定要保持方向仍然在向预定的方向前行。调向的行走行程差值不要大于管片楔形量调节差值。

(3)特殊地质中推力增加仍无法调向。

这种情况多出现在软硬不均地层或者非常软的软弱地层竖直方向的调向。在软硬不均地质中掘进时,如果出现了此类情况,造成的原因可能是推进速度过快,因此首要的任务就是要将速度减缓,在低速度下进行推进,更有力于调向。要避免出现此种现象的措施:一是先要在圆曲线进入前提前进行换刀以增加开挖量,减小调向难度;二是在进入前要提前进行调向;三是在掘进过程中要放慢速度,通过调节液压缸压力来进行方向调节,并且要观察液压缸行程的差值,确认是否正在进行调向。同时要观察铰接压力的变化情况,在趋势一定的情况下,适当地收放铰接帮助中前体先进行调向,然后在通过中前体将盾尾拉回至正确的方向。

在软弱地层垂直调向方面要注意考虑刀盘的重量造成的机头下垂问题,因此一般情况下要保持一定上扬的姿态,有时可能要保持一定的趋势,要及时摸索趋势的情况,总结经验,确保单护盾TBM不能低头。在此情况下有可能趋势会达到6mm/m以上,甚至要进行调向时趋势可能会超过10mm/m,要注意特殊情况下的趋势。在软弱地层中掘进,由于所需要的推力不是很大,在需要调向时,加大推力推进速度也会随之增加,就造成了调向的困难,因此在这种情况下,要找出速度与推力以及调向的平衡点,在尽量减小速度的同时,加大推进液压缸油压的差值,确保姿态沿着正确线路前进。注意在此地层中掘进一定不要造成掌子面的超挖。

7.3.5 姿态控制纠偏要点

(1)在切换刀盘转动方向时,应保留适当的时间间隔,切换速度不宜过快,切换速度过快可能造成管片受力状态突变,而使管片损坏。

(2)根据掌子面地层情况应及时调整掘进参数,调整掘进方向时应设置警戒值与限制值。达到警戒值时及时执行纠偏程序。

(3)蛇行修正及纠偏时应缓慢进行,如修正过急,蛇行反而更加明显。在直线推进的情况下,应选取 TBM 当前所在位置点与设计线上远方的一点作一直线,然后再以这条线为新的基准进行线形管理。在曲线推进的情况下,应使 TBM 当前所在位置点与远方点的连线同设计曲线相切。

(4)推进液压缸油压的调整不宜过快、过大,否则可能造成管片局部破损甚至开裂。

(5)正确进行管片选型,确保拼装质量与精度,使管片端面尽可能与计划的掘进方向垂直。

(6)掘进始发、到达时方向控制极其重要,应按照始发、到达掘进的有关技术要求,做好测量定位工作。如达到警戒值时应及时执行纠偏程序。

本章参考文献

[1] 张志英. TBM 隧洞施工管片拼装及滚动姿态纠偏方法 [J]. 山西水利,2010,26(06):38,42.

[2] 唐浩然. 单护盾 TBM 掘进姿态控制 [J]. 山东工业技术,2015(24):104.

[3] 张振. TBM 姿态控制技术研究 [D]. 杭州:浙江大学,2016.

[4] 彭左. TBM 岩土载荷特征识别及姿态控制研究 [D] 杭州:浙江大学,2017.

[5] 陈晓东. 引洮供水一期工程长隧洞 TBM 施工关键技术及实践 [J]. 水利规划与设计,2019(07):75-80,95.

[6] 黎峰,王力,刘大刚,等. 长距离大坡度单护盾 TBM 隧道姿态控制技术研究:2016 中国隧道与地下工程大会(CTUC)暨中国土木工程学会隧道及地下工程分会第十九届年会论文集 [C]. 中国土木工程学会隧道及地下工程分会:中国土木工程学会,2016,7.

第8章

单护盾TBM管片变形控制技术

Key Technology of TBM Construction with Single Shield

Key Technology of TBM Construction with Single Shield

TBM 隧道一般采用预制管片作为衬砌结构。管片作为隧道的主要承载结构，其过大变形会对隧道整体结构的安全性、耐久性产生不利影响。由于单护盾 TBM 在推进时，管片受到推进液压缸的推力、注浆压力、盾尾约束、围岩压力、豆砾石填充等影响因素，使管片在施工阶段容易出现较大变形甚至破损的现象，影响施工质量。为此，本章对单护盾 TBM 隧道管片的变形规律及控制措施进行系统性分析，分别从管片结构形式、施工载荷与施工工况、管片变形规律及变形控制措施等方面对管片变形控制技术进行阐述。

8.1 隧道结构设计

以城市轨道交通 TBM 隧道为例，重庆轨道交通 5 号线重光站—和睦站—人和站—大竹林停车场区间，区间全长 4.6km，采用的 2 台单护盾 TBM 组织施工，区间以单护盾 TBM 为主，计算选用断面为单护盾 TBM Ⅳ级围岩深埋断面。

8.1.1 计算原则

（1）采用单护盾 TBM 施工的隧道结构，其结构计算简图应根据工程地质和水文地质条件、衬砌构造特点及施工工艺加以确定。计算中应依据围岩状况考虑衬砌与地层共同作用。

（2）钻爆法区间按照《铁路隧道设计规范》（TB 10003—2016）要求进行结构设计。

8.1.2 计算标准

（1）地下区间结构防水等级为二级，钢筋混凝土结构的最大裂缝宽度允许值为：在载荷的短期效应组合并考虑长期效应组合的影响下求得，计算裂缝宽度迎土面不得大于 0.2mm，背土面不得大于 0.3mm，并不得有贯穿裂缝。

（2）本次计算隧道位于 6 度地震烈度区，结构按 7 度地震烈度设防。

（3）结构安全等级为一级。

（4）区间隧道施工地面沉降控制标准应根据周边环境条件认真分析确定。一般路面下宜控制在 30mm 以内，当穿越重要地面建筑物或地下管线时，应按照允许条件确定。

（5）钢筋混凝土结构中所用混凝土的极限强度按表 8-1 采用。区间隧道内层衬砌采用钢筋混凝土时其混凝土强度等级不应低于C40，抗渗等级不低于P12，同时应满足其抗冻、抗渗和抗侵蚀性等耐久性相关要求。

混凝土的极限强度（MPa）　　　　　　　　　　表 8-1

序　号	强度种类	符　号	混凝土强度等级 C40
1	抗压	R_a	29.5
2	弯曲抗压	R_w	36.9
3	抗拉	R_l	2.7

（6）混凝土的弹性模量应按表 8-2 采用。混凝土的剪切弹性模量可按表 8-2 数值乘以 0.43 采用，混凝土的泊松比可采用 0.2。

混凝土的弹性模量 E_c（GPa）　　　　　　　　表 8-2

混凝土强度等级	弹性模量 E_c
C40	33.5

8.1.3　计算模型假定

采用隧道二次衬砌采用载荷—结构模型，初期支护采用地层—结构模型，采用有限元分析软件计算。

1）计算基本假定

对于载荷—结构模型假定构件为小变形弹性梁，离散为足够多个等厚度直梁单元；对于平面计算模型，假定围岩为各向均质同性的有限单元体。

2）计算分析

单护盾 TBM 段采用掘进施工，钻爆段采用分步开挖，围岩作用于结构的压力随开挖和拆除支撑不断变化，其受力多次重新分配，最后由初期支护与二次衬砌共同承担。为此结构计算应跟踪其施工过程，且采用最终的确定值、保守的承载方式进行分析。

（1）施工期间：初期支护应根据具体施工情况承受绝大部分（甚至全部）施工阶段的围岩载荷。

（2）使用期间：暗挖结构应充分考虑初期支护的耐久性问题，二次衬砌需承受全部围岩载荷计算）。

8.1.4　计算初始条件

1）计算工况

本次计算选用金州站—和睦路站地下区间单护盾 TBM Ⅳ级围岩施工段标准断面进行计算，计算工况为初期支护和二次衬砌载荷模拟计算。

首先建立合适的计算模型，选取围岩计算参数，通过计算结果指导设计，确保初期支护及二次衬砌结构的安全可靠。

2）计算条件

根据沿线详勘地质资料，本次计算结构所处Ⅳ级围岩参数取值可参考表8-3。

围岩计算参数表　　　　　表8-3

围岩级别	弹性反力系数 K（MPa/m）	重度（kN/m³）	计算摩擦角 φ_c	土柱两侧摩擦角 θ	侧压力系数 λ
Ⅳ级	400～500	25.5	50	$(0.7～0.9)\varphi_c$	0.15～0.3 或采用计算值

按重庆地区惯例，对于水压力，地下计算承压水位一般考虑至隧道拱顶位置，二次衬砌考虑承受两侧及底部水压力。

3）计算载荷

根据《铁路隧道设计规范》（TB 10003—2016）及《地铁设计规范》（GB 50157—2013），隧道深浅埋的临界埋深为 $(2.0～2.5)h_a$（h_a 为深埋隧道垂直载荷计算高度）。本次计算对于深埋段，考虑塌落拱范围内的围岩载荷；对于超浅埋段可考虑隧道拱顶以上全部土柱重量；对于一般浅埋段，需考虑土层破裂楔形体下滑所受的摩擦阻力作用。

地面超载可按20kPa的均布载荷取值。根据结构耐久性及安全储备需要，考虑二次衬砌承受全部围岩载荷。结构采用"破损阶段"法进行结构设计计算，载荷组合形式见表8-4，暗挖地下结构载荷分类见表8-5。

载荷组合形式　　　　　表8-4

序号	组合形式	永久载荷	可变载荷	偶然载荷	
				地震载荷	人防载荷
1	基本组合	1.35	0.7×1.4	—	—
2	长期效应组合	1.0	$\psi_q×1.0$	—	—
3	标准组合构件裂缝宽度验算	1.0	1.0	—	—
4	抗震偶然组合	1.2	0.6	1.3	—
5	人防偶然组合	1.2	—	—	1.0

载荷分项暗挖地下结构载荷分类　　　　　表8-5

载荷分类		载荷名称
永久载荷	恒载	结构自重
		设备重量与结构附加载荷
		围岩压力或水、土压力
		结构上部范围内设施和建筑物压力
		地基下沉影响
		混凝土收缩及徐变的影响
	活载	地面车辆载荷
		人群载荷
		地铁车辆活载及冲击力、制动力

续上表

载荷分类	载荷名称
可变载荷	温度变化影响
	灌浆压力
	施工载荷
偶然载荷	地震载荷

8.1.5　TBM二次衬砌计算

1）计算依据

（1）根据以上初期支护计算分析，区间单护盾TBM施工段隧道属于深埋。

（2）围岩垂直压力考虑深埋塌落拱范围内的围岩载荷，侧压力系数取0.25。

（3）计算水压力从隧道拱顶处考虑。

2）二次衬砌结构计算

（1）计算载荷的施加

地面超载按20kN/m考虑，围岩压力计算高度h_a=4.1m，围岩竖向压力$q_1=\gamma h$=106kN/m，侧压力载荷e_1=26.5kN/m，水压力载荷q_3=64kN/m，车辆载荷q_4=20kN/m，如图8-1所示。

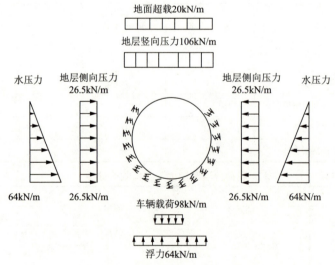

图8-1　单护盾TBM隧道二次衬砌计算简图

（2）计算结果

①考虑水压力作用。

考虑水压力载荷时，通过有限元计算以后得到二次衬砌的内力，计算结果如图8-2～图8-5所示。

单护盾 TBM 管片变形控制技术 | 第 8 章

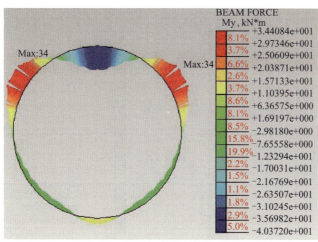

图 8-2 隧道弯矩图

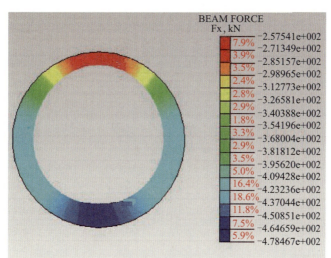

图 8-3 隧道轴力图

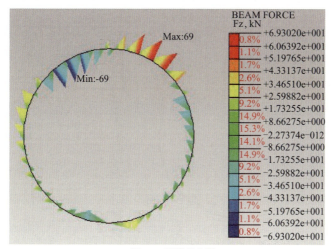

图 8-4 隧道剪力图

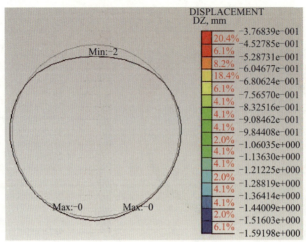

图 8-5　隧道变形图

将计算结果分析主要从安全系数检算和裂缝检算进行,其结果见表 8-6、表 8-7。

安全系数检算　　　　　　　　　　　　　　表 8-6

编号	位置	弯矩(kN·m)	轴力(kN)	配筋面积(mm²)	安全系数	大小偏心
1	拱顶	38	258	1272(5×ϕ18)	4.5	大
2	拱肩	34	340	1272(5×ϕ18)	9.4	大
3	仰拱	11	478	1272(5×ϕ18)	14.6	小

裂缝检算表　　　　　　　　　　　　　　表 8-7

编号	位置	弯矩(kN·m)	轴力(kN)	配筋面积(mm²)	裂缝(mm)
1	拱顶	45	244	1272(5×ϕ18)	0.04
2	拱肩	34	340	1272(5×ϕ18)	满足
3	仰拱	11	478	1272(5×ϕ18)	满足

②不考虑水压力作用。

不考虑水压力载荷时,通过有限元计算得到二次衬砌的内力,其结果如图 8-6～图 8-9 所示。

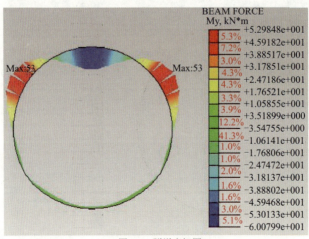

图 8-6　隧道弯矩图

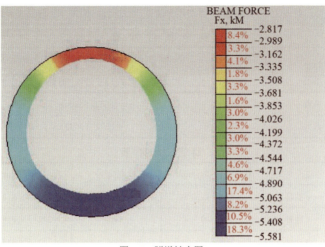

图 8-7 隧道轴力图

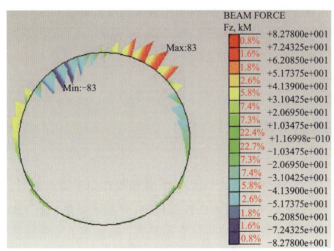

图 8-8 隧道剪力图

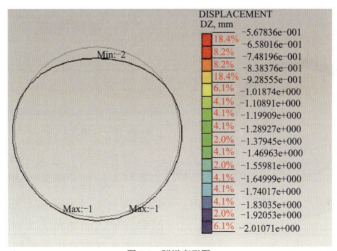

图 8-9 隧道变形图

计算结果分析主要从安全系数检算和裂缝检算进行,其结果见表8-8、表8-9。

安全系数检算 表8-8

编 号	位 置	弯矩(kN·m)	轴力(kN)	配筋面积(mm²)	安全系数	大小偏心
1	拱顶	45	244	1272(5×φ18)	3.2	大
2	拱肩	40	370	1272(5×φ18)	6.6	大
3	仰拱	7	499	1272(5×φ18)	14.9	小

裂缝检算表 表8-9

编 号	位 置	弯矩(kN·m)	轴力(kN)	配筋面积(mm²)	裂缝(mm)
1	拱顶	45	244	1272(5×φ18)	0.04
2	拱肩	40	370	1272(5×φ18)	满足
3	仰拱	7	499	1272(5×φ18)	满足

经过计算,结构裂缝宽度符合要求,安全系数满足规范要求。

8.2 管片结构形式

管片作为单护盾TBM开挖后的一次衬砌,它承受作用于隧道上的土压和水压,防止隧道土体坍塌、变形及渗漏水,是隧道永久性结构物,并要承受单护盾TBM推进时的推力以及其他载荷,其结构形式对隧道结构具有重要影响。因此本节分别从管环构成、管环分块、管片厚度及宽度、接头、传力衬垫等方面来阐述管片结构形式。

8.2.1 管环构成

单护盾TBM隧道衬砌的主体是由管片拼装组成的管环,如图8-10所示。管环通常由B型管片(标准块)、L型管片(邻接块)和F型管片(封顶块)构成。

管片之间一般采用螺栓连接;封顶块F型管片根据管片拼装方式的不同,分为:从隧道内侧向半径方向插入的径向插入型、从隧道轴向插入的轴向插入型两种。其中径向插入型曾在早期被广泛使用,属于传统插入型。

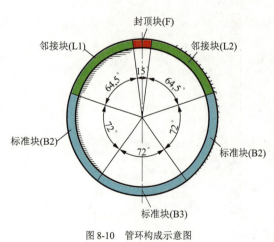

图8-10 管环构成示意图

为了缩小锥度系数,通常径向插入型 F 管片的弧长为 L、B 管片的 1/4～1/3。径向插入型 F 管片的缺点是,在 B、L 管片之间的连接部位,除了由弯曲引起的剪切力作用其上外,还受作用于连接部的轴向分力,该分力也起剪切力的作用,从而使得 F 型管片很容易落入隧道内侧。

近年来,随着隧道埋深越来越大,作用于管片上的轴向力比力矩更显著,因此不易脱落的轴向插入型封顶块被广泛应用。轴向插入型封顶块的弧长可与标准块、邻接块同样大小。使用轴向插入型封顶块的情况下,需要推进液压缸的行程要长一些,因而盾尾长度要长些。

8.2.2 管环分块

管片结构作为隧道衬砌的永久支护,其设计的合理性直接关系到结构的安全性和耐久性。管片结构分块方案是管片结构设计中极为重要的一个环节。管片分块总数过多,使管片结构接缝增多,造成管片结构防水耐久性降低、施工拼装工序繁杂,影响施工进度;管片分块总数较少,造成单块管片重量大,对管片拼装机和运输能力的要求较高。如果分块过少,可能导致管片在制作、搬运、洞内操作及拼装过程中出现各种各样的问题。管片分度结构如图 8-11 所示。

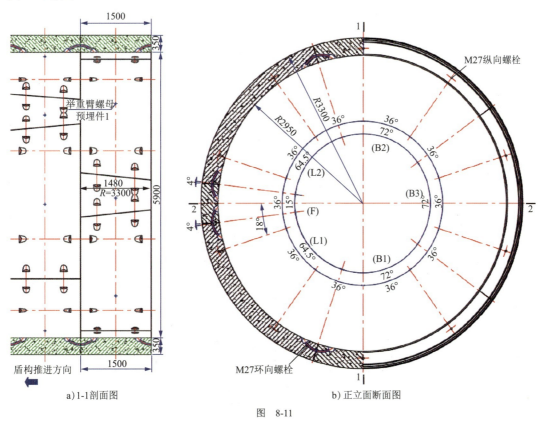

图 8-11

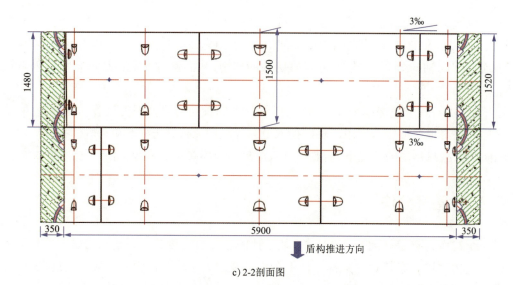

c) 2-2剖面图

图 8-11 管片分度圆环构造示意图（尺寸单位：mm）

管环的分块数应根据隧道的直径大小、螺栓安装位置的互换性（错缝拼装时）而定，其经验计算式：管环分割数 =x+2+1（x 是标准块的数量）。

其中，衬砌中有 2 块邻接块和 1 块封顶块；x 值与管片外径有关，外径大则 x 大，外径小则 x 小。

一般情况下，软土地层中小直径隧道管环以 4 ～ 6 块为宜（也有采用 3 块的，如内径 4900 ～ 4200mm 的微型盾构隧道的管片，一般每环采用 3 块圆心角为 120°的管片）；城市轨道交通隧道常用的分块数为 6 块（3B+2L+1F）和 7 块（4B+2L+1F）；大直径以 8 ～ 10 块为宜。管环分块时需考虑相邻环纵缝和纵向螺栓的互换性，同时尽可能地考虑让管片的接缝安排在弯矩较小的位置。一般情况下管片的最大弧长宜控制在 4m 左右为宜，管环的最小分块数为 3 块，小于 3 块的管片无法在盾构内实施拼装。

甘肃引洮供水一期工程 7 号隧洞所采用的管片设计为六边形，纵向为凹凸面球窝结构，如图 8-12、图 8-13 所示。设计外径 5520mm，内径 4960mm，环片厚度为 280mm，环片宽度为 1600mm，每环管片分 4 块（1 块底管片，2 块侧管片，1 块顶管片），单块最大重量约 5.2t。管片根据地质适应性分为 A、B、C、D 四种类型（配筋有区别），混凝土强度等级为 C45，抗渗等级 P8，其中 A 型适应Ⅳ类围岩，B 型适应Ⅴ级围岩，C 型适应于塌方段以及抢险用，D 型适应Ⅲ级围岩。

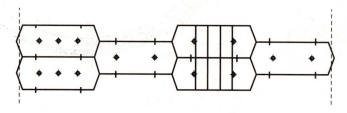

图 8-12 引洮供水管片示意图

图 8-13　引洮供水管片效果

重庆轨道交通 5 号线工程采用钢筋混凝土管片衬砌。管片外径 6600mm、内径 5900mm、幅宽 1500mm，采用通用环结构错缝拼装。每环管片由 3 块标准块 +2 块邻接块 +1 块封顶块组成，混凝土强度等级为 C40，抗渗等级 P12，每环采用纵向 10 根、环向 12 根 M27 螺栓连接。成环管片如图 8-14 所示。

a)　　　　　　　　　　　　b)

图 8-14　重庆轨道交通 5 号线成环管片

8.2.3　管片厚度及宽度

隧道管片不仅要长期承受作用于隧道的所有载荷防止地下涌水，而且在施工过程中还必须承受盾构前进中推进液压缸的推力及衬砌背后注浆时的压力。管片的上述功能，决定了管片尺寸必须首先能承受施工时推进液压缸的推力,其次必须与盾构外径、土质条件、覆盖土载荷等条件匹配,具体表现在如下几个方面:

(1)管片厚度过薄,极易在施工过程中损伤及引起结构不稳定。管片的厚度一般需根据计算或工程类比而定。根据工程实践,管片厚度可取隧道外径的4%～6%,隧道直径大者取小值,小直径隧道取大值。

$$h_s = (0.04 \sim 0.06)D \tag{8-1}$$

式中:D——隧道的外径,m;

h_s——对于钢筋混凝土管片,一般取$0.05D$。

(2)从拼装性,弯道施工方便性的角度讲,管片宽度越小越好;从降低管片制作成本、提高施工速度、增强止水性能方面讲,则是越大越有利;但管片宽度增加后,一方面如不能确保管片的抗扭刚性,那么应力集中的影响就会增大,与管片宽度方向的应力分布就不能保持一致,从而起不到梁构件的作用;另一方面,推进液压缸的行程需相应增长,从而造成盾尾增长,会直接影响盾构的灵敏度。可见,管片也不是越宽越好,需要对实际工程中各种条件加以分析后再综合确定。

8.2.4　管片接头

管片接头上作用着弯矩、轴向力以及剪切力,其结构性能与接合面的对接状态和紧固方法密切相关,传统上多使用全面拼对方式,但楔式对接及转向对接法应用日益广泛。

为了提高管环刚性,以及实现管片拼装高效化快速化的目的,开发了包括环向接头和纵向接头在内的多种金属紧固件。其中,环向接头的螺栓是用于连接相邻分散管片的主体结构,螺栓的数量与位置直接影响圆环的整体刚度和强度。我国环向接头采用单排螺栓的较为普遍,环向接头布置在管片厚度1/3左右的位置(偏于弧侧),每处螺栓的接头数量不少于2根。

直螺栓连接接头形式条件最为优越。在施工方面,该形式的接头螺栓就位、紧固等最为方便。

弯螺栓接头是在管片的必要位置上预留一定弧度的螺孔,拼装管片时把弯螺栓穿入弯孔,将管片连接起来。

为了避免管片采用弯螺栓或大面积开孔,开发了斜插螺栓的接头形式。该接头形式在欧洲使用最为常见。国内目前用于管片连接的斜插螺栓接头是一种改良型接头,该接头形式可避免管片大面积开孔,还可相应减少螺栓的用钢量。

8.2.5　传力衬垫

传力衬垫材料是粘贴在管片的环、纵缝内以达到应力集中时的缓冲作用,它不属于防水措施。衬垫材料根据不同位置、不同受力条件、不同使用习惯,其材料性质、厚度、宽度各有不同。我国最早明确提出使用衬垫的工程是上海地铁 1 号线试验段,当时主要采用的是 2mm 厚的胶粉油毡,以后的工程则大多采用丁腈橡胶软木垫,也有采用软质聚氯乙烯(PVC)塑料地板,或经防腐处理过的三夹板等。软质 PVC 塑料地板及胶粉油毡薄片在混凝土预制块中受压时,均反映出加工硬化的条件。图 8-15 为南京地铁管片接头构造示意图,管片接缝中除包含止水密封垫外,还分别在螺栓上下位置粘贴了传力衬垫。由于传力衬垫相对较为柔软,假定接头的变形由传力衬垫压缩变形引起,忽略混凝土管片的变形。

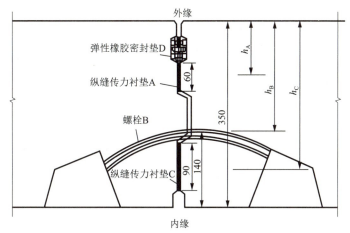

图 8-15 衬砌管片纵缝接头构造示意图
h_A- 管片外缘到衬垫 A 的距离;h_B- 管片外缘到螺栓 B 的距离;h_C- 管片外缘到衬垫 C 的距离

8.3 载荷及工况

目前,隧道管片设计阶段采用的载荷以水土压力和围岩抗力为主,未考虑单护盾 TBM 施工阶段的载荷及工况对管片受力变形的影响。国内外的工程实践表明,施工载荷及工况对管片变形的影响不能忽视,本节从施工载荷及应用工况两方面介绍单护盾 TBM 施工阶段的导致管片变形的载荷计算模型。

8.3.1 施工载荷

施工载荷是指通过试验手段模拟管片在 TBM 施工阶段所受到的所有附加外力。施工载荷的种类很多,其中单护盾 TBM 施工过程中最主要的施工载荷是推进液压缸推力、注浆压力以及盾尾对管片的挤压力,如图8-16所示。

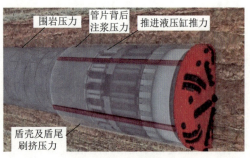

图8-16 施工载荷示意图

(1)推进液压缸推力

推进液压缸推力是TBM向前推进的主要动力,在TBM掘进时依靠推进液压缸顶推管片获得的反力前掘进,因此在推进液压缸纠偏或者存有偏心弯矩时,有可能会对隧道管片造成破坏。

在地铁线路规划设计过程中,会尽量要求两个相邻区间线路成直线,保证线路最短,达到降低造价,缩短运行时间的要求。但是由于实际情况较为复杂,导致线路会有曲线段,主要分为竖曲线和水平曲线。竖曲线主要是指纵向坡度,水平曲线包括直线、圆曲线、缓和曲线三种,当TBM施工到圆曲线时,为了调节盾构姿态,有可能造成推进液压缸推力偏心。

(2)注浆压力

当隧道采用单护盾TBM施工时,一般情况下隧道的开挖直径会比管片直径略大一些,因此管片外侧与围岩之间存在空隙。施工阶段通过豆砾石吹填与注浆使管片和岩体形成稳定的整体,可以有效填充空隙,抑制地层沉降。根据注浆时间的不同分为一次注浆和二次注浆两种,如图8-17所示。

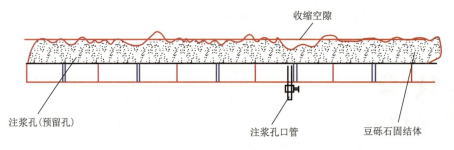

图8-17 注浆原理图

一次注浆时要求在地层中的浆液压力大于该点的静止水压及土压力之和,做到尽量填补而不宜劈裂。注浆压力过大,隧洞将会被浆液扰动而造成后期地层沉降及隧洞本身的沉降,并易造成跑浆;而注浆压力过小,浆液填充速度过慢,填充不充足,会使地表变形增大。一次注浆压力设定为0.3~0.5MPa,并根据监控量测结果做适当调整。

(3)盾尾挤压力

TBM施工是集掘进、管片拼装同时进行的施工方法。TBM主要分为盾体和后配套两部分,而盾体又分为刀盘、前盾、中盾和尾盾四个部分。管片拼装主要在盾尾进行,盾尾的长度一般能够容纳两环管片。因此,在TBM向前推进过程中,如果管片的中线与TBM的中线不重合就会导致盾尾对管片施压,有可能降低管片在施工阶段的安全性能。

8.3.2 应用工况

应用工况是指 TBM 施工阶段中一种或几种施工载荷组合同时作用于管片结构的情况。以重庆轨道交通 5 号线工程为例,该工程采用单护盾 TBM 掘进施工。由于围岩较破碎、抗压强度低,仅能保持自稳,不能为 TBM 的掘进提供反力,单护盾 TBM 是由盾尾推进液压缸支撑在已经拼装的预制混凝土管片上以推进刀盘的前进,所以单护盾 TBM 不能同时进行掘进和管片拼装。

重庆轨道交通 5 号线工程采用的单护盾 TBM 液压缸分组如图 8-18 所示。单护盾 TBM 施工过程中的液压缸推力载荷见表 8-10,表中工况 1 为没有液压缸推力的情况,工况 2 为直线段(或上坡段)前进时一般情况下的液压缸推力取值,工况 3 为下坡段的液压缸推力取值,工况 4 为转弯段的液压缸推力取值。

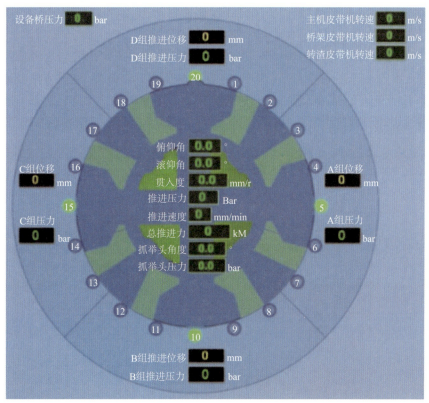

图 8-18 液压缸分组示意图

液压缸推力载荷(kN)　　　　　　表 8-10

液压缸分组	工况 1	工况 2	工况 3	工况 4
A 组	0	590	1750	5000
B 组	0	7000	3200	5000
C 组	0	590	2325	85
D 组	0	590	1150	85

单护盾 TBM 区间围岩等级分别有Ⅲ、Ⅳ、Ⅴ级,其中Ⅲ级围岩主要是砂岩,Ⅳ级围岩主要是砂质泥岩,Ⅴ级围岩主要是回填土,根据沿线详勘地质资料和《铁路隧道设计规范》(TB 10003—2016)的围岩参数推荐取值,围岩参数取值可参考表 8-11。

围岩计算参数表　　　　　　　　　表 8-11

围岩级别	弹性反力系数 K(MPa/m)	重度 (kN/m³)	计算摩擦角 φ_c(°)	侧压力系数 λ
Ⅲ级	500	24.9	60	<0.15
Ⅳ级	200	25.5	50	0.15～0.3
Ⅴ级	100	20	40	0.3～0.5

钢筋混凝土管片采用 C50 级的混凝土,抗渗等级 P12,弹性模量 $E=3.45\times10^4\text{N/mm}^2$,钢筋混凝土重度取 25kN/m³。螺栓使用 8.8 级 M30 高强螺栓,螺栓极限抗拉强度为 800MPa,屈服强度为 640MPa,衬砌环接缝连接螺栓包括 16 个环向连接螺栓和 12 个纵向连接螺栓。

根据《地铁设计规范》(GB 50157—2013)第 11.2.2 条中规定:"地层压力应根据结构所处工程地质和水文地质条件、埋置深度、结构形式及其工作条件、施工方法及相邻隧道间距等因素,结合已有的试验、测试和研究资料确定。"岩质隧道的围岩压力可根据围岩分级,按《铁路隧道设计规范》(TB 10003—2016)的有关规定确定。图 8-19 所示为载荷计算简图。

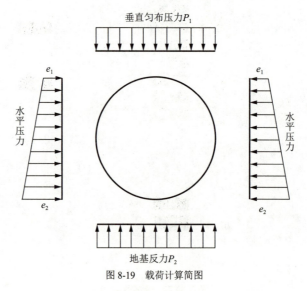

图 8-19　载荷计算简图

根据《铁路隧道设计规范》(TB 10003—2016)第 5.1.6 条:"当地面水平或接近水平,且隧道覆盖厚度小于 $2.5h_a$(h_a 为深埋隧道垂直载荷计算高度,按规范附录 D 的规定计算)时,应按浅埋隧道设计。当有不利于山体稳定的地质条件时,浅埋隧道覆盖厚度值应适当加大"。浅埋隧道的载荷可按规范附录 E 的规定确定。计算得到的隧道载荷值见表 8-12。

计 算 载 荷 值　　　　　　　　　　　　表 8-12

围岩级别	埋深（m）	埋深类型	竖向载荷 P_1(kN/m)	水平载荷 e_1(kN/m)	水平载荷 e_2(kN/m)
Ⅲ	15	深埋	88	13	13
Ⅳ	10	浅埋	188	52	87
	30	深埋	161	24	48
	50	深埋	161	24	48
	70	深埋	161	24	48
Ⅴ	5	超浅埋	150	33	76.5
	20	浅埋	370.5	169.5	225
	25	深埋	551.4	165	275

8.4 单护盾 TBM 管片变形规律分析

单护盾 TBM 作业一般采用钢筋混凝土管片作为隧道的支护结构。隧道衬砌结构形变与隧道施工期和运营期的安全性息息相关。管片结构的过度变形对 TBM 隧道产生一连串影响：衬砌管片的过度变形导致错台、裂缝和螺栓损坏，并进一步可能导致结构防水层损坏，致使隧道渗水、漏水、突水等质量问题；因此本节对单护盾 TBM 管片的变形规律进行了理论分析，这样不仅有利于采取适宜的措施控制隧道衬砌管片结构变形，而且还有益于隧道施工质量。

8.4.1 管片变形计算模型及现场监测验证

1) 计算模型

在对于管片施工的力学行为调研中发现，普遍考虑的施工载荷包括辅助液压缸的推力、注浆压力、垂直土压力、水平土压力，常用到的 ANSYS 有限元模型包括梁—弹簧模型、均质圆环模型、实体模型等，通常考虑管片拼装为错缝，应该考虑管片接头对刚度的影响。

经过对比国内外广泛采用的隧道管片衬砌受力分析的力学模型，决定采用梁—梁模型进行计算。

梁—梁模型与梁—弹簧模型在考虑接头刚度上一致的，是梁—弹簧模型中的一种特殊类型。其相对于普通梁—弹簧模型的主要区别是，接头单元采用等效梁单元模拟，因而能方便地提取出接头内力值，便于接头变形的计算。

使用有限元分析软件 ANSYS，采用载荷结构法进行计算，共建立 10 环相连管片的载荷结构计算模型，每环管片共划分为 64 个单元。围岩与管片的相互作用使用只承受压力的弹簧单元模拟。在隧道最底部中轴线上施加水平铰约束，同时对前后两侧环管片在其纵向上的位移进行约束。建立的模型如图 8-20 所示。

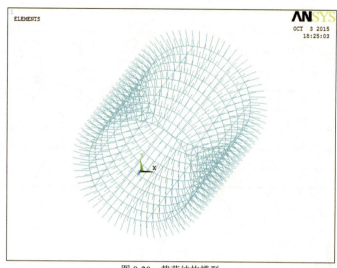

图 8-20　载荷结构模型

（1）计算原理

块间接头与环间接头均采用梁单元进行模拟。

①管片块间接头刚度与梁单元截面参数的关系如下：

$$\begin{cases} h = \sqrt{\dfrac{12k_\theta}{k_n}} \\ E = k_n \mathrm{d}x \sqrt{\dfrac{k_n}{12k_\theta}} \\ G = \alpha k_s \mathrm{d}x \sqrt{\dfrac{k_n}{12k_\theta}} \end{cases} \quad (8-2)$$

式中：h、E、G、$\mathrm{d}x$——分别为梁单元的截面高度、弹性模量、剪切模量和长度；

k_θ、k_n、k_s——分别为管片接头的抗弯刚度，轴向刚度和剪切刚度。

由上式建立了模拟块间接头的梁单元与接头刚度之间的关系。

②管片环间接头刚度与梁单元截面参数的关系，当环间接头长度设为 1 时，关系式如下：

$$\begin{cases} V_r = k_r = \dfrac{1}{\dfrac{l^3}{12EI_t} + \dfrac{\alpha l}{GA}} \\ V_r = k_t = \dfrac{1}{\dfrac{l^3}{12EI_r} + \dfrac{\alpha l}{GA}} \end{cases} \quad (8-3)$$

式中：E、G、I_r、I_t——分别为梁单元的长度（取为 1m）、弹性模量、剪切模量、径向抗弯刚度和环向抗弯刚度；

k_r、k_t——分别为环间接头的径向剪切刚度和环向剪切刚度。

（2）计算结果

使用梁—梁模型进行单护盾 TBM 管片的模拟，管片采用梁单元，环间接头和环内接头采用接头特征等效梁来模拟。通过计算，得到各个单元的计算参数如下：

①管片宽度：1.5m。

②管片环间接头刚度：剪切刚度为 k_s=4.0×10⁸N/m。

③管片环内接头刚度：正向抗弯刚度为 5.0×10⁷N·m/rad，负向抗弯刚度为 3.0×10⁷N·m/rad。

2）计算结果及分析

（1）接头张开量计算示例

围岩级别为Ⅳ级，取处于深埋段的隧道区间进行计算，围岩弹性反力系数取为 200MPa/m，钢筋混凝土管片采用 C50 级的混凝土，抗渗等级 P12，弹性模量为 E=3.45×10⁴N/mm²，钢筋混凝土重度为 25kN/m³，隧道顶部荷载为 161kN/m，上部水平荷载为 24kN/m，下部水平荷载为 48kN/m，按照表 8-13 中的工况 1 进行计算，即不加液压缸推力时的工况下，分析管片与接头受力的特点。

选取工况 1 情况下的计算结果进行接头张开量的计算过程，如图 8-21～图 8-24 所示。

工况 1 环内接头内力　　　　　　　　　　　表 8-13

环 号	接头位置	弯矩(N·m)	轴力(kN)
1	349.75°	-78662	-335.27
	10.25°	-80102	-338.06
	78.75°	59824	-582.93
	146.25°	-20263	-646.98
	213.75°	-20947	-617.43
	281.25°	59239	-570.74
2	79.75°	-77290	-332.12
	100.25°	-80355	-337.48
	168.75°	59933	-581.47
	236.25°	-20206	-652.4
	303.75°	-21335	-601.9
	11.25°	58007	-561.06
3	349.75°	-77275	-332.02
	10.25°	-80334	-337.43
	78.75°	59905	-581.47
	146.25°	-20194	-652.49
	213.75°	-21339	-601.38
	281.25°	58011	-560.74
4	79.75°	-77282	-332.01
	100.25°	-80328	-337.43
	168.75°	59894	-581.5
	236.25°	-20192	-652.56
	303.75°	-21341	-601.29
	11.25°	58023	-560.68

续上表

环号	接头位置	弯矩(N·m)	轴力(kN)
5	349.75°	-77107	-332
	10.25°	-80375	-337.45
	78.75°	59951	-582.22
	146.25°	-20149	-654.22
	213.75°	-21381	-599.68
	281.25°	57941	-559.77
6	79.75°	-84784	-329.57
	100.25°	-24067	-408.12
	168.75°	1654.7	-585.16
	236.25°	-18939	-633.16
	303.75°	-22867	-603.98
	11.25°	69853	-513.07
7	349.75°	-84731	-329.71
	10.25°	-24213	-408.21
	78.75°	1675.5	-585.78
	146.25°	-18848	-634.22
	213.75°	-22813	-602.35
	281.25°	69768	-512.6
8	79.75°	-84720	-329.74
	100.25°	-24196	-408.25
	168.75°	1664.1	-585.83
	236.25°	-18842	-634.29
	303.75°	-22809	-602.27
	11.25°	69756	-512.57
9	349.75°	-84718	-329.74
	10.25°	-24207	-408.27
	78.75°	1656.7	-586.01
	146.25°	-18827	-634.57
	213.75°	-22802	-601.96
	281.25°	69747	-512.43
10	79.75°	-84945	-329.06
	100.25°	-25369	-410.7
	168.75°	2361	-592.4
	236.25°	-18075	-649.46
	303.75°	-22380	-595.12
	11.25°	69847	-511.12

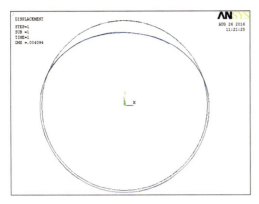

图 8-21　工况 1 管片变形图　　　　　图 8-22　工况 1 管片弯矩图

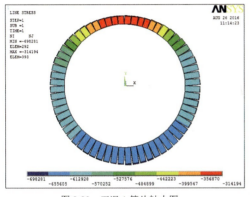
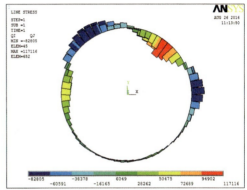

图 8-23　工况 1 管片轴力图　　　　　图 8-24　工况 1 管片剪力图

由表 8-13 可知,最大正弯矩为 69853N·m,相应的轴力为 -513.07kN;最大负弯矩为 -84945N·m,相应的轴力为 -329.06kN。

块间接头的张开量计算,所用到的数据如下:

弯矩：M=-84.945kN·m；

轴力：N=-329.06kN；

管片宽度：b=1.5m；

管片厚度：t=0.35m；

管片截面有效厚度：h_0=t/2=0.175m。

代入下式,得：

$$e_0 = \frac{M}{N} = \frac{84.945}{329.06} \times 1000 = 258.14 \, (\text{mm})$$

$$e_a = \max\left(\frac{t}{30}, 20\right) = 20 \, (\text{mm})$$

$$e_i = e_0 + e_a = 258.14 + 20 = 278.14 \, (\text{mm})$$

$$e = \eta e_i = 1 \times 278.14 = 278.14 \, (\text{mm})$$

上述式中：e_0——轴向压力对截面重心的偏心距；

e_a——附加偏心距；

e_i——初始偏心距；

e——偏心距。

判断偏心类型：

$$\xi_b = \frac{\beta_1}{1+\dfrac{f_y}{E_s\varepsilon_{cu}}} = \frac{0.8}{1+\dfrac{400}{2\times10^5\times0.0033}} = 0.498$$

假设为大偏心：

$$x' = \frac{f_y A_s + N}{\alpha_1 f_c b} = \frac{400\times561\times2+329060}{1\times23100000\times1.5} = 0.0224 \text{ (m)}$$

$$\zeta = \frac{x'}{h_0} = \frac{0.0224}{0.175} = 0.128 < \zeta_b = 0.498$$

则属于大偏心构件：

$$x = x' = 0.0224 \text{ (m)}$$

对于小偏心下的情况，联立求解公式（8-4）和公式（8-5）：

$$N = \alpha_1 f_c b x - \sigma_s A_s \sin 60° \tag{8-4}$$

$$\sigma_s = E_s \varepsilon_{cu}\left(\frac{\beta_1 h}{2x}-1\right) \tag{8-5}$$

可得到混凝土的受压区高度 x。

下面进行接头纵缝张开量的验算，计算公式如下：

$$\sigma = (h-x)\theta \tag{8-6}$$

式中：h——管片厚度；

x——中和轴高度；

θ——接头转角。

接头的转动中心为管片接头混凝土与钢材应力计算中所得的中和轴位置；接头转角通过接头部位所发生的弯矩和转动弹簧系数求得。

通过前面的计算可得：$x=0.0224$ (m)，$h=0.35$ (m)，$\theta=0.00283$ (rad)。

$$\sigma = (h-x)\times\theta = (0.35-0.0224)\times0.00283\times10^3 = 0.927 \text{ (mm)}$$

《地铁设计规范》（GB 50157—2013）第 11.6.5 条关于盾构法施工的隧道结构设计的规定，纵缝张开不大于 3mm。在本计算中，将块间接头张开量的限值取为 3mm。

$$\sigma = 0.927(\text{mm}) < 3(\text{mm})$$

（2）所有工况下的计算结果

提取所有工况下的最大弯矩及其对应的轴力，按照以上的步骤计算得到接头的张开量，汇总于表 8-14～表 8-19 中。

Ⅲ级围岩（深埋）下的接头内力和张开量　　表 8-14

工况	最大正弯矩 M(kN·m)	轴力 F(kN)	最大正弯矩位置	纵缝最大张开量 σ(mm)	最大负弯矩 M(kN·m)	轴力 F(kN)	最大负弯矩位置	纵缝最大张开量 σ(mm)
1	40.398	300.35	拱肩	0.265	45.216	182.11	拱顶	0.500
2	39.892	292.82	拱肩	0.262	44.404	177.79	拱顶	0.491
3	40.789	295.61	拱肩	0.268	45.334	182.62	拱顶	0.501
4	54.89	363.45	边墙	0.358	57.228	201.44	拱顶	0.632

Ⅳ级围岩（浅埋）下的接头内力和张开量　　表 8-15

工况	最大正弯矩 M(kN·m)	轴力 F(kN)	最大正弯矩位置	纵缝最大张开量 σ(mm)	最大负弯矩 M(kN·m)	轴力 F(kN)	最大负弯矩位置	纵缝最大张开量 σ(mm)
1	65.648	591.15	拱肩	0.420	84.571	421.42	拱顶	0.916
2	79.298	740.35	边墙	0.501	88.84	410.08	拱顶	0.963
3	75.128	712.03	边墙	0.476	90.613	438.2	拱顶	0.980
4	99.449	700.18	边墙	0.630	103.59	447.45	拱顶	1.119

Ⅳ级围岩（深埋）下的接头内力和张开量　　表 8-16

工况	最大正弯矩 M(kN·m)	轴力 F(kN)	最大正弯矩位置	纵缝最大张开量 σ(mm)	最大负弯矩 M(kN·m)	轴力 F(kN)	最大负弯矩位置	纵缝最大张开量 σ(mm)
1	69.853	513.07	拱肩	0.450	84.945	329.06	拱顶	0.927
2	73.742	659.11	边墙	0.469	88.885	318.18	拱顶	0.971
3	71.115	513.13	拱肩	0.458	89.697	345.87	拱顶	0.978
4	94.056	621.41	边墙	0.600	102.72	355.87	拱顶	1.119

Ⅴ级围岩（超浅埋）下的接头内力和张开量　　表 8-17

工况	最大正弯矩 M(kN·m)	轴力 F(kN)	最大正弯矩位置	纵缝最大张开量 σ(mm)	最大负弯矩 M(kN·m)	轴力 F(kN)	最大负弯矩位置	纵缝最大张开量 σ(mm)
1	77.02	541	边墙	0.495	92.589	289	拱顶	1.014
2	87.667	609	边墙	0.560	97.898	276	拱顶	1.074
3	87.664	585	边墙	0.561	98.858	301	拱顶	1.082
4	106.63	579	边墙	0.683	111.57	310	拱顶	1.220

Ⅴ级围岩（浅埋）下的接头内力和张开量　　表 8-18

工况	最大正弯矩 M(kN·m)	轴力 F(kN)	最大正弯矩位置	纵缝最大张开量 σ(mm)	最大负弯矩 M(kN·m)	轴力 F(kN)	最大负弯矩位置	纵缝最大张开量 σ(mm)
1	151.12	1238	边墙	0.911	166.92	811	拱顶	1.745
2	160.45	1308	边墙	0.960	172.17	797	拱顶	1.802
3	161.85	1283	边墙	0.971	165.74	829	拱顶	1.730
4	181.64	1257	边墙	1.093	185.27	831	拱顶	1.933

V级围岩（深埋）下的接头内力和张开量　　　　表8-19

工况	最大正弯矩 M(kN·m)	轴力 F(kN)	最大正弯矩位置	纵缝最大张开量 σ(mm)	最大负弯矩 M(kN·m)	轴力 F(kN)	最大负弯矩位置	纵缝最大张开量 σ(mm)
1	231.58	1818.8	边墙	1.318	258.52	1186.3	拱顶	2.609
2	242.29	1886.8	边墙	1.369	263.93	1173.3	拱顶	2.667
3	242.3	1862.9	边墙	1.373	261.23	1182.6	拱顶	2.638
4	264.48	1823.8	边墙	1.504	273.41	1207.9	拱顶	2.754

根据以上计算结果可以得到：

①不同液压缸工况下的最大纵缝张开量变化曲线如图8-25、图8-26所示。

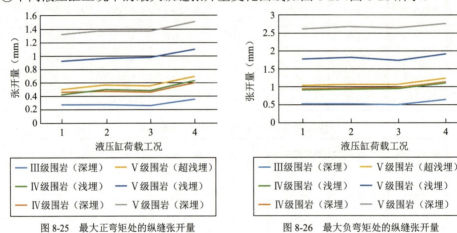

图8-25　最大正弯矩处的纵缝张开量　　　　图8-26　最大负弯矩处的纵缝张开量

②不同围岩级别下的最大纵缝张开量变化曲线如图8-27、图8-28所示。

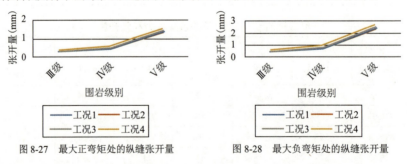

图8-27　最大正弯矩处的纵缝张开量　　　　图8-28　最大负弯矩处的纵缝张开量

③不同埋深下的最大纵缝张开量变化曲线如图8-29、图8-30所示。

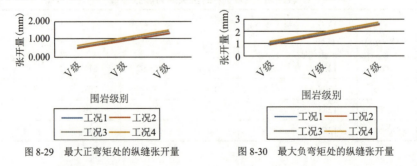

图8-29　最大正弯矩处的纵缝张开量　　　　图8-30　最大负弯矩处的纵缝张开量

根据对以上图表进行分析可得以下结论:

①在所有工况计算结果中,接头的张开量都满足规范的规定,最大正弯矩张开量在Ⅲ级围岩和Ⅳ级围岩集中在拱肩与边墙,在Ⅴ级围岩集中在边墙,最大负弯矩张开量都在拱顶部位。

②围岩条件越好,管片的张开量越小,Ⅴ级围岩下埋深越大,张开量越大。在左右液压缸推力大致均等的情况下,液压缸推力对管片的张开量影响不大;在左右液压缸推力差别较大的情况下(工况4),液压缸推力产生了较大额外张开量。

③由于接头正向抗弯刚度较大,且正弯矩数值较小,所以承受正弯矩的接头处张开量较小,承受负弯矩的接头处张开量较大。

(3)张开量现场实测验证

通过对现场的管片张开量进行测量与计算结果进行验证,测量分为10段,共统计174环管片的张开量,如图8-31和图8-32所示。

图8-31 管片张开量测工作

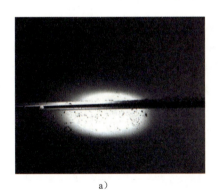

图8-32 管片纵缝

接缝设计的标准宽度有8mm,管片纵缝张开量统计见表8-20、表8-21。

Ⅲ级围岩段张开量测量统计表　　　表8-20

里程	接缝部位	接缝宽度(mm)	张开量(mm)	里程	接缝部位	接缝宽度(mm)	张开量(mm)
YDK15850	右边墙	7	-1	YDK15826	右边墙	8	0
	左边墙	—	—		左边墙	—	—

续上表

里程	接缝部位	接缝宽度（mm）	张开量（mm）	里程	接缝部位	接缝宽度（mm）	张开量（mm）
YDK15847	右边墙	8	0	YDK15823	右边墙	11	3
	左边墙	—	—		左边墙	—	—
YDK15844	右边墙	8	0	YDK15820	右边墙	10	2
	左边墙	—	—		左边墙	—	—
YDK15841	右边墙	7	-1	YDK15817	右边墙	9	1
	左边墙	—	—		左边墙	—	—
YDK15838	右边墙	8	0	YDK15814	右边墙	8	0
	左边墙	—	—		左边墙	—	—
YDK15835	右边墙	10	2	YDK15811	右边墙	8	0
	左边墙	—	—		左边墙	—	—
YDK15832	右边墙	9	1	YDK15808	右边墙	8	0
	左边墙	—	—		左边墙	—	—
YDK15829	右边墙	11	3	YDK15805	右边墙	9	1
	左边墙	—	—		左边墙	10	2
YDK15802	右边墙	11	3	平均值		8.89	0.89
	左边墙	—	—				

Ⅳ级围岩段张开量测量统计表　　　　　表8-21

里程	接缝部位	接缝宽度（mm）	张开量（mm）	里程	接缝部位	接缝宽度（mm）	张开量（mm）
YDK17324	右边墙	7	-1	YDK16813	右边墙	8	0
	左边墙	8	0		左边墙	9	1
YDK17321	右边墙	8	0	YDK16810	右边墙	10	2
	左边墙	9	1		左边墙	8	0
YDK17318	右边墙	6	-2	YDK16807	右边墙	10	2
	左边墙	8	0		左边墙	8	0
YDK17315	右边墙	7	-1	YDK16804	右边墙	12	4
	左边墙	8	0		左边墙	7	-1
YDK17312	右边墙	12	4	YDK16801	右边墙	10	2
	左边墙	12	4		左边墙	10	2
YDK17309	右边墙	11	3	YDK16798	右边墙	9	1
	左边墙	9	1		左边墙	9	1
YDK17306	右边墙	9	1	YDK16744	右边墙	10	2
	左边墙	10	2		左边墙	10	2
YDK17303	右边墙	9	1	YDK16741	右边墙	8	0
	左边墙	11	3		左边墙	10	2
YDK17300	右边墙	10	2	YDK16738	右边墙	7	-1
	左边墙	9	1		左边墙	9	1
YDK17297	右边墙	8	0	YDK16735	右边墙	9	1
	左边墙	9	1		左边墙	10	2

续上表

里　程	接缝部位	接缝宽度（mm）	张开量（mm）	里　程	接缝部位	接缝宽度（mm）	张开量（mm）
YDK17294	右边墙	9	1	YDK16732	右边墙	8	0
	左边墙	9	1		左边墙	9	1
YDK17291	右边墙	9	1	YDK16729	右边墙	8	0
	左边墙	9	1		左边墙	11	3
YDK17288	右边墙	9	1	YDK16726	右边墙	8	0
	左边墙	9	1		左边墙	10	2
YDK17270	右边墙	9	1	YDK16723	右边墙	9	1
	左边墙	11	3		左边墙	9	1
YDK17267	右边墙	9	1	YDK16720	右边墙	9	1
	左边墙	10	2		左边墙	8	0
YDK17264	右边墙	10	2	YDK16717	右边墙	7	−1
	左边墙	12	4		左边墙	9	1
YDK17261	右边墙	11	3	YDK16714	右边墙	8	0
	左边墙	10	2		左边墙	10	2
YDK17258	右边墙	8	0	YDK16711	右边墙	8	0
	左边墙	11	3		左边墙	9	1
YDK17255	右边墙	9	1	YDK16708	右边墙	9	1
	左边墙	9	1		左边墙	11	3
YDK17252	右边墙	9	1	YDK16705	右边墙	9	1
	左边墙	9	1		左边墙	10	2
YDK17249	右边墙	8	0	YDK16702	右边墙	8	0
	左边墙	10	2		左边墙	10	2
YDK17246	右边墙	9	1	YDK16699	右边墙	9	1
	左边墙	9	1		左边墙	9	1
YDK17243	右边墙	11	3	YDK16696	右边墙	10	2
	左边墙	9	1		左边墙	11	3
YDK17240	右边墙	10	2	YDK16693	右边墙	8	0
	左边墙	8	0		左边墙	9	1
YDK17237	右边墙	11	3	YDK15232	右边墙	9	1
	左边墙	9	1		左边墙	—	—
YDK17234	右边墙	10	2	YDK15229	右边墙	10	2
	左边墙	10	2		左边墙	—	—
YDK17231	右边墙	8	0	YDK15226	右边墙	9	1
	左边墙	9	1		左边墙	—	—
YDK17228	右边墙	8	0	YDK15223	右边墙	10	2
	左边墙	9	1		左边墙	—	—
YDK17225	右边墙	9	1	YDK15220	右边墙	10	2
	左边墙	9	1		左边墙	—	—

续上表

里　程	接缝部位	接缝宽度（mm）	张开量（mm）	里　程	接缝部位	接缝宽度（mm）	张开量（mm）
YDK17222	右边墙	8	0	YDK15217	右边墙	7	-1
	左边墙	10	2		左边墙	—	—
YDK17219	右边墙	9	1	YDK15214	右边墙	8	0
	左边墙	10	2		左边墙	—	—
YDK17111	右边墙	7	-1	YDK15211	右边墙	9	1
	左边墙	—	—		左边墙	—	—
YDK17108	右边墙	11	3	YDK15208	右边墙	9	1
	左边墙	—	—		左边墙	—	—
YDK17105	右边墙	9	1	YDK15205	右边墙	8	0
	左边墙	—	—		左边墙	—	—
YDK17102	右边墙	11	3	YDK15202	右边墙	9	1
	左边墙	—	—		左边墙	—	—
YDK17099	右边墙	8	0	YDK15199	右边墙	11	3
	左边墙	—	—		左边墙	—	—
YDK17096	右边墙	12	4	YDK15196	右边墙	11	3
	左边墙	—	—		左边墙	—	—
YDK17093	右边墙	8	0	YDK15193	右边墙	11	3
	左边墙	—	—		左边墙	—	—
YDK17090	右边墙	10	2	YDK15190	右边墙	9	1
	左边墙	—	—		左边墙	—	—
YDK17087	右边墙	10	2	YDK15187	右边墙	10	2
	左边墙	—	—		左边墙	—	—
YDK17084	右边墙	9	1	YDK15184	右边墙	12	4
	左边墙	—	—		左边墙	—	—
YDK17081	右边墙	10	2	YDK15181	右边墙	11	3
	左边墙	—	—		左边墙	—	—
YDK17078	右边墙	10	2	YDK14496	右边墙	12	4
	左边墙	—	—		左边墙	9	1
YDK17075	右边墙	10	2	YDK14493	右边墙	12	4
	左边墙	—	—		左边墙	9	1
YDK17072	右边墙	8	0	YDK14490	右边墙	14	6
	左边墙	—	—		左边墙	8	0
YDK17069	右边墙	8	0	YDK14487	右边墙	12	4
	左边墙	—	—		左边墙	7	-1
YDK17066	右边墙	10	2	YDK14484	右边墙	12	4
	左边墙	—	—		左边墙	7	-1
YDK17063	右边墙	8	0	YDK14481	右边墙	8	0
	左边墙	9	1		左边墙	8	0

续上表

里　程	接缝部位	接缝宽度（mm）	张开量（mm）	里　程	接缝部位	接缝宽度（mm）	张开量（mm）
YDK17060	右边墙	9	1	YDK14478	右边墙	12	4
	左边墙	8	0		左边墙	11	3
YDK17023	右边墙	9	1	YDK14475	右边墙	11	3
	左边墙	9	1		左边墙	7	−1
YDK17020	右边墙	11	3	YDK14472	右边墙	8	0
	左边墙	8	0		左边墙	11	3
YDK17017	右边墙	10	2	YDK14469	右边墙	10	2
	左边墙	11	3		左边墙	—	—
YDK17014	右边墙	12	4	YDK14466	右边墙	12	4
	左边墙	10	2		左边墙	11	3
YDK17011	右边墙	9	1	YDK14463	右边墙	11	3
	左边墙	10	2		左边墙	10	2
YDK17008	右边墙	10	2	YDK14460	右边墙	11	3
	左边墙	10	2		左边墙	9	1
YDK17005	右边墙	8	0	YDK14457	右边墙	12	4
	左边墙	9	1		左边墙	10	2
YDK17002	右边墙	8	0	YDK14454	右边墙	12	4
	左边墙	8	0		左边墙	10	2
YDK16999	右边墙	8	0	YDK14451	右边墙	11	3
	左边墙	9	1		左边墙	9	1
YDK16996	右边墙	8	0	YDK14448	右边墙	6	−2
	左边墙	8	0		左边墙	8	0
YDK16993	右边墙	9	1	YDK14445	右边墙	6	−2
	左边墙	7	−1		左边墙	10	2
YDK16990	右边墙	7	−1	YDK13899	右边墙	10	2
	左边墙	8	0		左边墙	—	—
YDK16987	右边墙	10	2	YDK13896	右边墙	14	6
	左边墙	9	1		左边墙	—	—
YDK16984	右边墙	8	0	YDK13893	右边墙	7	−1
	左边墙	9	1		左边墙	—	—
YDK16981	右边墙	8	0	YDK13890	右边墙	10	2
	左边墙	10	2		左边墙	—	—
YDK16978	右边墙	9	1	YDK13887	右边墙	11	3
	左边墙	8	0		左边墙	—	—
YDK16975	右边墙	9	1	YDK13884	右边墙	8	0
	左边墙	8	0		左边墙	—	—
YDK16972	右边墙	9	1	YDK13881	右边墙	7	−1
	左边墙	7	−1		左边墙	—	—

续上表

里　程	接缝部位	接缝宽度（mm）	张开量（mm）	里　程	接缝部位	接缝宽度（mm）	张开量（mm）
YDK16849	右边墙	9	1	YDK13878	右边墙	10	2
	左边墙	10	2		左边墙	—	—
YDK16846	右边墙	8	0	YDK13875	右边墙	7	-1
	左边墙	9	1		左边墙	—	—
YDK16843	右边墙	9	1	YDK13872	右边墙	6	-2
	左边墙	10	2		左边墙	—	—
YDK16840	右边墙	10	2	YDK13869	右边墙	12	4
	左边墙	8	0		左边墙	—	—
YDK16837	右边墙	9	1	YDK13866	右边墙	6	-2
	左边墙	10	2		左边墙	—	—
YDK16834	右边墙	8	0	YDK13863	右边墙	6	-2
	左边墙	8	0		左边墙	—	—
YDK16831	右边墙	9	1	YDK13860	右边墙	7	-1
	左边墙	10	2		左边墙	—	—
YDK16828	右边墙	7	-1	YDK13857	右边墙	10	2
	左边墙	8	0		左边墙	—	—
YDK16825	右边墙	10	2	YDK13854	右边墙	14	6
	左边墙	8	0		左边墙	—	—
YDK16822	右边墙	8	0	YDK13851	右边墙	6	-2
	左边墙	9	1		左边墙	—	—
YDK16819	右边墙	10	2	YDK13848	右边墙	8	0
	左边墙	8	0		左边墙	—	—
YDK16816	右边墙	8	0	平均值		9.21	1.21
	左边墙	9	1				

从表 8-20、表 8-21 的统计结果可以看出，Ⅲ级围岩下的实测管片张开量平均值为 0.89mm，Ⅳ级围岩下的实测管片张开量平均值为 1.21mm。提取张开量的计算结果与实测平均值进行对比，结果见表 8-22。

张开量的计算值与实测值的对比　　　　表 8-22

围岩级别	张开量计算值（mm）	张开量实测值（mm）	差异值（mm）	差异比例（%）
Ⅲ	0.5~0.632	0.89	0.258~0.39	29~42
Ⅳ	0.916~1.119	1.21	0.091~0.294	8~24

由表 8-22 可见差异值都较小，Ⅲ级围岩下的管片张开量差异比例较大，Ⅳ级围岩下的管片张开量差异比例较小，计算结果与现场实测是符合的。

8.4.2　预紧力对接头变形的影响规律

在隧道区间管片的连接螺栓如图 8-33 所示，将连接螺栓的预紧力按照集中力的方式在

单护盾 TBM 管片变形控制技术 | 第 8 章

由于Ⅴ级围岩深埋段隧道区间的张开量较大,接近规范规定的张开量不大于 3mm 的界限,通过对管片接头的所有螺栓施加预紧力,分析螺栓预紧力对该区间接头张开量的影响,分析结果见表 8-23。张开量与螺栓预紧力的关系如图 8-34 所示。

接头处施加。

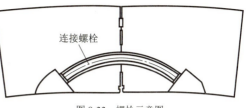

图 8-33 螺栓示意图

施加预紧力后Ⅴ级围岩(深埋)下的接头内力和张开量　　表 8-23

工况	预紧力 F(kN)	最大正弯矩 M(kN·m)	轴力 F(kN)	纵缝最大张开量 σ(mm)	最大负弯矩 M(kN·m)	轴力 F(kN)	纵缝最大张开量 σ(mm)
1	0	231.58	1819	1.318	258.52	1186	2.609
1	5	232.72	1807	1.326	254.15	1176	2.568
1	10	233.86	1797	1.334	249.77	1165	2.526
1	15	235	1786	1.342	245.4	1155	2.484
1	20	236.14	1775	1.350	241.02	1145	2.442
2	0	242.29	1887	1.369	263.93	1173	2.667
2	5	243.43	1876	1.377	259.55	1163	2.626
2	10	244.57	1865	1.385	255.18	1153	2.584
2	15	245.71	1854	1.393	250.8	1142	2.542
2	20	246.85	1843	1.401	246.43	1132	2.500
3	0	242.3	1863	1.373	261.23	1183	2.638
3	5	243.45	1852	1.381	256.86	1172	2.596
3	10	244.59	1841	1.389	252.48	1162	2.554
3	15	245.73	1830	1.397	248.11	1152	2.513
3	20	246.87	1819	1.405	243.73	1142	2.471
4	0	264.48	1824	1.504	273.41	1208	2.754
4	5	266.09	1813	1.515	269.62	1197	2.719
4	10	267.69	1802	1.526	265.83	1187	2.683
4	15	269.3	1790	1.537	262.05	1176	2.648
4	20	270.91	1779	1.548	258.26	1166	2.612

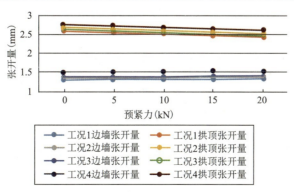

图 8-34 Ⅴ级围岩(深埋)下张开量与螺栓预紧力的关系

271

在施加预紧力后,随着预紧力的增加,边墙处的最大张开量略微增大,拱顶处的最大张开量逐渐减小。

通过分析计算结果可以得到预紧力与张开量的关系方程式:

$$\sigma'_i = \sigma_i + \alpha \cdot F_j \tag{8-7}$$

式中:σ'_i——工况 i 下施加预紧力后的接缝张开量,mm;

σ_i——工况 i 下无预紧力的接缝张开量,mm;

F_j——螺栓预紧力的值,kN;

α——接缝张开量与预紧力的关系系数,mm/kN。在非转弯段(工况 1~工况 3)边墙处取 0.016,拱顶处取 -0.00835;在转弯段(工况 4)边墙处取 0.0022,拱顶处取 -0.0071。

8.4.3 预紧力对密封垫防水性能影响规律

通过相关的资料调研可知,弹性密封垫设计首要考虑的是防水性能,即最不利工况下要求能达到设计抗渗等级;其次,在满足水密性前提下要求闭合压力尽可能较小,以便于施工。所谓闭合压力,是指将密封垫完全压入管片沟槽内的总压力。以上两点被视为弹性密封垫设计的双控指标,而这两个控制指标本身是相互对立和矛盾的,这就为设计增加了难度。

根据密封垫的静态密封原理,密封垫工作状态下的材料性能类似于高黏体系,它具有把压力传递到与其相接触表面的特性。因此弹性密封垫的防水能力主要体现为接触表面上的接触应力,当接触应力大于渗水压力时,可以认为密封垫密封完好。因此仅从防水角度来说,总是希望设计的断面在压缩变形后接触表面能产生大的接触应力,但这势必会增大闭合压力,从而增加施工难度,尤其是隧道管片封顶块的施工难度,轻则影响施工进度,严重的会使封顶块上的密封垫挤出或拉裂,甚至可能致使混凝土管片出现裂纹,造成防水失败。

目前通过试验也无法得到接触应力,因此可以借助有限元分析手段,对弹性密封垫进行数值模拟,得到接触面上接触应力以及内部应力的大小和分布情况,从而得到不同张开量下弹性密封垫的接触应力,以获得防水密封垫面临不同水压下的控制张开量,从而获得拧紧力对弹性密封垫防水性能的影响。

(1)弹性密封垫

根据本项目中实际使用的弹性密封垫进行数值模拟,主要的材料为三元乙丙橡胶,弹性密封垫的实际尺寸如图 8-35 所示,长 33mm,高 16mm,安装时弹性密封垫下部分嵌入管片的高度为 7mm,上面露出部分的高度为 9mm,如图 8-36 所示。

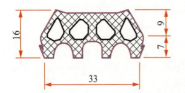

图 8-35 弹性密封垫横断面示意图
(尺寸单位:mm)

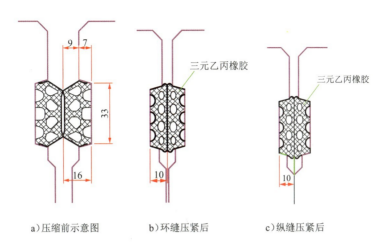

图 8-36 弹性密封垫安装示意图（尺寸单位:mm）

从图 8-36 中可以看出来,按照弹性密封垫的设计,在环缝和纵缝处弹性密封垫压紧后高度为 10mm,单个弹性密封垫的压缩量最大为 6mm。

（2）设计防水压力

根据国内外隧道的防水设计经验,考虑到设计年限内的应力松弛、材料老化等影响,密封垫仍然能抵抗隧道最大水压力。因此,密封垫防水压力设计值通常在最大外水压力的基础上,再乘一定的安全系数。《盾构法隧道防水技术规程》(DBJ 08-50—1996)规定:设计水压应为实际承受最大水压的 2～3 倍。国内外类似工程的设计水压及安全系数取值见表 8-24。

国内外类似工程的设计水压及安全系数　　　　　表 8-24

类似工程	埋深(m)	设计水压(MPa)	安全系数
杭州地铁 1 号线越江隧道	35.7	0.9	2.5
日本东京湾道路隧道	50	1	2
上海地铁区间隧道	10～20	0.6	3
埃及艾哈迈德隧道	40	0.4	1
武汉长江越江隧道	60	1.5	2.5
上海延安东路隧道	35～40	0.8	2～2.2
上海大连路隧道	35～40	0.8	2～2.2
上海翔殷路隧道	35～40	0.8	2～2.2
上海青草沙输水隧道	30	0.85	2.8

本工程的安全系数可取为 2,对重庆地区的相似工程设计水压进行调研,结果见表 8-25。

层状岩地区设计水压调研结果   表 8-25

工 程 名 称	埋深(m)	围岩级别	设计水压(MPa)
重庆双碑隧道	最大 178	Ⅳ	0.2
重庆过江盾构隧道	8.5～55	Ⅱ、Ⅲ、Ⅳ	0.3～0.4
重庆梨树湾隧道	最大 240	Ⅲ、Ⅳ、Ⅴ	0.2

根据本地区的水文地质条件、区间设计资料,结合调研的内容可取Ⅲ、Ⅳ、Ⅴ级围岩段设计水压为 0.2MPa。

(3)数值模拟

使用 ANSYS 有限元软件进行弹性密封垫的数值模拟,弹性密封垫属于橡胶材料,和其他固体相比,橡胶是非常特殊的,它非常柔软,且容易变形。在实用上,橡胶材料通常被处理为各向同性不可压缩超弹性材料。

在 ANSYS 中可以采用不可压缩橡胶材料的 Mooney-Rivlin 模型,其应变能函数为:

$$W = C_{10}(J_1 - 3) + C_{01}(J_2 - 3) \tag{8-8}$$

式中:J_1、J_2——应变张量的第一不变量、第二不变量;

C_{10}、C_{01}——反应材料力学性能的常数。

由于弹性密封垫主要材料是三元乙丙橡胶,硬度取为 65。因此,对式(8-8)中 C_{10} 取 0.739MPa,C_{01} 取 0.185MPa。

使用超弹性单元 HYPER56 用于弹性密封垫的单元离散,由于在计算中会有很复杂的接触问题,在弹性密封垫空洞内和四周都建立接触对,使用接触面单元 CONTA172 和目标面单元 TARGE169。为方便计算的收敛,对原有结构进行了一定的简化,建立的有限元模型如图 8-37 所示。

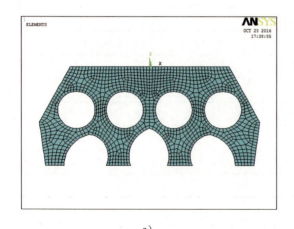

a)

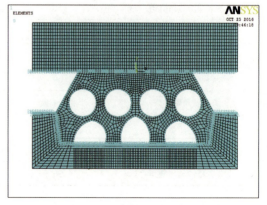

b)

图 8-37 弹性密封垫有限元模型

为满足有限元软件计算的要求,也为了更方便地提取接触应力,在空洞处设置了柔—柔接触对,在四周设置了刚—柔接触对。弹性密封垫下部的混凝土管片设置为刚性体,弹性密封垫上部为正确的施加位移载荷建立了一部分的刚性体。

对下部混凝土管片约束 X 方向的位移为 0,约束 Y 方向的位移为 0;对上部刚形体约束 X 方向的位移为 0,约束 Y 方向的位移为定值以施加位移载荷。

通过施加不同的位移载荷,得到不同张开量下的变形,如图 8-38 所示。

图 8-38 不同张开量下的变形图

提取在不同张开量下的接触应力,如图 8-39 所示。

从图 8-39 中可看出,随着张开量的变化,弹性密封垫不同部位的接触应力的变化规律是不同的。为分析弹性密封垫在接缝张开量不同的程度下的防水性能,将整个弹性密封垫分为 3 个部分进行分析,分别为弹性密封垫与弹性密封垫之间的接触应力(接触部位 1)、弹性密封垫在两侧与管片之间的接触应力(接触部位 2)、弹性密封垫在下侧与管片之间的接触应力(接触部位 3)。接触部位如图 8-40,渗水路径如图 8-41 所示。

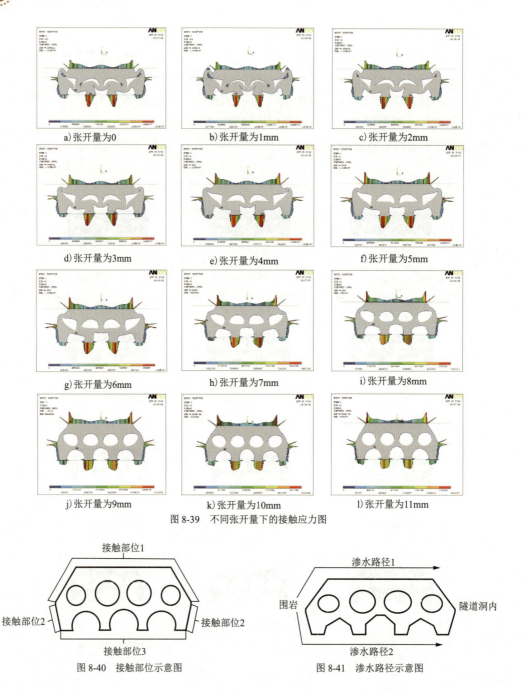

a) 张开量为0　　b) 张开量为1mm　　c) 张开量为2mm
d) 张开量为3mm　　e) 张开量为4mm　　f) 张开量为5mm
g) 张开量为6mm　　h) 张开量为7mm　　i) 张开量为8mm
j) 张开量为9mm　　k) 张开量为10mm　　l) 张开量为11mm

图 8-39　不同张开量下的接触应力图

图 8-40　接触部位示意图　　图 8-41　渗水路径示意图

考虑可能的渗水路径，一共有两条渗水路径：渗水路径 1 是由围岩通过弹性密封垫之间的接触部位 1，最后水流到洞内；渗水路径 2 是由围岩首先通过弹性密封垫在两侧与管片之间的接触部位 2，然后通过弹性密封垫在下侧与管片之间的接触部位 3，最后水流到洞内。

基于渗水路径分析弹性密封垫的关键防水部位。如果弹性密封垫接触部位 1 漏水，则弹性密封垫漏水；如果弹性密封垫接触部位 2 漏水，接触部位 3 不漏水，则弹性密封垫不漏水；如果弹性密封垫接触部位 2 漏水，接触部位 3 漏水，则弹性密封垫漏水。

则弹性密封垫的关键防水部位是接触部位 1 和接触部位 3。

在不同张开量下,提取这三个部分的平均防水压力,见表 8-26。

最大接触应力表 表 8-26

张开量 (mm)	接触部位 1 防水压力(MPa)	接触部位 2 防水压力(MPa)	接触部位 3 防水压力(MPa)
0	0.454	0.247	0.654
1	0.420	0.235	0.581
2	0.393	0.229	0.543
3	0.380	0.242	0.524
4	0.372	0.256	0.512
5	0.363	0.259	0.506
6	0.348	0.247	0.491
7	0.315	0.217	0.452
8	0.267	0.178	0.386
9	0.207	0.135	0.302
10	0.141	0.090	0.208
11	0.071	0.044	0.106

将以上防水压力绘制成曲线,如图 8-42 所示。

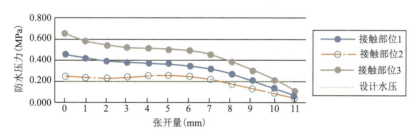

图 8-42 防水压力曲线

从图中可以看出:

①弹性密封垫下部与混凝土管片接触处,随着张开量的增大,平均防水压力逐渐减小。张开量为 0 时平均防水压力为 0.654MPa,张开量为 11mm 时平均防水压力为 0.106MPa。

②弹性密封垫两侧与混凝土管片接触处,在张开量从 0 增大到 2mm 时,平均防水压力从 0.247MPa 逐渐降低到 0.229MPa;在张开量从 2mm 增大到 5mm 时,平均防水压力又从 0.229MPa 逐渐增加到 0.259MPa;随着张开量从 5mm 增大到 11mm 时最大防水压力逐渐降低到 0.044MPa。

③弹性密封垫与弹性密封垫接触处,随着张开量的增大,最大防水压力逐渐减小。张开量为 0 时平均防水压力为 0.454MPa,张开量为 11mm 时平均防水压力为 0.071MPa。

弹性密封垫之间的接触部位1是起控制作用的防水压力,可以确定在这种弹性密封垫材料的情况下,密封垫张开量与防水压力的关系方程:

$$P = \sigma \cdot \alpha + \beta \quad (8-9)$$

$$\alpha = \begin{bmatrix} -0.0305, & 0 < \sigma \leqslant 2 \\ -0.01125, & 2 < \sigma \leqslant 6 \\ -0.0554, & 6 < \sigma \leqslant 11 \end{bmatrix}, \quad \beta = \begin{bmatrix} 0.454, & 0 < \sigma \leqslant 2 \\ 0.4155, & 2 < \sigma \leqslant 6 \\ 0.6804, & 6 < \sigma \leqslant 11 \end{bmatrix}$$

式中:P——在给定张开量下的防水压力,MPa;

σ——接缝张开量,mm;

α——接缝张开量与可抵抗的设计水压的关系系数;

β——常数项。

弹性密封垫压缩时所需的闭合压力等于所有与上部底边发生接触结点的竖向结点力之和,由此可得闭合压力及其与张开量之间的关系见表8-27,关系曲线如图8-43所示。

闭 合 压 力 表　　　　　　　　　　表8-27

张开量(mm)	闭合压力(kN)	张开量(mm)	闭合压力(kN)	张开量(mm)	闭合压力(kN)
0	34.05	4	28.06	8	20.16
1	31.63	5	27.40	9	15.68
2	29.62	6	26.24	10	10.68
3	28.65	7	23.82	11	5.39

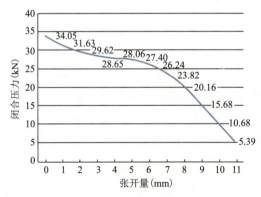

图8-43　闭合压力与张开量关系曲线

从图8-43中可以看出,张开量越大所需的闭合压力越小。同样将曲线分为3段,可以得到闭合压力和张开量的关系方程:

$$F = \sigma \cdot \alpha' + \beta' \quad (8-10)$$

$$\alpha' = \begin{bmatrix} -2.215, & 0 < \sigma \leqslant 2 \\ -0.845, & 2 < \sigma \leqslant 6 \\ -4.17, & 6 < \sigma \leqslant 11 \end{bmatrix}, \quad \beta' = \begin{bmatrix} 34.05, & 0 < \sigma \leqslant 2 \\ 31.31, & 2 < \sigma \leqslant 6 \\ 51.26, & 6 < \sigma \leqslant 11 \end{bmatrix}$$

式中:F——闭合压力,kN;

σ——接缝张开量，mm；

α'——接缝张开量与闭合压力的关系系数，kN/(m·mm)；

β'——常数项，kN/m。

将式(8-8)与式(8-9)联立求解，可得闭合压力与防水压力的关系方程：

$$\frac{F-\beta'}{\alpha'}=\frac{P-\beta}{\alpha} \tag{8-11}$$

由于防水压力与张开量的方程、闭合压力与张开量的方程都为三段式直线，可以建立散点图，通过线性回归得到其简化的关系方程，数值见表8-28。图8-44为闭合压力与防水压力散点图。

闭合压力与防水压力　　　　表 8-28

防水压力(MPa)	闭合压力(kN)	防水压力(MPa)	闭合压力(kN)
0.454	34.05	0.348	26.24
0.420	31.63	0.315	23.82
0.393	29.62	0.267	20.16
0.380	28.65	0.207	15.68
0.372	28.06	0.141	10.68
0.363	27.40	0.071	5.39

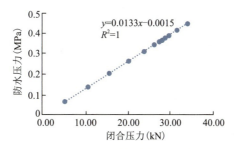

图 8-44　闭合压力与防水压力散点图

由图 8-44 可以拟合闭合压力与防水压力的关系方程为：

$$P = 0.0133F - 0.015 \tag{8-12}$$

式中：F——闭合压力，kN；

P——防水压力，MPa。

在施工现场使用的气动扳手型号是东洋王牌 5590B（1in 轴头，1in=25.4mm），额定扭矩为 2200N·m，螺栓使用 8.8 级 M30 高强螺栓。

根据螺栓预紧力矩：

$$T = KP_0 d \tag{8-13}$$

式中：T——预紧力矩；

K——预紧力系数；

P_0——预紧力,kN;

d——螺纹公称直径,查相关的文献资料。

K 取 0.26,由式(8-12)计算可得 $P_0 = 244$kN,管片厚度 0.35m,弹性密封垫长度 33mm,一环管片长 1.5m(一环管片间的纵缝包括两个纵向连接螺栓)。

可得到闭合压力为:$F = \dfrac{0.033 P_0}{0.35} \times 2 \div 1.5 = 35.46 \text{(kN)}$

根据现场的张开量实测数据,Ⅳ级围岩张开量平均值为 1.21mm,由式(8-10)可计算出的闭合压力为 31.37kN/m,与实际的闭合压力 35.46kN/m 相差不大,差值占实际闭合压力的 13%,符合实际施工的情况。

利用式(8-12)可得到在实际闭合压力下的弹性密封垫防水压力为 0.457MPa,满足设计水压的要求,通过对施工现场漏水情况进行观察,发现在此预紧力矩的作用下实际工程中没有出现漏水的情况。

(4)预紧力矩控制防水压力的施工方法

螺栓预紧力矩公式:

$$T = KP_0 d \Rightarrow P_0 = \dfrac{T}{Kd} \tag{8-14}$$

将预紧力按照接触面积分配到弹性密封垫表面,则闭合压力的公式:

$$F = \dfrac{lP_0 n}{DL} = \dfrac{lTn}{DLKd} \tag{8-15}$$

联立可得预紧力矩与防水压力的关系式:

$$T = \dfrac{(P+0.015)DLKd}{0.0133nl} \tag{8-16}$$

以上式中:F——闭合压力,kN;

l——弹性密封垫长度,m;

P_0——预紧力,MPa;

n——一环管片纵缝处螺栓数量;

L——管片纵向长度,m;

D——管片厚度,m;

T——预紧力矩,kN·m;

K——预紧力系数;

d——螺栓的螺纹公称直径,m;

P——防水压力,MPa。

根据依托工程的实际情况取:预紧力系数 $K=0.26$,弹性密封垫长度 $l=0.033$m,一环管片纵缝处螺栓数量 $n=2$,管片纵向长度 $L=1.5$m,管片厚度 $D=0.35$m,螺栓的螺纹公称直径 $d=0.03$m。可得依托工程中的预紧力矩与防水压力的关系式为 $T=4.665P+0.07$,基于该公式得到依托工程的预紧力矩与防水压力对应表,如表 8-29 所示。

预紧力矩与防水压力对应表　　　表 8-29

防水压力 P(MPa)	预紧力矩 T(N·m)	防水压力 P(MPa)	预紧力矩 T(N·m)
0.1	600	0.6	3000
0.2	1000	0.7	3400
0.3	1500	0.8	3800
0.4	2000	0.9	4300
0.5	2400	1.0	4800

根据表格内容写结论,预紧力矩与防水压力优劣比较,在重庆项目得到良好应用。

8.5 单护盾 TBM 管片变形控制措施

本节对单护盾 TBM 隧道管片变形控制措施进行研究,根据管片变形规律和施工方法,从控制管片质量、提高围岩强度、优化注浆参数三方面对管片变形提出控制措施,使其变形控制在允许范围值内,保障隧道施工期和运行期的安全。

8.5.1　管片质量控制措施

1)管片生产质量控制

衬砌管片的施工质量与隧道施工期和运营期的安全性息息相关。衬砌管片的质量优劣对隧道耐久性、安全性将产生一系列影响,质量差的管片可能会产生裂缝并有可能进一步导致结构防水层损坏,致使隧道出现渗水、漏水、突水等质量问题。为了严格把控管片质量,采取了以下措施。

(1)管片原材料质量控制

水泥、砾石、外加剂和钢材的采购和测试符合国家强制性规定,并符合该部门的特殊技术要求。坚决抵制使用不合格材料,并且所有的原材料都必须严格按照指标采购,而且在使用之前必须把有关材料上交第三方监理审批。

(2)管片养护质量控制

在蒸汽养护过程中,恒温阶段的相对湿度不应低于90%。必须有专人应负责整个蒸汽过程,调整并记录测量的温度,控制温度在一定数值内变化,保持均匀。蒸汽蒸煮后,在相同条件下养护试样的抗压强度达到设计强度的50%,等养护设施内的温度从外部降至20℃的温度时,方可推出脱模;然后保温和缓冷将管件保存在室内专用转移堆区域后,应转为水养护,将管片完全浸没在水中不少于7d。管片蒸汽养护和水养护如图 8-45、图 8-46 所示。

图 8-45 管片蒸汽养护

图 8-46 管片水养护

图 8-47 管片质量验收

（3）管片质量验收

管件的质量检查主要检查管件的尺寸和外观。外观检查包括裂缝、气泡、破角、止水带和灌浆孔检查。为了确保项目的质量，发现管片损坏，将直接返回管制造商。管片验收过程见图8-47。

2）管片拼装质量控制

（1）小曲线段拼装质量控制

在小半径曲线隧道 TBM 法施工中，TBM 的设计转弯能力直接影响到隧道的施工难易程度。

①掘进过程中通过刀盘的超挖刀、推进液压缸的压力、行程差及铰接液压缸的行程差使 TBM 根据隧道的设计曲线前行以完成曲线段的隧道施工。

②通过增大每环管片的楔形量、减少环宽以增大管片转弯的能力来拟合隧道较小的设计曲线，确保小半径曲线段管片拼装质量。

（2）大坡度段拼装质量控制

①为避免大坡度段施工过程中管片拼装出现错台、破损等现象。应提前做好管片点位的选择，使管片姿态与 TBM 姿态相符，保证合适的盾尾间隙。

②由于曲线外侧的液压缸推力大，满足 TBM 转弯的同时减少左右液压缸压力差，控制好铰接液压缸，确保 TBM 与地层、TBM 与管片姿态相符。

③管片螺栓严格执行三次复紧，确保管片连接紧密。

④加强施工人员教育培训、提高管片拼装质量，避免因拼装不到位产生的错台。

（3）管片上浮、下沉控制措施

①当管片出现上浮现象时，在安装管片的时候，要将管片底部的围岩或虚渣挖至与上一环管片拼装时一致。

②当管片出现下沉现象时，在安装管片的时候，需要利用豆砾石或者干拌料铺垫在底管片下部，防止管片拼装后，管片被盾尾撑起，随着 TBM 的掘进，管片拖出盾尾后出现下沉现象。

(4)管片的调向控制措施

由于地质原因或者 TBM 调向的原因,TBM 在掘进过程中,每组液压缸各自的推力也是不一样的,这样就会造成整环管片与 TBM 掘进不在同一条轴线上,造成盾尾间隙变小甚至没有盾尾间隙,从而影响到管片的安装。通过主机室的计算机显示屏上显示的液压缸长度(现场一般利用卷尺测量,因为显示的数据与实测的数据有误)以及结合 PPS 显示的 TBM 主机姿态,在需要调整管片姿态一侧的环缝内加垫不同厚度的木板,将管片姿态调整到与 TBM 姿态一致。调整过程中要遵循"勤调缓调"的原则,贴垫木板时必须和 TBM 盾尾姿态、盾尾间隙、推进液压缸的行程综合考虑。

(5)管片的滚动控制措施

由于单护盾 TBM 的液压缸推力是直接作用在管片上的,所以在掘进的过程中难免会出现管片滚动现象(管片一边高一边低),这样的话将会影响到以后后配套的通过与矿车的运行速度与安全,因此当管片出现滚动时,一种方法是通过反转刀盘来控制管片的滚动;另一种方法则是需要通过加垫木板的方法来达到控制管片滚动的目的,如图 8-48 所示。

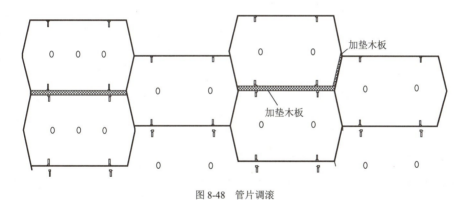

图 8-48 管片调滚

8.5.2 围岩强度控制方法

1)超前地质预报

由于地质勘探的局限性掘进机在隧洞掘进中往往会遇到一些地质图上没有反映出来的不良情况,为了进一步探明掘进机前方地层的确切情况应积极开展工程地质超前预报工作。TBM 上配置有 1 套超前钻探设备安装在拼装机架上,可满足 360°范围各种角度的钻孔,钻孔深度满足施工要求,并预留有超前钻孔取芯的能力,如图 8-49 所示。此外,TBM 配置地质探测一钻进

图 8-49 超前地质预报钻机

记录设备，通过与超前钻探的钻杆相结合（如同钻杆连接套），可以接收钻孔过程中的压力、钻孔速度、转速、扭矩、钻杆波动、钻孔水量、温度等数据，通过收集这些钻孔过程的数据，再通过专业系统软件分析，以获得超前钻孔范围的围岩情况。

2）超前预处理

根据前方的地质情况判断是否适合TBM掘进，如与其他方案在工期、经济性等方面进行比较后认为预加固方案可行，则利用TBM直接向前方易坍塌等不良地质地段进行加固处理。同时，当TBM出现长时间停机，如出现机械故障或需进行换刀作业等，此时如时间过长，地层可能失稳，此种情况下，需结合前方的地质情况判断地层的稳定性，选用超前预加固方案进行地层加固。

超前预处理可利用TBM所配备的超前钻机，结合TBM自身配备的注浆设备，对隧道前方断层破碎带的围岩进行超前预注浆加固。在钻孔前，为防止掌子面出现围岩坍塌和漏浆，可利用TBM自身配备的喷射系统在刀盘开挖后喷射一层混凝土，但严禁刀盘后退以防塌落卡死刀盘。在进行注浆前，先用水冲洗钻孔，注浆时，为防止串浆和漏注，可先从两侧的钻孔向拱顶对称注浆。注浆参数应根据围岩的工程地质和水文地质（如围岩孔隙率、裂隙率、渗透系数、涌水量、水压等）并结合试验来选择确定。

8.5.3 注浆参数优化

在单护盾TBM作业时，需要管片在脱出盾尾后及时进行豆砾石吹填，而豆砾石因为是细小、松散的颗粒状卵石，在管片和围岩之间不能够起到良好传导受力的作用，因此就需要进行壁后注浆。浆液可以把管片、豆砾石和围岩之间的间隙填充起来，二者固结为一体后能够良好地传导管片和围岩之间的作用力，有效减小衬砌结构的后期变形，并且起到防水的功能。浆液按照材料的不同可以分为单液浆和双液浆，单一的水泥浆液则是单液浆，而在水泥浆中混入一定比例的水玻璃则为双液浆。双液浆凝结时间更快，能快速地起到堵水和封闭成环的作用。

注浆压力的大小是控制管片变形的重要参数。在施工中，注浆压力太小，浆液不能有效地注入管壁；注浆压力太大，在环形段上将产生很大的压力，这可能引起诸如管环之间不能对准，管片破裂等问题，对隧道结构的稳定性造成不利影响。为此，需研究在不同注浆压力下衬砌管片的力学行为的变化，并使豆砾石回填均匀。

以重庆轨道交通5号线为例，该工程采用管片背后豆砾石吹填+注水泥浆施工方案，为了确定合理的注浆参数，分别设定注浆压力为0MPa、0.1MPa、0.2MPa、0.3MPa，通过数据采集并统计、分析不同注浆压力下隧道管片内力变化，如图8-50～图8-53所示。

不同注浆压力下管片的内力与变形，随着注浆压力的增大管片的轴力一直处于增大趋势；当注浆压力为0.1MPa和0.2MPa时，最大正弯矩与最小正弯矩相差不大，而继续增大注浆压力到0.3MPa时，最大负弯矩明显增大；当注浆压力为0.1MPa和0.2MPa时，剪力变化不大，但当注浆压力到0.3MPa时，剪力有明显增大的趋势；并且随着注浆压力的增大，隧道管片的变形先减小，当注浆压力为 0.2MPa 时，达到最小值，其后随着注浆压力的增大而增大。因此可以得出，隧道管片背后的最佳注浆压力应该选择为 0.2MPa。

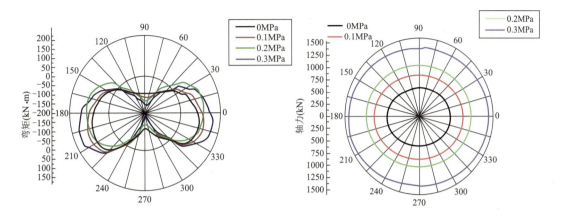

图 8-50　不同注浆压力下管片弯矩图　　图 8-51　不同注浆压力下管片轴力图

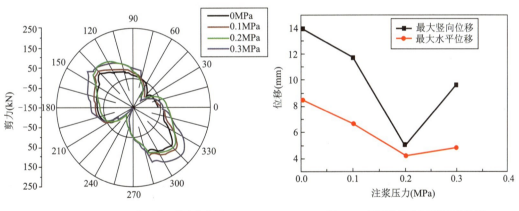

图 8-52　不同注浆压力下管片剪力图　　图 8-53　不同注浆压力下管片位移图

本章参考文献

[1] 李立功,王力,段志强,等. 单护盾全断面隧道掘进机法施工对管片接头受力和变形的影响规律 [J]. 城市轨道交通研究,2019,22(09):104-108.

[2] 李海民. 单护盾 TBM 管片防渗漏水工艺研究 [J]. 现代商贸工业,2018,39(19):165-166.

[3] 黄冬冬. 单护盾 TBM 隧道管片破损和错台原因分析及控制研究 [D]. 重庆:重庆交通大学,2018.

[4] 孙鹤明,汪强宗,张磊,等. 浅埋单护盾 TBM 隧道施工地表变形规律研究 [J]. 地下空间与工程学报,2017,13(S1):233-239.

[5] 陈孝国,杨悦,刘纪峰,等. TBM 隧道管片的环向变形性能 [J]. 三明学院学报,2019,36(04):41-45.

[6] 康斌. 单护盾 TBM 球窝自锁结构管片拼装错台控制技术 [J]. 建筑机械化,2012,33(S2):109-111.

[7] 吴乐. 单护盾 TBM 管片旋转问题及应对措施 [J]. 隧道建设,2012,32(06):892-895,906.

[8] 毛佳睿,李超. TBM 地铁隧道开挖引发地表沉降数值分析 [J]. 中国水运(下半月),2017,17(04):227-229.

[9] 张利民. 引洮单护盾 TBM 掘进通过不良地质洞段施工技术 [J]. 甘肃农业, 2012 (09): 101-102.
[10] 卜武华, 田娟娟. 软岩洞段单护盾隧洞掘进机 (TBM) 主要施工问题及对策 [J]. 山西水利科技, 2011 (03): 41-43.
[11] 姚天宝. 单护盾 TBM 在引洮 7# 隧洞中的应用 [D]. 兰州: 兰州交通大学, 2015.
[12] 彭冠峰, 王力, 刘大刚, 等. 单护盾 TBM 隧道受液压缸推力下的接头受力与结构防水分析: 2016 中国隧道与地下工程大会 (CTUC) 暨中国土木工程学会隧道及地下工程分会第十九届年会论文集 [C]. 中国土木工程学会隧道及地下工程分会: 中国土木工程学会, 2016, 6.

第 9 章

TBM 长距离大坡度快速施工技术

Key Technology of TBM Construction with Single Shield

Key Technology of TBM Construction with Single Shield

第 9 章 TBM 长距离大坡度快速施工技术

随着铁路、水电、交通、矿山、市政等隧洞工程迅猛发展,越来越多的隧道掘进设备用于长大隧道的掘进施工,单护盾 TBM 在敞开式 TBM 的基础上通过增加盾尾及管片拼装机构,以掘进速度快围岩扰动小,二次衬砌一次成型,施工安全可靠的高效性被铁路、水利隧洞工程广泛使用。但在环境复杂的城市轨道交通工程中采用单护盾 TBM 法尚不多见。长距离、大坡度条件下,物料运输、长距离通风、反坡排水、长距离步进都是影响单护盾 TBM 快速掘进施工的主要因素。

9.1 长距离大坡度物料运输技术

单线长大隧道有轨运输是隧道施工中普遍使用的方法,因为它减少了大量内燃机进洞所产生的有害气体,洞内作业人员的作业环境污染减少。如果合理地选择机械配套、铺设运输轨道、科学有效地调度,会大大提高生产效率,产生较好的经济效益。

9.1.1 设备比选

施工机械应与施工环境、施工方法相配套、与合理进度相适应。合理进度是指均衡生产、确保最佳且经济的进度,而绝不是为了抢工期、盲目投入大量设备、经济浪费严重的进度。

在单护盾 TBM 的隧道区间施工中,水平运输需要考虑到管片的运输、水泥砂浆的运输、运渣几个方面,所以需要用到的运输设备包括电瓶牵引车、装渣设备、运输设备、轨道、电力设备等。

1)蓄电池牵引车

蓄电池牵引车是作为水平运输的主要牵引动力,一般按照牵引能力和制动能力的需求进行选定,在长距离大坡度的有轨运输中,蓄电池牵引车的选定要满足在最大坡度下安全运行的基本条件。

2)装渣设备

装渣设备主要用于运输掘进过程中开挖出来的掌子面围岩碎屑,目前国内有轨出渣方法主要在梭式矿车和矿斗车之间选择,对有轨出渣中采用梭式矿车或矿斗车出渣的方案进行了考察调研和比选分析,见表 9-1。

梭式矿车和矿斗车优缺点比较 表 9-1

车 类 型	优 点	缺 点
梭式矿车	可搭接,装渣、卸渣方便	因搭接第二节装不满,两节车平均装渣 $35m^3$;外形尺寸长度方向尺寸过大,占用站线长,自重较大,增加牵引车进场难度,且载重率比较低,约为 2;运行成本高,5km 隧道消耗零备件约占梭式矿车购置成本 30% 左右;掉道后恢复困难;单车购置成本高
矿斗车	装渣满载系数高,每节车基本上均可满载;外形尺寸长度方向尺寸小,约为梭式矿车的 1/2,占用站线短,自重轻,载重率较高,约为 5;运行成本低,较少发生维修和配件消耗;掉道后恢复容易;单车购置成本低	一次只能装一节,一台牵引车拉两节时需进行调度,增加调度时间;增加翻车机购置费用

对比两种运输车辆的优缺点,出于经济性和实用性的考虑,在长距离隧道的施工中一般都采用矿斗车进行装渣。

3)运输设备

在单护盾 TBM 隧道的施工中需要用到水泥砂浆的运输车、豆砾石的运输车、钢轨的运输车和管片的运输车。管片运输应缓慢、平稳、不倾倒,管片间不碰撞。

4)轨线布设

轨道是用于蓄电池牵引机车、装渣设备与运输设备前行的,要根据选定的车辆设备来确定轨道的选型,同时要考虑隧道区间的坡度和曲线,轨道铺设必须以现场实际情况而定。

在 TBM 施工中常用的轨道布置方案有单线双轨制运输方式、双线四轨制运输方式、四轨三线制运输方式,因双线四轨制运输方式应用较少,本书不再赘述。

(1)单线运输方式

单线运输方式中,轨距为 900mm。在 TBM 后配套中,2 条外轨作为拖车的行走轨道,中间 2 轨作为运输列车进入后配套拖车的行走轨道。由于一般地铁隧道区间长度为 1000~2000m(2 个车站),出渣运输里程不长。又考虑到 TBM 掘进循环时间与停止安装管片时间相等(相当于 30~40min),故采用单线运输时,列车可在安装管片期间完成倒车循环,即重车驶出洞口,轻车从洞口驶入后配套内,等待下一环掘进出渣。

单线制运输方式的优点是:行车管理简单、安全;轨面高程较低;轨道需要量少,降低了生产成本;轨距可以达到 900 mm 以上。

缺点是:只允许 1 台编组列车组织运输,不适合于长区间隧道的施工;不便于运输列车调度,难于应付突发性故障、事件;对进料有时间要求,对工序要求较为严格;运输列车的重量和长度类型比较单一;适应性差,很难满足进料工序多变性的要求。

(2)四轨三线运输方式

四轨三线运输方式中,一般采用轨距 762 mm 的 43kg/m 钢轨,TBM 后配套尾部拖 1 条双开道岔浮轨。在 TBM 后配套中,2 条外轨作为拖车的行走轨道,中间 2 条轨作为列车进入后配套的行走轨道,列车通过浮放轨分别从隧道左右 2 线进入后配套的中间 2 条轨,浮放轨以后为 4 条轨组成的左右 2 线,每相邻 2 条轨的中线距均为 813~820mm。

采用四轨三线运输时,列车既可在安装管片期间完成倒车循环,也可以在 TBM 掘进期间进行倒车。

其优点是:可组织实施 2 台以上编组列车的施工运输计划,适合于长区间隧道的施工;便于运输列车调度,易于应付突发性故障、事件;能够方便地与其他临时性、常规性工序进行配合,例如在出料和进料的工序安排上更加灵活,且适应性较强;运输列车重量可大可小,比较灵活;运输列车长度可长可短,可配合各种长度的 TBM 输送带。

缺点是:轨面高程较高;由于轨距最大有限值,列车空间的加大受到限制;轨道用量增大 1 倍;行车管理复杂,降低了施工的安全性。

5)电力设备

有轨运输均采用机械作业,所用设备均以电源为动力,制订供电方案尤为重要,特别是在长距离大坡度的隧道中,根据运输距离的增加,针对洞内用电机械的使用变化情况,必须有初期、中期、后期均能切实可行的供电方案。

9.1.2 有轨运输设计

由于依托工程的 TBM 开挖直径仅为 6.83m,管片拼装的隧道内径为 5.9m、外径 6.6m,考虑到还需要设置人行通道、电缆、管道等辅助设施,采用四轨三线制布置的轨道较高,后配套建筑界限不满足要求,且运输车辆容易跳车,存在较大的安全隐患,故在 TBM 洞内采用单线制,在钻爆法隧道段、工作井井口段及车站设置双线,以便于编组列车错车及材料和机械设备的吊放。钻爆法区间轨道布置如图 9-1 所示,单护盾 TBM 后配套内轨道布置如图 9-2 所示,单护盾 TBM 洞内轨道布置图如图 9-3 所示。

图 9-1 钻爆法区间轨道布置

图 9-2 单护盾 TBM 后配套内轨道布置

1)设备的选取

(1)装渣设备的选取

依托的项目单护盾 TBM 每循环进尺 1.5m,根据现场的实际掘进情况,最快的掘进时间为 30min,最快的管片拼装时间为 30min。在掘进过程中由单护盾 TBM 主机皮带运输出渣到装渣设备中。

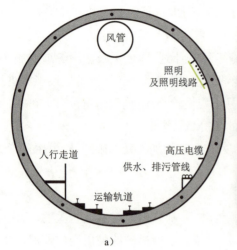
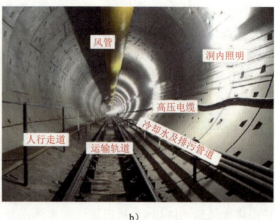

图 9-3 单护盾 TBM 洞内轨道布置

每一循环出渣量：

$$V = \frac{\pi D^2}{4} sk \tag{9-1}$$

式中：D——开挖直径，m，D=6.93m；

s——每循环进尺，m，s=1.5m；

k——松渣系数，取 1.6。

$$V = \frac{\pi \times 6.93^2}{4} \times 1.5 \times 1.6 = 90.52 \text{m}^3$$

对矿斗车与梭式矿车通过优缺点的对比，决定选用 20m³ 的矿斗车，并且至少需要 5 节才能满足一次循环出渣的要求，选用了 6 节 20m³ 矿斗车。

（2）运输设备的选取

单护盾 TBM 配备的管片输送小车为往复喂送式，可以承载的管片数量为 3 片，长度为 5675mm，负载管片能力为 15t，每一环安装管片为 6 片，一次安装循环中需要 2 辆管片输送小车。

管片与围岩间填充的豆砾石与水泥砂浆体积较小，选用一节 8m³ 水泥砂浆运输车和一节 8m³ 豆砾石运输车即可满足要求。

（3）蓄电池牵引机车的选取

单护盾 TBM 区间的隧道坡度较大，最大的上坡坡度为 15‰，最大下坡坡度为 12‰，因此蓄电池牵引机车要满足到在大坡度上坡启动时的牵引能力和大坡度下坡时的制动能力。

20m³ 的矿斗车自重 9.5t，单节满载取为 49.5t；

管片运输小车自重 2t，一环管片重约为 26t，则 2 节管片小车满载为 30t；

砂浆运输车自重 5t，满载砂浆自重为 13.6t，则 1 节砂浆车满载为 18.6t；

豆砾石运输车自重 3t，1 节豆砾石车满载为 20t。

①按照在限制坡道上上坡启动牵引力选取

空车进入隧道区间时在坡度 15‰ 处为上坡，在坡度 12‰ 处为下坡，考虑管片小车、砂浆运输车和豆砾石运输车满载,矿斗车空载。

重车驶出隧道区间时在坡度 15% 处为下坡,在坡度 12% 处为上坡,考虑管片小车、砂浆运输车和豆砾石运输车空载,矿斗车满载。

在上坡段(最大坡度 15%),轻车进入隧道区间时需要的蓄电池牵引车牵引力计算如下所示,安全储备系数取 1.2。

$$T_1 = 1.2 \times (9.5 \times 6 + 30 + 18.6 + 20) = 150.72(t)$$

在上坡段(最大坡度 12%),重车驶出隧道区间时需要的蓄电池牵引车牵引力计算如下所示,安全储备系数取 1.2。

$$T_2 = 1.2 \times (49.5 \times 6 + 4 + 5 + 3) = 370.8t$$

机车牵引力计算公式为:

$$F = P_c \cdot g \cdot \mu \tag{9-2}$$

机车启动牵引质量计算公式为:

$$Q_{c上坡} = \frac{1000F}{g}(\omega_0 + \omega_1 + \omega_2 + \tau_{p上坡}) - P_c \tag{9-3}$$

式中:P_c——蓄电池牵引机车黏重(t);

μ——黏着系数,取 0.24;

g——重力加速度,取 10m/s²;

ω_0——蓄电池牵引机车基本单位阻力,取 8kg/t;

ω_1——蓄电池牵引机车启动阻力,取 5kg/t;

ω_2——蓄电池牵引机车曲线阻力,当列车长度小于或等于曲线长度时按式 $\omega_2 = 600/R$,当列车长度大于曲线长度时按式 $\omega_2 = (600/R) \cdot (l_r/l_1)$,$R$ 为曲线半径,l_r 为曲线长度(包括圆曲线长度及其两端缓和曲线各半长度),l_1 为列车长度;

$\tau_{p上坡}$——坡度单位阻力,分别取 15kg/t(坡度 15%)、12kg/t(坡度 12%)。

由于需要牵引车启动牵引质量大于所需牵引力:

$$Q_{c上坡} \geq T \tag{9-4}$$

可由公式(9-2)～式(9-4)推出:

$$P_c \geq \frac{T(\sum\omega + \tau_{p上坡})}{1000\mu - \sum\omega - \tau_{p上坡}} \tag{9-5}$$

$$\sum\omega = \omega_0 + \omega_1 + \omega_2 \tag{9-6}$$

按照最小曲线半径 350m 计算,$\omega_2 = 600/R = 600/350 = 1.7$kg/t。

则当 $T_1 = 150.72$t 时,上坡坡度 15%:$P_{c1} \geq 22$t;

当 $T_2 = 370.8t$ 时,上坡坡度 12%: $P_{c2} \geqslant 47t$。

实际中选用的是黏着质量 55t 电瓶牵引机车,可以满足要求。

②按照在限制坡道上等速运行牵引力选取

在等速运行中,仅需考虑 ω_0 电瓶牵引机车基本单位阻力、ω_2 蓄电池牵引车曲线阻力及 $\tau_{p上坡}$ 坡度单位阻力,取值同前。

由牵引力公式(9-2)计算得出,牵引车等速运行牵引质量可由公式(9-3)计算得到。由于牵引车等速运行牵引质量需大于所需牵引力,即:

$$Q_c \geqslant T \tag{9-7}$$

联立以上公式则可以推出:

$$P_c \geqslant \frac{T(\sum \omega + \tau_{p上坡})}{1000\mu - \sum \omega - \tau_{p上坡}} \tag{9-8}$$

$$\sum \omega = \omega_0 + \omega_2 \tag{9-9}$$

则当 $T_1 = 150.72t$ 时,上坡坡度 15%,$P_{c1} \geqslant 16t$;

当 $T_2 = 370.8t$ 时,上坡坡度 12%,$P_{c2} \geqslant 34t$。

实际中选用的是黏着质量 55t 蓄电池牵引机车,可以满足要求。

③按照在限制坡道上制动力选取

$$Q_z = 1000 P_c \mu_z g / [110a + (\tau_{p下坡} - \omega_0)g] - P_c \tag{9-10}$$

式中:P_c——蓄电池牵引机车黏重,t;

μ——制动黏着系数,取 0.17;

g——重力加速度,取 10m/s²;

ω_0——牵引机车基本单位阻力,取 8kg/t;

$\tau_{p下坡}$——坡度单位阻力,分别取 15kg/t(坡度 15%)、12kg/t(坡度 12%);

a——牵引机车制动减速度,m/s²;按照式子 $a = v^2/2l$,其中 l 为制动距离,按安全规程规定,在运送人员时,地下运输列车的制动距离不得超过 20m,运送物料时,不得超过 40m;v 为制动开始时的初始速度,一般取 10km/h。

取制动距离 l 为 40m 求得:$a = 0.0965 \text{m/s}^2$。

在安全的制动距离内需要机车制动质量大于所需制动力:

$$Q_z \geqslant T \tag{9-11}$$

由式(9-10)、式(9-11)可得:

$$P_c \geqslant \frac{T[110a + (\tau_{p下坡} - \omega_0)g]}{(1000\mu_z - \tau_{p下坡} + \omega_0)g - 110a} \tag{9-12}$$

则当 $T_1 = 150.72t$ 时,下坡坡度 12%,$P_{c1} \geqslant 5t$;

当 $T_2 = 370.8t$ 时,下坡坡度 15%,$P_{c2} \geqslant 19t$。

实际中选用的是黏着质量 55t 蓄电池牵引车,可以满足要求。

2)轨道的布置

有轨运输轨道的合理布置和线路铺设,是保障隧道快速施工的前提。隧道有轨运输,有严格的运输体系。建立了相应的规章制度、作业标准和安全操作规程。

轨线材料采用 43kg/m 钢轨,轨距采用 970mm。在洞外、及车站处设置双轨及叉车道,洞内设置单轨,轨道铺设必须以现场实际情况而定。

由于隧道区间曲线变化较大,在曲线段需要考虑到不同外轨超高和内轨加宽。隧道区间曲线段的统计见表 9-2,曲线段外轨超高与内轨加宽见表 9-3。

隧道区间曲线段 表 9-2

编 号	里　程	曲线角度(°)	曲线半径(m)
1	左(右)SSK49.883～左(右)SSK306.804	-42	350
2	YDK15850～YDK15527 ZDK15858～ZDK15542	-51	500
3	YDK14700～YDK14040 ZDK14700～ZDK14040	-86	500
4	YDK13792～YDK13100 ZDK13775～ZDK13100	61	600
5	YDK12459～YDK11874 ZDK12459～ZDK11880	38	650

曲线段外轨超高与内轨加宽 表 9-3

编 号	里　程	外轨超高尺寸(mm)	内轨加宽尺寸(mm)
1	左(右)SSK49.883～左(右)SSK306.804	2	1.4
2	YDK15850～YDK15527 ZDK15858～ZDK15542	1.5	1
3	YDK14700～YDK14040 ZDK14700～ZDK14040	1.5	1
4	YDK13792～YDK13100 ZDK13775～ZDK13100	1.3	0.8
5	YDK12459～YDK11874 ZDK12459～ZDK11880	1.2	0.8

外轨超高计算公式:

$$h = \frac{S_1 V^2}{gR} \tag{9-13}$$

内轨加宽计算公式:

$$S = \frac{L^2}{2R} \tag{9-14}$$

式中:S_1——两股钢轨中心距离,mm;

V——列车运行的平均速度,m/s;

g——重力加速度,m/s²,一般取 9.8m/s²;

R——曲线半径,m;

L——固定轴距,mm。

在依托工程项目中,由于转弯半径大,所需要的外轨超高与内轨加宽极小,在实际施工中难以实现,故可不考虑轨道在曲线段的外轨超高与内轨加宽。

3)会车平台设置与运输编组数量设置的通用方法

依托工程的实际运输方案进行分析,在会车平台处设置一定长度的钻爆暗挖段,通过在会车平台设置道岔,由道岔引出一段支线,在会车时支线可提供一列驶入的蓄电池牵引车牵引列车编组停靠,待主线驶出隧道的运输电瓶牵引列车编组通过后,驶入的蓄电池牵引车牵引列车编组从支线回到主线往掘进方向继续前进。道岔错车流程如图9-4所示。

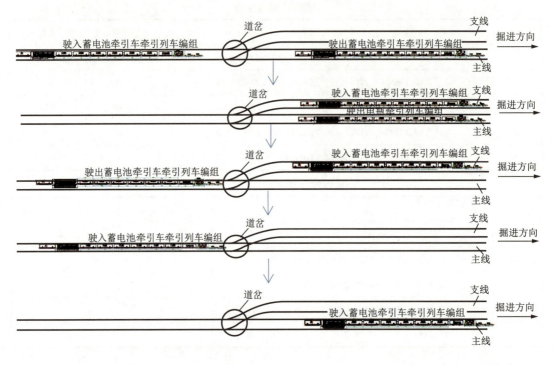

图9-4 道岔错车流程示意图

(1)会车平台数量设置理论公式

假设蓄电池牵引车牵引列车的平均速度为V,单护盾TBM隧道区间总长L,掘进一环管片长度的时间为t_1,安装一环管片的时间为t_2,由工程的掘进记录表可得知t_1与t_2是很相近的,可假定$t_1=t_2=t$。求以保证单护盾TBM不停机等待装渣矿斗车的前提下会车平台与掌子面的最大距离L'和会车平台数量n。

由于掌子面掘进时需要蓄电池牵引车牵引列车一直停靠在TBM后配套内装渣,掘进完成后,准备开始安装管片时掌子面处的蓄电池牵引车才开始驶出掌子面,假设使用时间最少的情况是距离掌子面最近的一个会车点处已经有一列编组等待。会车平台与掌子面极限距离下的运输过程如图9-5所示。

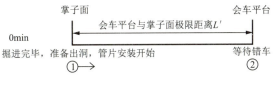

图 9-5 会车平台与掌子面极限距离下的运输过程示意图

图 9-5 中 T 为蓄电池牵引车牵引列车通过极限距离 L' 时所花费的时间。在经过 $2T\min$ 后，2 组蓄电池牵引车牵引列车要赶上 TBM 掘进施工，因此 2 组蓄电池牵引车牵引列车需要在管片拼装期间到达单护盾 TBM 后配套的指定位置。

$$T = \frac{L'}{V} \tag{9-15}$$

$$2T \leq t \tag{9-16}$$

由以上两式可得：

$$L' \leq \frac{Vt}{2} \tag{9-17}$$

式中：L'——会车平台与掌子面的最大距离（m）；

V——蓄电池牵引车牵引列车运行的平均速度（m/s）；

t——掘进一环管片纵向长度的时间（s）。

当掌子面距离大于 L' 时，需设置新的一处会车平台才能保证运输不耽误单护盾 TBM 的掘进施工。

则会车平台数量为：

$$n = \frac{L}{L'} - 1 \tag{9-18}$$

$$n \geq \frac{2L}{Vt} - 1 \tag{9-19}$$

当 $2L \leq Vt$ 时，$n = 0 (n \in Z)$

式中：n——会车平台数量；

L——隧道区间总长（m）；

V——蓄电池牵引车牵引列车运行的平均速度（m/s）；

t——掘进一环管片纵向长度的时间（s）。

(2)运输编组数量设置

运输编组的数量与会车平台的数量之间有一定的关系,编组数量不足时不能满足单护盾 TBM 掘进施工的要求,编组数量过多时会产生电瓶车过多的闲置,影响工程的经济效益,因此需要确定一个会车平台数与所需最少编组数之间的关系式。

在上节基础上再假设 L 长的区间内,共有 n 个会车平台,每个会车平台之间的距离 $L'=Vt/2$,因此电瓶牵引列车运行通过两个会车平台之间的长度 L' 所花费的时间为 $t/2$。根据工程的施工经验,洞外装车翻渣时间 + 运输过程中所需富余时间 $\approx t$。

考虑最理想的极限运输情况下的运输流程,即最少编组数的情况,具体流程见图 9-6 所示。

从图 9-6 中可以看出,在时间为 $(n+3)t$ 时各个运输编组的最初方向全部相反,在时间为 $2(n+3)t$ 时各个运输编组回到时间为 0 时的运输状态,一个运输过程循环的周期为 $2(n+3)t$。

按照图 9-6 中的运输调度方法,在理想情况下既不会耽误单护盾 TBM 的掘进施工,也不需要蓄电池牵引车牵引列车在其中的会车平台停车以等待错车,因此可以得到运输编组与会车平台的关系式:

$$x_{\min} = \frac{n+3}{2} \quad \begin{array}{l} n>0, n \in Z \\ 1 \quad n=0(x \in Z) \end{array}$$

(9-20)

式中:$x_{\min}$ ——最少的运输编组数量;

n ——会车平台数量。

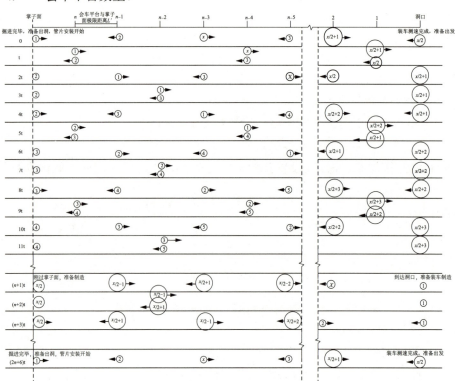

图 9-6 最少编组数情况下的运输流程示意图

依托工程的极限运距为 4.73km,蓄电池牵引车牵引列车运行平均速度 5km/h,一个掘进循环平均速度为掘进 45min、安装管片 45min 计算,则按照式(9-19)计算需要会车平台数量为 2,按照式(9-20)计算运输编组为 3,实际施工中采用这种运输配置,满足单护盾 TBM 的物料运输要求。

9.1.3 物料运输技术

(1)在 TBM 掘进过程中,后配套轨道区域内一定停有渣车。在 TBM 掘进过程中,管片拼装、豆砾石吹填、注水泥浆液、出渣运输等各工序同时进行,从而要求主机及附属设备同时运转,出渣系统也一样,为不影响其正常掘进,在皮带输送机良好的状态下,必须在 TBM 后配套轨道上始终停有渣车以备装渣。

(2)TBM 出渣运输系统不仅包括石渣的运输,还包括材料的运输,如管片、钢轨、豆砾石、水泥浆液等,必须有序地将渣土车与材料车编组为同一列车。在 TBM 掘进过程中,主机拖拉后配套车一起向前移动,而后配套拖车是在管片上铺设的轨道行走的,这就要求管片及钢轨提前铺设,同时在掘进过程中所需的管片,豆砾石,水泥浆液也要同时运进洞内。

(3)为了能更顺利地掘进,洞外设有专职调度,负责和洞内联系,组织洞外车辆调车编组。为了保证洞内外能及时的联络,洞外还设有两部固定联系电话,车辆司机配备对讲机,在隧道中部布置中继台,调度随时可以用对讲机联络车辆进行指挥。

9.1.4 施工工艺

1)工艺流程
施工工艺流程如图 9-7 所示。

图 9-7 出渣及运料施工工艺流程

2)洞外调车场线路布置
(1)布置原则

根据洞外场地的实际情况,在不影响蓄电池充电、管片存放、快速翻渣的前提下,尽可能方便材料车的装料、调运及编组,减少备料作业时间。

(2)布置方法

首先选定门式起重机行走限定位置,蓄电池充电间位置,从而决定了翻渣主线路的铺设位置、搅拌站、修理间、列车停车线路,最后铺设材料运输线路及维修线路。

3)列车的编组
单护盾 TBM 每掘进一个循环进尺 1.5m,出渣量 100m³,每节渣车容量约 18m³,由于岩石层面比较复杂,岩石干湿度不稳,经实践和地质实际验证,将 6 节渣车编成一组,一次运渣完成。在每次列车待进洞掘进的同时,把管片,水泥浆液和豆砾石一起运往洞内,因此通常列车的编组由 10 节渣车(每列编组 =1 台机车 +5 节矿车 +1 节豆砾石车 +1 节砂浆车 +2 节管片车)和牵引车组成。如无特殊情况,列车的编组顺序不变。

4)出渣

(1)TBM 掘进和皮带运输系统及其运渣系统

掘进作业时,刀盘的转动及刀体的自转将掌子面的岩石破碎,石渣首先落到溜渣槽,后经过主机皮带输送机将石渣输送到转渣皮带输送机处,由转渣皮带输送至卸料斗处,通过卸料斗将渣输送到机车渣箱内,渣车停在卸料斗下,在卸料斗处有专人指挥,并用对讲机与牵引车司机联系,在一节渣车装满石渣后,牵引车司机听到指令后向洞外方向开车,进行第二节渣车装渣,直到将一循环的石渣装完为止。

(2)洞外卸渣

列车在从洞里将一循环渣运送到洞外指定地点后,由专业指挥人员指挥门式起重机司机和专人负责将门式起重机的主钩的板钩挂在渣箱两端的翻转轴上,由门式起重机司机操纵将门式起重机两副钩在渣箱底部固定位置上,前几步骤都完成后,再由专业卸渣员指挥门式起重机司机将渣卸到指定的卸渣区内。

5)运输

单护盾 TBM 运输出渣列车采用的是 55t 蓄电池牵引车,和柴油牵引车相比其优点是污染小,噪声小,节约经济资源。为了能够保障蓄电池牵引车的正常使用,洞外设有充电间,充电员在把蓄电池充好电的情况下,要定期对蓄电池进行检查和维护保养。

一般情况下列车系统运输步骤如下:

(1)洞内工班负责人将施工所需的管片类型,水泥浆,钢轨等材料提前 30min 用电话通知当班调度,由调度组织人员备料。

(2)施工现场有 2 台门式起重机,其中 1 台主要用于翻转,靠近洞口的门式起重机主要用于装卸管片及钢轨等材料。

(3)现场 ZL50 型装载机用于豆砾石、人行踏板及其他材料装车。

(4)搅拌站配有挤压泵用水泥浆液输送到罐车,减少备料时间提高备料效率。

(5)若洞内设计是单轨运输,则洞外应备 2 列渣车编组以满足施工需要。

9.1.5 技术保障措施

(1)操作人员通过操作控制台控制卸渣机翻板和机车移动速度,保证每节渣车装满并且尽量不要将石渣落在两节渣车之间连接处。

(2)在门式起重机精确对位之前,首先牵引车应停靠在停车位,必须保证在其规定的误差范围内,否则不利于摘挂钩。在翻渣过程中,门式起重机司机一直监视翻渣状态,防止操作不当板钩脱落而造成事故。

（3）为保证列车行车安全,严格执行列车行车前、中、后的三检制度。

（4）良好的线路状况不仅能使车辆运行平稳,延长车辆的使用寿命,还能减少车辆掉道等事故的发生。为此安排专职的线路维修工进行线路的维护和保养。

（5）在道岔区、交叉路口、洞口等处设置信号灯,安排值班信号员。信号员除了正确扳道外,还指挥车辆正常行驶。值班人员带有对讲机,可以及时与司机、调度通话,确保行车安全。严格按照相关规定执行轨道运输作业。

渣车列检项目见表9-4～表9-6。

渣车列检项目　　表9-4

序号	检查项目	故障分析	措施
1	制动管路接头是否漏气	涂肥皂水、听、摸	拧紧或更换垫片
2	制动管路是否破损或严重老化	观察	更换气管
3	连接板是否已弯曲或有细小裂纹	转动车轮观测,甚至取下连接板观测	轻度弯曲进行校正,严重弯曲或有裂纹的进行更换
4	制动片磨损情况	松开制动,制动片至车轮间隙超过10mm	调整制动装置或更换制动片
5	渣箱底部积渣过多,影响渣车容量	进入渣箱观看	地翻处理或人工清理
6	车辆轮缘严重磨损	磨损至18mm	更换车轮
7	车轮晃动	打开轮盖检查,锁紧螺母松动或轴承损坏	按轴承间隙锁紧或更换轴承
8	车轮温度过高	缺少油脂润滑或轴承损坏	添加油脂,保证良好润滑或更换轴承
9	车轮转动不灵活	轴承锁紧螺母过紧或制动车间隙太小	旋松3/4圈或调整制动片至合适间隙
10	连接板损坏程度	游标卡尺检测车钩配合宽度不超过15mm	更换连接板
11	其他管路元件损坏	检查	更换

砂浆车及管片车列检项目　　表9-5

序号	检查项目	故障分析	措施
1	电机无法启动	蓄电池电压不够;线路接触不良;电机烧坏	充电;线路上紧;更换电机
2	自搅拌无法转动	罐底有残料;传动机构转不动;变速箱磨损严重,齿轮油泄漏严重	需清理、修复、矫正传动机构;更换齿轮油
3	抽料泵不抽浆	电机烧毁;泵坏;控制线路故障	更换电机;更换泵;检查控制线路
4	出料口漏浆	放料阀门关闭不严	更换
5	链条松紧度不合适	—	调整张紧轮
6	链条磨损严重	—	更换链条
7	变速箱齿轮磨损严重	—	更换齿轮
8	滚筒支撑轮不能正常转动	支撑轮表面严重损坏;支撑轮轴承损坏	更换支撑轮;更换轴承
9	链条跑偏	电机前后偏移;支撑轮不在同一水平面上	调整电机固定位置;加减支撑轮垫片
10	管片车转盘转动不灵活	积渣太多;支撑板变形	清理冲洗;调整处理

轨道检修项目 表9-6

序号	检修项目	措 施
1	轨道螺栓松动	按规定扭矩拧紧
2	B 型弹条缺损	加上
3	轨道有裂纹	更换钢轨或焊接加固
4	道岔岔尖磨损严重	更换岔尖
5	轨道有路基明显下沉	用起道机起道
6	轨距不标准	用轨距拉杆调整

9.1.6 安全措施

（1）牵引车司机严格按照安全操作规程操作，加强瞭望，经过横通道、洞口道岔区域、衬砌台车区域、后配套等要减速慢行，并鸣笛示意。驾驶员行车过程严格听从调度及信号员的指令操作，严禁随意操作。

（2）全班参加列检工作并专人按照列检内容每班、每列进行，做好记录和交接。

（3）列车行车前必须备齐安全设施，如灭火器、木头、掩轨器、推进液压缸等。

（4）机车出洞停到翻转位置后必须将车辆制动牢固。

（5）在不影响列车运行及工作的情况下，将各节车辆之间用钢丝绳连接起来，以防止连接板断裂造成车辆脱开的事故。

（6）为防止司机在作业时犯困，每台牵引车都设有防瞌睡装置，每天检查该装置的工作状态是否完好。

（7）翻渣时为防止门式起重机司机与专业指挥翻渣人员手语有误，分别配有对讲机并设专线频道。

9.1.7 防溜车装置

单护盾 TBM 长距离以 4.4%、3.4% 的上坡掘进，列车编组重载下坡运输，最长运输距离达 4.7km，存在溜车风险，针对这种情况提出了以下应对措施：

（1）选择大功率的蓄电池牵引车，确保牵引车动力、制动性能等各方面参数满足安全运输要求。

（2）制订专项运输方案、应急预案，在隧道转弯、大坡度段、交叉作业区等重要地段设置醒目的警示标志。

（3）在车辆及区间隧道大坡度段设置防溜车装置；车辆上防溜车装置如图9-8所示，区间防溜车装置如图9-9所示，蓄电池牵引车阻车器如图9-10所示。

图 9-8　车辆上防溜车装置　　　　图 9-9　区间防溜车装置

图 9-10　蓄电池牵引车阻车器

（4）安排专人每天定时检查保养，确保牵引车状况良好。

（5）成立专业的养轨班组，每天对轨线巡查、保养。

（6）定期对作业人员进行安全教育培训，提高作业人员安全意识。

9.2 长距离隧道 TBM 施工智能通风技术

9.2.1　施工通风方案及布置

（1）通风方式多采用压入式通风方式，目前国内外 TBM 施工隧洞普遍采用压入式通风方式，其最大的优点是新鲜空气经过风管直接送到开挖面，空气质量好，且通风机不要经常移动，只需接长通风管。通常一根完整的风管长为 100m，因此在施工过程中只需要把风管连接，风管之间用连接铁皮卡连接。通风管一般采用软管，便于安装和储存。通风管上每隔 1.5m 自备有安装螺栓,因此安装风管时只需在洞壁上先嵌入膨胀螺栓,再将膨胀螺栓与风管自备螺栓用铁丝连接,即可固定。软管由化纤增强塑胶布制成,有足够的抗拉强度。

(2)根据 TBM 施工段的施工组织计划和工期要求,风机安装在洞外,距洞口 20m 左右,直接送风到 TBM 后配套系统,给工作面供风,污风从主洞断面流出,再经过支洞排出洞外。通风系统布置如图 9-11 所示。

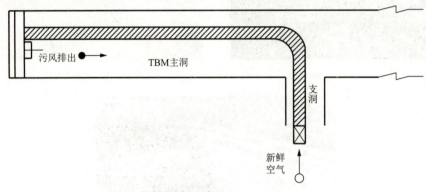

图 9-11 通风系统布置示意图

(3)TBM 后配套系统的通风与隧洞通风是一个统一的整体,包括新风供应系统和除尘系统。新鲜空气从后配套系统尾部的软风管储存箱进入,由后配套系统的增压风机送到 TBM 前面。一部分空气补充后配套系统前部集尘器所需的空气,一部分从后配套系统尾部释放,从隧洞内返回。

(4)软风管储存箱可储存 300m 软风管。TBM 每掘进 300m,就停机接长一次风筒,风筒接头采用粘接。风管储存箱前面有硬风管,硬风管在各平台车的连接处用柔性接头连接。

TBM 后配套上装设有吸尘器和湿式过滤器,用来吸收 TBM 滚刀破岩时产生的粉尘和喷射混凝土时产生的粉尘,吸尘器和过滤器应定期清洗,或及时更换过滤器。另外,在 TBM 掘进过程中,刀盘前部工作面采取喷水降尘的措施。

(5)由于支洞洞口与主洞存在高度差,洞外温度与主洞内温度有一定的温差,洞内洞外的空气密度和气压不同,会产生空气循环和对流,形成自然通风。尤其冬季洞内外温差大,对流风量也大,会降低洞内温度,使混凝土衬砌工作无法进行,甚至会破坏已经衬砌好的混凝土,必须设风门调节(采用挂棉布帘封堵)。夏季洞外气温较高、洞内外温差较小时,自然风量不足,为满足施工要求,可在主洞内采用射流风机辅助通风。

9.2.2 通风参数计算

(1)人员用风计算

$$Q_1 = KV_\mathrm{p} m \tag{9-21}$$

式中：Q_1——施工人员所需风量，m³/min；

K——风量备用系数，取 1.1；

V_P——洞内每人所需新鲜空气量，m³/min，取 3m³/min；

m——洞内同时工作的最多人数，按人数计。

（2）机械用风量计算

$$Q_2 = nmP \tag{9-22}$$

式中：Q_2——施工机械用风量，m³/min；

n——洞内同时工作的施工机械数量（燃油型）；

m——每马力耗风量，m³/(min·hp)，环保型牵引车取 4m³/(min·hp)；

P——施工机械功率，hp。

（3）漏风率计算

$$P = \frac{1}{1 - \frac{L}{100} P_{100}} \tag{9-23}$$

式中：P——漏风率，m³/min；

L——最长工作段，m；

P_{100}——系统漏风率，取 0.5%。

（4）管道摩擦阻力计算

$$h_\lambda = \lambda \frac{L\rho}{2d} V^2 \tag{9-24}$$

式中：h_λ——沿程管道摩擦阻力，Pa；

λ——摩擦阻力系数，取 0.018；

L——通风长度，m；

ρ——空气相对密度，取 1.2；

V^2——管内平均风速，m/s；

d——风管直径，m。

9.2.3 工作面风量

为确保工作面劳动环境卫生指标达到《水工建筑物地下工程开挖施工技术规范》（DL/T 5099—2011）的标准规定，结合 TBM 施工地区的气候条件，认为 TBM 后部新鲜空气供应量取为 1500m³/min（即 25m³/s）、洞内风速 0.5m/s 是合适的，根据此风速乘以隧道断面面积便可求出工作面所需风量，以满足 TBM 施工段的通风和除尘的各项要求。较长隧道施工中，新鲜空气在输送过程中平均每百米有 1% 漏风率，在计算中应综合考虑。

9.2.4 洞内环境监测

隧洞内的空气中除含有氮气、氧气、二氧化碳等成分外,还包含许多对人体有害的成分,如一氧化碳、二氧化氮、二氧化硫及粉尘、水蒸气等,有些地区还有甲烷。为了保证隧洞内施工人员的身体健康和机械设备的正常运行,必须保证隧洞内的空气质量,有毒、有害气体浓度不超过标书要求和《水工建筑物地下工程开挖施工技术规范》(DL/T 5099—2011)标准及国家有关标准的要求,同时使隧洞内的温度、湿度保持在一个合理的水平。

施工过程中,洞内氧气按体积计算不少于 20%,洞内平均温度不超过 28℃,洞内有害气体和粉尘含量达到标准的规定,即一氧化碳 $\leqslant$ 30mg/m³、二氧化硫 $\leqslant$ 15mg/m³、氮氧化物 $\leqslant$ 5mg/m³、粉尘浓度 $\leqslant$ 2mg/m³。隧洞内最低风速不低于 0.15m/s。

要加强环境监测,定期和不定期地监测隧洞内空气的各种成分,发现有害气体浓度超标或通风系统达不到设计要求时,及时改进。另外,TBM 自身装有甲烷监测报警器,当甲烷浓度超过规定标准时,发出报警信号。遇到有害气体严重超标、可能发生危险时,应及时停止施工,疏散人员,并报告工程师。

9.2.5 通风系统安装及运管

1)施工通风系统的安装

(1)TBM 掘进时,风机安装在支洞出口外部,距支洞洞口 20m 以上,以避免从洞内排出的污风循环进入风机。风机支架应稳定结实,避免运转时振动摇晃。风机接口设 10~20m 钢风管与 PVC 柔性风管过渡,以避免风机启动时的冲击损坏风管。

(2)风管的安装质量直接影响系统的通风效果。安装时做到风管平直顺畅、接头严密、吊挂稳固。风管安装在隧洞顶部中央(或稍偏离中央)部位,先每隔 5m 打一锚杆孔,在安装拱部锚杆时,同时安好风管的承重索。安装时注意保持锚杆的纵向一致和承重索的高度一致。风管安装时可利用 TBM 后配套的作业台车,风机的风管出风口连接 TBM 后配套系统,接缝应牢固平顺,接头完好严密。风管吊挂每 100m 挠度不大于 150mm,轴向偏差每 100m 不大于 300mm。

2)通风系统的使用维护

(1)成立专门的通风作业班组,一方面负责不断向前接长风管,另一方面进行系统检查和维修,负责风管的维修和更换。

(2)对于严重破损的风管节要立即更换,轻微破损的风管节要及时修补,修补时可采用快干胶水粘接的方法。

(3)由于柔性风管在停风时会在自重作用下自然下垂,再次通风时,当管内风速大于 10m/s 时会对管路产生很大的瞬时张力,所以要采用变频电机调速。修补、接长风管时,应根据洞内作业工班的时间安排,关闭风机。

9.2.6 通风除尘系统综合措施

工程技术人员与施工人员共同努力,采取综合治理措施,加强施工管理,减少风管漏风,降低风管阻力,确保施工生产安全。采取措施如下：

(1)防止风筒局部破损或风管接驳质量差造成的漏风。

(2)科学规划洞内各种机械施工空间布局,避免因其刮蹭或碰撞通风设施而引发的漏风。

(3)对施工所产生的粉尘应进行综合治理,除采用常规的机械通风、湿式除尘、喷水等措施外,还采取局部净化的方法,用集尘器控制尘源所产生的粉尘扩散。

(4)加强人体防护,进洞作业人员必须佩带防尘口罩等必需的个人防护用品。

(5)定期进行洞内环境和空气质量、有害气体监测,及时反馈测试结果,填写报表,发现问题及时改进。

9.3 长距离大坡度反坡排水技术

隧道长距离反坡排水应进行专项排水设计,根据隧道最大渗、涌水量进行排水设备配备,确保 TBM 不被水淹,保证 TBM 设备及人员安全。

反坡施工过程中应加强超前探水作业,对于富水区段,要与设计、施工单位联合踏勘,提前按照设计和探测的最大涌水量配置好排水设备及排水管路,并考虑一定的富余抽水能力,设备与管路随 TBM 向前延伸。长距离反坡排水应根据隧道坡度及抽水量考虑每隔一定距离设置集水箱或集水井,设置中继泵站接力抽水。

与其他隧道排水方式相比较而言,反坡排可以利用正洞、斜井及辅助通道反坡排水,其反坡排水具有一定的特殊性,而大坡度反坡排水可借助机械进行排水而且还需设置多级泵站进行接力排水。反坡排水采用机械排水方式,在掌子面设置可移动的潜水泵,在掌子面至洞口间分段设置集水池进行蓄水,同时可用泵站分级接力抽排水来将隧道出水和施工废水抽排至洞外水沟。配备的泵站按排水能力递增,各级排水泵站排水能力都考虑 80% 储备排水能力,泵站间布设合适管径的管路。最后经洞外排水沟引入污水处理池,经处理达标后排放。

9.3.1 反坡排水工艺

反坡排水的基本工作原理：一是采取移动式潜水泵将工作面积水抽送到移动水箱内,对于已施工完成区域隧道内所涌出的地下水等可顺着侧沟最终流入到临时集水坑；二是经由固定排水泵将所收集到的积水抽排到洞外，由于积水不能直接排放，避免对周围环境造成污染，需经过污水净化池处理后，达到相关排放标准后方可排放；三是按施工实际需求，对固定式排水泵的水仓容量进行综合计算。排水工艺流程如图9-12所示。

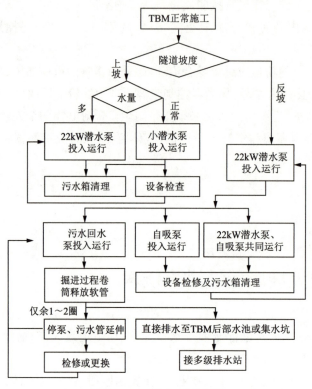

图 9-12 TBM 排水工艺流程图

工艺特点：

(1)双管路。各级固定水箱之间布置两条排水管路，单管单泵，确保一条排水管路出现故障时，另一条排水管路立即进入工作状态。排水管路一般采用无缝钢管，并设置防水锤效应闸阀及设施。

(2)双重水泵保险。为确保排水系统能够万无一失，在每级固定水箱，均配备2套水泵，采用"一用一备一检修"原则，即在每级水箱内均布置2台水泵，其中1台正常运行排水，1台随时待命作为备用。

(3)双电源供电线路。水泵的供电线路均采用双电源供电，智能切换供电线路，避免线路断电导致排水系统不能工作。

(4)应急备用发电机。施工现场设置1套应急备用发电设备以及升压变压器，在遇突发性事件时，能够为强制抽排水系统提供应急供电。

隧洞反坡排水方式有很多种，根据拟建隧道的坡度、水量和设备状况，分为集水坑接力式反坡排水和长距离集水坑(水仓)排水法。

9.3.2 排水系统设计

(1) 设计排水量确定

根据相关规范要求工作水泵的排水能力应满足在 20h 内排出隧洞 24h 的正常涌水量。根据隧道分段排水量估算涌水量最大值，同时考虑最大涌水情况下的隧洞排水能力。排水量计算见式（9-25）。

$$Q \geqslant \frac{24}{20} q_{\max} = 1.2 q_{\max} \tag{9-25}$$

式中：Q——隧洞的设计总排水量，m^3/h；

$q_{\max}$——隧道最大涌水量，m^3/h。

(2) 排水管径选择

结合已有的排水系统，为实现最大涌水条件下的隧洞应急排水，跟据需要要还可增加排水能力排量，考虑隧道空间限制条件，拟布置设计需求管路以满足要求。

按照规范及考相关工程经验，排水管径计算见式（9-26）。

$$d_p = \sqrt{\frac{4q}{\pi v_p}} \tag{9-26}$$

式中：d_p——试算排水管径，m；

q——管路设计排水流量，m^3/s；

v_p——经济流速，m/s，从经济可靠的角度出发，可取 3m/s。

(3) 水泵选型

根据固定水箱单台水泵排水量、扬程和输水距离，计算水泵扬程，见式（9-7）。

$$H_p = \frac{H_p + H_g}{\eta_g} \tag{9-27}$$

式中：H_p——排水高度，m；

H_g——为吸水高度，m，一般取 4～5m；

η_g——管路效率，对斜井当倾角小于 20°时，η_g=0.77～0.74。

(4) 水泵的配置

水泵的型号选择，应根据工艺流程、排水要求（最大涌水量）从多个方面加以考虑：最大涌水量、液体性质、扬程、管路布置、操作控制、运转状态等。将隧道反坡排水区中心泵站排水能力按照设计最大涌水量的 1.2 倍考虑，备用泵站按照主泵排水能力的 50% 配置。

最大涌水量是选择水泵型号的主要数据之一，根据最大涌水量选择水泵的功率，水泵的功率且接影响到整个排水系统的排水能力。选择时以最大设计涌水为依据，同时考虑到特殊情况和突发应急情况，为最大设计涌水量选择一个合适的安全系数，一般抽水机的功率要大于排水量所需功率的 20% 以上，并有备用抽水机。

9.3.3 接力反坡排水

坡度较大隧道施工时,对排水电机扬程要求相对较高,所以采用集水坑反坡道排水方式,在隧道施工过程中分段开挖反坡排水沟,在每一段的终点开挖集水坑,设抽水机1台,把积水抽至最后段反坡,最后1台抽水机将积水排出洞外,采用接力的方式将水抽至洞外的污水沉淀处理池,如图9-13所示。

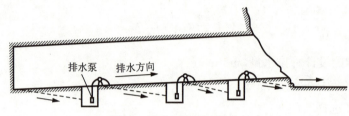

图9-13 集水坑接力式反坡排水

集水坑间距离 L_k(m)计算:

$$L_k = \frac{h_k}{i_s + i_k} \tag{9-28}$$

式中:L_k——集水坑间距离,m;

h_k——反坡水沟开挖最大深度,m,一般不超过0.7m;

i_s——线路坡度;

i_k——水沟底坡度,不小于2%。

9.3.4 长距离集水坑排水

每隔一定距离设置集水坑(水仓),逐级排水,分级设置泵站,工作面的积水设置临时集水坑汇水,用临时水泵抽到最近的积水坑(水仓),再由水仓经主抽水机排到洞外,如图9-14所示。

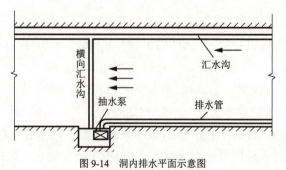

图9-14 洞内排水平面示意图

采用TBM正洞或斜井分级、分流量梯度反坡排水技术施工,通过设置斜井排水管线路、排水设备及储水水仓等系统,可有效地解决TBM长距离反坡排水施工的技术难题。

本章参考文献

[1] 康斌. 软岩条件下单护盾TBM长距离独头掘进技术研究[D]. 西安：西安科技大学，2018.

[2] 黎峰，王力，刘大刚，等. 长距离大坡度单护盾TBM隧道姿态控制技术研究：2016中国隧道与地下工程大会（CTUC）暨中国土木工程学会隧道及地下工程分会第十九届年会论文集[C]. 中国土木工程学会隧道及地下工程分会：中国土木工程学会，2016，7.

[3] 刘杰. 浅析长斜井单护盾TBM施工质量控制[J]. 内蒙古煤炭经济，2016（13）：93-95，109.

[4] 谢建武. 高强度、大坡度隧洞施工运输系统设计[J]. 山西水利科技，2015（01）：8-10.

[5] 张昌伟. 软弱围岩大坡度长距离无轨运输斜井快速施工技术[J]. 铁道建筑，2006（05）：41-44.

[6] 马红伟. 兰渝线兰州至广元段隧道内坡度折减研究[J]. 甘肃科技，2009，25（08）：99-101.

[7] 高鸿毅. 隧道大坡度斜井有轨、无轨运输探讨[J]. 铁道建筑技术，2015（01）：75-78.

[8] 陈新颖. 矿井提升机在隧道长大坡度斜井中的应用[J]. 太原城市职业技术学院学报，2018（05）：172-174.

[9] 武彬华. 大坡度地铁隧道电机车运输防溜车措施分析[J]. 黑龙江交通科技，2018，41（12）：180-181.

[10] 罗宁宁，宋贵明. 长大隧道远程自动智能施工通风技术[J]. 企业技术开发，2016，35（25）：11-15.

[11] 王丽. 长大隧道的智能通风节能技术研究[D]. 昆明：昆明理工大学，2013.

[12] 宋维坤，曾丽梅. 城市轨道交通隧道斜井反坡排水施工技术[J]. 门窗，2017（03）：121.

[13] 翟荟芩. 隧道反坡段TBM施工排水[J]. 建筑机械化，2007（05）：38-40.

[14] 毛本庆. 西康铁路秦岭隧道Ⅰ线TBM施工反坡排水方案设计与实施[J]. 公路隧道，2013（04）：50-52.

[15] 邹春华. 煤矿斜井TBM施工长距离反坡排水技术[J]. 国防交通工程与技术，2013，11（03）：11-13，10.

[16] 李铁成，邹春华. 富水复杂地层中长距离大坡度煤矿斜井TBM选型[J]. 现代隧道技术，2015，52（02）：174-179.

[17] 张旭辉. 长距离大坡度强涌水斜井反坡排水技术[J]. 铁道建筑，2017，57（10）：74-77.

[18] 郑小钟，李虎军. 大坡度长距离煤矿斜井TBM出渣设备选型技术[J]. 煤炭与化工，2017，40（08）：88-91.

[19] 加尔恒•多那依. 长距离、大坡度隧洞TBM施工排水系统设计浅析[J]. 陕西水利，2019（09）：186-187，192.

第 10 章

单护盾 TBM 施工风险管理

Key Technology of TBM Construction with Single Shield

Key Technology of TBM Construction with Single Shield

TBM 集机械、电气、液压、PLC 控制以及皮带输送系统于一体,结构庞大且复杂,作业环境恶劣,施工风险较大。在 TBM 施工过程中,任何一个环节出现问题,都会直接影响掘进效率,甚至导致停机等风险。每一个问题的排查和解决都要消耗大量的人力、物力,且占用宝贵的掘进时间,损失较大。特别是面对复杂地质条件等不利因素时,TBM 将面临严峻的考验,如果不能准确地预估其所面临的众多风险,及时、有效地采取应对措施,将导致 TBM 卡机停机、进度滞后、结构失稳等问题,并由此产生严重的经济损失。因此,本章介绍 TBM 施工风险管理,全面、系统地辨识 TBM 施工风险,定量分析各种不确定因素对工程施工的影响,对于合理制订工程进度计划,针对性地采取风险防范措施具有重要的作用。

10.1 TBM 施工风险识别

风险识别是指在风险事故发生之前,人们运用各种方法系统地、连续地认识所面临的各种风险以及分析风险事故发生的潜在原因。风险识别过程包含感知风险和分析风险两个环节。风险识别一方面可以通过感性认识和历史经验来判断,另一方面也可通过对各种客观的资料和风险事故的记录来分析、归纳和整理,以及必要的专家访问,从而找出各种明显和潜在的风险及其损失规律。风险具有可变性,风险识别是一项持续性和系统性的工作,要求风险管理者密切注意原有风险的变化,并随时发现新的风险。

10.1.1 风险识别的基本方法

风险辩识就是从系统的观点出发,通过分析项目相关资料,确定影响项目目标的可能性因素,整理其特点、来源并形成风险清单的过程。风险辨识涉及从复杂的表象关系中找出其根源的本质联系,在众多的影响要素中识别出重点,并分析它们可能发生的概率和发生后带来损失的严重程度。风险识别阶段的主要任务是搜集项目的所有风险因素,及其来源、发生条件、特征和影响过程。对于 TBM 施工项目而言,风险识别的基本方法有以下几种。

(1)分解分析法

分解分析法指将一复杂的事物分解为多个比较简单的事物,将大系统分解为具体的组成要素,从中分析可能存在的风险及潜在损失的威胁。

(2)层次分析法

层次分析法,简称"AHP"。是指标权重确定的一种有效方法,它将相互关联的要素按隶属关系划分为若干层次,建立层次清晰的指标体系结构,利用数学方法综合调查访问所得的各方面意见,给出各层次各要素的相对重要性权重。

(3)失误树分析法

失误树分析法是以图解表示的方法来调查损失发生前种种失误事件的情况,或对各种引起事故的原因进行分解分析,具体判断哪些失误最可能导致损失风险发生。

(4)专家调查法

风险小组选定相关专家并建立直接问询联系,通过问询收集专家意见并加以综合整理,再匿名反馈给各位专家,再次征询意见。反复多次,逐步使意见趋向一致,从而形成风险事件库,作为最后识别的根据。

(5)流程图法

流程图法是根据施工项目施工过程中的各个工序,在各个环节分析可能发生的风险,进而进行预防、规避或者降低造成的损害程度。该种方法强调根据不同的流程,对每一阶段和环节,逐个进行调查分析,找出风险存在的原因。

(6)事件树法

事件树法,简称"ETA"。按照推理的方式从事件发生开始逐渐辨识风险源,一直到事件的结束,识别全过程的风险。用这样的方式可以加深对事故发展的动态走势,同时也可以计算出在不同事故状态下的概率值,使风险辨识更加完善。

(7)事故树法

事故树法,简称"ATA"。与事件树的方法正好相反,该方法是从事故的结果开始,即顶层事件,逐渐分析原因,一直到事故的基本层,即底层事件。这是按照演绎的方式进行风险分析,通过这种方式不仅可以更加全面地识别风险,还能了解风险之间的动态关系,可以更透彻地识别风险本质。

10.1.2 风险识别的种类

单护盾 TBM 施工的风险,总是存在于"地质的复杂性""设备的不适应性""人认知的局限性、方案和措施的不合理性""周边环境建构筑物、管线特殊性"等薄弱环节,引发工程事故,是施工的主要风险。因此,单护盾 TBM 施工的风险主要分为:地质风险、设备风险、人为风险、作业环境风险四类。

(1)地质风险

详细、可靠的地质水文资料是单护盾 TBM 工程成功的基本条件,直接决定了工程的成败。地质水文资料是决定采用单护盾 TBM 是否可行、单护盾 TBM 的选型、单护盾 TBM 的主要技术参数、辅助施工设备的选择和应急预案制订的依据。

(2)设备风险

技术先进、质量可靠的单护盾 TBM 和经验丰富、服务专业的 TBM 供货商是 TBM 工程成功的关键因素。TBM 要求专业制造,专业服务。专业制造包括技术先进、质量可靠。只有

TBM技术先进才能使TBM施工更安全、施工效率更高,这是保证工期的关键因素之一;专业服务,是指TBM制造商要具有丰富的工程经验,能提供及时的技术支持并能及时供应备件。

(3)人为风险

经验丰富、管理科学、专业高效的施工队伍是TBM工程成功的根本因素。地下工程的风险需要丰富的经验应对,因此,要求施工队伍经验丰富;TBM施工项目工期紧,科学的管理才能充分发挥TBM的效能,节约成本创造效益,因此,要求施工队伍管理科学;TBM施工工序安排紧凑,高效先进的TBM需要高效的专业作业人员,是保证安全、质量与工期的关键因素之一,因此要求施工队伍必须专业高效。

(4)作业环境风险

详细的单护盾TBM影响范围内建(构)筑物、各类管线调查报告是TBM施工穿越建(构)筑物、各类管线成败关键之一。提前对范围内建(构)筑物、各类管线进行必要的处理措施,可减少或者避免在TBM穿越过程中对其造成影响,从而规避施工风险。

10.2 TBM施工风险分析

风险评估与分析是指运用一定的数学方法,分别从"风险发生的可能性与风险发生后带来的损失大小"两个方面进行评估与分析,以获得对风险因素更为深刻的认识。风险评估的前提是充分考虑主要风险因素的影响程度,在此基础上,预计各个风险概率分布的规律,然后探讨风险与风险之间的联系。在风险管理过程中,风险评估与分析起着非常重要的作用,可以帮助风险管理者更好地了解风险的来源和大小等级,为后期风险决策提供依据。单护盾TBM主要风险结构如图10-1所示。

10.2.1 TBM施工地质风险分析

1)影响TBM施工的地质因素

(1)岩石的硬度

在其他条件相同的情况下,岩石的单轴抗压强度越低,TBM掘进速度越快;岩石的单轴抗压强度越高,掘进速度越慢。但是,岩石的单轴抗压强度太低,掘进后围岩的自稳时间极短甚至不能自稳。只有当岩石的单轴抗压强度值在一定范围内时,TBM掘进才可能既保持一定的速度,又能使隧道围岩在一定时间内保持自稳,这就是当前大多数硬岩TBM适用于岩石单轴抗压强度值在30～150MPa的中等坚硬岩石和坚硬岩石的主要原因。

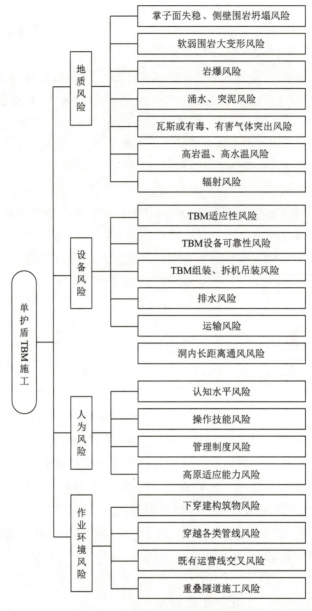

图 10-1　单护盾 TBM 主要风险结构图

(2) 岩石结构面的发育程度

一般情况下,当岩石条件为节理较发育和发育时,TBM 掘进效率较高,其原因有:

① 节理不发育,岩体完整,破岩困难;节理很发育,岩体破碎,自稳能力差,支护工作量增大,同时提供的反力低,造成掘进推力不足,因而也不利于提高掘进效率。

② 岩体结构面越发育,密度越大,节理间距越小,完整性系数越小,掘进速度有增高的趋势;但当岩体结构面特别发育,结构面密度极大,即结构面间距极小、岩体完整性系数很小时,岩体已呈碎裂状或松散状,岩体不具自稳能力,在此类围岩中进行掘进施工,其掘进速度

非但不会提高,反而会因对不稳定围岩进行的大量加固处理而大大降低。

(3)岩石的磨蚀性

岩石的磨蚀性对刀具的磨损起着决定作用。当其他因素一定时,岩石硬度和磨蚀性越高,刀盘、刀具的磨损就越大。换刀量和换刀时间的增大,势必影响到TBM应用的经济效益和掘进效率。刀具、刀圈及轴承的磨损或损坏,对TBM使用成本影响很大。岩石的硬度、岩石中矿物颗粒(特别是高硬度矿物颗粒,如石英等)的大小及其含量的高低,决定了岩石的磨蚀性指标。一般来说,岩石的硬度越高,对刀盘刀具等的磨损越大,掘进效率也越低。

(4)岩体主要结构面

当岩体主要结构面的走向与隧道轴线间夹角小于45°、且结构面倾角较缓(W30°)时,隧道边墙拱脚以上部分及拱部围岩因结构面与隧道开挖临空面的不利组合而出现不稳楔块,常发生掉块和坍塌,影响TBM工作,降低TBM工作效率,甚至危及TBM安全。

(5)围岩的初始地应力状态

当围岩处于高地应力状态下:若围岩为坚硬、脆性、较完整或完整岩体,极有可能发生岩爆灾害,严重时将危及TBM及施工人员的安全;若围岩为软岩,则围岩将产生较大的变形。二者均会给TBM的掘进施工带来极大的困难。

(6)岩体的含/出水状态

岩体含/出水状态对TBM工作效率的影响程度,主要由含/出水量的大小及围岩的范围与性质决定。一般来说,富含水和涌漏水地段,围岩的强度会有不同程度的降低,特别是软质岩的强度降低更显著,致使围岩的稳定性降低,影响TBM工作效率。此外,大量的隧道涌漏水,不仅恶化TBM工作环境、降低TBM工作效率,同时还可能造成人员及设备伤害事故。

2)TBM施工地质风险

TBM施工的主要地质风险可分为4类:破碎带、软弱围岩条件下坍塌风险,大埋深、高地应力条件下岩爆及围岩大变形风险,掌子面或周边围岩的渗漏水、涌水风险,瓦斯渗漏风险。

(1)破碎带、软弱围岩坍塌风险

断层破碎带多由断层泥砾、砂岩、千枚岩等组成,松散、破碎、含水。断层破碎带围岩自稳能力差,易造成塌方,掘进方向难以控制。同时,TBM工法在这类地层中的处理措施和手段不如钻爆法灵活,无法对掌子面实施有效的封闭,钻爆法施工所采用的很多超前注浆加固措施在TBM工法下效果大打折扣。极易出现以下几种情况:

①因围岩破碎,节理发育,开挖后易发生坍塌,造成底部清渣时间过长。

②刀盘护盾上方坍空,混凝土回填引起支护作业时间加长。

③围岩软弱且掘进慢,围岩拱顶下沉、收敛后不能满足二次衬砌净空。

(2)大埋深、高地应力岩爆及围岩大变形风险

根据区域地质及既有资料的分析,工程所在区域地应力较高,当隧道在坚硬完整、干燥无水的Ⅰ、Ⅱ级围岩(如花岗岩)地段中进行开挖时,由于应力集中,掘进机通过该地段时三

向应力状态的突变,使得围岩的岩石应力等待重新分布和释放,在掌子面或离掌子面一倍左右洞径的地段便有发生岩爆、甚至发生较强烈岩爆的可能,严重时洞壁收敛、将卡住刀盘使其动弹不得。

隧道通过各断层泥砾带、千枚岩中局部破碎的炭质千枚岩地段,由于岩质软弱,洞室埋深较大,地应力值相对较高,施工中有可能产生软岩塑变形现象。借鉴兰武二线铁路乌鞘岭特长隧道、宝中铁路大寨岭隧道及京九铁路家竹箐隧道等施工经验,在大埋深条件下,地层中存在高地应力,隧道开挖后围岩中应力释放,可能发生围岩塑性大变形,造成片帮剥落、掉块、断面收敛变形大、成洞困难等问题。

(3)围岩渗漏水、涌水风险

隧道通过各断层破碎带,由于构造裂隙水较发育,地下水循环较快,施工中有可能产生突然涌水现象,主要分布在断层带及影响带、节理密集带、软弱结构面、岩性接触带、岩脉发育地段,由于断裂带物质组成的不均一,特别是断层中还有泥砾等软弱夹层,将会出现较大的涌水、突泥。造成围岩自稳能力差,容易发生围岩失稳,TBM可能沉陷、被埋,难以继续掘进前行,存在重大风险。

(4)瓦斯渗漏风险

隧道施工中,可能产生的有害气体主要有甲烷(CH_4)、二氧化碳(CO_2)、硫化氢(H_2S)、二氧化硫(SO_2)、粉尘等。隧道埋深大、延伸长,具有良好的储存封闭条件,便于地下有害气体的储存富集,风险极大。

10.2.2　TBM施工设备风险分析

TBM是非标设备,其选型和设计,不仅决定了TBM在施工过程中能否发挥正常的施工功能,也会影响到后期施工过程中施工风险发生可能性的大小,因此必须按照地质条件进行针对性设计,如因地质资料的不详实和不准确,在TBM前期选型、地质适应性分析及制造厂家针对性设计中可能会存在认知偏差,从而导致设备实际使用中存在与地质不适应的风险。其主要有以下几个方面:

(1)TBM选型及功能性缺陷

不同的地质情况决定了TBM适用的类型,选用敞开式还是护盾式,要具体分析,若实际地质与设计地质偏差太多,可能会导致选型失败、设备掘进困难。

(2)刀盘结构形式、刀具配置和刀间距设计

根据岩石强度及完整性的不同,需要针对性配置不同直径的滚刀,并设计合适的刀间距。若地质资料不详细、对该地层情况认识不充分或地质情况过于复杂多样,且目前技术又不能设计可调节的刀间距时,可能会存在刀间距设计不适应导致掘进困难的风险。

(3)设备性能不足风险

因未探明详细地质情况或设备设计时考虑不充分,性能储备不足,在遇到特殊地质可能会出现扭矩不足、推力不够等导致TBM掘进缓慢、卡机等风险。

(4)刀盘损坏风险

长距离掘进中,若岩石强度过高/石英含量过高,均可能存在刀盘磨损、开裂风险。

(5)主轴承或密封损坏风险

长距离掘进中,因设计或使用不当,可能存在主轴承或密封损坏风险,不得不在洞内进行更换,费时费力。

10.2.3　TBM 施工人为风险分析

TBM 施工的专业性极强,需要具有专业技术的施工人员进行施工操作,还需要有相应的管理措施来规制施工操作。由于人的认知水平、业务素质能力、道德素质等的局限性,可能造成制订的项目管理制度不合理,制订的施工方案不合理,设备操作不熟练,应急处置不合理,设备维修保养水平低下,设备故障率高等问题。同时人的身体素质,特别是高原适应缺氧、低气压的能力,也是造成人为风险的因素之一。

另外部分施工人员专业技术水平较差,并且施工管理组织不严格,导致施工方案和措施不当,也增加了 TBM 施工过程风险事故发生的可能性。

10.2.4　TBM 施工周边环境风险分析

(1)单护盾 TBM 进出洞风险

单护盾 TBM 在工作井出洞或进洞时,需要凿除预留洞口处钢筋混凝土挡土墙,而后由 TBM 刀盘切削洞口加固土体进入洞圈密封装置,此过程中洞口土体及加固土体暴露时间较长,且受前期工作井施工方法及其施工扰动影响,容易因加固土体或洞圈密封装置的缺陷而发生洞口水土流失或塌方。如遇饱和含水砂性土层,更易发生向井内的大量涌砂涌水而导致单护盾 TBM 出洞"磕头"或单护盾 TBM 进洞"突沉",甚至在单护盾 TBM 进洞突沉中拖带盾尾后一段隧道严重变形或坍垮,造成极严重的工程事故,并严重破坏周边环境。由于单护盾 TBM 进出洞发生事故概率较高,其后果可能极为严重,因此,对关系到单护盾 TBM 进出洞风险的每个细节都必须采取可靠的风险控制措施。

(2)单护盾 TBM 穿越重要构筑物的风险

运营地铁隧道、越江公路隧道及立交桥、高速铁路等重要构筑物的变形要求极其严格。在单护盾 TBM 的穿越施工过程中稍有不慎,易对高灵敏度软土产生相对较大的扰动,从而引起较大的地层损失率,导致被穿越的重要交通设施产生过大不均匀的变形,严重威胁城市交通命脉的运营安全,对社会产生较严重的后果

(3)单护盾 TBM 穿越地下障碍物的风险

由于预处理措施不当或单护盾 TBM 切削刀具事先配备不足,在单护盾 TBM 穿越地下障碍物时,推进受阻、姿态频动而致前方土体反复、过大扰动导致地层坍陷;刀盘前方清障时引起开挖面失稳和坍塌;推力猛增或刀盘转速较快而致刀盘刀具卡死、损坏甚至单护盾 TBM 瘫痪而无法正常推进。

10.3 TBM 施工风险管理

TBM 施工风险源管理非常重要,每个细节对于风险发生与否都是有影响的。科学、积极有效的风险源管理,在工程施工中对于杜绝安全事故、消灭安全隐患,控制风险源的状态具有重要的意义。

10.3.1 开工前施工风险源管理

(1)工程开工前,项目经理应组织项目部各职能部门负责人、安全工程师、相关技术人员,对单位工程施工中可能存在的风险、消除风险的管理方法及代价进行评估,确定施工中的风险源,并对风险源进行动态管理。

(2)风险识别、评估和风险源管理是项目部安全生产管理工作的重要内容之一。风险评估和管理的主要目标就是已知某种风险的存在而研究制订相关的管理、控制措施,提高项目部应对突发事件的能力。风险源管理的主要目标就是控制风险源的状态,通过制订相关的管理、技术措施以保证风险源运行在一个可控、可预见的范围内,进行安全生产。

(3)项目管理中风险评估和风险源管理主要采取事前预防管理的方法:

①落实政府及相关部门颁布的各项安全法规、标准、公司制订的安全管理制度。项目部是施工安全生产的主体,是落实安全生产的关键环节。

②强制实施许可证制度。劳务队伍必须具有安全生产许可证,项目经理、项目部主要领导具有安全培训证,安全工程师、安全员和安全管理人员具有资质证,特种作业人员持证培训上岗等。

③执行多方位的安全培训制度。作业人员进场施工前必须进行安全操作培训并考试合格,特种作业人员必须定期培训,工程技术人员与领导干部必须参加安全技术与安全管理培训等。

④定期对单位工程的风险源进行辨识与评价。这是风险源管理的工作重点,在对各施工工点、环境、设备等进行全面辨识与分析的基础上进行相应的风险源评价,制订出各项措施,消除事故隐患,确保安全生产。

⑤使用监控系统进行现场监测与控制。利用软件、硬件技术对重点风险源进行实时监控,做好事故的全面预防工作。

⑥制订事故应急救援预案。根据可能发生的同类事故案例及预先事故评估模拟结果,制订出预防事故、控制事故、展开救援的方案,为后续的事故控制与处理提供技术支持。事故发生后,现场人员应根据制订的应急救援预案,成立并指挥救援队伍快速有效地控制事故、对受伤人员进行有效的医疗处理,组织涉险人员疏散、事故灾后的清理与恢复生产等。

最后根据"事故处理四不放过原则"逐项进行处理,并通过反馈机制加强和完善事故的事前预防措施。

10.3.2 施工中风险源管理

工程施工过程中,项目部经理应定期组织项目部各职能部门负责人、安全工程师、相关技术人员,对单位工程施工中存在的风险、风险源进行评估及管理。

(1)项目部重点工程及风险性较大的工程每月评估一次,确定施工中出现的新风险源并制订落实预防措施。

(2)项目部一般工程及风险性较小的工程每季度评估一次,确定施工中出现的新风险源并制订落实预防措施。

(3)项目部针对各种意外情况可组织临时的评估。

10.4 TBM 施工风险对策与措施

10.4.1 TBM 施工地质风险对策与措施

1)破碎带、软弱围岩坍塌风险与对策

断层破碎带施工时,应采取科学的预测手段切实掌握前方断层破碎带的地质情况,以慢速掘进为主,控制出渣量,尽量减少对围岩的扰动;及时施作管片衬砌,并允许围岩有一定的变形,充分利用围岩自身的承载力,以达到支护和围岩共同受力的目的。必要时利用超前小导管、超前化学注浆等手段进行超前支护,改良土层的整体性、稳定性;若遇围岩极为破碎需采取超前全断面帷幕注浆等手段加固时,要采用人工开挖绕洞至掌子面进行注浆加固后再掘进通过。

2)大埋深、高地应力岩爆及围岩大变形风险与对策

围岩大变形洞段施工中,要根据超前地质预报成果和开挖揭示围岩验证变形等级,施工中尽量减少对围岩的扰动,充分发挥围岩的自稳能力,快速形成封闭结构,改善支护结构的受力状态,控制隧道的收敛及拱顶下沉。

若围岩收敛变形较为严重时,利用 TBM 的扩挖功能,外垫边刀加大开挖直径增大预留变形量;若在变形量极大、速度快的极端情况下,当 TBM 扩挖不足以克服卡盾时,采取从 TBM 护盾后施作绕洞进入掌子面前方采取人工钻爆法处理步进通过的施工方法。同时加强监控量测,对数据进行分析处理,并反馈指导施工中修改支护参数等施工技术措施。

隧道施工中可能发生岩爆时,应遵循以防为主、防治结合的原则,对掌子面前方的围岩特性及水文地质条件等进行预测、预报,当发现有较强烈岩爆发生的可能性时,应及时研究施工对策措施,做好施工前的必要准备;此外,应及时对TBM法施工岩爆段防治措施进行总结分析,探索出适合工程岩爆段的施工方法,反馈指导施工。

3)围岩渗漏水、涌水风险与对策

围岩渗漏水、涌水段施工中,对于涌水治理应采用"以堵为主、排堵结合"的施工处理方案。掘进前,首先通过打超前钻孔,探测钻孔的出水量、水压、涌水里程等。当出水量不大时,利用TBM前面的钻机打排水孔排水,在做好排水的情况下继续掘进;当水量较大、岩石破碎不具备排水条件时,应注浆堵水后再掘进;当遇到裂隙发育、漏水量大的破碎带,并且破碎带含承压水层,岩石的导水性及富水性较好时,应采用排堵结合的施工方法。

4)瓦斯渗漏风险与对策

(1)应利用TBM自带的监测系统实行全过程有毒有害气体含量监测。

(2)要加强通风进行稀释有毒有害气体,进洞人员佩戴防毒口罩等防护措施。

(3)设专职人员值班,制订监测制度和事故上报处理程序,并制订应急预案。

(4)要根据监测制度,定期对风速、风量、CH_4、CO、H_2S等气体的浓度进行检测,如果出现浓度偏高等异常情况,按程序应及时增加检测频率,做到早发现早采取措施,将损失降到最小。如果发现气体浓度超标,需及时上报,经分析研究后,根据实际情况采取不同的处理措施,必要时启动应急预案。

详细对策与措施见第8章相关内容。

5)地质因素应对措施

(1)高地温地段应对措施

高原铁路隧道所在地区断裂发育,晚近期构造活动强烈,新生代岩浆岩侵入频繁,岩石变质作用多种多样,深大断裂沟通地壳深部热源,使得该地区地热异常,热水活动强烈,高温高热现象极为显著。其产生原因主要有两个:一方面是隧道埋深大、穿越的不同地质单元多,且地壳内岩石中含有放射性物质,其裂变产生地温;另一方面,由于花岗岩、片麻岩、混合岩、石英岩、板岩、灰岩等各类坚硬、致密岩石的热导率较低、传热性能差,在岩体中易于聚集热能,因此随着隧道工程埋深的增加,地温一般也逐渐增加。

为达到规定的标准,在施工中一般采取通风和洒水及通风与洒水相结合的措施。地温较高时,可采用大型通风设备予以降温。地温很高时,在正洞开挖工作面前方的一段距离,利用平导超前钻探,如有热水涌出,可在平导内增建降水、排水设施和排水钻孔,以降低正洞的水位。如正洞施工中仍有热水涌出时,可采用水玻璃—水泥双液注浆,以发挥截水及稳定围岩的作用。

(2)岩溶地层溶洞应对措施

地下岩溶发育的3个必要条件包括可溶性岩石的性质、地质构造特征和地下水动力条件,其中可溶性岩石是岩溶发育的物质基础。岩石的可溶性越强,在同等条件下,就越有利于岩溶发育。隧道作为线状工程,其穿越各段可溶性岩石层的溶解度大小控制着隧道沿线岩溶发育的分布特点。地质构造特征对岩溶发育影响的重要性在于它不仅控制了可溶性岩地层的分布和变形特征,更重要的是它为水流对可溶性岩进行选择性溶蚀创造了基本条件。

隧道通过岩溶区,应查明溶洞分布范围和类型,岩层的完整稳定程度、填充物和地下水情况,以此确定施工方法。对尚在发育或穿越暗河水囊等地质条件复杂的岩溶区,应查明情况审慎选定施工方案。对有可能发生突然大量涌水、流石流泥、崩坍落石等,必须事先制订措施,确保施工安全。

隧道穿过岩溶区,如岩层比较完整、稳定,溶洞已停止发育,有比较坚实的填充,且地下水量小,可采用探孔或物探等方法,探明地质情况,如有变化便于采取相应的措施。如溶洞尚在发育或穿越暗河水囊等岩溶区时,则必须探明地下水量大小、水流方向等,先要解决施工中的排水问题,一般可采用平行导坑的施工方案,以超前钻探方法,向前掘进。当出现大量涌水、流石流泥、崩坍落石等情况时,平行导坑可作为泄水通道,正洞堵塞时也可利用平行导坑在前方开辟掘进工作面,不致正洞停工。岩溶地段隧道常用处理溶洞的方法主要包括"引、堵、越、绕"四种。

"引"指遇到暗河或溶洞有水流时,宜排不宜堵。应在查明水源流向及其与隧道位置的关系后,用暗管、涵洞、小桥等设施渲泄水流或开凿泄水洞将水排除洞外。当岩溶水流的位置在隧道顶部或高于隧道顶部时,应在适当距离处,开凿引水斜洞(或引水槽)将水位降低到隧底高程以下,再行引排。当隧道设有平行导坑时,可将水引入平行导坑排出。

"堵"指对已停止发育、跨径较小、无水的溶洞,可根据其与隧道相交的位置及其充填情况,采用混凝土、浆砌片石或干砌片石予以回填封闭;或加深边墙基础,加固隧道底部。当隧道拱顶部有空溶洞时,可视溶洞的岩石破碎程度在溶洞顶部采用锚杆或锚喷网加固,必要时可考虑注浆加固并加设隧道护拱及拱顶回填进行处理。

"越"指当隧道一侧遇到狭长而较深的溶洞,可加深该侧的边墙基础通过。隧道底部遇有较大溶洞并有流水时,可在隧道底部以下砌筑圬工支墙,支承隧道结构,并在支墙内套设涵管引排溶洞水。隧道边墙部位遇到较大、较深的溶洞不宜加深边墙基础时,在边墙部位或隧底以下筑拱跨过。当隧道中部及底部遇有深狭的溶洞时,可加强两边墙基础,并根据情况设置桥台架梁通过。隧道穿过大溶洞,情况较为复杂时,可根据情况,采用边墙梁、行车梁等,由设计单位负责特殊设计后施工。

"绕"指在岩溶区施工,个别溶洞处理耗时且困难时,可采取迂回导坑绕过溶洞,继续进行隧道前方施工,并同时处理溶洞,以节省时间,加快施工进度。绕行开挖时,应防止洞壁失稳。

(3)高磨蚀性地层应对措施

①高磨蚀性地层施工时,建议将超前地质预报纳入施工工序管理,在立足地勘的基础上,结合中长距离水平声波剖面法(HSP)超前地质预报、短距离超前地质钻孔、开挖揭示围岩地质编录等方法,验证判断掌子面前方围岩定性情况,及时反馈指导施工。

②应结合工程实际情况,合理选择刀具,以降低刀具损耗。

③摸索适宜的掘进参数，充分挖掘设备潜力，同时加大刀盘喷水，助力破岩。

④加强现场施工组织，提高 TBM 设备利用率。

10.4.2　TBM 施工装备风险对策与措施

TBM 作为一种施工设备，它不是万能的，不可能应对所有地质，更多的是需要采取施工手段进行解决。设备方面只能从 TBM 选型和设计挖潜，尽可能规避 TBM 施工装备风险。

（1）做好地质详勘工作，正确选择 TBM 形式和功能配置。在确定 TBM 形式前，必须详细了解隧道地质，召开地质适应性分析会，充分论证分析，选取最适合隧道的 TBM 形式，对于一些特殊地质条件可以考虑使用双模式 TBM，并针对可能会遇到的地质情况，提出性能需求。

（2）加强 TBM 针对性设计。确定了 TBM 形式后，根据地质适应性分析情况，进行针对性设计，能够在设备上实现的必须实现，不能在设备上实现的要及时提出，以便于提前采取其他措施予以处理。为了提高 TBM 在多变和极端地质环境下的适应性，应遵循以下几项原则：

①必须确保人员和 TBM 设备安全。

②能有效解决施工中遇到的各种难题。

③能够应对各种地质风险如岩爆、大变形、坍塌、破碎断层、涌水等。

④具有高适应性并兼顾局部特殊性化。

（3）加强 TBM 制造过程监造，确保制造质量符合设计要求。TBM 设计方案确定后，在制造过程中，必须做好设备监造工作，确保所进行的针对性方案都能够按照设计图纸完美制造出来，满足现场使用要求。

（4）持续对设备进行改进和升级，以适应掘进中遇到的新问题。TBM 实际掘进过程中，不可避免的要遇到一系列新问题，需要对设备进行持续改进或升级。TBM 使用单位和制造厂家要保持密切沟通，紧密合作，完善改进或升级方案，并妥善实施，解决遇到的问题。

（5）工程参建各方要明确 TBM 并不能有效应对解决所有不良地质情况，在工程设计、工程策划及工程施工阶段都要做好不良地质段使用非 TBM 工法处理通过的预案。

10.4.3　TBM 施工人为风险对策与措施

为了规避 TBM 施工过程中因人为因素造成的风险事故，从人员素质、制度、人员培训等方面进行应对。

1）要求 TBM 施工队伍素质高、能力强

（1）经验丰富，地下工程的风险需要丰富的经验应对。

（2）专业高效 TBM 施工工序安排紧凑，一环扣一环。高效先进的 TBM 装备需要高效的专业作业人员，是保证 TBM 施工安全的关键因素之一。

（3）良好的身体素质，能适应气候特点，能胜任本岗位工作。

2）根据项目特点，制定完善的规章制度，并严格执行

（1）建立科学合理的绩效考核制度，定期考核，及时兑现。

（2）制订科学的分配及奖惩制度，充分调动施工人员劳动积极性，提高作业效率。

（3）根据设备特点制定针对性的操作规程及安全制度。

3）加强人员培训

（1）针对 TBM 施工特点，定期对施工人员的技能培训，建立成梯次的施工人才队伍培养制度，确保人员轮休时，施工生产不受到影响。

（2）落实职业病防治措施，定期对施工人员进行必要的演练和培训。

10.4.4　TBM 施工周边环境风险对策与措施

做好地质调查，根据不同围岩、地质条件对 TBM 刀具轮廓、刀间距、刀具数量、滚刀直径、刀具分布、刀盘护盾、铲刀、转速、速度控制、运行控制进行优化调整，降低不利地质环境对 TBM 正常施工影响。

施工过程中加强设备维修保养，做好设备保温工作，减少因低温、低压环境导致设备功效降低发生的程度。

本章参考文献

[1] 陈馈. 冯欢欢. TBM 施工风险与应对措施 [J]. 隧道建设，2013，(2)：91-97.

[2] 李达. 洪开荣. 谭忠盛. 渤海海峡隧道 TBM 施工风险评估及关键风险对策探讨 [J]. 中国工程科学，2013，(12)：95-100.

[3] 陈俊. 大伙房水库输水隧洞 TBM 法施工风险识别及对策探析 [J]. 水利技术监督，2016，(3)：105-107.

[4] 孙吉东. 锦萍引水长隧道 TBM 施工潜在风险预案 [J]. 山西建筑，2007，(35)：8-9.

[5] 吴广辉. 输水隧洞工程 TBM 法施工风险识别及对策研究 [J]. 水利科技与经济，2016，(1)：21-23.

[6] 邓铭江. 超特长隧洞 TBM 集群施工风险管控技术 [J]. Engineering 工程（英文），2018，v.4（01）：244-264.

[7] 黄培志. 引水隧洞 TBM 施工风险分析理论方法与应用 [D]. 天津：天津大学，2009.

[8] 孙会会. 工程建设项目后评价方法 [J]. 四川水泥，2019，(11)：173.

[9] 徐超群. TBM 施工风险与应对措施 [J]. 山东工业技术，2018，(14)：120.

[10] 刘泉声，黄兴，时凯，等. 深部挤压性地层 TBM 掘进卡机孕育致灾机理 [J]. 煤炭学报，2014，39（S1）：75-82.

[11] 曾范永，赵邦会. 深部复合地层隧道 TBM 施工风险分析及应对策略 [J]. 广东交通职业技术学院学报，2015，14（03）：1-6.

[12] 姜金言. 岩石城市地铁施工应用复合式 TBM 风险研究 [D]. 兰州：兰州交通大学，2017.

[13] 王张军. 地铁隧道 TBM 施工进度风险管理研究 [D]. 兰州：兰州交通大学，2020.

[14] 刘杰. TBM 工法在煤矿斜井施工中安全防范重点及应对措施 [J]. 煤矿安全，2017，48（S1）：128-132.

第 11 章

TBM 技术前沿与趋势

Key Technology of TBM Construction with Single Shield

Key Technology of TBM Construction with Single Shield

第 11 章 TBM 技术前沿与趋势

自 TBM 诞生以来,人们不断克服各种困难和尝试各种适应环境,在实践中不断探索和研究,从起初的简易手掘式掘进机到今天的敞开式及护盾式 TBM 掘进机问世,是人类历史上的重大突破,改变了以往传统钻爆法施工理念。虽然 TBM 的发展经历了漫长而曲折过程,但经过不断探索、革新和创造,实现了由硬岩隧道 TBM 向软岩 TBM 发展、由小直径 TBM 向大直径 TBM 的变化、由半机械化或机械化向自动化和智能化方向转变、由单圆形隧道断面向异形隧道断面形式蜕变、由 TBM 水平掘进向斜井隧道和竖井 TBM 方向转移。TBM 掘进技术的发展经过了半个世纪,给我国经济带来了新的增长点,对隧道建设发展增添了新活力和新动力。

20 世纪 80 年代,我国甘肃"引大入秦"隧洞工程通过国际招标,引进意大利 CMC 公司 TBM 技术,之后,首次应用敞开式 TBM 于铁路隧道工程,在西安至安康(西康)铁路秦岭隧道、西安至南京(西南)铁路磨沟岭隧道等项目得到广泛应用,TBM 技术得到了长足发展,按照技术"引进—吸收—再创新"路线,走出国门,利用国外技术和先进管理经验的成果,通过"引进来"和"走出去"途径,进一步提高了中国装备制造及 TBM 修建技术水平。

进入 21 世纪,世界科学技术日新月异,我国铁路、公路、市政、供水、供气、防洪、水电等隧道工程建设越来越多,随着国家"一带一路"倡议、"中国制造 2025""中国人工智能 2.0"宏伟蓝图正在逐步实现,以及物联网、大数据、云计算等新技术迅速崛起,未来我国 TBM 装备设计、制造和施工技术也将发生不断变化。而随着三维(3D)打印、大数据、人工智能技术、5G 技术的快速发展,智能制造和智能修建正在引领制造方式变革,给我国 TBM 制造及施工企业带来了新的机遇和挑战,期盼 TBM 新技术施工引领未来隧道建设行业发展,体现 TBM 自主创新水平和发挥大国重器作用。

11.1 TBM 新技术

2019 年 6 月,由黄河勘测规划设计研究院有限公司与中铁工程装备集团有限公司联合攻关,自主研发而成的新型岩石隧道掘进设备——高压水力耦合破岩 TBM"龙岩号"成功下线,作为国内首台高压水力耦合破岩 TBM 的成功应用,其不但提升了 TBM 在极硬岩条件下的掘进效率,还降低了施工成本,是对 TBM 传统破岩理念的创新,在解决超硬岩石"破岩难、效率低"等问题方面有重大突破,具有里程碑式的意义。

高压水射流破岩最初应用于钻井行业,利用高压水射流直接破岩钻孔,是水射流技术的一个重要用途,对石油、矿业和建筑等领域的发展具有深远的影响。在高压水射流破岩理论的研究中,一个基础性的问题是探索水射流破岩的机理和过程,目前也形成了一些学说,如拉伸水楔破岩和密实核劈拉破岩学说等，但大部分学说尚停留在假说阶段，仅限于描述破碎现象的表面过程，而没有涉及破碎过程的本质，对于高压水射流破岩的实际应用和物理机制的探索难以形成有效的指导。对于 TBM 施工来说，正处于试验阶段，还未形成成熟的技术。

11.1.1　高压水射流破岩技术

水射流以初始流速 v_0 自喷嘴射入静止的流体中后，由于流体的黏性阻力作用，水颗粒与周围静止的气体必然要发生动量与能量的交换，导致水射流边界速度不断降低。另外，由于水颗粒之间的黏性摩擦作用，在射流截面形成中心速度大、边界速度小的梯度。在射流轴向上，由于气体的卷入作用，使得射流速度不断衰减、射流直径不断扩大，最后完全扩散开。因此，水射流具有不均匀的时均速度分布，产生时均切向应力即雷诺应力。根据雷诺应力的数值大小，水射流又可分为层流射流与紊流射流。自然界与工程界中的射流均为紊流射流。

1）水射流几何结构

紊流水射流的结构如图 11-1 所示，射流与周围静止的空气之间形成速度不连续的间断面。由紊流理论可知，速度间断面不断波动，发展成涡旋，并引起紊动。射流的紊动会把周围静止的气体卷吸到射流中，使得射流不断扩大。随着紊动的发展，被卷吸的流体随射流一起流动，射流边界逐渐向两侧扩展，流量沿程增大。由于周围静止流体与射流的掺混作用，使得射流边缘部分质点流速降低，难以保持原来的初始速度。同时，射流与周围流体的掺混自射流边缘逐渐向中心过渡直至发展到射流中心，自此以后，射流的全断面上均以紊流流动。由喷嘴开始从外向内扩展的紊动掺混区域称之为剪切层。剪切层以内的水射流保持原始的初速度 v_0，称之为射流核心区域；剪切层以外的水射流速度小于 v_0，并沿径向逐渐减小。从喷嘴出口处至射流核心区域末端之间的一段称为射流的初始段，经过很短的过渡段后，紊流充分发展，形成射流的基本段。射流基本段的外边界射线的交点 O 称之为极点，由极点发出的射线上各流体质点的时均速度相等，称为等速线。射流的核心区是高度聚能的区域，对射流的冲蚀性能起着主导作用。同时，核心区的长度决定着射流的收敛性的好坏。水射流结构如图 11-1 所示。

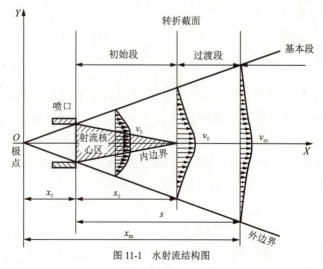

图 11-1　水射流结构图

2）水—岩石耦合作用

所谓射流造缝辅助压裂技术就是，首先利用水射流的冲蚀性能辅助机械钻进形成钻孔，然后采用水射流冲蚀储层、有导向的形成缝槽，最后进行水力压裂。其工艺如图 11-2 所示。

水是一种混合物，H_2O 是水的主要组成部分。H_2O 可以和某些金属、金属氧化物发生化学反应。岩石是有一定结构的含有多种矿物的集合体。岩石和水相互存在时就会有物理作用、化学作用和力

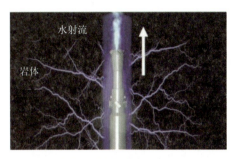

图 11-2 水射流破岩造缝工艺

学作用同时产生。水对岩石中填充物的溶解和溶蚀、对碳酸盐岩的侵蚀和对铁等矿物单质的氧化都属于化学作用，而且这个过程是不可逆的。水对岩石的物理作用如部分岩石浸水后内摩擦角和黏聚力减小但是失水后又恢复，这个过程是可逆的。力学作用在岩石介质的弹性范围中是可逆的，如孔隙水压力对岩石变形的影响，在弹性阶段的变形是可以完全恢复的。水和岩石之间的物理、化学和力学作用三者之间相互影响、相互渗透。

流固耦合问题依照耦合的机理可分为两大类：第一类问题为两相耦合作用仅仅发生在流体和固体的交界面上，例如航空领域的气动弹性问题，该问题在数值计算时只需要满足两个耦合面上的平衡及协调条件即可，分析相对简单；第二类问题为流体域和固体域一部分或者是全部重叠在一起，不能够或者很难明确地分开，所以建立该问题的本构方程、描述物理现象的方程都需要根据以具体物理现象为依据。由于水的流动性和岩石介质的孔隙存在，水—岩耦合作用的特征是固体和液体部分全部重叠，相互作用，应采用第二类问题的分析方法。水—岩耦合作用涉及岩石的力学性质和流体的力学性质，并且这两种不同场的力学性质又交叉相互影响，如图 11-3、图 11-4 所示。

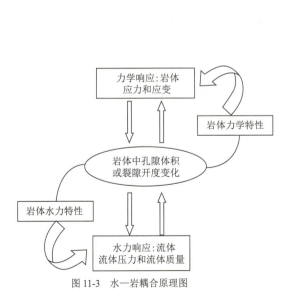

图 11-3 水—岩耦合原理图

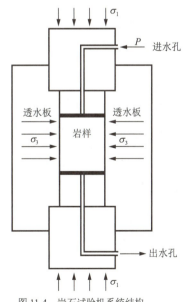

图 11-4 岩石试验机系统结构

11.1.2 长斜井 TBM 施工技术

20世纪90年代,德国 Wirth 公司曾经研制出上坡大倾角斜隧洞掘进机,共制造了10多种规格的掘进机,开挖直径 2.27～6.64m,开挖坡度 18%～100%。在当时,采用斜井隧道方式是个新发展趋势,开挖变坡度的斜井隧道。如 TBV-564H 掘进机,在开挖意大利 Nationatrasse 隧洞时,从坡度 18% 上坡开挖增大到坡度 38% 后又增加到 45%。

20世纪80年代,美国罗宾斯公司研发了斜井掘进机,这种掘进机装有两套水平支撑装置,无论是掘进或是换行程都能始终撑紧洞壁,不但能开挖上坡 45°(即 100%)斜井,而且还能开挖 18°(即 32%)的下坡斜井。

随着我国 TBM 技术的不断发展和国家能源开发系统等领域需求的增长,TBM 技术已广泛地运用到水电和煤炭行业。自从 2013 年 8 月铁建重工研发第一台斜井 TBM 以来,国内外关于 TBM 进行大坡度隧道(斜井)施工已有很多成功的案例。展现斜井独特的高效性,建设者逐渐将 TBM 施工技术引入到斜井与巷道的建设中,大大缩短了斜井建设周期。

1)斜井 TBM 施工工艺要点

按照传统的施工方法,煤矿行业斜井掘进施工只能采用"冻结+钻爆法"。该施工方法掘进进度慢、造价高、安全管理难度大、对地质条件(涌水、岩爆、围岩泥化等)的适应性差、对围岩扰动大、巷道成型差。而在煤矿斜井 TBM 设计时,要进行电气防爆设计,防爆设计包括各种电动机、电磁阀、配电柜、主驱动变频柜、主控室操作台、照明设备、接线箱、插座箱等。

由于斜井施工坡度较大,TBM 施工过程中易出现姿态控制困难、突水造成设备主机被淹等问题。因此,对采用 TBM 施工的斜井与常规 TBM 施工应有以下不同要求。

(1)刀盘偏心设计。刀盘驱动具备抬升功能,在具有收敛地层中扩大开挖直径,防止卡盾风险;盾体设计采用梭形,前、中、尾盾逐渐减小,即使采取措施,只是降低卡机风险。

(2)TBM 后配套重量在斜坡上产生的下滑力始终向前作用在主机上,该下滑力可能会影响主机掘进时的纠偏调向控制。在进行设计时,必须对该下滑力进行计算,分析是否对主机掘进时的纠偏调向控制有影响。如有影响,要采取相应的结构设计避免其影响。如后配套与主机连接采用万向铰接设计,让其下滑力自适应斜井施工的方式。

(3)在软弱围岩地层施工时,防止刀盘"栽头",在设计时可以考虑采用主动前铰接设计,加大主动铰接力,利用主动铰接液压缸的行程差控制刀盘"栽头"及姿态的调整。

(4)由于斜井的倾斜作用,豆砾石填充如果跟得太紧也会向前方(特别是通过顶部开挖空隙)倒灌。

(5)为防止斜井 TBM 姿态难以控制的问题出现、保证 TBM 能够后退刀盘处理不良地质、降低运输组织难度,采用 TBM 施工的斜井坡度一般情况下不宜大于 10%。

(6)由于斜井坡度一般较大,超过有轨运输(牵引机车有轨运输)要求,斜井一般采用无轨运输物料,运输设备宜具备双向自动驾驶、自动升降、紧急制动等功能。运输车辆应设置防溜功能,斜井井身段应按一定距离设置防溜车、溜车声光报警装置,隧底结构顶面考虑防滑槽防止溜车。掘进机设备尾部及连接桥位置必须设置防撞设施,防止溜车造成设备损坏。

(7)为保证TBM施工安全问题,隧底一般采取预制拼装结构或岩渣回填形式作为运输通道。如采用预制拼装结构,仰拱预制块和底管片壁后填充要及时填筑早强细石混凝土或早强砂浆。

(8)为防止物料运输过程中发生溜车、倾覆等安全问题,物料运输起重机走行系统一般采用齿条式或链条式。

(9)TBM油、水箱体应考虑斜井角度对有效容量的影响。

(10)斜井施工如采用护盾式TBM,TBM主机宜根据设计坡度向后调整重心位置,刀盘可采用偏心式设计,中前盾之间宜增加主动铰接,变坡段竖曲线半径不宜小于1200m,水平转弯半径不宜小于500m。

(11)斜井施工一般应采用连续皮带输送机出渣,皮带输送机输送坡度一般不大于21%。

2)斜井TBM施工案例介绍

以神华神东补连塔煤矿2号辅运平硐工程为例,介绍斜井TBM施工技术,如图11-5所示。

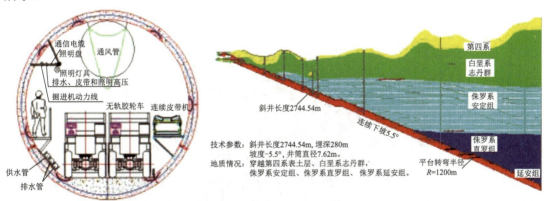

图11-5 补连塔煤矿斜井横纵向剖面图

该工程斜井总长度为2744.54m,其中明挖段长度为26.316m、TBM段长度为2718.224m,埋深6～280m,坡度-5.5°,开挖直径7.62m,井筒净直径6.6m,每1000m设置一处停车平台,采用$R=1200m$的竖曲线过渡,支护结构采用预制拼装式C40钢筋混凝土管片。根据地层剖面,其中穿越表土层长度约48m,白垩系志丹群长度约460m,侏罗系安定组、侏罗系直罗组约1150m,侏罗系延安组约1087m。本斜井具有"深埋超长、连续下坡、富水高压、地层多变"的特点。

设计采用管片衬砌单层衬砌结构:直线地段采用左直线环、右直线环,竖曲线地段衬砌环采用在左直线环和右直线环环面加贴钢板及丁晴软木橡胶衬垫的方式实现竖曲线转弯;

衬砌环分块:"3(标准块)+2(邻接块)+1(仰拱预制块)+1(封顶块)"分块方式,衬砌厚度350mm(仰拱预制块除外),环宽:1.5m,普通地段采用错缝拼装,联络巷开洞段采用通缝拼装。管片衬砌形式及成型斜井如图11-6、图11-7所示。

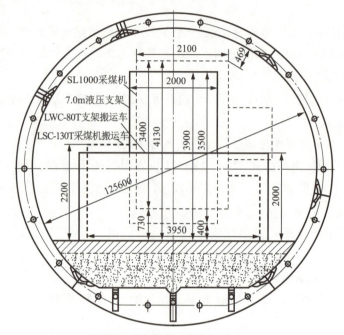

图11-6 管片衬砌形式(尺寸单位:mm)

图11-7 成型斜井

该工程采用TBM开挖、连续皮带输送机出渣、无轨胶轮车运输管材,有效地解决了煤矿斜井地质复杂多变问题,防止掘进期间结构失稳。支护管片壁后填充采用分区段豆砾石充填与注浆相结合的方法,一方面确保管片外侧与岩石之间的空隙密实、稳固;另一方面经过充填,形成一道外围防水层,防止井筒出现渗漏。即管片拼装成环脱出盾尾后,底拱注入细石混凝土,其他空隙填充豆砾石,每 30 环取 2 环注马格尼或双液浆作为封堵环、其余环注单液浆的壁后分段隔水组合填充工法,有效隔断了地下水连通,减少了工作面涌水,解决了管片壁后填充材料向 TBM 开挖面串流的问题,整体无渗无漏,实现区段全环封闭。如地层水量较大,可适当缩小封环间距,区段封环后进行水泥浆液回填灌注,以固结壁后豆砾石。斜井管片壁后填充如图 11-8 所示。

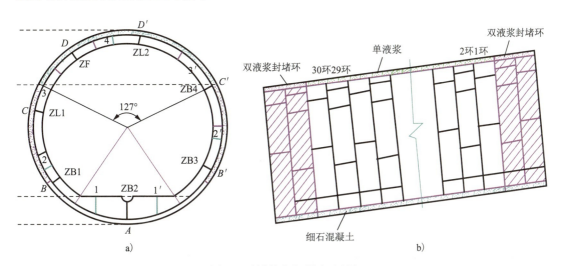

图 11-8 斜井管片壁后填充示意图

11.1.3 机器人自动焊接技术

由于在 TBM 作业过程中滚刀需承受刀具破岩产生的交变载荷,不仅滚刀容易磨损和损坏,而且刀座也容易出现损坏或磨损现象。刀座的可靠性对 TBM 施工至关重要,刀座失效必然导致刀具损坏,使刀具出现崩块、偏磨等现象,严重影响 TBM 掘进施工进度,增加施工成本。以 19in(1in=25.4mm)正滚刀刀座为例,由两块内刀板和两块外刀板以及两块连接板构成,内刀板镶入外刀板中,构成一套刀座板,两片刀座和连接板焊后构成整体刀座。单片 19 in 刀座焊缝总长度 860mm,一整套的 19in 刀座焊缝长达 1720mm。当前,业内对刀座的焊接采用人工焊接,焊接一套刀座焊缝需要 18 ~ 20h,而且焊接人员由于长时间不间断疲劳作业,导致焊缝经常会出现气孔、夹杂、未焊透和未融合等现象,不能达到设计质量要求。因为刀座在 TBM 掘进过程中的重要性,设计要求焊缝超声波探伤质量必须达到《承压设备无损检测 第 3 部分:超声检测》(NB/T 47013.3—2015)中焊接接头Ⅰ级标准的要求,人工焊接一次合格率仅为 30% ~ 40%,需返工重复焊接,不但增加了产品成本,也严重降低了产品质量。

焊接工艺流程为:人工组对→预热→保温→程序输入→自动焊接→辅助措施→焊后处理。

(1)人工组对

开始工艺焊时,选用 CO_2 保护焊,施焊过程中为减少热输出及大熔深,应快速施焊且采用小电流低电压。

(2)预热

选择电阻炉加热,加热温度为 150～250℃,电流为 30～50A,加热 1h,保温时间 3～4h。

(3)保温

焊接过程中放置保温板,持续加温,保持整体加热温度一致。

(4)程序输入

自动焊接程序设置中,机器人枪嘴摆动幅度、角度、速度及施焊电流等是其中的关键参数,其各层焊接时各不相同。如按 20 层焊接来说,1～20 层输入焊接程序时有枪嘴直线运动,每层设置的角度、运行速度、电流、电压、频率、摆动幅度、停留时间等参数值不同,垂直焊与斜角焊交替进行,如图 11-9 所示。

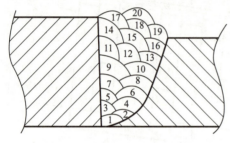

图 11-9 多层焊接示意图

(5)自动焊接

刀座施焊焊道较宽,单独直线运行,融合性不好,采用"Z"字线摆动运行,焊缝融合性好,焊缝探伤质量达到了规范要求的 Ⅰ 级探伤标准。

采用自动化焊接刀座焊缝,时间由手工焊的 18～20 h 降低为 8～10h,提高效率 50% 以上,焊缝合格率由原来的 30%～40%,提高到 95% 以上,保证了刀座的产品质量和生产进度。焊接完成的刀座焊缝如图 11-10 所示。

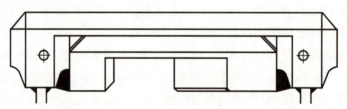

图 11-10 刀座焊缝端面示意图

(6)焊接机器人工作原理

研发的自动焊接系统硬件由焊接机器人、负责图像处理的 PC 机、单片机控制系统、摄像头外加滤光装置构成的双目视觉传感系统所组成。该项目中焊缝的空间三维坐标首先在激光器的主动光源下,由双目相机采取图像信息经由 PC 机中 Matlab 软件进行处理获取目标特征点。然后把获取的数个离散的三维坐标点串口通信传输到到单片机(MCU)中,控制焊接机器人按照收集的焊点信息进行焊接工作,经由双目相机采集焊点(熔池)图像计算得到此时焊点三维坐标,并且与先前利用线激光结构光得到的焊点坐标比较,实时调整焊接机器人运动位置,进而实现实时监控,防止轨迹偏差。自动焊接系统如图 11-11 所示。

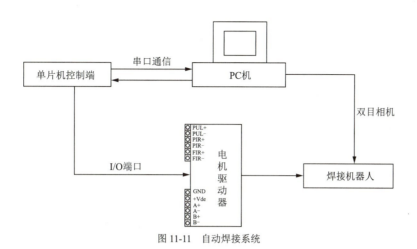

图 11-11 自动焊接系统

11.1.4 TBM 测量激光导向技术

我国以前隧道掘进机法开挖地下隧道施工过程中大多采用人工测量的方法,只有当隧道掘进机停止推进开始拼装管片时才能够进行测量。这样的方法不能够保证测量的实时性,不利于精确控制隧道掘进机的前进线路。

随着自动化技术的不断发展,各种新型的高精度自动化测量仪器以及高精度传感器的出现,使得隧道掘进机施工的自动化测量成为了可能。自动导向系统就是一种集测量、仪器仪表和计算机软硬件技术于一体,具备对隧道掘进机掘进姿态进行动态测量的系统。其中硬件部分负责获取数据,与之配套的软件部分则负责处理数据,并反馈给控制人员,使之对实时信息做出相应反应,从而控制隧道掘进机的前进方向。

隧道掘进机采用自动导向系统可以在隧道掘进机推进的过程中实时进行测量,并把测量信息实时反馈给工作人员。这不但减轻了工人的劳动强度,并且由于测量的实时性,随时都可以检查隧道掘进机中心点的位置和姿态,很好地提高了控制的精确性。

1)TBM 位置姿态特征

TBM 的实时位置姿态包括在三维空间的实时位置和实时姿态。以 X、Y、Z 轴作为三系坐标轴,那么可以将 TBM 主机的位置以坐标的形式体现。即从 (x_1, y_1, z_1) 到 (x_n, y_n, z_n) 的位移。Δ_x,Δ_y,Δ_z 分别表示 TBM 在三系轴向上的位移。TBM 的姿态可以用水平偏转角、俯仰角和滚动角来描述。水平偏转角是 TBM 掘进方向与竖直轴线在水平面投影的夹角;俯仰角为 TBM 的中心轴线与水平面的夹角;滚动角为 TBM 绕其自身掘进轴线的旋转角度。导向系统通过以上数据的实时变化,得出 TBM 在地下运行的位置参数,将其体现到显示屏上。

TBM 测量系统可以以大地坐标系为基准。其中 X 轴的方向可以定义为掘进方向,Y 轴定义为想垂直于掘进方向的水平方向,Z 轴则为表示垂直向上的方向。TBM 和导向系统的设计轴线以基于大地坐标系为基准,并且将坐标系的数据在施工前存储到导向系统中,如

图 11-12 所示。

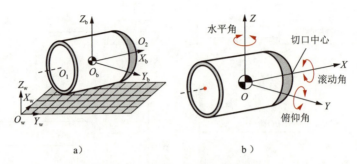

图 11-12 TBM 坐标系及姿态角示意图

参考棱镜通过全站仪测量来确定在大地坐标系下的坐标。主要由全站仪进行测量，目前全站仪测量精度高已经被广泛用于各种各样的施工测量中。全站仪通过三个参数（斜距 L、激光束水平角 m 和激光束俯仰角 n）来计算观测点的三维坐标，如图 11-13 所示。

$$\begin{cases} x = L \times \cos n \times \cos m \\ y = L \times \cos n \times \sin m \\ z = L \times \sin n \end{cases} \quad (11\text{-}1)$$

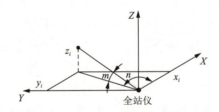

图 11-13 全站仪对参考点测量示意图

2）TBM 位姿测量系统方案

采用 CCD 测量人工合作光学标靶的方法，直接得到 TBM 盾首中心相对姿态，再通过全站仪与激光靶测量计算得到大地坐标的姿态。TBM 位姿测量系统由四部分组成，人工合作光学标靶、CCD（含固定激光靶、全站仪）以及后视棱镜，分别对应着 TBM 盾首靶标坐标系、TBM 相机坐标系和全站仪坐标系，经后视棱镜转换可得到绝对坐标系（又称大地坐标系）。如图 11-14 所示，与 TBM 盾首刀盘连接的 2×6-SPS 液压推进机构，其前盾设置为光学标靶坐标系，其后盾设置为相机坐标系，根据单目视觉测量解算得到两坐标相对位姿。已知盾首中心坐标系与光学坐标系变换方程以及 CCD 坐标系与 ELS 坐标变换方程，经转换，可以得到盾首中心坐标系统相对 ELS 坐标系。进一步通过全站仪测量得到 ELS 坐标系和后视棱镜坐标系，通过坐标系间姿态角的变换计算，TBM 导向系统就可以实时显示 TBM 掘进路线以及于设计轴线之间的姿态角误差。

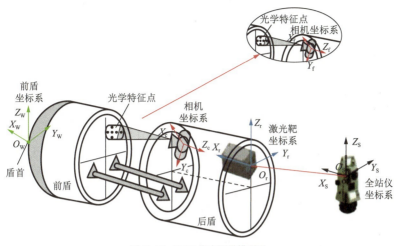

图 11-14　TBM 姿态测量模型图

该方案相较于单纯使用激光靶测量 TBM 姿态,在全站仪与盾首之间多加一级姿态测量装置,能有效地降低全站仪测量激光被阻断而导致无法实时稳定测量的风险。其次,该方案采用发展迅速且应用领域广泛的单目视觉技术,具有测量视场大,测量精度高以及抗干扰性强等诸多优点。

3)位姿测量系统的组成

由图 11-14 可知,位姿测量系统由五个坐标系构成,包括盾首中心坐标系、光学靶标坐标系、相机坐标系、ELS 坐标系和全站仪坐标系。根据全站仪与后视棱镜的相对坐标变换确定 TBM 姿态与设计轴线的误差。图 11-15 所示为该 TBM 姿态测量系统的组成,主要由 CCD 工业相机、光学靶标、ELS 激光靶以及全站仪组成。

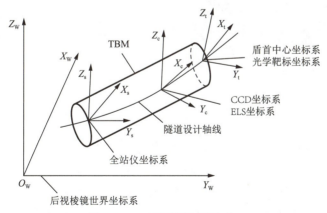

图 11-15　TBM 姿态测量系统组成

11.1.5　TBM 皮带输送机自动纠偏技术

皮带输送机是 TBM 出渣的主要设备,但 TBM 皮带输送机的自动纠偏和防漏渣问题,是设计及制造者重点要解决的问题之一。皮带输送机跑偏会导致一系列问题,如掉渣漏渣、皮带撕裂、托辊损坏等。皮带输送机掉落的渣土堆积在施工区,不仅恶化施工的环境,而且需要大量的人力和时间进行渣土清理,增加了施工的成本。因此良好地解决皮带输送机的跑偏和漏渣的问题,对提高 TBM 的施工进度、优化施工环境至关重要。

1)皮带输送机跑偏原因

TBM 皮带输送机跑偏影响因素很多,主要有以下几种:

(1)托辊、滚筒中心线与皮带输送机中心线不垂直。

(2)皮带的接头与胶带中心线不垂直。

(3)托辊、滚筒由于清渣不彻底黏有渣土。

(4)皮带输送机中心线与隧道理论的中心线不重合。

(5)实际的接渣点与理论接渣点偏差过大。

其中第(4)、(5)条是 TBM 皮带输送机常见的跑偏原因。虽然影响皮带输送机跑偏因素多种多样,但根本原因是胶带的受力不均匀,产生了横向力。

2)自动纠偏设计

常见的皮带输送机自动纠偏装置有机械式纠偏托辊组和液压式纠偏托辊组两种。

机械式纠偏托辊组由检测托辊、纠偏上托辊组、纠偏下托辊组、转动支架、固定支架组成,如图 11-16 所示。当皮带跑偏时,皮带边缘接触检测托辊,在皮带的作用下,检测托辊带动转动支架转动,使托辊组转动一定角度来增加对皮带的反向的横向力,实现纠偏的效果,如图 11-17 所示。

图 11-16 机械式纪偏托辊组

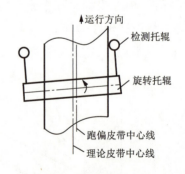

图 11-17 机械式纪偏原理图

液压式纠偏托辊组由检测轮、纠偏上托辊组、纠偏下托辊组、油泵、油箱、复合液压缸、油管、摆动支架和固定支架组成。皮带跑偏时,皮带边缘与检测装置上的检测轮接触,TBM 皮带输送机的跑偏检轮带动油泵旋转,油泵从油箱吸入液压油,输出液压油通过摆动液压缸上的油路集成块,进入摆动液压缸的一个工作腔,另一个工作腔的液压油通过油路回到油箱中,实现摆动液压缸的往复运动,驱动摆动支架和摆动支架上的上调心托辊前后偏转进行皮带调整。

利用原有的 PLC 系统硬件,包括上位机、核心服务器、交换机、光纤、PLC 控制主站、皮带输送机信号双向传输装置、现场 PLC 控制从站、皮带输送机变频器、皮带输送机电机、皮带跑偏开关、皮带输送机拉绳开关、皮带输送机打滑开关、皮带输送机纵向防撕裂开关、皮带输送机溜槽堵塞开关、皮带输送机液压调偏器、现场视频监控箱、视频摄像机。

皮带处于左跑偏或者是右跑偏位置时,纠偏开始动作,在这两个区域,纠偏程序等待时间 T_1 较长,纠偏电机动作时间 t_1 较短,是微量纠偏阶段;当皮带处于左跑偏严重或者是右跑偏严重位置时,在这两个区域,纠偏程序等待时间 T_2 较短,纠偏电机动作时间 t_2 较长,是大动作纠偏阶段。程序在开始纠偏运行后就适时取点,检测皮带位置是继续跑偏还是已经在往中间位置跑,如果已经纠回,皮带在往中间位置跑,则停止纠偏,否则继续纠偏。自动纠偏程序如图 11-18 所示。时间参数 T_1、T_2、t_1、t_2 是调试的关键,需要技术人员根据设备的实际情况予以调整。

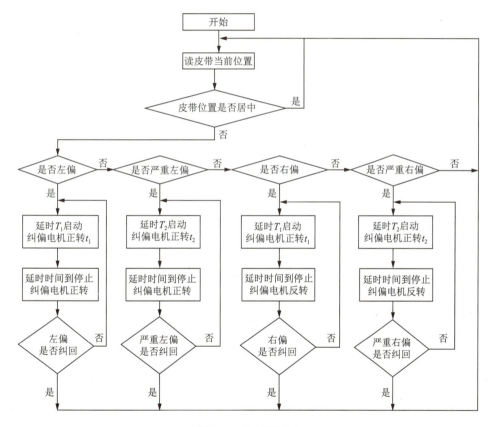

图 11-18　自动纠偏程序

11.1.6　TBM 管片自动化生产技术

预制混凝土管片的生产可分为固定式法和自动化生产线法两大类,固定式法生产效率相对较低,模具周转较慢,而自动化生产线法能改善上述问题,从而吸引越来越多的工程技术人员加入到自动化生产线技术的研究当中来。

1) 预制管片的主要生产方式

(1) 生产方式分类

①固定式法可分为固定模具法和固定振动台法两种,它们的区别主要在于设备组成、管片成型方法以及适用条件的不同。

②固定式法一般在管片需求量小、进度要求低的情况下采用,自动化生产线法一般在管片需求量大、产能大、进度要求高的情况下采用。

(2) 固定模具法

固定模具法指模具位置固定,运送混凝土进行浇注,振捣成型后加养护罩或养护盖进行养护。

(3) 固定振动台法

固定振动台法指振动台和混凝土浇筑位置相对固定,浇筑混凝土后,模具吊装至振动台,振动成型后吊装至养护区进行养护。

(4) 自动化生产线法

自动化生产线法是振动台和混凝土浇筑位置相对固定的方式,模具由轨道输送至振动位置浇注成型,形成成型、静停、蒸汽养护、脱模一条龙的模式,自动化生产线法的生产设施主要有模具、振动台、桁吊、传送线和养护窑等。

2) 自动化生产线的组成

(1) 自动化生产线设计

①根据功能不同,自动化生产线生产厂房划分为钢筋材料存放、钢筋加工、钢筋骨架焊接、钢筋骨架存放、流水生产线、养护、混凝土搅拌站及管片存放发运 8 个功能区。

②整个设计的核心是自动化流水生产线,一般由控制系统、传输系统、混凝土浇筑系统、振动台、养护系统和脱模转运系统组成。

③现在先进的自动化流水生产线充分利用机械技术和计算机控制检测技术,根据施工作业流程,通过工业计算机控制其运行。

(2) 控制系统

控制系统是整个自动化生产线的核心部分,负责对生产线上所有动作发出指令,通过指令实现各工位动作的协调一致。控制系统是由 PLC 来控制各个驱动电机,由驱动电机或者驱动电机带动液压泵站来完成相应的动作。当各个动作到位后都有相应的传感器或接触开关把动作情况反馈给 PLC,PLC 做出判断后就会进行下一动作。

(3) 传输系统

传输系统主要包括移动模具的辊道流水线和平移小车,辊道通过电机驱动传动链条或顶伸液压缸来实现模具的移动,在 PLC 集中控制下,模具在生产线上按设定的节拍沿辊道自动运行,平移小车把浇注成型的管片运送到养护区,把养护好的管片运送到生产线脱模,形成往复循环。

(4）混凝土浇筑系统

混凝土浇筑系统是用来完成管片浇筑成型的组成单元，搅拌完成的混凝土通过混凝土立体交叉运输系统输送到浇筑工位进行混凝土浇筑作业。该系统集成于中央控制系统内，实现自动运行，不与生产线交叉干扰。

（5）振动台

振动台是管片混凝土浇筑后成型的重要设备，一般采用变频气动振动台。振动台主要包括：气压式振动器、气动顶升和夹紧装置，振动时根据下料的多少，通过变频调整激震力完成振动工序，气动顶升装置可以将模具与生产线上的轨道脱离，夹紧装置紧固模具，使其在振动时不产生移位。

（6）养护系统

养护系统由热源、传感器、电磁阀、加湿器、程序软件等组成，该控制系统软件集成于PLC自动控制系统内。该系统先在控制程序软件中输入设计参数，然后由系统传感器采集养护环境温度、湿度，将实际数据反馈回控制程序，对比、分析，再指令加热电磁阀、补湿电磁阀等运行，实现养护环境达到设计控制参数，来保证管片的蒸养效果。

（7）脱模运转系统

为了提高脱模效率，且有效保护管片，生产线配置空中翻转真空吸盘进行脱模作业。此真空吸盘的优点在于脱模时吸盘面积大，带有自动翻转90°的功能，可有效保护管片，减少管片翻转工作，提高工效。

3）管片生产流水线特点

利用人工控制设备保证流水线工艺顺利实施，管片生产时由流水线操作司机操作平移小车的液压缸，将浇注完成的管片推向下一个模具工位，再将空模推至浇筑工位进行浇注，如此循环往复，实现流水线式生产。蒸养窑内共布置6个测温点，测温点的温度可以在流水线操作室的数字显示屏上显示，根据显示的温度可随时调整蒸气量，可保证管片的蒸养质量、提高管片的质量及稳定性。

4）管片生产流水线说明

钢筋加工车间由钢筋堆放区、半成品加工区、半成品堆放区、钢筋骨架制作区、成品钢筋骨架堆放区等组成。混凝土浇筑车间由管片浇筑区、管片收面区、管片蒸养窑、管片静停养护区组成。

管片生产流水线采用五线制，即两条浇注线和三条蒸养线。每条浇注线共设12个模具工位，配置施工人员完成相应任务。蒸养窑布置在流水线车间紧靠钢筋笼加工车间的位置，共可设置36个模具工位，在流水生产线和蒸养窑的两端分别放置出模平移小车和进模平移小车。在工作过程中，平移小车可以按控制指令分别将模具送入或者推出蒸养窑。

5）管片生产自动化流水线工艺

自动流水线由控制系统、生产线、养护线、振动台、平移小车、浇注系统和养护系统组成。管片生产自动化流水线工艺流程如图11-19所示。

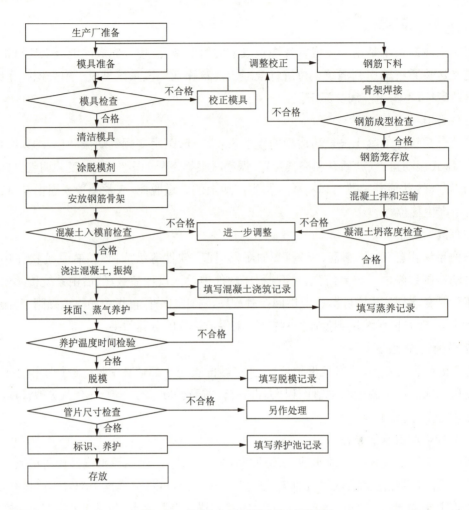

图 11-19 管片生产自动化流水线工艺流程图

6）模具编排

本管片生产流水线采用广州广铿建筑材料有限公司设计的自动化流水生产线，模具自动行走、定点起吊、定点振捣的生产工艺，流水线施工场地布置如图 11-20 所示。

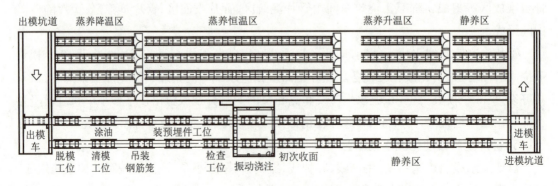

图 11-20 管片生产自动化流水线总体布置

11.2 TBM 技术思考

近 30 年来，TBM 技术面对复杂的地质水文环境，以及有限的场地组装条件，TBM 技术在我国得到了快速发展。之后，引进了敞开式 TBM 技术，敞开式 TBM 开挖遇到不良地质时，由于设备本身脱困能力有限等原因，极易造成 TBM 自身设备被卡机及其他问题。当前，从铁路、水利、电力、煤炭、矿山、交通、地铁、城市地下及军工等隧道建设工程来看，我国还需大量不同类型、不同规格的 TBM，那么，对今后如何发展和应用国产 TBM？尤其是护盾式 TBM 掘进机技术的发展与应用。"滴水石穿非一日之功"，本节从 TBM 市场应用、施工技术及装备制造等方面，谈谈一些想法、意见及建议，以便今后更多行业及专业人士参考与借鉴。

2020 年的《政府工作报告》提出，要"加强新型基础设施建设"。基础设施是经济社会发展的重要支撑。一般传统基建就是除了应用高新技术改造传统基础设施之外的内容，主要是"铁、公、机"等基建投资。传统基建投资量大、面广，主要受制于政府公共投资能力和地方政府债务风险；但其对投资和经济增长仍有较大拉动力，对保就业、保民生的作用可能更加直接。传统基建为新基建发展提供必要的外部条件，解决公用设施和环境的支撑问题，整个新基建的发展在一定程度上要以传统基建的发展为基础。从短期看，传统基建投资可能仍会占较大比重，中央部门所确定的重大投资项目多数仍属于传统基建的内容，中央与地方的投资比例划分也会带动地方政府对传统基建的稳定投入。总之，基建行业涉及多个行业领域，雄踞产业链之首，有着"一荣俱荣、一损俱损"的链环效应。

11.2.1 TBM 应用思考

1）TBM 应用现状

TBM 技术的开发利用在很大程度上改变了长大隧道，尤其是 10km 以上的特长隧道建设的新局面。它使得以往不足以克服地层困难的隧道建设成为可能。它具有的安全、环保、质优、快速等优势是采用别的施工方法所不能比拟的。但是，任何新的技术都有它的适用范围和使用条件，TBM 技术也一样。它具有高投入、高科技、高效率、高风险的"四高"特性。从技术上讲，特长隧道即大型地下工程建设项目的实施是必然的。我国隧道建设的发展有三个非常明显的趋势：需修建的长隧道越来越多，且长度越来越长；以隧道方式跨越江、河、湖、海水域的工程越来越多；水工隧洞、城市隧道和地下铁道的建设将迎来高潮。

纵观我国 TBM 施工项目，存在以下特点：

（1）隧道长度大，除城市轨道交通工程外，隧道长度均超过 10km。

（2）增加施工支洞的条件很差，甚至不具备条件。换言之，不得不采用 TBM 法施工。

（3）采用 TBM 法施工的已完工和正在施工的隧道工程中，在隧道施工长度上，水工隧洞第一,铁路隧道次之,再次为市政轨道交通和公路。

(4)自TBM进入自主创新期以来,国产TBM的使用和发展速度呈"抬头"趋势。

在以往的公路建设中,主要的方法是盘山绕行或切坡深挖的方式。这些方式有很多弊端,比如会破坏山体的植被及自然景观,易造成水土流失;另一方面,由于需要绕行山体就改变了原有道路顺直的线型,也对汽车行驶带来很多隐患,再者绕行山体也将大大增加了修路的投资成本。根据国内外TBM施工案例,在水工、铁路、市政轨道交通隧道施工中应用较多,TBM施工在公路隧道中应用较少;与国外TBM技术的应用存在一定的差距。随着2019年国家《交通强国建设纲要》的实施,要求推进隧道工程机械装备的研发,在建新疆乌尉高速公路天山胜利隧道和四川乐西高速大凉山1号隧道两个工程项目,开辟了高速公路TBM法隧道施工的先河。

我国煤炭资源赋存环境复杂多样,地域分布不均衡:西多东少、北富南贫,并且适宜露天开采的资源少。大规模地下开采尤其是进入深部开采后遇到的工程地质条件更加复杂,岩石力学问题更加突出,矿井建设更加困难。目前全国每年掘进6000km以上的巷道中,深部巷道占28%～30%,随着越来越多的煤矿进入超千米深部开采,这一比例还会不断提高。在深部矿井的大型化趋势下,井田范围更大,巷道距离长,因此必须加快掘进速度才能缩短工期。当前800～1000m范围内,岩巷主要采用钻爆法或综掘机掘进。由于TBM设备昂贵,不容易被建设方所接受,但工程实践表明,当隧道长度与直径之比大于600时,采用TBM施工是经济的,新建大型煤矿的巷道长达数千米,长径比都能满足这一标准,而且与钻爆法和综掘机相比,TBM具有更加明显的优势,完全可以应用于深部矿井建设。因此TBM也已成为深部矿井建设的一种选择。

与煤矿TBM工程应用相比,国内外介绍金属矿山TBM工程实施情况较少。在1990年之前的金属矿山平均掘进长度仅697m,主要是因为很多工程在TBM施工数百米后就被终止。1990年以后TBM在硬岩矿山中的应用明显增多,且平均掘进长度达到8507m。近年来,TBM在设备断面尺寸、斜井施工、小转弯半径等方面的改进与创新,提高TBM对井巷、隧道工程的适用性。金属矿山TBM工程具有小直径、敞开式TBM为主,长距离且具有一定坡度的特点。根据当前TBM技术的发展情况,TBM可掘进通达矿体的平洞、斜井,具备在大型矿床开拓工程中应用的条件已趋于成熟,使其应用于矿山井巷工程成为可能,为大型矿山、深部资源开发利用提供了技术思路与解决方案。

当前,护盾式TBM内衬大多采用预制管片拼装结构形式,但护盾式TBM具有诸多优点,单护盾TBM在护盾保护下能安全完成掘进、出渣、管片拼装等工序,隧道一次成型,减少初期支护和二次衬砌同步交叉干扰等作业,提高了隧道的建设效率;隧道衬砌采用管片衬砌技术,工厂化预制质量好、精度高,豆砾石的喷灌、注浆、通风、供电等辅助作业也实施了平行作业,充分利用了时空效应;相对于敞开式TBM,单护盾TBM盾体较长,单护盾TBM主要适用于具有一定自稳性、埋深浅的软岩。在复合地层中掘进,遭遇破碎带、高地应力变形等不良地层,也会存在一定卡机风险。而作为铁路、公路及水利等重大工程项目,大直径TBM隧道面临大断面、高水压、超长化、大埋深的形势下,单层装配式管片衬砌存在地层揉动变形、棱角宜裂损、质量低劣化、安拼误差错台、整体稳定性相对较差、耐久性因素、防火性能、性价比偏低等缺点逐渐暴露。2003年上海某地铁隧道坍塌，2007年某水利工程盾构标出现管片结构失稳破坏，2018年广佛某地铁盾构塌陷；之后，也出现某城市地铁盾构施工中出现管片破坏，基坑淹埋事故。鉴于TBM隧道结构的重要性及单层管片衬砌暴露的诸多问题，设计建设的风险及结构耐久性问题逐渐引起隧道建设者的关注。如广深港客运专线越珠江的狮子洋隧道二次衬砌的目的是耐高温、防碰撞、耐高水压，考虑到该隧道是高速铁路隧道，施设二次衬砌也可以加强洞口软弱段的管片衬砌的整体刚度，减小列车载荷带来的振动效应。沪通铁路越黄浦江盾构隧道也将二次衬砌列入了设计。与上述工程类似，北京市南水北调配套工程南干渠工程盾构隧道施作了二次衬砌。国外在盾构隧道采用双层衬砌的以日本居多（图11-21），日本的东京湾横断公路隧道、东京湾海底公路隧道、市政输水管道等都是采用双层衬砌施工，我国广深港客运专线越珠江的狮子洋隧道也采用了双层衬砌，如图11-22所示。可以预见，今后TBM施作二次衬砌的越来越多。

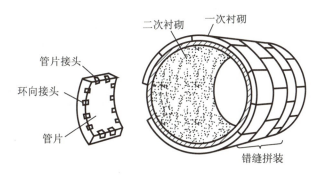

图11-21 TBM隧道双层衬砌的结构示意图

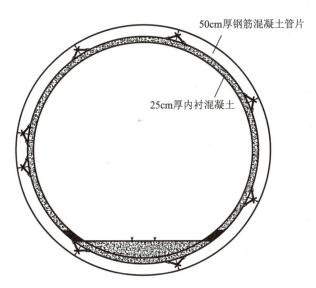

图11-22 TBM隧道双层衬砌结构示意图

我国隧道工程量庞大、劳动力充足,促使我国培养和锻炼出了采用钻爆法施工的高水平技术队伍,目前正在进入大型机械化配套施工阶段,单臂凿岩台车、三臂凿岩台车还未大规模发挥作用;同时,随着我国工业化技术的不断进步、劳动力紧缺工费高、劳动保护意识强和安全环保责任重等,在隧道领域逐步采用TBM法施工将是发展趋势。

由于TBM的普及程度不够、应用范围小,能够深入了解、全面掌握TBM的人相对较少,造成与隧道建设相关的规划、建设、设计及施工单位对TBM的认识不足,没有清晰地认识TBM的特点、应用范围和地质适应性等,有的因个别工程进展不顺利而对TBM法产生偏见,有的单纯认为TBM法施工成本高。

由于工期、地质条件、施工成本和经营策略等因素的影响,存在大幅消减既定TBM施工长度,甚至全标段取消TBM施工的现象,这对于TBM法的科学推广应用具有一定的负面影响。

我国南水北调、西部开发、高铁及高速公路、城市轨道交通工程(地铁)、输送管道(水、油、气)、海峡隧道、城市深部共同管沟开发和深部矿山采掘等多元化市场,一方面为TBM提供充足的发展空间,为国内形成巨大的TBM产业提供深厚土壤;另一方面则要求TBM制造商能够提供具有多样化功能的设备和整套解决方案,以满足不同客户需求。

2)TBM应用思考

我国地域广阔,受到地壳欧亚大陆板块、太平洋板块、印度洋板块相互运动的集中影响,地形、地质、地貌十分复杂。国内隧道TBM法施工主要以敞开式TBM为主,对于护盾式TBM,出于应用失败的施工实例,国人以致谈"盾"色变。各类型TBM的适用性特点已在TBM选型章节中详细介绍,这里不做叙述,单从以下几个方面阐述笔者的认知。

(1)历史演绎的今天

影响TBM施工成功与否的关键在于地质条件,并且某些极端地质条件下目前任何TBM都无法应对,必须采取人工方式辅助处理。

欧美国家的TBM技术应用先从敞开式TBM开始,而后护盾式TBM逐渐趋于成熟;发展至今三种类型的TBM都在应用,并未淘汰任何一种形式的TBM。相比之下,我国与其还有一定的差距。就单护盾TBM而言,国内使用工程成功案例屈指可数,但国外比不胜数,从1990年瑞士直径11.8m的Mont Russelin公路隧道至2020年由我国施工的格鲁吉亚直径15m的南北公路隧道,直径9m及以上单护盾TBM已在31个隧道工程中相继投入。我国单护盾TBM从首次使用至今,尝试隧道工程项目不足10个。"三种类型的TBM形成互补可以应对所有的围岩条件""抛弃护盾式TBM在中国的应用"这两种说法都比较偏激。

物之不齐,物之情也。世界是由纷繁复杂的事物构成的,不同的发展阶段在发展结果、发展水平等方面总是存在优劣、高下之分。这样,那些优的发展对于那些劣的、差的发展就具有了吸引力或示范效应,从而促使差劣或比较差劣的发展主体设法赶上先进或优秀的发展主体,于是出现了发展领域你追我赶、相互激励,虽非同步但却同向发展的效应,从而在总体上推动着不同发展主体的共同进步。认清楚这一点后,护盾式TBM施工技术在我国的发展还有很长一段路要走。

(2)正确认识护盾式 TBM 施工技术

决定护盾式 TBM 施工技术运用成败的关键是人、地、机三者之间的契合程度。根据国内某引水隧洞工程统计，护盾式 TBM 风险主要因素地质条件占比 50%、TBM 设备占比 30%、施工队伍占比 20%。

卡机包括卡刀盘和卡护盾。

①卡刀盘：是指当掌子面或刀盘顶部围岩塌方体直接将刀盘与掌子面之间充填密实，刀盘与围岩之间的阻力大于刀盘转动的额定扭矩从而导致刀盘无法转动。

②卡护盾：是指围岩快速大变形其应力作用在盾壳上产生的摩擦力大于推进液压缸的最大推力；还有是围岩在地应力作用下持续收敛挤压尾盾向内收缩，致使尾盾与管片间隙过小。

一般情况下，从 TBM 卡机部位、施工安全和施工质量等方面考虑，为使 TBM 脱困，通常采取的措施有：在受困部位或 TBM 两侧小导洞人工开挖，释放压力；超前大管棚注浆预加固。

无论哪一种类型 TBM，都需要与辅助工法相结合，关键看隧道建设者对地层情况的了解程度和认知程度、TBM 设备的性能指标和质量状况以及施工现场操作人员素质水平。

(3)管片衬砌的投入

隧道衬砌管片及其防水系统是目前在隧洞需要加强支护条件下保证 TBM 快速掘进的主要手段。它实现了工厂化预制和机械化拼装，不但施工速度快捷，而且工程质量稳定。衬砌管片环背后由于灌浆填充而形成的环外固结层，环外固结层对管片环的稳定至关重要，两者紧密贴合共同形成了隧道的承力结构，并达到了新的稳定状态。国外有许多 TBM 隧道在管片拼装和灌浆填充完成之后即抽取连接螺栓，其结构依然能够保持稳定，就是这个道理。

从某种角度来看，管片衬砌本身是个不稳定结构。所以，在各向地应力相差悬殊、稳定性较差的地层里使用管片衬砌要特别小心。TBM 施工同步灌浆设备和豆砾石充填设备的技术性能必须得到充分的保证。尾盾的结构和灌浆管路的布设应能使浆液达到管片背部的任何位置。在同步注浆完成之后，应认真实施二次补充注浆，以确保衬砌结构的质量。

衬砌管片施工质量存在的问题较多，主要是接缝超限、边角破损和环片裂缝。其形成原因较为复杂也不尽相同，有的是管片设计和制作的问题，有的是机械设备的问题，有的是施工操作的问题，还有一些是因为地层变动所造成的。虽然通过增加导向杆、连接销等辅助件能在很大程度上限制错台，但接缝问题很难从根本上得到解决。除了在解决接缝问题上想办法外，还可能从挤压混凝土技术上有所突破，也就是在混凝土中掺入钢纤维，采用泵送混凝土的办法，将钢纤维混凝土直接输送到围岩面与模板之间，从而将 TBM 掘进技术与现浇混凝土技术相结合，最终从根本上解决管片接缝问题。

全球对于管片止水带的解决方案各有不同：德国倾向使用高硬度边角设计来保障止水带结构稳定；英国更多使用硬度较低的材料制造较软的止水带边角；以色列则选择在止水带上打孔分散压力；北美更多使用锚固式止水带。

近年来，国外隧道衬砌管片技术正在进行"纤维革新"，即在保障管片强度的同时，用钢纤维代替传统钢筋,降低管片重量。合成纤维经过合理的设计后将在管片中发挥巨大的作用,目前伦敦泰晤士 Tideway 工程中已有应用玻璃纤维筋(GFRP)进行防渗加固的成功案例,而最近美国密苏里州黑蛇湾雨洪隧道中也采用了粗合成纤维(MSF)管片。但不容忽视的是,2019 年 10 月,土耳其伊兹密尔地铁工程中创新应用的玻璃纤维筋(GFRP)与粗合成纤维(MSF)复合管片的应用中,发生了大量管片在安装后不久便出现开裂的问题。

技术的总在不断发展,不能因为未知而否定已知。国内隧道衬砌管片技术并不是不稳定,而是还有大量的技术课题有待于研究和解决。

(4)市场认知的不足

工程建设有很多要素组成,在现有成熟的隧道施工环境下,投资和工期往往是首当其冲两把利剑,环保和安全与其唇齿相依。工程建设的"价值观"是建设者专业素养的高级体现,会影响到项目规划、勘察设计、施工组织、现场管理、工程评估等整个建设流程的各个方面、各个阶段和各个环节。

在工程实践探索过程中,我国采用 TBM 施工不顺利的项目较多,对 TBM 法认知程度普遍偏低;甚至,由于部分工程进展不顺利而对 TBM 施工工法产生偏见,有的单纯指出 TBM 施工成本高。由于工期、地质条件、施工成本和经营策略等因素的影响,也有大幅消减既定 TBM 施工的长度、甚至全标段取消 TBM 施工的现象,这对于 TBM 法的科学推广具有一定的负面影响。工程建设中的不合理造价直接影响着工程质量和生产安全,影响建筑业的有序健康发展,冲击正常的建筑市场管理。各领域长大距离隧道 TBM 施工定额发展和完善程度参差不齐。比如,刀具消耗是 TBM 施工成本管理的关键,有的是将其纳入综合开挖单价,有的单独另行估算,有的干脆无据可依。无论是技术评分最低标价法还是经评审的最低标价法,不求工程综合效益最大化,把片面压价当律条。某地域甚至出现了投标价相比最高限价降幅 42% 中标的隧道工程项目,优质优价的公平法则在建筑市场荡然无存。我们的工程标准可以与国际接轨,但工程造价却有着天壤之别,所带来的后果可想而知。

隧道工程的介质是地质。在隧道工程设计中人们对地层认识的不确定性往往是 TBM 技术使用的最大障碍。我国的长大隧道地质勘察资料远没有欧美一些发达国家的详尽,这也就增加了 TBM 施工地质风险的可能性。不同类型的 TBM,其地质适应性不同,需要依据地质条件和建设要求等进行设备合理选型。若地质勘探报告不详实、细致,无论从工期和施工进度,还是从投资和施工成本,都将会动摇以 TBM 法为主的施工项目的根本。设计与施工分离的基建体制信息流程长,纠错能力差。由于隧道工程建设在履行过程中不确定因素多,首先,要依据初步勘测资料做出预设计;开工后,需要对已暴露的地层进行调查、描绘或补充勘察,进而修正原设计。因此,设计与施工须穿插进行,关系密切。

谈到工期,它并非越短越好。在保证工程质量和施工安全所必须耗时要求的前提下,应以最大限度地降低工程费来实现合理工期。对于单个隧道掘进工作面上的正常进度角度来看,目前还有没有哪种施工方法能够比得过 TBM(盾构)法。由于隧道工程的特殊性,决定了 TBM 整体机组只能是非标产品,只有一些部件可以进行标准化和系列化生产。它的研发和制造与施工现场密切相关,不能拿生产标准产品模式(如生产汽车那样的工厂模式)来组织生产。因此,采用 TBM 法施工隧道工程,安排工期时特别要注意以下两点:

一是 TBM 采购、运输、工地组装调试的周期通常需要 15～18 个月。该时间段可充分利用,完成 TBM 进场前的准备工作。如果条件允许,则可采用钻爆法尽量多施工,TBM 完成组装调试后步进通过。

二是结合地质条件确定合理的 TBM 进度指标。既要充分发挥 TBM 快速掘进的优势,又要避免盲目乐观,切忌提出不切实际的进度要求。岩土特性,如单轴抗压强度、完整性、研磨性和复合程度等,都是影响 TBM 掘进指标的因素,不能单靠围岩等级来判定施工进度。

水土自然状态与隧道及地下工程建设高度敏感。任何工程建设都会影响生态环境,区别在于影响程度是否处于生态结构或发育的可接受范围。环境是大众乃至国家更加长远的利益。如今国家对生态环境保护极为重视,工程建设者更应积极响应,改正长期以来形成的"重建设、轻环保,出了问题再补救"的习惯思维。工程设计中对有可能造成水土流失、环境破坏的因素应予以回避或防范;施工中应杜绝盲目蛮干,严格按照设计精益求精原则,全数达到环保要求。因破岩机理和设备性能结构设计不同,相对盾构法施工,TBM 很少用到泡沫剂等含有化学成分的辅助剂,破岩渣土甚至可以重复利用,对环保有利。特别是在接近野外生态保护区区域的长大隧道建设,更应优选 TBM 机械化隧道施工。

11.2.2 装备制造思考

从钻爆法技术发展到 TBM 掘进技术,其发展的动力是来源于人们对快速、安全及文明进行隧洞施工的追求。同样,TBM 掘进技术的未来也将以此为动力而得到长足发展。因此,未来的 TBM 应该在功能、造价、自动化程度及使用灵活性上优于目前的 TBM,并从根本上解决隧洞衬砌问题。从目前的发展趋势来看,TBM 可能走向两极化:一是造价低廉,功能单一,适用于单一地质条件的 TBM;二是造价昂贵,适用于复杂地质的多功能 TBM。同时,TBM 的动力装备也将进一步增强,20 世纪 80 年代的硬岩 TBM 其功率大致在 40～60kW/m^2,比如引大入秦 1811-256 型 Rob-bins TBM 其功率仅 39.8kW/m^2,而万家寨引黄工程南干线的 4 台 TBM 其功率达到了约 80kW/m^2。根据目前这 4 台 TBM 的使用情况,均达到了连续数日进尺超过 50m 的成绩。

从隧洞衬砌方面,目前与 TBM 技术相配套的主要是预制混凝土管片衬砌技术,这是目前在隧洞需要加强支护条件下保证 TBM 快速掘进的主要手段。但是,管片支护中存在的接缝多、错台大等问题,虽然通过增加导向杆、连接销等辅助件能在很大程度上限制错台,但接缝问题很难从根本上得到解决。将来除了在解决接缝问题上想办法外,还可能从挤压混凝土技术上有所突破,也就是在混凝土中掺入钢纤维,采用泵送混凝土的办法,将钢纤维混凝土直接输送到围岩面与模板之间,从而将 TBM 掘进技术与现浇混凝土技术相结合,最终从根本上解决管片的接缝问题。随着 TBM 掘进技术的不断发展和完善,它将为地下建筑业的发展注入新的活力,加速公路、铁路、水利、水电、煤矿、城市交通等建设,为扩大人类的生存空间,在时间上和空间上缩短人与人之间的距离做出贡献。

TBM装备制造从产品"引进—消化—吸收—创新"的路线发展,引进国外先进和创新研发TBM应是项长期的方针,这是市场效应和我国建设的需要,用户关心的是施工进度,总是希望采用高质量、高效率、使用寿命长、技术先进、自动化程度高的TBM。加强中外合作生产,先从中外合作生产起步,部分结构件国内生产,关键件由外商配置国际名牌产品运到国内组装,同样品牌降低成本,逐步提高国产化的比例。过去,由于商业及技术问题,多次谈判都不成,外商只卖产品不卖技术。1998年以后鉴于中国市场的利益所在,外商同意了中外合作生产TBM,如美国罗宾斯、德国维尔特和海瑞克等公司愿意合作生产TBM,这种合作生产方式已经开始实行。如1998年罗宾斯公司与上海隧道股份有限公司合作生产直径4.84m双护盾式TBM 2台,刀盘、盾壳等结构件由上海制造,精度较高的部件由外商配置后运到上海组装,用于山西引黄入晋南干线,创造了优异成绩;如2004年罗宾斯公司与大连重工·起重集团有限公司合作生产刀盘直径8.03m支撑式TBM,用于大伙房水库输水隧洞工程施工,取得了优异成绩;同年海瑞克公司与广州重型机械厂武汉重型机床厂和宝鸡工程机械厂合作生产刀盘直径6.76m双护盾TBM,用于新疆大坂引水工程。这种合作方式能对引进TBM的结构性能、系统功能及组装技术有更深的了解,有利于国产化进程,但合作生产的TBM我们很难接触到其核心技术,产权属于外商,一旦国际风云变幻,外商、外资的去留我们无法控制,历史的教训不能忘。因此,研制自主产权、技术创新的新一代TBM势在必行,在上述中外合作生产TBM的基础上,经过施工实践,进一步消化吸收国外名牌产品的优点,结合我国现在的工业水平和技术,研制自主产权、技术创新的TBM条件已成熟,由牵头部门领导组建TBM研制队伍,研制队伍由设计、制造、施工和科研相结合,一些优质、精密配件,通过全球国际市场配置,有些关键设备可在国内攻关研制,市场有名牌效应。2019年1月,中铁隧道局集团与洛阳LYC轴承有限公司联合研制的国内首台直径11m级盾构主轴承在洛阳下线(图11-23),用于首台再制造大直径泥水盾构,标志着我国进一步突破国产大直径盾构主轴承研制关键技术瓶颈,对我国盾构制造与再制造完全国产化具有重要意义。2019年6月国内首台高压水力耦合破岩TBM"龙岩号"正式下线(图11-24),由黄河勘测规划设计研究院有限公司与中铁工程装备集团有限公司(简称"中铁装备")联合攻关,自主研发而成的新型岩石隧道掘进设备——高压水力耦合破岩TBM"龙岩号"成功下线。这是国内首台高压水力耦合破岩TBM,在解决超硬岩石"破岩难、效率低"等问题方面具有重大突破,是我国装备制造领域的重大技术创新,具有完全自主知识产权,是中国制造向中国创造迈出的坚实步伐。2020年9月,在河南郑州的中国中铁装备国家TBM产业化中心,由中铁装备、中铁隧道局联合设计制造的世界最大直径单护盾硬岩掘进机(ϕ15.08m)正式发运(图11-25)。该硬岩掘进机直径为15.084m,长182m,总重3900t,是世界最大直径硬岩掘进机,将用于格鲁吉亚南北走廊Kvesheti-Kobi公路项目。这些创新关键技术的突破,打破了国外垄断地位,摆脱了对国外技术依赖,走出我国的装备创新水平,发挥大国装备制造能力,攻坚克难,砥砺前行,不断提升我国TBM装备自主研制生产能力,完善现代 TBM 装备产业体系,为增强高端装备制造实力、建设制造强国作出新贡献。

图 11-23　国内首台直径 11m 级盾构主轴承在洛阳下线

图 11-24　国内首台高压水力耦合破岩 TBM"龙岩号"下线

图 11-25　世界最大直径单护盾 TBM（$\phi15.08m$）

20世纪80年代，我国进口（不是转让）TBM技术仅限于少数几个行业领域，而且主要是通过承包商（包括国外承包商）来操控，缺乏战略决策和协同作用，而TBM设备价格极其昂贵。按照我国传统的自力更生精神和能力，从长远来看，我国已逐步建立了自己的TBM工业制造体系，经历了国外引进、自主建造、自主创造阶段，要达到这个目标难能可贵。现场我国已建的TBM工程涵盖了多类型工程领域，如水利水电工程、交通工程、矿山工程、地铁工程，TBM技术发展相当成熟。随着中国TBM施工日益成熟，国内承包商也开始走出国门。随着"一带一路"倡议兴起，国产TBM正以中国创造的品牌走向国际。鉴于TBM技术本身的复杂特性，欲实现TBM技术大规模的成功转化，不仅要注意其本身而且要注意管理、承包、设计及培训等多方面的重要因素。

（1）TBM技术是一门已有相当发展、涉及多学科领域的技术，它需要综合考虑研究、设计、制造、施工及维保系统，提升创造每个环节，方能使TBM技术真正实现"人—机—岩"感知高度契合，研制适应不同地质和环境的TBM。

（2）无论多么先进TBM，每种技术转化是需要智力和经验的问题，而不仅仅是技术产品本身。对TBM的成功应用，源自个综合制造商、项目设计者、承包商和施工队伍的共同探讨和决策的这样一个智慧团队。TBM技术广泛应用是一个认识转变和经验索取的长期的不间断的过程，熟悉TBM技术，我们觉得而且也能够为在中国建立世界级的TBM产业做一点贡献。

尽管采用TBM有许多优点，但并不是包治百病的灵丹妙药，用TBM掘进隧道并不是一项单纯的无风险技术。对在施工中可能遇到的潜在风险建议运用风险管理技术，将风险事件尽可能地降至最低。

综上所述，为适应我国隧道建设的发展需要，要充分认识到装备技术水平与国外的差距，自动化程度应逐步实施和创新，智能化掘进技术是发展方向，单护盾TBM应尽早应用于适宜的工程项目，体现单护盾TBM施工优势，TBM智能掘进技术研究按照"感知—融合—智能"的目标进行设计建设，智能化装备发展还需要一段时间路程要走，研制出与适应不同地层之对应的TBM是发展硬道理，解决TBM缺感知、缺数据、缺决策的问题，建立系列装备制造及信息管理标准体系。

11.3 TBM技术发展趋势

智能化是事物在网络、大数据、物联网和人工智能等技术的支持下，所具有的能满足人的各种需求的属性。智能化是现代人类文明发展的趋势，要实现TBM智能化，智能化施工是不可缺少的重要环节。智能掘进是隧道掘进机今后发展的一个重要方向,也是隧道及地下工程的装备及建设创新发展的必然趋势。

11.3.1 智能化控制技术

1)系统总体结构

TBM掘进参数智能控制系统软件采用C/S架构开发,客户端安装于TBM主控室上位机,服务器端分为通信服务器和后端大数据平台,位于数据中心机房。上位机通过工业以太网与数据中心服务器建立连接,通信服务器提供数据通信接口,以TCP套接字的方式与客户端通信,将现场采集数据传输并存储至大数据集群工程数据库,同时将服务器数据库、大数据分析等结果传送给客户端。

TBM掘进参数数据主要由各个设备部件传感器进行采集,TBM上位机通过工业以太网、OPC标准访问PLC,将TBM掘进数据缓存于本地数据库,然后定时将缓存数据分段打包上传至工程数据库,数据分类存放为不同的数据表。

数据中心服务器主要采用Hadoop、Spark等大数据框架,对工程数据库中的岩机数据通过使用线性回归、支持向量机、神经网络等机器学习算法来深度学习,建立岩机信息感知互馈模型。服务器将通过数据挖掘得出的关键参数传输至客户端,客户端利用这些参数,实时输出TBM设备状态评价、操作建议、岩体状态参数预估、掘进参数预测等信息,将输出结果显示至客户端人机交互界面,同时系统自适应选择最优掘进参数,并通过PLC控制器发出相应操作指令指导TBM掘进。TBM掘进参数智能控制系统结构如图11-26所示。

2)智能控制方法

在TBM正常掘进过程中,利用岩机信息感知互馈模型预测TBM稳态掘进时的掘进参数,并对TBM当前掘进状态进行评价,通过人机交互界面实时展示TBM运行状态、岩体状态参数和TBM掘进参数等信息。系统自动对比预测值和实际值,判断是否调整当前掘进参数。

掘进参数控制方法可选择自动模式或手动模式。选择自动模式时,系统将掘进参数预测值和当前掘进参数进行比较,当偏差值超出设定界限,系统向PLC发出调整相应参数的指令,控制刀盘转速和掘进速度的PLC控制器接收到相应调整指令并对其大小进行调整,同时保证其他运行参数如推力、转矩以及其他辅助设备参数不会出现报警提示;选择手动模式时,系统将掘进参数预测值和当前掘进参数的偏差比较结果输出为提示框显示在上位机上,由主司机决定是否调整掘进参数,若需调整,通过手动控制刀盘转速和掘进速度旋钮进行调整。TBM掘进参数智能控制系统及流程如图11-26、图11-27所示。

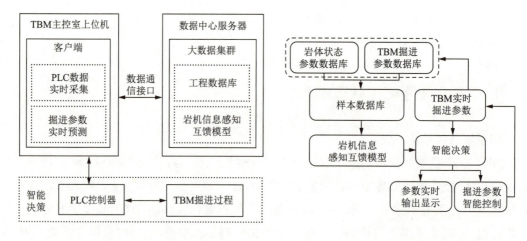

图 11-26 TBM 掘进参数智能控制系统　　　　图 11-27 TBM 掘进参数智能控制流程

11.3.2 高效破岩新技术

1）超高压淹没射流破岩

高压水射流钻井技术，主要利用高压水和机械联合破岩，我国和美国在高压水射流技术研究方面，起步比较早，取得了许多研究成果。该技术应用到钻井领域，可完善水射流理论体系，为继续深入研究奠定理论基础。

自旋转钻井方法问世以来，钻井的破岩机理基本没有改变，主要采用机械应变力方式来破碎岩石。但常规钻井方法存在着能量传输、转换和利用率低的问题，因而钻速低，成本高。采用高压水射流与机械刀具联合破岩技术，能很好地提高能量利用率，从而提高机械钻速，降低钻井成本。1993 年，美国 FlowDrill 公司和天然气研究院利用高压水射流辅助破岩，室内试验其能量转换率高达 70%。在五口井的现场试验中，将排量的 1/10 增压至 240MPa，钻速提高 1.5～2.5 倍。

高压水射流破岩及切割技术是近年来发展起来的一项新型切割破碎技术。国内一般将驱动压力高于 70MPa 的射流称为高压射流，高于 140MPa 的射流称为超高压射流。我国已开始研制配合超高压钻头使用的增压系统。专家们认为高压水射流辅助破岩技术是目前提高钻井效率最具发展潜力和可行性的钻井方法。

破岩试验是在石油大学（华东）射流研究中心的超高压射流切割机上完成的。该切割机可切割任意形状曲线，喷嘴最低移动速度为 1.91m/s，最高压力可达 300MPa，额定排量为 2L/min，喷嘴直径为 0.2mm 的进口红宝石喷嘴。由超高压泵产生高压，将液体输送至喷嘴；控制系统用于控制喷嘴的运动轨迹以及泵的工作。

专门设计了一种射流角度改变装置，用于改变旋转喷管的角度，完成既定试验。试验设备组成如图 11-28 所示。

2)等离子放电破岩技术

等离子体是具有特殊化学反应活性的,虽由中性粒子、电子、自由基和离子等组成却整体保持电中性的导电性流体,是除了"气、固、液"三态之外的第四种物质存在形态。

等离子放电破岩是通过等离子枪通上直流电压后被碳粒短路或高频电火花激发,从而产生电弧。岩石本身的强度极限低于因等离子弧而产生的岩石中的热应力时,岩石破碎,实现等离子体破岩,其过程类似于火钻,属于热力破岩。

在钻井过程中时常会遇到石英岩、砂岩等硬度较大的岩层。等离子破岩试验表明该技术钻井效率远高于机械方法。本技术尚处于试验阶段,仍需要进一步验证其可行性,未来会被主要应用于钻小井眼和修井,并可望成为一种简单、高效、低成本和低风险的新破岩方式。

(1)等离子破岩单脉冲放电模型

等离子破岩单脉冲放电的物理模型如图 11-29 所示。环状的工具电极紧贴岩石表面,其中内外电极分别接电源的正负极,当电源正负之间的电压达到一定值,在电解质作用下,正负两级之间形成高温高压的等离子体通道,产生脉冲电弧放电,高温的等离子体将超过岩石熔点的区域熔化或气化,同时由于高温的作用在岩石表面形成热应力区域,超过岩石单向应力的区域被剥落蚀除。

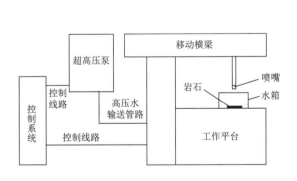

图 11-28 试验设备组成示意图

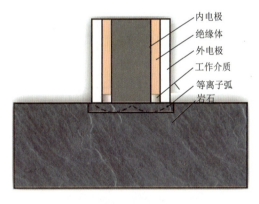

图 11-29 等离子破岩单脉冲放电物理模型

(2)等离子破岩机理

等离子破岩过程中,瞬间释放出的大量的能量形成一个瞬时高温热源,能量即以热能的形式分配与工件及电极上。受到放电电流自生磁场的约束作用,带电粒子在形成的等离子通道中分布并不均匀,其密度分布边缘小而轴心大,符合高斯分布。故热流密度在工件与电极上的分布也符合高斯分布。

等离子破岩技术主要是利用内外电极之间产生的高温高压等离子体来加热和冲击岩石材料,实现破岩功能。在调整好工具电极和岩石之间的相对位置后,首先在内外电极之间施加正负电压,同时工具电极在伺服系统的控制下不断向岩石移动,内外电极之间的介质被击穿,等离子体通道形成,当工具电极和岩石之间的距离达到喷射出的等离子体的长度时,岩石材料被去除。同时上部的旋转机构带动工具电极做旋转运动,使喷射出的等离子体更均匀,同时方便工作液的冲刷和岩屑的排出。

图 11-30 所示为破岩试验装置组成示意图。从等离子体的概念和特点可知,在进行切割时,工具电极和岩石之间不直接接触,两者之间不会产生切削力,因此不存在机械钻头磨损的问题。由于等离子体温度高,虽然等离子钻进的工具电极不会像机械刀具那样磨损,但在破岩钻进的过程中依然会不断消耗,需要及时更换新的电极。因此,在电极结构中专门设计了可以更换的内外电极。

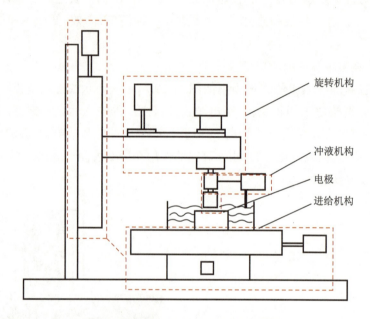

图 11-30　等离子破岩机械装置结构示意图

击穿电压、工作电流、电源脉宽和脉间四种参数相互配合进行加工,如图 11-31 所示。

a)

b)

图 11-31　不同工况条件下破岩试验

3)超声波破岩技术

超声波破岩技术是由超声波加工衍变而来的一种新破岩技术,具有振动频率高(高达20kHz)的特点,利用超声波技术可实现钻头的高频低幅轴向振动,从而达到破岩提速的目的。鉴于此,针对深部硬地层,将超声波破岩技术和传统旋转破岩技术相结合,提出了超声波高频旋冲破岩钻井技术。该技术利用压电陶瓷等材料将电能转化成高频振动机械能并产生超声波,产生的超声波振动带动钻头做轴向高频低幅振动,使钻头产生高频冲击能量,起到协助破岩的作用;另外,超声波的频率与岩石固有频率相同时会产生共振,岩石的振动位移最大,最容易破碎。

破岩机理:周期性高频冲击破碎岩石。超声波高频旋冲破岩时,岩石承受周期性动载荷的作用,此时疲劳破碎起辅助破岩的作用。岩石内部薄弱区域在变应力作用下,逐渐发生损伤累积,进一步产生微小裂纹(图 11-32),当裂纹扩展达到一定程度后发生突然断裂,从局部区域开始损伤累积,到最终整体破坏,这是一个动态不可逆的塑性损伤积累过程,反映了岩石自身抗疲劳的宏观力学性能。高频冲击钻头接触岩石时,钻头切屑齿作用在非常小的区域,因此产生非常大的瞬时冲击应力,当瞬时冲击应力超过岩石的抗压强度时,切削齿吃入岩石,在旋转作用下冲击接触区会产生拉应力和剪应力,进而实现破岩。

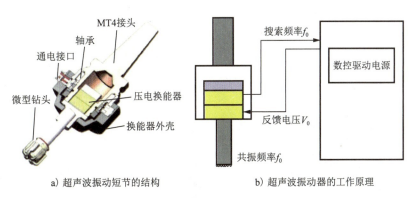

a)超声波振动短节的结构　　b)超声波振动器的工作原理

图 11-32　超声波振动器的结构及工作原理

超声波试验平台将大功率超声波发生器(最大输出功率为 3500W)、大功率超声波换能器、变幅杆、能量扩散器以及气缸进行组合,建成超声波试验平台。其中超声波换能器选择了额定功率为 1500W、2000W、3200W,分别对岩石试件进行激励,以对比分析不同因素对岩石试件的影响特征。同时,经试验验证后,超声波试验平台确定为最终的超声波激励岩石试验测试系统。超声波试验平台结构如图 11-33 所示。高频冲击钻进模型如图 11-34 所示。

试件表面均产生了破坏,并伴有明显裂隙的产生。试件表面破坏点为手持式超声波发生设备与岩石表面的接触点,表明经过超声波激励后,超声波能量强度足以达到破坏岩石的强度。同时,从破坏点处均产生了一条明显裂隙,且裂隙基本发育成一条直线,贯穿整个岩石表面。

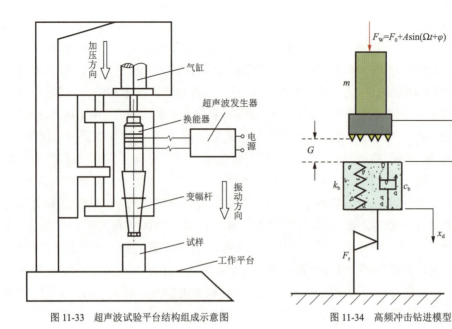

图 11-33 超声波试验平台结构组成示意图　　图 11-34 高频冲击钻进模型

在将超声波发生器功率提高到 800W 时,在一定的压力下,通过超声波的激励,岩石试样表面已能产生较为明显的裂缝,但裂隙发育深度还比较浅,对岩石的整体影响还较少。岩石试件如图 11-35 所示。

图 11-35 岩石试件破碎状态

4) 粒子冲击破岩技术

粒子冲击钻井技术相对于常规钻井技术,具有破岩效率高、进尺快等优点,该技术改变了岩石破碎形式,常规钻井技术主要依靠钻头的高硬度和对井底高钻压,压碎岩石后进行研磨破碎,钻井液循环将岩石碎屑带走。坚硬地层属于深井,井口能量传到井底作用在岩石上的能量是有限的,因为钻柱与井壁,钻井液的摩擦消耗上,直接导致能量利用率下降、破岩进尺缓慢、单位时间内破岩效率低、动力不足等。粒子冲击钻井改变了对岩石的作用力,主要是依靠高能粒子球撞击破坏岩石,岩石出现裂纹增加了岩石与钻井液的接触面积降低了岩石强度加速岩石破坏,如图 11-36 所示。

粒子冲击钻井最早是由美国人 Curlett H.B、Sharp D.P 和 Gregory M.A 从射弹破碎岩石中得到启发,对常规钻井设备进行改进,设计出能够实现粒子喷射的钻井装置。图 11-37 是粒子冲击钻井装置。由图可知,粒子冲击钻井包括粒子注入系统、粒子处理系统、PID 钻头等。

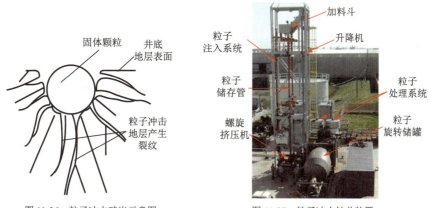

图 11-36 粒子冲击破岩示意图　　图 11-37 粒子冲击钻井装置

粒子注入系统是利用升降机将粒子输入到粒子加料斗,经过加料斗下方粒子储存管柱,最后由螺旋挤压机将粒子推进到钻井管柱,实现粒子与钻井液的混合加速。

2010 年北京化工大学的肖炳喜等人对高压粒子输送装置的密封方式进行了研究。向高压钻井液中压入粒子是粒子冲击钻井技术中的一个关键问题,在肖炳喜等人的研究中采用了一种带有机械高压密封的螺旋输送机的方案,这种方案的结构组成如图 11-38 所示。

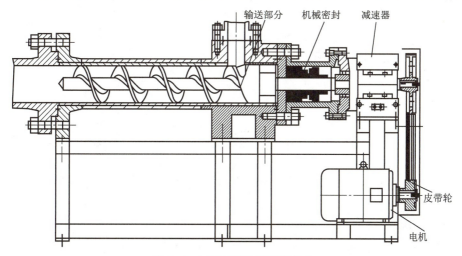

图 11-38 高压粒子输送装置结构组成

2011 年北京化工大学的王亦逍对粒子冲击钻井系统中的粒子处理系统进行了分析,并进行设备的研制,其总结归纳粒子分离和处理系统的工艺流程如图 11-39 所示。

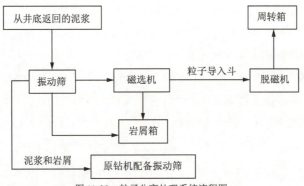

图 11-39　粒子分离处理系统流程图

粒子分离和处理系统的主要作用是将钻井液中的粒子进行回收再利用，在进行粒子冲击钻进后，岩屑和粒子、泥浆的混合物通过井筒返回地面，此时若采用传统振动筛进行分离则不能实现岩屑和粒子的分离，所以其给出的解决方案是岩屑和粒子、泥浆的混合物先通过振动筛将较大的岩屑筛除，经过层层筛选，最后只剩下尺寸相近的粒子和岩屑，这时利用金属粒子的磁性，通过磁选机和脱磁机对金属粒子和岩屑进行分离。

2013 年石油钻井行业，基于 ANSYS/LS-DYNA 仿真平台，进一步进行粒子射流冲击破岩试验研究，通过粒子在流场中的受力分析，建立了粒子在高压直管和喷嘴段的加速方程，经过求解可以得到粒子速度与加速距离的关系和粒子速度与水速度的关系，并依据粒子达到的速度确定了试验装置参数，探讨粒子冲击破碎岩石的效果，并对理论研究进行验证分析。

粒子射流破岩装置主要由高压泥浆泵、粒子注入装置、模拟顶驱、模拟井底装置、循环水箱、电器控制装置组成，如图 11-40 所示。高压泥浆动力主要是由 1 台 110kW 的动力泥浆泵提供，可以为试验装置提供 32MPa 和 10.8 m³/h 的水动力；粒子掺入装置主要完成将金属粒子按照一定比例均匀的掺入到管线高压水中；模拟顶驱用来模拟钻井过程中顶驱驱动钻杆的钻井过程，可以实现恒压、恒速和恒扭矩的钻进过程；模拟井底用来模拟井底岩石；循环水箱用来实现钻井液和金属粒子、岩屑的分离。

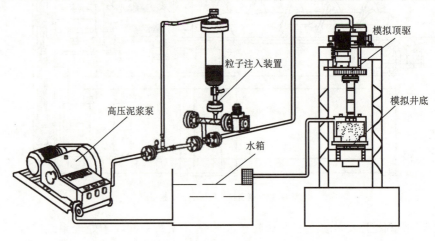

图 11-40　设备结构组成

粒子注入装置主要由粒子储罐、伺服电机、减速器、螺旋推进器和密封组件等组成,如图 11-41 所示。将粒子添加到粒子储罐中,为了防止金属粒子的锈蚀和增加其流动性向粒子储罐中添加亚硝酸盐物质。试验时将粒子储罐与螺旋推进器之间连接管线上的开关打开,使粒子进入螺旋推进器中,启动螺旋推进器处的步进电机,步进电机会通过减速器驱动螺杆旋转,螺杆上的叶片会将粒子均匀的、连续的添加到高压管线中。该装置能够实现粒子连续均匀添加,粒子量可控。

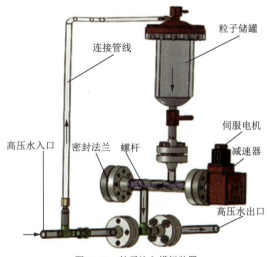

图 11-41 粒子注入模拟装置

5)微波辅助破岩技术

20 世纪 80 年代,国外专家学者在率先对微波照射岩石进行相关研究,特别是对其与机械刀具辅助作业进行相关研究,研究显示在硬岩掘进中在消耗相同能量的前提下,微波辅助全断面掘进机相比较常规机械掘进效率提高约 30% 以上,微波加热在破岩方面具有巨大的潜力。

经过研究提出了一种破岩的新思路:"微波 + 机械"辅助破碎岩石,即先将岩石进行微波照射,使其损伤产生微裂隙;然后利用机械刀具对岩石进行冲击和切削。由于对微波照射后岩石抗冲击性能的变化规律到目前为止还没有研究结论,仍处于探索阶段,为了改进隧道开挖、采矿及地质勘探等岩土工程中的岩石机械钻凿和破碎的高速高效问题,以实现"微波 + 机械"的新型破岩系统为目标,探讨相关微波照射下岩石的损伤规律。在岩石破碎方面,微波辅助破岩新技术正广泛被人关注。

与爆破法和机械破碎法这两类传统破岩方法相比,微波辅助机械破岩技术具有很大的优势,其不足之处是爆破法危险系数高、噪声大、效率低,机械破碎法刀具破坏严重、成本高。另外微波照射加热的即时性、整体性、高效利用性及安全性等特性使微波技术更好地应用于破岩工作中。

在微波条件下,造成花岗岩损伤的内外因素的敏感性研究还未涉及,为了提高隧道开挖、采矿等技术工程工作的高效性,以便更好地应用于实际工程中,实现"微波 + 机械"新型破岩技术的实际应用。

微波作为一种电磁波,在交变电压的作用下,其产生电场和磁场都随时间发生周期变化。从微观的角度分析,岩石内部的矿物包含许多一侧带正电、另一侧带负电的偶极子(包括电偶极子和磁偶极子),排列紊乱。这些偶极子在交变电场的作用下随着电磁场强方向的改变而变化,这些电子、离子或偶极子从先前的杂乱无章状态转向电磁场强方向排列(图11-42),从而克服偶极子原有的布朗运动和分子相互间作用,在交流电磁场下反复极化,使加热介质内部产生剧烈的摩擦作用,从而导致温度不断升高。能量由微波的电磁能转化为热能,在被照射岩石中产生非均匀的温度内应力,导致岩石内部各种矿物之间发生应力集中等现象,进而产生内部微裂纹,随着微波的不断加热,岩石内部的微裂纹逐渐发育、扩展并延伸,直至最后的贯通,宏观表现出裂纹,造成岩石等介质材料的损伤;另一方面,岩石在水分蒸发、膨胀应力作用下,裂隙扩展、贯通导致宏观破坏,最终弱化岩石的强度。

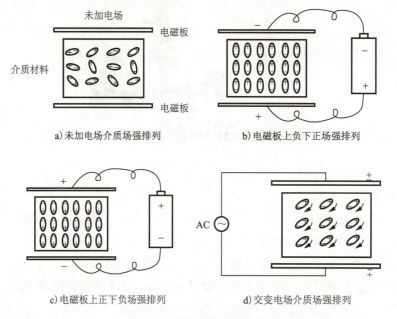

图11-42 微波加热原理示意图

美国在微波辅助TBM破岩方面做了一定程度的研究,并在花岗闪长岩和玄武岩上进行了相关试验。试验装置包括一台Richmond型AR-16带有5.4kW风动马达的水平凿岩机,和一套海湾辐射技术公司制造的高功率微波发生器。采用2.45GHz频率的标准工业微波来加热在标准的前导切岩刀具前面的岩石。试验结果表明微波辅助旋转切割转头的切岩在所选用的硬岩中与未经处理时相比,大大提高了其钻进贯入速度的能力,花岗闪长岩在1093℃时的贯入速度为25℃的3倍以上。此外,钻头磨损极少,可忽略不计。由于钻头温度保持低温,钻头硬合金刀片的铜焊未发生破坏,所有的钻头均保留良好的工作状态。可见微波辅助破岩技术可以应用在连续采煤机、臂式掘进机和全面隧道掘进机上,甚至可以研制基于微波辅助的硬岩连续采掘机。美国矿山局试验并开发了一种微波—水力综合破岩方法,试验装置如图11-43所示。

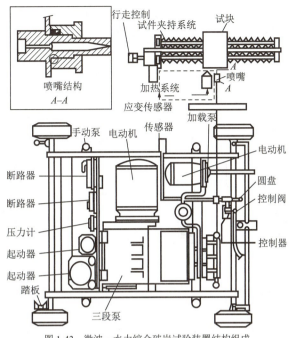

图 1-43 微波—水力综合破岩试验装置结构组成

6）激光辅助破岩技术

激光是一种受激辐射产生的高能量密度的光源。自 1960 年 5 月世界上第一台激光器诞生以来，其后数十年，激光技术已在国防、通信、材料及交通领域广泛应用。首先提出激光破岩概念的是美国的麻省理工学院。他们在 20 世纪 60 年代末期率先提出了激光破岩和激光钻井的超前研究方向。随后，美国航空研究所做了激光切削石料的试验研究。研究表明，针对各类硬度较高的岩石，可以利用激光切削出一定深度和宽度的缝隙。

激光发射装置与岩石不发生直接接触。不会给钻头带来新的冲击、磨损等附加损害；相反，激光的先期切割，降低了钻头的破岩难度，相当于延长钻头的使用寿命，还能有效降低钻进过程中的振动。

20 世纪 90 年代末，一家美国联合研究机构实施了激光破岩钻井的实验室研究，并借此进行了理论方面的基础研究。研究结果表明，激光钻井在提高破岩效率方面有极大的优势，其机械钻速可以数倍于旋转钻井。同时，使用军事领域功率达到兆瓦级别的激光发生器，能够满足井深为 15000ft（1ft=0.3048m）的钻井需求。

激光发射器主要由激光工作介质、泵浦源和光学谐振腔等组成，如图 11-44 所示。在 2010 年，美国阿贡国家研究所激光应用试验室等在激光钻井装备、激光切割岩石等方面提出研发创新理想。设计了钻完井井筒射孔的一种装置和方法，如图 11-45 所示。

在激光辅助破岩的过程中，岩石在受激光照射，吸热后产生裂隙的过程（图 11-46），是值得我们研究与利用的。

设计搭建一套模拟旋转钻井条件下激光辅助破岩钻井的试验平台。该平台主要包括激光发射系统、介质循环系统和旋转进给系统三部分。其中激光发射系统又包括激光器、传导装置和激光头等；介质循环系统包括水槽、循环泵和过滤装置等；旋转进给系统包括变频调速电机、进给动力装置和专用夹具，如图11-47所示。

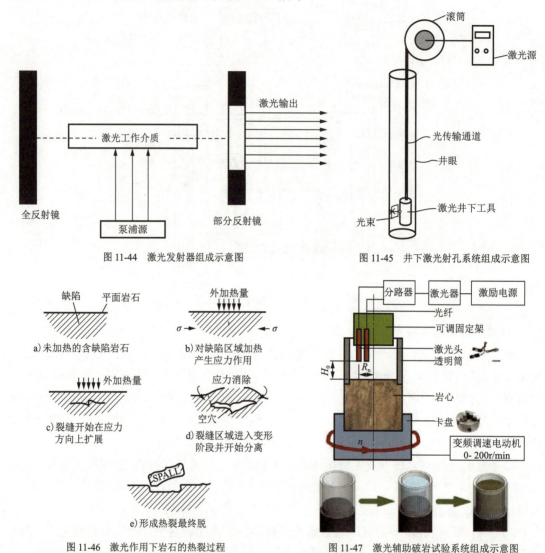

图11-44 激光发射器组成示意图

图11-45 井下激光射孔系统组成示意图

图11-46 激光作用下岩石的热裂过程

图11-47 激光辅助破岩试验系统组成示意图

激光碎岩的基本原理是利用激光发射器受外界激发而产生的稳定高能激光束直接作用于岩石表面，使岩石表面局部受热膨胀破裂或受热熔融、气化，并形成气、液、固三相混合物，最后利用辅助气泵产生的高速气流将混合物携走和排出。激光碎岩的机理是：当高能激光束的能量密度大于岩石的临界密度后，岩石即发生破坏。

11.3.3 TBM智能化展望

TBM掘进过程中产生的岩体力学数据、机电液数据、滚刀消耗数据、渣片图像数据、施工耗材数据等，蕴含着丰富的岩—机相互作用信息，目前缺乏有效的平台对这些多元异构数据进行标准化采集与挖掘利用,造成大量数据资源的浪费。同时 TBM 现场施工环境复杂多变,传统的 TBM 掘进控制依赖于现场技术人员的施工经验,掘进参数不合理、姿态调控不及时、支护决策不当,易造成设备异常损坏、塌方、卡机等工程事故,开展 TBM 智能掘进关键技术研究是解决上述问题的有效途径,也是 TBM 技术未来发展的必然趋势。TBM 利用大数据、云计算平台和智能掘进系统——TBM-Smart,减人增效,逐步实现机械化换人、自动化减人、智能化掘进,最终目标实现无人化、自主掘进。

TBM 智能掘进技术研究应按照"以感知为基础,以信息融合为中心,以智能掘进为目标"的原则进行设计建设,解决 TBM 掘进缺感知、缺数据、缺决策的问题。TBM 智能掘进总体研究体系(图 11-48),基于一套数据标准体系、一系列感知终端、建设一条数据传输通道、开发一个 TBM 云服务平台,面向项目各参与方实现按需服务。

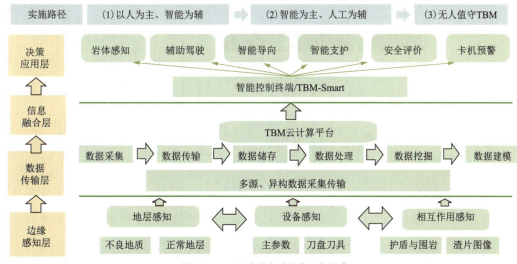

图 11-48　TBM 智能掘进总体研究体系

TBM 智能化整体研究体系可分为边缘感知层、数据传输层、信息融合层以及决策应用层。

边缘感知层用于提高设备对巷道掘进工作面前方不良地质信息探测与预警能力,加强设备自身运行状态感知能力,获取更多源的结构化和非结构化信息;数据传输层汇总不同类型数据,传输至平台层并进行分类存储,保证各类数据实时性与完整性,用于后期数据挖掘与分析;平台融合层用于将所获取多源信息进行深度挖掘和融合,用于开展大数据分析、知识库和规则库的建立;决策应用层根据开发的专家知识库、虚拟掘进试验平台、掘进参数预估模型、智能导向模型等给予 TBM 智能辅助驾驶建议。

TBM 智能掘进系统(TBM-Smart)包括辅助驾驶、岩体感知、设备感知、超前预报、智能导向、安全预警和智能支护等多个功能模块,如图 11-49 所示。按 TBM 装备类型、装备直径及地质信息,同时考虑

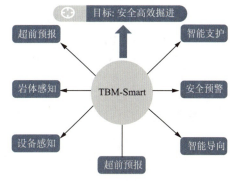

图 11-49　TBM-Smart 功能模块策划

地域、公司、项目及装备厂家多个维度,采用过滤、去噪等多种技术,实现数据预处理,并将常规分部统计算法、核心经验区域算法应用于盾构 TBM 关键掘进参数和导向系统关键参数的关联分析,建立各类装备在特定地质条件下的经验参数参考模型,形成工程施工在多种地理条件下的主体经验区间,将施工经验转化为理论经验和理论模型提供算法基础。大数据参数分析平台技术框架如图 11-50 所示。

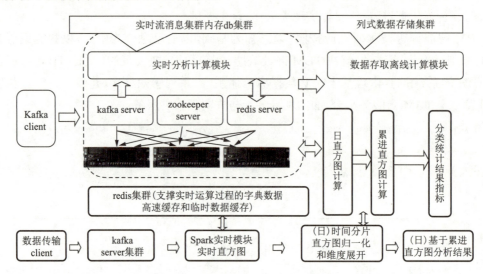

图 11-50 大数据参数分析平台技术框架

TBM 智能掘进利用先进的物联网、大数据、无线传输、云计算、超计算及人工智能等技术,结合 5G 通信,建设新一代全生命周期"人—机—岩"感知系统,利用岩机信息感知互馈模型预测 TBM 稳态掘进时的掘进参数,并对 TBM 当前掘进状态进行评价,通过人机交互界面实时展示 TBM 运行状态、岩体状态参数和 TBM 掘进参数等信息。以现有施工经验和监测数据为基础,开展网络化、智能化、协同化的 TBM 智能掘进技术研究,基于大数据在线分析与决策技术,通过对 TBM 施工数据的深度挖掘,可以得到不同地质条件下的装备最佳施工参数组合模型,形成 TBM 施工智能化掘进参数,采用端边云一体化架构,建立项目端 TBM 掘进参数实时控制系统,利用物联网技术及人工智能技术实现盾构 TBM 施工智能化,达到人机交互、智能操控的目的。这些新技术,为我国今后 TBM 建造及修建技术发展奠定坚实基础,期盼不久的将来,我国完全能够打造中国制造、中国建造世界一流水平,在隧道及地工程发挥引领建设作用,建立完善世界级中国 TBM 专家和世界级的施工团队,修建世界级超级工程,建设一流的隧道工程。

本章参考文献

[1] 李立功,江东鹏,林春刚,等.自动布料带压浇筑隧道智能衬砌台车研制及应用[J].隧道建设(中英文),2020,40(08):1211-1220.

[2] 王瑞和,王方祥,周卫东,等.粒子破岩钻进技术研究进展及发展趋势[J].中国石油大学学报(自然科学

版），2016，40（6）：71-79.
- [3] 黄丹．TBM 在地下金属矿山应用中的发展现状与趋势 [J]. 有色金属工程，2019，9（11）：108-121.
- [4] 郭陕云．对盾构（TBM）技术运用及开发的几点认识 [J]. 隧道建设，2008（06）：631-637.
- [5] 郭陕云．隧道及地下工程的产业化发展方向 [J]. 隧道建设，2005，25（6）：1-3.
- [6] 王勇．我国公路隧道工程技术的现状及展望 [J]. 科技经济导刊，2017（12）：76.
- [7] 宋先知，李根生，黄中伟，等．一种利用热力射流高效破岩的钻井新方法：CN201410075665.9 [P].2014-05-14.
- [8] 刘绍勤，陶在朴．坚硬岩石巷道快速掘进的破岩新方法 [J]. 阜新矿业学院学报，1980，(0)87-96.
- [9] 汪洋．超声波激励下岩石的物理力学特征试验研究 [D]. 北京：中国矿业大学，2017，5.
- [10] 杨贵杰，黄滨，黄昊骏，等.160kW 超声波功率源：CN102882360A[P]. 2013-01-16.
- [11] 张翊东．基于机电耦合法油井增产超声波换能器结构参数优化设计 [D]. 哈尔滨：哈尔滨工业大学，2014.
- [12] 孟庆荣．超声波振动破碎岩石的分析 [J]. 科技创新与应用，2018，（8）：189-190.
- [13] 闫铁，杜婕妤，李玮，等．高效破岩前沿钻井技术综述 [J]. 石油矿场机械，2012，41（1）：50-55.
- [14] 吴立，张时忠，林峰．现代破岩方法综述 [J]. 探矿工程-岩土钻掘工程，2000，（2）：49-51.
- [15] 罗熙．激光辅助破岩钻井技术研究 [D]. 青岛：中国石油大学（华东），2017，05：90.
- [16] 李文成，杜雪鹏．微波辅助破岩新技术在非煤矿的应用 [J]. 铜业工程，2010，（4）：1-4.
- [17] 卢高明，李元辉，HASSANI Ferri，等．微波辅助机械破岩试验和理论研究进展 [J]，岩土工程学报，2016，8：1497-1505.
- [18] 李昌平，契霍特金，段隆臣．电脉冲破岩钻进技术研究进展 [J]. 地质科技情报，2018，37（6）：298-304.
- [19] 王国华，邓丽，庞伟，等．一种利用液氮射流高效破岩的钻井装置与方法：CN106382097B [P]. 2018-08-14.
- [20] 朱宁宁．三维激光扫描在地铁隧道形变监测中的应用 [J]. 测绘工程，2015，（5）：63-68.
- [21] 胡欣然．高压气液两相射流冲蚀破煤岩性能研究 [D]. 北京：中国矿业大学，2019，5.
- [22] 黄中伟，武晓光，李冉，等．高压液氮射流提高深井钻速机理 [J]. 石油勘探与开发，2019，46（4）：768-775.
- [23] 李凤远，韩伟锋．建设盾构 TBM 工程大数据云平台创新引领行业技术发展 [J]. 工程机械与维修，2018，（2）：111-115.
- [24] 王广旭．等离子放电破岩技术基础研究 [D]. 北京：中国石油大学，2016，5.
- [25] 岳伟民．超临界二氧化碳射流破岩试验装置的研制 [D]. 青岛：中国石油大学（华东），2011，5.
- [26] 黄家根，汪海阁，纪国栋，等．超声波高频旋冲钻井技术破岩机理研究 [J]. 石油钻探技术，2018，46（4）：23-29.
- [27] 任福深，马若虚，程晓泽，等．粒子冲击钻井技术研究进展及关键问题 [J]. 石油矿场机械，2014（7）：20-25.
- [28] 董必钦．加速发展我国全断面隧道掘进设备的思考 [J]. 建筑机械，2002（05）：14-19.
- [29] 董必钦．我国全断面隧道掘进设备发展再思考 [J]. 中国机电工业，2005（05）：34-37.
- [30] 董必钦．对我国全断面隧道掘进设备发展的思考 [J]. 中国水利，2005（22）：36-37.
- [31] 杨华勇，周星海，龚国芳．对全断面隧道掘进装备智能化的一些思考 [J]. 隧道建设（中英文），2018，38（12）：1919-1926.
- [32] 王杜娟，贺飞，王勇，等．煤矿岩巷全断面掘进机（TBM）及智能化关键技术 [J]. 煤炭学报，2020，45（06）：2031-2044.
- [33] 冯夯，李强．自动控制跟踪激光导向系统在地铁中的应用 [J]. 铁路航测，2003（02）：41-42.

[34] 张凌,张爱武,马文超,等.隧道掘进机滚刀刀座的自动化无损检测装置[J].凿岩机械气动工具,2019(04):24-27,55.

[35] 张玉锋,胡静萍,翟国强.TBM皮带输送机的自动纠偏和防漏渣设计[J].建筑机械化,2013,34(02):83-85.

[36] 郭余龙,刘宇锋,浦杰,等.自动焊接在工程机械焊接中的发展[J].石化技术,2020,27(02):278,292.

[37] 吕龙飞.自动焊接是工程机械焊接的发展方向[J].黑龙江交通科技,2007(01):128.

[38] 刘莹.自动焊接技术在机械加工中的应用分析[J].南方农机,2020,51(23):114,116.

[39] 曹晨鸣.基于双目视觉的自动焊接技术研究[D].长春:长春理工大学,2019.

[40] 洪家望.探究管片生产技术现状及自动化创新发展[J].价值工程,2013,32(03):53-54.

[41] 李文成,杜雪鹏.微波辅助破岩新技术在非煤矿的应用[J].铜业工程,2010(4):1-4.